反日種族主義
「慰安婦問題」最終結論

朱益鍾

文藝春秋

はじめに

二人の元大学教授がいる。韓国最高の国立大学、それも最も人気のある学科の教授だった一人は、妻とともに何度も娘や息子の大学や医学専門大学院、大学院の入試書類を偽造し、さらには息子の大学の受講科目の試験においても不正行為に加担した。一方、ソウルから遠く離れた地方国立大学の教授だったもう一人は、授業で学生たちに「〝慰安婦〟のおばあさんたちは、実はかなり分かっていて行ったんだ。だから、ついていったんだ」と話したという[注1]。前者は大統領民情首席秘書官や法務部長官（編集部注：日本の法務大臣に当たる）を歴任したソウル大学ロースクール（編集部注：法学専門大学院）曺国《チョグク》元教授であり、後者は順天《スンチョン》大学の宋《ソン》某元教授である。二一世紀初頭の韓国においては、どちらがより大きな過ちを犯したのだろうか。

　これまでに出た結果だけをみれば宋教授の罪のほうがずっと大きい。曺国教授は二〇一九年夏、一連の容疑が報じられた後、検察の捜査を経て二〇一九年一二月末に起訴されたが、三年が過ぎ

注1　「ノーカットニュース」https://www.nocutnews.co.kr/news/5061588（2023年9月29日検索）。

た二〇二三年二月初めになってようやく一審で懲役二年の判決を受けた。しかし彼は懲役を宣告されたのに拘束されず、大学教授の職も、起訴後三年六カ月が過ぎ一審判決から四カ月経った二〇二三年六月になってやっと罷免された。彼は大学での講義を除いては、本の著述や出版記念会、ユーチューブ放送への出演など自由に活動を続けた。一方、宋教授は二〇一七年四月に問題の発言をした後、起訴されてもいない状態なのに六カ月後の一〇月に教授の職を罷免され、二〇一八年一月に起訴され、八カ月後の二〇一八年九月に一審で懲役六カ月の判決を受けて直ちに法廷拘束（編集部注：非拘束で裁判に臨んだ者が判決後ただちに拘束されること）がなされ、その後の控訴審でも同じ判決が下された。

大学入試が人生の極めて重要なイベントである国で大学入試制度の根幹を揺るがした曺国教授の犯罪行為に対する司法による断罪は、まるでカタツムリが這うような動きが鈍いものだった。一方、日本軍慰安婦に関して単に通念と異なる話をしたという理由だけで宋教授は、なんらの司法による処分もなかったのに国立大学教授の職を罷免され、司法による断罪も超スピードで進められた。〝正義〟の具現は、曺国教授に対しては限りなく遅れたが、宋教授に対しては直ちになされた。

宋教授は、慰安婦は強制動員されたのではなく、慰安婦の仕事であることを知った上で自らの意思で行ったのだと話した。韓国では、この程度のことを言おうとすると自分の首をかけなければならない。それほど韓国では、日本軍慰安婦について慰安婦運動グループと異なる発言をするのは危険である。発言の内容次第では生計が断たれ、刑務所に送られることもあり得る。そのため韓国には、慰安婦運動グループのほかには日本軍慰安婦の研究者はほとんどいない。わずか四年前の二〇一九年までは李栄薫《イヨンフン》教授と朴裕河《パクユハ》教授の二人だけだった。筆者もやはりその頃は、慰安婦そのものを研究しようとは思っていなかった。筆者にとってそれは、藁を背負って火に飛び込むことのようにみえた。筆者は二〇一九年七月に刊行された李栄薫教授編著の『反日種族主義』でも、執筆陣の一人として挺対協の慰安婦運動を取り上げただけだった。

　しかし世の中のことは、考えていたようには推移しないものである。二〇二一年一月、ハーバード大学ロースクールのラムザイヤー Mark Ramseyer 教授が慰安婦契約に関する論文を発表した。これに対して韓国の地上波テレビ局が連日彼を誹謗する報道を流し、韓国や米国の多くの学界関係者が彼を批判した。しかし、その批判はでたらめで人身攻撃に過ぎなかった。一人の歴史家として筆者は、そのでたらめな批判をそのまま見過ごすことはできなかった。筆者は、慰安婦の実像はラムザイヤー教授の説明どおりであることを示すユーチューブでの講義映像を李承晩《イスンマン》テレビ[注2]に載せた。二年以上の間、二〇編ほどの講義をするため筆者は、日本軍慰安婦に関する各種資料や研究をあまねく渉猟した。

　その講義内容に手を入れ整理したものが今回出した『日本軍慰安婦　インサイドアウト』（本書の韓国語原本）である。かつて李承晩博士が、帝国主義日本の膨張はアメリカとの全面衝突に帰結せざるを得ないことを示した本が『ジャパン　インサイドアウト Japan Inside Out』（一九四一年八月刊）である。李博士が日本の内幕を米国人たちに知らせたように、筆者もやはり日本軍慰安婦制の内幕を知らせようとした。

注2（編）　李承晩学堂が2018年から行っているユーチューブ（YouTube）による動画配信。李承晩学堂とは韓国初代大統領・李承晩の建国の思想を研究する私設教育機関で、校長は李栄薫氏。2016年に設立された。

この本が出たのは、筆者の歴史家としての良心と意志があったからだけではない。それは多くの研究者たちが血のにじむような努力をし、この本が刊行できる空間を作ってくれたおかげである。まずは李栄薫教授のことを語らざるを得ない。韓国経済史の分野、いや歴史学を超えた韓国の人文社会科学の分野で質と量の両面において最高水準の研究業績をあげた李栄薫教授は、先に述べた殺伐とした状況下でも、勇敢に日本軍慰安婦の実像に関する発言や研究を続けてきた。彼が『反日種族主義』の第三部・慰安婦編で日本軍慰安婦制の真実を知らせたことで、初めて日本軍慰安婦制を真摯に議論できる空間ができた。その空間で筆者や落星台《ナクソンデ》経済研究所の李宇衍《イウヨン》博士、国史教科書研究所の金柄憲《キムビョンホン》所長がユーチューブでの放送や寄稿、著述を通して日本軍慰安婦制の実像を論じ、特に李博士と金所長は慰安婦水曜集会に立ち向かい、反水曜集会及び慰安婦少女像撤廃のデモを開始した。また『反日種族主義』を大学の講義で取り上げ、その際の発言で慰安婦に対する名誉毀損で起訴された延世大学社会学科の柳錫春《リュソクチュン》元教授は、マスコミの攻撃や検察の捜査に断固として立ち向かった注3。

　そのおかげで筆者はこの本を出すことができた。筆者は長い間、李栄薫教授に師事しつつ韓国経済史を研究し、韓国の歴史像を浮き彫りにしようと努めてきた。筆者がこの本で提示した日本軍慰安婦制に関する基本的な視点は、李栄薫教授から学んだものである。また李栄薫教授が作った李承晩学堂は、筆者がこのテーマを探求する最適の環境を提供してくれた。李承晩学堂がなかったら、この本もない。

　李宇衍博士は筆者の草稿を読み、多くの重要な理論的争点を指摘してくれた。筆者はその全て

注3（編）　2024年1月ソウル西部地裁は憲法が保障した学問の自由を強調し、柳錫春教授に、慰安婦は「売春の一種」などの発言を含む起訴内容の大部分について無罪を言い渡したが、一方で、挺対協が強制動員という証言を元慰安婦に「教育した」という発言については、同団体の名誉を傷つけたとして罰金200万ウォン（約22万円）を言い渡した。

は消化できなかったが、そのおかげで慰安婦制に関する認識がより明確になり、この本もかなり改善できた。金柄憲所長は、朝鮮内の酌婦契約書や米軍が撮った慰安婦映像などの決定的な資料を筆者に教え、韓国全域に建てられている慰安婦少女像の写真も提供してくれた。

すでに二〇年余り前、日本の秦郁彦教授が出した研究書『慰安婦と戦場の性』（新潮社、一九九九年刊）は、筆者にとって基本的な道しるべとなった。日本の研究者・西岡力先生は草稿を丹念に読み、詳細な論評を加えてくれた上に、この三〇年余りの慰安婦運動史及び研究史に関し、筆者が認識を誤っていた箇所を全て指摘してくれた。そのおかげで草稿にあった多くの間違いが正された。また、落星台経済研究所の金洛年《キムナンニョン》理事長も草稿を読んで修正点・補完点を指摘してくれた。日本の産経新聞社の久保田るり子氏（現・客員編集委員）も筆者を激励し、この本の刊行を応援してくれた。これら全ての助力に感謝する。そのおかげでこの本を出すことができたという点で、この本は筆者を含めた反慰安婦運動グループの共同著作だといえる。この本が寄与する点があるとすれば、それは共同の成果だということである。もちろん、この本の中にある多くの誤りや不十分で曖昧な主張は、ひとえに筆者に責任がある。

本書は筆者が任された李承晩ブックスの最初の本である。出版の手引きをしてくれたホ・ヒョンジュン前青瓦台行政官に感謝する。出版の実務を引き受けてくれた李承晩学堂のチェ・ヒョンソン室長とキム・イジン幹事にも感謝する。

二〇二三年一〇月下旬　李承晩学堂の研究室にて

目次

第2部 彼女たちはどのようにして日本軍慰安婦になったのか

第3部 慰安所での生活はどのようなものだったのか

〈編集部より〉

●本書は同じ著者による『日本軍慰安婦 インサイドアウト（일본군 위안부 인사이드 아웃）』（韓国・李承晩ブックス、2023年12月刊）の日本語版である。

●本書に出てくる人名には原則として敬称を省いた。

●漢字にルビを付す場合、朝鮮人・韓国人の名前及び朝鮮・韓国の地名（都市名など）には韓国語の読みを、その他には日本語の読みを原則として章ごとに本文の初出に付した。

●文中に引いた研究内容などの出典（論文や書籍）は、文末にカッコで「研究者名・著者名、発表年、当該ページ数（P）」の形で記した。論文名や書籍のタイトル、出版社名などの詳細は、巻末の参考文献一覧を参照されたい。

●脚注に（編）とあるものは、全て編集部による注である。

●引用文中の（ ）表記は、読者の理解を助けるために引用者が補記したものである。

装丁：石崎健太郎
本文デザイン・DTP：土屋文乃
図表作成：エヴリ・シンク
編集協力：久保田るり子、西岡力
編集補助：嶋津弘章

プロローグ　崩れゆく偽のバベルの塔

二〇一九年の光復節[注1]の前日である八月一四日水曜日、ソウル市の温度計は摂氏三五度まで上がっていた。その日の正午、ソウル市鍾路区《チョンノ》にある日本大使館の前で開かれた第一四〇〇回水曜集会[注2]の現場はさらに暑かった。二万人を超える参加者たち（集会主催側の推計）が四車線の道路を埋め尽くし、「日本政府は、日本軍慰安婦が国家の政策として行われた戦争犯罪であることを認めろ」「日本政府は被害者たちに謝罪しろ」と熱っぽくスローガンを叫んだ。その一カ月余り前から、いわゆる徴用賠償判決をめぐる韓日の衝突が起きていた。大統領民情首席秘書官職から退いたばかりの曺国《チョグク》法務部長官候補は、日本に対抗し竹槍を持てと煽動し、「行きません、買いません」という日本への旅行の忌避や日本商品の不買運動が広がり、商店の棚から日本のビールが姿を消すなどの、まさに反日の暴風が韓国中に吹き荒れていた。

注１（編）「**光復節**」は８月15日。1945年のその日、日本の統治から脱した、として韓国では祝日に定められている。

注２（編）「**水曜集会**」は慰安婦問題に対する日本政府の公式謝罪及び金銭的・法的賠償を要求して開かれている集会で、1992年１月８日から毎週水曜、日本大使館前で行われている。

それから三年七カ月経った二〇二三年三月一五日の水曜集会には、二〇人余りの参加者が本来の集会場所から離れた所に集まった。一方、彼らを批判する反日銅像撤廃及び慰安婦法廃止を目指す運動家たちの集会には、それより遥かに多い九〇人余りが集まった。反水曜集会が水曜集会を圧倒したのである。その間、いったい何が起きていたのか。

二〇一九年夏、韓国の幾人かの知識人たちが『反日種族主義』という本を出し反日の暴風に立ち向かった。編著者の李栄薫《イヨンフン》教授は生涯をかけた経済史研究を通し、朝鮮後期の資本主義萌芽論や日本による植民地収奪論などの韓国史学界の虚構の歴史認識を打ち壊した。さらに朝鮮王朝がなぜ衰亡したのか、植民地化とともにどのように近代文明が導入されたのか、独立後の大韓民国の驚くべき発展がなぜ成し遂げられたのか等を徹底して事実に基づき究明した。彼は後に続く学者たちとともに、当代の韓国人たちの間に広がっていた反日種族主義を打破しようとした。

筆者も執筆に加わったその本は、韓国人が植民地時代に対して持っている歴史認識というものは作り出された話、すなわち虚構（フィクション）であることを痛烈な筆致で暴露した。今日多くの韓国人たちは、帝国主義下にあった日本が、旧韓末[注3]の混乱期に朝鮮の領土だった竹島（韓国名は独島《トクト》）を奪い取り、土地調査事業の過程で朝鮮人を虐殺し、土地を奪い、米を収奪し、朝鮮人数百万人を労働力として強制動員し、かつてアフリカで行われた奴隷狩りさながらに朝鮮の少女たちを銃剣で脅して連行し、日本軍の性奴隷にしたと信じている。この本は、このような韓国人の近現代史認識は根拠のない作り話であり、この嘘の話を鵜呑みにしている韓国人たちが韓日関係、更には韓米関係を破綻させているのが現在の大韓民国の危機の根源であると喝破した。

注3（編）「**旧韓末**」とは大韓帝国末期のこと。李王朝は1897年から1910年まで国号を大韓帝国と称した。

この本に対し、反日種族主義に染まった学界と言論界に従事する者たちが悪意に満ちたとげとげしい非難を浴びせかけてきたが、一方で本に共感する人々も多かった。この本は学術教養書としては異例の一一万部以上の超ベストセラーとなった。

二〇二〇年五月には、慰安婦運動を牛耳ってきた正義記憶連帯注4（以下「正義連」とする）の前理事長・尹美香《ユンミヒャン》による後援金横領疑惑が暴露された。驚くべきことに暴露したのは、尹美香と手を結び慰安婦運動の顔ともなっていた元慰安婦の李容洙《イヨンス》だった。彼女は、尹美香が元慰安婦たちを利用して集めた国民からの寄付金を私的に流用し、更には私欲にかられて国会議員にまでなったと批判した。このことはすぐにソウル市と政府から支援金を貰っている慰安婦運動組織・正義連と、その前身である韓国挺身隊問題対策協議会（以下「挺対協」とする）の会計不正及び寄付金横領疑惑へと広がった。

警察による捜査が進んでいた六月、この横領疑惑の内幕を知る麻浦《マポ》区にある慰安婦センター「平和のわが家」の管理所長が謎の自殺を遂げた。文在寅《ムンジェイン》政府の検察はその年の九月、尹美香を業務上横領、詐欺などの疑いで起訴した。しかし、文在寅が任命した金命洙《キムミョンス》大法院長（編集部注：日本でいえば最高裁判所長官）のもとにある地裁は二年半にもわたるモタモタ裁判の末、二〇二三年二月、一七〇〇万ウォンの横領のみを事実として認め、一五〇〇万ウォンの罰金刑を宣告した。尹美香はこの判決で免罪符を得たかのように意気揚々としていたが、九月の二審判決では懲役一年六カ月、執行猶予三年を言い渡された。

一方、文在寅政府は右往左往する対日政策により、自らの政権の正しさを自らの手で否定した。

注4（編）**「正義記憶連帯」**は慰安婦運動を推し進める市民団体で、正式名称は「日本軍性奴隷制問題解決のための正義記憶連帯」。前身は1990年から活動を始めた「韓国挺身隊問題対策協議会」（挺対協）。

文在寅政府は政権掌握後すぐさま元慰安婦に慰労金を支給していた和解・癒やし財団[注5]を解散させ、韓日慰安婦合意を事実上破棄した。また文大統領は二〇一九年七月、日本が韓国の「徴用賠償」判決に抗議して輸出規制措置を講ずると「日本には決して負けない」と言い、まるで戦争も辞さないかのような決意をみせた。

ところが二〇二〇年の秋からは、日本の安倍晋三首相との首脳会談を望むというメッセージを出し、二〇二一年一月の年頭の記者会見では、二〇一五年の韓日慰安婦合意は有効であり、徴用賠償判決に伴う日本企業の資産の強制現金化は望ましくない、と発言した。対日和解への豹変ぶりに人々は驚いたのだが、その理由はすぐに明らかになった。彼は二〇二一年七月に開かれる東京オリンピックでの北朝鮮の金正恩《キムジョンウン》との再度の平和ショー[注6]をもくろんでいたのである。それには安倍首相の協力が必要だった。日本製鉄や三菱重工業などの日本企業の資産現金化作業も、すでに中断された状態だった。こうした右往左往から文在寅政権の反日政策は信頼を失い、反日主義に再びブレーキがかかった。

一方、二〇一九年一二月から落星台《ナクソンデ》経済研究所の李宇衍《イウヨン》博士と国史教科書研究所の金柄憲《キムビョンホン》所長が、水曜集会に反対する一人デモを始めた。初めは慰安婦運動支持者たちから暴行されるなど大変なこともあったが、この一人デモはすぐにいくつかの反「反日」集会に発展した。反「反日」集会を支持する人たちは、集会開催を申告する際の徹夜の受け付け待機も厭わないほど情熱的だった。彼らが慰安婦少女像のある日本大使館前の道路を先に占拠した結果、正義連はその長い間の集会場所から追い出され、参加者も目も当てられないほど減少していった。

注5（編）**「和解・癒やし財団」**とは、日韓合意に基づいて慰安婦問題を「最終的かつ不可逆的な解決」に導くために日本政府の資金拠出により設立され、元慰安婦の支援事業を行っていた韓国の財団。

慰安婦運動団体が元々の水曜集会の場所を失ったとか集会参加者が減ったというのは、表面上の出来事である。重要なのは、その根底にある李容洙、尹美香など慰安婦運動を率いてきた人間たちへの信頼が根こそぎ失われてしまったということである。慰安婦運動家らが主張し、その間、大多数の韓国人が信じてきた慰安婦の物語は、果たして本当なのかという懐疑が広がり始めた。朝鮮人少女は本当に日本の官憲に強制連行されたのか、彼女たちは本当に慰安所で報酬も貰えず日本軍に集団強姦され、日本の軍人と業者に暴行拷問されたのか、そして本当についには日本軍が敗走する戦場に捨てられ虐殺されたのか、と。

実のところ、慰安婦運動に関わる韓日の慰安婦問題研究者たちの行ってきた研究自体が、その運動の真実性に疑問を抱かせるものだったのである。一九九〇年一一月の挺対協の結成、一九九一年八月の元慰安婦・金学順《キムハクスン》の最初の証言、一九九二年一月の水曜集会の開始から今に至る三〇年余りの間、慰安婦関係の資料が数多く発掘され、それらを分析した研究が多数出された。そして、その大多数の研究者は、結論として一様に「慰安婦は強制連行された性奴隷だった」と主張してきたが、彼らが資料の分析を通して実際に示した事実はその主張とは食い違っていた。

強制連行、強制動員の客観的証拠はなかった。日本の軍人や官憲に強制連行されたことが客観的資料により明らかにされた慰安婦は一人もいなかった。性奴隷であったことは事実として立証されておらず、「私たちがなぜ性奴隷なのか」と反発する元慰安婦もいた。慰安婦運動家たちができるのは、「被害者がまさか嘘をつくわけがない」「被害者の涙が証拠だ」と元慰安婦たちの証言の肩をもつことだけなのである。

注6（編）**「再度の平和ショー」**に対する「最初の平和ショー」とは、2018年4月に行われた板門店での南北首脳会談のこと。北朝鮮の指導者が軍事境界線を越えて韓国入りしたのは史上初のことで、文在寅大統領は「板門店宣言」を金正恩と共同で発表した。

挺対協が関わる慰安婦証言集の中から、「慰安婦」キム・ウィギョンの証言をかいつまんでみてみよう。

一九一八年、京城（編集部注：現・ソウル）の太平《テピョン》通りで生まれたが、家は貧しかった……二〇歳になった一九三八年の春だったか秋だったか、二人の日本の軍人が、私が一人でいる家に来た。彼らは「軍人たちの所に行こう」と嘘をつき、汽車の駅に私を連れていった。そして馬を載せる貨車に八人の女性と一緒に乗せられた。京城の女性、全羅道の女性、慶尚道の女性など、みな捕らえられて来たのだった。……

突然汽車が止まったと思ったら、一群の日本軍が汽車に押しかけてきて、無理やり貨車の戸を開けた。汽車には全部で三〇人余りの女性たちが乗っていたが、日本軍は私たちをみな野原に引きずり出し輪姦した。女性たちが死に物狂いで反抗すると、日本軍は刀で威嚇し銃床でなぐり始めた。私はなぐられ、身体中傷だらけになり血まみれになった。幾人かの女性は逃げようとしたが、むやみやたらに銃で撃たれ弾に当たって死んだ。……

汽車は南京の、とある河の北側に到着した。私たちは馬小屋で過ごしたが、数日間は食べるものもなく飢えるしかなかった。私たちは昼は日本軍の服を洗い、夜は日本軍に蹂躙された。この部隊はときには数百人にもなった。……

南京に一年ほどいたが、その後、車に乗せられて部隊について回り、宣昌（二年）や長沙（四年）に移った。……日本の軍人たちがお金をくれたが、日本が負けるとそれには何の価値もなくなった。

（韓国挺身隊研究所　２００３年：319－322Ｐ）

私には理解しがたい証言である。日本の軍人が白昼に京城のある民家に押し入り「軍人たちの所に行こう」と言って女性を引っ張っていった、そうやって引っ張っていった女性たちを汽車に乗せ、遠く中国にまで連れていった、そして、どこかで汽車が止まると、別の日本軍が束になって押しかけてきて女性たちを強姦し、逃げる女性たちは銃で撃ち殺したというのである。女性たちが逃げたとしても、軍人だったらたやすく捕まえられたはずで、せっかく遠くまで連れてきた女性たちを、そんなに簡単に銃で撃ち殺したりするだろうか。そもそも、苦労して女性たちを引率してきた側の軍人たちは、押しかけてきた側の軍人たちが彼女たちを銃で撃ち殺したりしても、指をくわえて見ていたのだろうか。年老いた元慰安婦が辻褄の合わない話をするというのは、ありがちなことではあるが、この証言を採録した者が何の事実確認作業もしなかったというのは、私にはまるで理解できない。

理解しかねるのは、有名な慰安婦運動家の李容洙の証言も同じである。一九九三年に刊行された初の慰安婦証言集で李容洙は、友人の母親から、友人と一緒に良い所に仕事に行くよう提案され、こっそり家出したと証言している。日本人の男から赤いワンピースと革靴を貰い、とても嬉しくて彼についていったという話だった。李容洙は一九九二年八月一五日に放送されたＫＢＳテレビの「生放送　女性、私は女子挺身隊」という番組でも「私はそのとき一六歳で、貧しくてボロしか着られず、ろくに物も食べられずにいたのだけれど、誰だったか赤いワンピース一着と革靴一足を持ってきてくれました。それを渡されながら行こうと言われ、それを貰って、そのときは何も知らずに、いいよと言ってついてゆきました」と証言していた。

ところが後日、李容洙は、日本の軍人や官憲に強制的に連れてゆかれたと証言を変えた。特に二〇〇七年二月一六日の米国議会の聴聞会では、「軍人と女の子が入ってきて肩をこう摑み、片手で口を塞ぎ、背中に何かを突きつけながらそのまま連れてゆきました、夜に」と証言した。米国議会の聴聞会という重要な席でようやく、それまで口にできなかった真実を述べたのか、それとも、あまりにも重要な場だったので意図的に嘘をついたのか。このことについて慰安婦運動家たちは、何の言及もしようとしない。

実際、韓国と日本の慰安婦運動グループは、客観的資料が伝えるところとは違う話を、数十年間、語り続けてきた。彼らは、客観的にみて不可能なことを、さも事実であるかのように語ってきた。たとえば数十万人の慰安婦が戦場に動員され、一日に数十人の日本の軍人たちに強姦されたという主張などもその一つである。仮にその主張通りなら、戦場の全ての日本の軍人が毎日のように慰安所に入り浸らなければならない。こうした事実であるはずのないことをあたかも事実であるかのように宣伝し続けたという点で、彼らの知的怠慢を指摘しないわけにはゆかない。

知的怠慢が特に際立っているのは、韓国の運動家、研究者たちである。自身が日本軍の慰安婦だったと申告した韓国人女性は二四〇人余りに達するが、韓国の研究者たちはその誰についても、きちんとした一代記一つ作成していない。裴奉奇《ペボンギ》、文玉珠《ムンオクチュ》、姜徳景《カンドクキョン》などの一代記は、みな日本の研究者が本にした。これまでの三〇年余りの間、韓国の慰安婦運動グループは日本軍慰安婦制に関し、元慰安婦たちを先頭に立て、大衆の怒りをかき立てて反日感情を助長してきたが、それ以外に何をしてきたというのだろうか。日本軍慰安婦の実態をきちんと究明したものはこれといってないのである。

彼らは、自分たちを批判する研究をヘイトスピーチと呼び、その研究者たちを刑法で処罰すべきだとまで煽動する。「反人道犯罪など非常に重要な人権侵害に対して真実を否認し歪曲することは、真実、被害者、人間の尊厳、差別の論拠を基に処罰すべきだ……歴史否定罪の立法を……考慮すべきである」（康誠賢《カンソンヒョン》 2020年：248P）。大学に籍を置く研究者が見解の違いを理由に他の研究者を監獄に送れと主張しているのには、呆れるばかりである。

日本軍慰安婦制という歴史事件については、どのような資料をどのように活用するのかによって別の解釈、別の説明が可能である。そうであるにもかかわらず彼らは、自分たちと違う、自分たちを批判する見解はヘイトスピーチであり、歴史否定であり、処罰すべきだと言う。これは歴史学研究者の発する言葉ではない。慰安婦の傷を癒しその被害の回復を助ける、と言っている者たちの心中には、異なる意見を受け入れないファシストの残忍さが渦巻いている。

日本軍慰安婦と事実上同じ集団に属し、それよりもっと劣悪な境遇にいた人たちがいた。すなわち植民地朝鮮の中にいた酌婦、娼妓、芸妓である。慰安婦運動グループは、彼女たちに何らの関心も示さなかった。彼らはもっぱら日本軍慰安婦にだけ関心を集中させ、そのことに窮極的な責任がある日本政府だけを攻撃した。このことは、彼らが実際は政治的もくろみから慰安婦運動を起こしたことを示唆する。反日を通して韓日関係を破綻させ、それを通して韓米同盟までも壊そうというもくろみである。

知識人と大衆の偽善についても、指摘しないわけにはゆかない。韓国の知識人と大衆は、慰安婦たちが自分たちの傍にいた数十年間、彼女たちに全く無関心だった。最近（二〇二三年六月）死去した韓国史学界の元老・姜万吉《カンマンギル》教授は、一九九三年一二月、このことについて次のように説明している。

植民地支配から解放された民族の歴史学に与えられる最も至急な課題は、その民族解放運動史の根幹をたてて教えることにより、植民地被支配期間に堕落した民族的自尊心を回復することだと言える。しかし韓国の場合、不幸にも……（その作業は）新しい世代の歴史学者が養成されるときまで待つしかなかった。……一九八〇年代になって初めて左翼戦線運動が共産主義運動史ではなく、民族解放運動史の一環として研究され始めた。言い換えれば、一九六〇年代から、民族解放運動史の研究と体系樹立に総力を傾け、従って「被害の歴史」に対する研究は後回しになるしかなかった。

（西野留美子　1995年：55－56P）

韓国史学者たちが「誇り得る歴史」である独立運動史をまず研究しようとしたため「被害の歴史」の研究が後回しにされたということだ。民族独立運動史研究とともに、帝国主義下にあった日本による収奪史の研究がすでに一九六〇年代以降、韓国近代史学の二大研究課題だったことと照らし合わせてみると、これはまことに苦しい弁明というほかない。実は、日本軍慰安婦がどのような存在だったのかを知る人たちの大多数がいなくなった後に初めて、彼らが慰安婦の話を持ち出し始めたところに秘密がある。

慰安婦がいかなる存在だったのか知っていた同時代の人たちは、慰安婦を日本による植民地支配の被害者とはみなさなかった。韓日請求権交渉においても、慰安婦は韓国側の被害事例として提起されなかった。日本軍慰安婦が存在していたときから四〇年余りが経ち、その記憶を持つ人たちがいなくなると、新たな慰安婦の物語が作られ始めた。

道ばたで、村の井戸ばたで、あるいは我が家で日本の軍人や官憲に捕まえられた朝鮮人少女が、日本による侵略戦争の戦場に引っ張ってゆかれ慰安婦にさせられた。朝鮮人少女は日本軍の性の慰み者として酷使されたばかりでなく、日本の軍人に虐待され暴行された。そしてついには日本の敗戦時、その少女らはふるさとに帰れず虐殺された。運よく生きて帰ってきた少女らは、後日おばあさんになってようやく慰安婦の実態を告発し、日本を糾弾した。

この慰安婦の物語は、強制動員された徴用工の物語とともに韓国人に強烈な反日感情、反日主義を呼び起こした。自分の姉妹が、娘が日本軍に連れてゆかれて性の慰み者になったとしたら、どうして怒らずにいられるだろうか。この物語を作り出し慰安婦運動を主導した挺対協、正義連は、ついに政府の対日外交まで牛耳るに至った。その結果、二〇一〇年代末の慰安婦運動と徴用工運動は韓日関係を破綻状態に追い詰めた。

歴史の真実を明らかにしようとする幾人かの勇気ある歴史家たちが、慰安婦の真実を語り始めた。そしてまた、慰安婦運動家たちの間の内輪揉めによりその黒い内幕も一部露わになった。ついに真実の時間が訪れた。慰安婦関連資料はその間、とてつもない量にまで蓄積された。反日の色眼鏡をはずし、透き通った目でこれらの資料を読みさえすれば、日本軍慰安婦制がどのようなものであったのか、きちんと把握できる。さあ、一緒に日本軍慰安婦制の内幕を探る旅に出よう。

第1部

日本軍慰安所はどのように設置されたのか

1 日本軍慰安所の設置

日本軍慰安所とは何か

日本軍慰安所は日本軍が、海外の戦場で自国軍人の性病感染を防ぎ、現地の住民に対する強姦行為による民心悪化を防止し、兵士の士気を高めるために、軍人に性的慰安を提供する所として設置したものである。慰安所は主に戦闘が一段落した占領地と軍部隊の駐屯地近くに設置されたが、ときには部隊内にも設置された。

代表的研究者である吉見義明は、慰安所を①軍直営の慰安所、②軍が監督・統制する軍（軍人・軍属）専用慰安所、③一定の時期、軍が兵士用として指定した軍民共用の民間売春施設、④軍の指定なしに軍人も利用した民間売春施設に区分した（吉見義明 1992年：27－28P）。この中で①の軍直営の慰安所は日中戦争初期に現れた例外的なケースであり、④は軍が指定したものでも監督・統制したものでもないので、実状は慰安所ではない。②は軍の要請によって設置され軍の監督・統制を受けた本来の慰安所で、特定部隊の専属慰安所（その部隊について移動する慰安所）と都市にある慰安所（多くの駐屯部隊や移動部隊が利用する慰安所）があった。③は軍が指定した民間施設で、軍の監督・統制を受ける広義の慰安所だった。ところで、性病検査のほか、慰安所運営に対する監督・統制の範囲と程度は一律でなく、制限的で緩いものから全面的で強力なものまで多様であった。

慰安所には、それを経営する業者と、利用する軍人に性的慰安を提供する慰安婦がいた。業者は日本人、朝鮮人、台湾人などで、ときには中国人などの現地人もいた。慰安婦としては、当時の日本国民である日本人、朝鮮人、台湾人の女性がまず動員されたが、彼女らだけでは足りなかったので、占領した地域の現地人女性、すなわち中国では中国人、ビルマ（編集部注：ビルマは現在はミャンマーと呼ばれるが、本書では当時の呼称のビルマで統一する）ではビルマ人、フィリピンではフィリピン人なども慰安婦として使われた。

業者は日本の軍人から料金を受け取り、慰安婦に性的慰安を提供させた。業者は慰安婦に、慰安所での生活に必要な食事と住居、寝具なども提供した。軍は性病その他、慰安婦の健康を管理し、業者を監督することで慰安所経営全般を統制・管理した。そのために日本軍は、業者と利用する軍人が順守すべき慰安所利用規則を制定して実施した。

この業者と女性の関係については、大きく二つの見解がある。一つは、業者は日本軍とともに権力、金力、暴力などの強制により女性を動員し、慰安所でその女性を奴隷のように酷使したというものであり、もう一つは、業者が契約を結んで慰安婦に性的慰安を提供させ、その収入を両者で分けたというものである。これは、本書でその実状を明らかにすべき最も基本的な争点である。

日本軍慰安所の由来

慰安所の名称を最初に使った日本軍の慰安施設は、一九三一年末、上海に登場した。満洲事変（一九三一年九月）が勃発した後の一九三二年一月、上海に駐屯していた日本の海軍特別陸戦隊の挑発により日本軍と中国軍の間で激しい戦闘が起こった（編集部注：第一次上海事変）。日本軍は二月に陸軍を増派し、三月初めに中国軍を上海周辺から撤退させ、戦闘を終了させた。この戦闘に先立つ一九三一年末、日本の海軍特別陸戦隊が上海で慰安所三軒を設置した。これはすでにあった公娼（貸座敷）注1のうち三軒を慰安所に指定したものである。すでに上海には租界外の中国人街に娼妓数が計三三に達する日本人経営の遊廓三軒があったが、海軍がこれらの業者を先に慰安所に指定すると、一九三二年、これに倣《なら》って他の慰安所一七軒が順に開設された。

その後、上海を占領した日本陸軍による強姦事件が発生すると、陸軍も「兵士の性問題解決策」として海軍慰安所に倣い慰安所を設置した。上海派遣軍の参謀が長崎県知事に要請し、長崎から慰安婦団を呼び寄せた。しかしこの陸軍慰安所は、間もなく陸軍の撤収とともに店じまいした。上海総領事館警察署の報告によれば、日中戦争勃発前の一九三六年に上海には酌婦を置いた料理店が一〇軒あったが、そのうちの三軒は上海事変の前からあったもので日本の海軍と民間人共用の料理店であり、七軒が海軍専用の慰安所だった。その酌婦一三一人のうち日本人が一〇二

↗ 理店と料理屋という名称は混用されていたが（朝鮮の法令上は料理屋）、それらは酒の世話をする酌婦と歌や楽器演奏等の遊芸を提供する芸妓を置いた、事実上の売春施設である。一方、飲食店は酌婦と芸妓が置けず、両者は明確に区分されていた。娼妓は体だけを売る女性で、食べ物と酒は売っていない「貸座敷」で抱え主に雇われて働いた。

人、朝鮮人は二九人だった（尹明淑《ユンミョンスク》　１９９４年：105Ｐ／吉見義明　１９９５年：14－18Ｐ／藤永壯《たけし》　２００６年：333－334Ｐ／蘇智良他　２０１９年：32Ｐ）。

上海総領事館は駐屯する日本軍の憲兵とともに、軍利用の料理店及び遊廓に対して保安・風俗・衛生上の取り締まりを行った。酌婦に対して毎週二回の梅毒検査を実施し、また新入りの酌婦に対しては前借金を認めず、売春収入の半分を貰える契約を結ぶよう命令したが、この命令は実行されなかった（吉見義明　１９９２年：92Ｐ）。これは酌婦の人身売買を防ぎ、酌婦の収入を保証しようという意図からであったが、娼妓業の特性上、新規参入者が前借金を貰うことについては、いかんともしようがなかった[注2]。

このように日中戦争以前の上海で、軍と民間の共同利用や軍専用の慰安所が生まれた。慰安所の設置と経営は民間業者が引き受け、軍はそれを軍利用施設に指定し統制した。上海事変が勃発する前から営業していた日本式の遊廓及び接客業施設が軍慰安所に指定され、他の新しい慰安所はそれをまねて作られた。ただ、この慰安所に対する管理・監督は性病検査くらいまでにしか及ばず、管理・監督の権限も領事館と軍に分散されていた。

一方、一九三三年頃、満洲（編集部注：現・中国東北部）にも軍慰安所と似たようなものがあったことが確認されている。その年の三月、関東軍の混成第一四旅団が万里の長城の近くの平泉に駐屯すると、朝鮮人と日本人の娼妓三八人が軍についてきて開業した。軍は四月一六日から、性病予防のため軍医に週一回この娼妓たちの性病検査をさせ、芸妓・娼妓には健康診断表を所持させ客に提示させた[注3]。「混成第十四旅団芸娼妓・酌婦健康診断実施要領（一九三三年四月二八日）」

注1　**公娼**とは当局の許可を得て売春をする娼妓（無許可の娼妓は私娼）、貸座敷とは公娼に場所（座敷）を貸す店、つまり遊女屋であるが、「公娼」という言葉を貸座敷の意味で用いることもある。娼妓が座敷を借りて営業する形をとっていたが、実際は貸座敷の主人（「楼主」や「抱え主」とも呼ばれる）が娼妓を雇って売春業を営んでいた。なお当時、料↗

を見ると、旅団の警備区域内で営業する全ての芸妓・娼妓・酌婦に対して月一回一般検査をし、毎週一回は局部検査（検黴《けんばい》：黴とは梅毒のこと）をして、結果に従い措置する、というものであった（河宗文《ハジョンムン》　２０２３年：46－47Ｐ）。

吉見義明はここを事実上の軍慰安所であるとみている。姜貞淑《カンジョンスク》もこれを関東軍による軍慰安所の設置と捉えているが、これは軍が部隊近くの遊廓の娼妓たちに定期の性病検査を義務づけただけであり、軍がその運営まで統制する軍慰安所ではなかった。検査に強制力がなく、軍が兵士の利用時間・利用料金を定めたり、コンドームの使用、娼妓別の売上と前借金の現況報告、営業状況報告などを強制したりはしていないからである。中国人の娼妓は、性病にかかった者が多かったのに治療を求めても応じず、予防措置も講じない状況だった（河宗文　２０２３年：48－50Ｐ）。これは日本軍が軍慰安所を設置する前の段階の遊廓統制といえよう。

日中戦争初期の上海・南京の慰安所設置

日本軍慰安所が数多く設置されたのは、日本が一九三七年七月に日中戦争を引き起こしてからである。まず一九三七年九月、日本陸軍は野戦酒保規定を改訂し、野戦酒保（戦闘地域やその周辺地域で軍人に日用品、食べ物などを廉価で販売する施設）に慰安施設を置くことができるようにした。これは、日本陸軍が慰安施設の一つとして慰安所を設置することを明記した最初の規定である。このとき酒保は軍の自営であったが、請け負うことができると規定することによって、軍が

注２　女性が娼妓になる際、業者から貰う前借金については、第４章と第９章で詳しく扱う。
注３　女性のためのアジア平和国民基金編『政府調査「従軍慰安婦」関係資料集成』（以下、本書では『資料集成』と表記）の第４巻170Ｐに収録された「衛生業務旬報（混成第14旅団司令部）（1933年４月11-20日）」による。

慰安所業者に慰安所運営を委託できる根拠を与えた注4。

日本はその一カ月前の八月、二個師団の兵力を上海に派遣したが、この上海派遣軍は慰安所を設置するため西日本各地の遊廓に協力を要請した。これに応じて西日本で最大の遊廓である大阪の松島遊廓の杉本一族や西村などの業者が、九月に慰安婦たちを連れて上海に行った。同じ要請を受けた大阪南部の飛田遊廓の業者たちは要請に応じなかった。応じた業者の一人である杉本は五万円を投資し、女衒《ぜげん》（日本の募集業者）を介して慰安婦を募集した。杉本は日本軍の兵站《へいたん》部の命令に従い、一〇月に杭州の郊外に将校倶楽部を開設、一二月の南京陥落後は上海と南京間の陸上交通の要地である溧陽《りつよう》に移動し、慰安所営業を始めた（長沢健一 1983年：51－52P）。

特に一九三七年末からは、日本の陸軍省と中国派遣軍がともに慰安所設置に乗り出した。まず陸軍省が、上海における戦闘が一段落した一一月二〇日、東京の玉の井と亀戸の私娼街の組合長らを呼び、上海に接待婦を置いた慰安施設を開くよう要請した。会議を招集した陸軍省の少佐は次のように言った。

> そこで皆さんにお願いだが、軍の慰安のために接待婦を至急集めて戦地へ送ってもらいたい。つまり軍に代わって慰安施設を開いてもらいたいということです。何ぶん戦線は広汎にわたるので、内地はもとより台湾・朝鮮からも自主的に或いは軍の要請で、すでに多くの娘子《じょうし》軍注5が大陸へ渡っているが、本日お集まり願った玉の井・亀戸地区の皆さんにも、是非ご協力を願いたい（大林清 1983年：198P）。

注4　陸軍省「野戦酒保規定改正ニ関スル件」（1937年9月18日）：アジア歴史資料センター：レファレンスコード C01001469500。
注5（編）　女性の集団のこと。

しかし、戦争景気で繁盛していた玉の井からは誰も希望者が出なかった。それで組合長の国井茂が一九三八年一月、五三人の娼妓を連れて上海に行き、呉淞、南翔、南市などに慰安所を開設した（大林清 1983年：198－218P／秦郁彦 1999年：76P）。

そして南京攻撃が本格化した一二月一一日、中支方面軍が、所属する各部隊に慰安所設置を指示した。その指示を受けた上海派遣軍は、後方担当参謀二課の企画により南京での軍慰安所設置に着手し、第一〇軍も湖州に慰安所を設置した（吉見義明 1995年：23－24P）。最初は現地の日本人、朝鮮人、中国人女性を慰安婦にしていたが、一二月下旬から中支方面軍は日本と朝鮮で女性たちを大募集するべく業者を派遣した。彼らが日本と朝鮮で女性たちを集めて連れ帰り始めた一九三八年初めから、日本軍慰安所が本格的に設置されるようになった。

これに先立ち上海派遣軍は、軍直営の慰安所として陸軍娯楽所を設置することにし、一九三七年一一月から楊家宅に兵営アパート形式の慰安所の建築工事を始め、一棟ごとに一〇部屋ある平屋建て木造バラック一〇棟と管理棟を建てた（写真1-1）。第一二四連隊の第一一兵站司令部は、同年一二月二三日、連隊の軍納商人一二～一三人に、直営の慰安所に入る女性を募集してくるよう命令した（千田《せんだ》夏光《かこう》 1995年：65P）。

彼らが日本と朝鮮でどのようにして女性を募集したのかについては第8章で詳しく扱うので、以下、この経緯についてはここでは簡略に触れておく。

上海派遣軍の依頼を受けた募集業者たちが、一九三八年初めに日本で慰安婦募集活動を始める

写真1-1　上海・楊家宅の日本軍直営慰安所
各室の出入口の上に、番号と妓女の名前が記された標札が付いていた。

と、まだその情報を得ていなかった日本の各県の警察が、以下に記すように、婦女子人身売買の事案と誤解して捜査に乗り出すことまで起きた。一月初め、大阪の遊廓業者らが、和歌山県田辺市の料理店において酌婦に上海行きを勧誘するなどの慰安婦募集活動をしたら、それを婦女子誘拐・拉致と疑った田辺市の警察が調査を始めたのである。このときの募集の経路は二段階で、まず、ある大阪の遊廓業者が上海の陸軍御用商人注6から募集の依頼を受け、次いでその業者が別の大阪の遊廓業者に再委託し、再委託された業者が田辺に行ったのである。また、上海の日本軍の依頼を受けた神戸の遊廓業者が、一月初め兵庫県や群馬県などで上海に行く酌婦を募集したが、群馬県知事がこれを良俗に反し皇軍の威信を貶《おとし》めることとみて、内務大臣や陸軍大臣、各県に取り締まりを求め、県内の各警察署にも厳しく取り締まるよう要求した。また、この神戸の遊廓業者から依頼を受

注6　軍に米、麦、野菜、豚肉等を徴発し供給する仕事を請け負う商人のこと。軍属ではなく、民間人の身分であった。

けた人物が山形県でも酌婦を募集したが、やはりそれを怪しんだ山形県の警察が一月下旬、この募集業者を取り調べ、募集を中止させたこともあった。高知県知事も、醜業を目的に中国に渡航する婦女を募集しようとする者が続出しているから取り締まるべきという内容の公文書を、一月二五日、内務大臣と各県知事に送った注7。

一九三七年一二月下旬から翌年一月にかけ、軍納商人を含めた募集業者たちが、日本や朝鮮で集めた女性たちを連れ、続々と上海に帰還した。上海派遣軍兵站病院の軍医だった麻生徹男（婦人科専攻）は、他の軍医、衛生兵、看護婦などとともに、この女性たちに対する性病検査を担当した。一例として彼は一九三八年一月一日、二〇人ほどの日本人と八〇人ほどの朝鮮人からなる一〇〇人余りの婦女子の性病検査を行った。麻生は、日本人女性はそれ以前の数年間、娼妓業に従事した者で性病の疑いのある人が多かったが、朝鮮人女性の中には若い初心者が多かった、と言っている（藤永壯 2006年：376-377P）。

このようにして一九三八年二月、上海では「理想的な設備」を備えた軍直営の慰安所がスタートした。この慰安所には、以下のような厳格な利用規則が掲げられていた。現代文に換えて要約を記そう。

一、陸軍の軍人と軍属以外の入場は許可しない。入場者は慰安所への外出証を所持すること。
一、入場者は受付において料金を支払い、入場券と〝サック（コンドーム）〟一個を受け取ること。
一、入場料の料金は下士官、兵士、軍属全て二円。

注7 「時局利用婦女誘拐被疑事件ニ関スル件（和歌山県知事、1938年2月7日）」、「上海派遣軍内陸軍慰安所ニ於ケル酌婦募集ニ関スル件（群馬県知事、1938年1月19日）」、「北支派遣軍慰安酌婦募集ニ関スル件（山形県知事、1938年1月25日）」、「支那渡航婦女募集取締ニ関スル件（高知県知事、1938年1月25日）」：以上『資料集成』第1巻、11-46P。

写真1-2　上海・江湾鎮の日本軍慰安所
入口に立っているのは、性病検診を担う軍医、衛生兵、看護婦たち。

一、入場券の効力は当日に限る。
一、入場券を買い求めた者は指定された番号の部屋に入ること。時間は三〇分。
一、入室と同時に入場券を酌婦に渡すこと。
一、室内では飲酒を禁ずる。
一、用が済んだら直ちに退室すること。
一、規定を守らない者及び軍紀・風紀を乱した者は退場させる。
一、サックを使用しない者には接婦を禁ずる。

（千田夏光　1995年：136－137P）

しかし、入口に憲兵が配置されるなど慰安所の雰囲気があまりにも厳格だったため、兵士たちはこの直営の慰安所に行くのを嫌がった。また日本軍は、皇軍が自ら慰安婦を連れて戦場に行くのは軍の名誉を損なうということも自覚していた。そのため軍直営はすぐに民間業者の経営に代わった。日本軍は早々に江湾鎮にも民営の慰安所を開設し

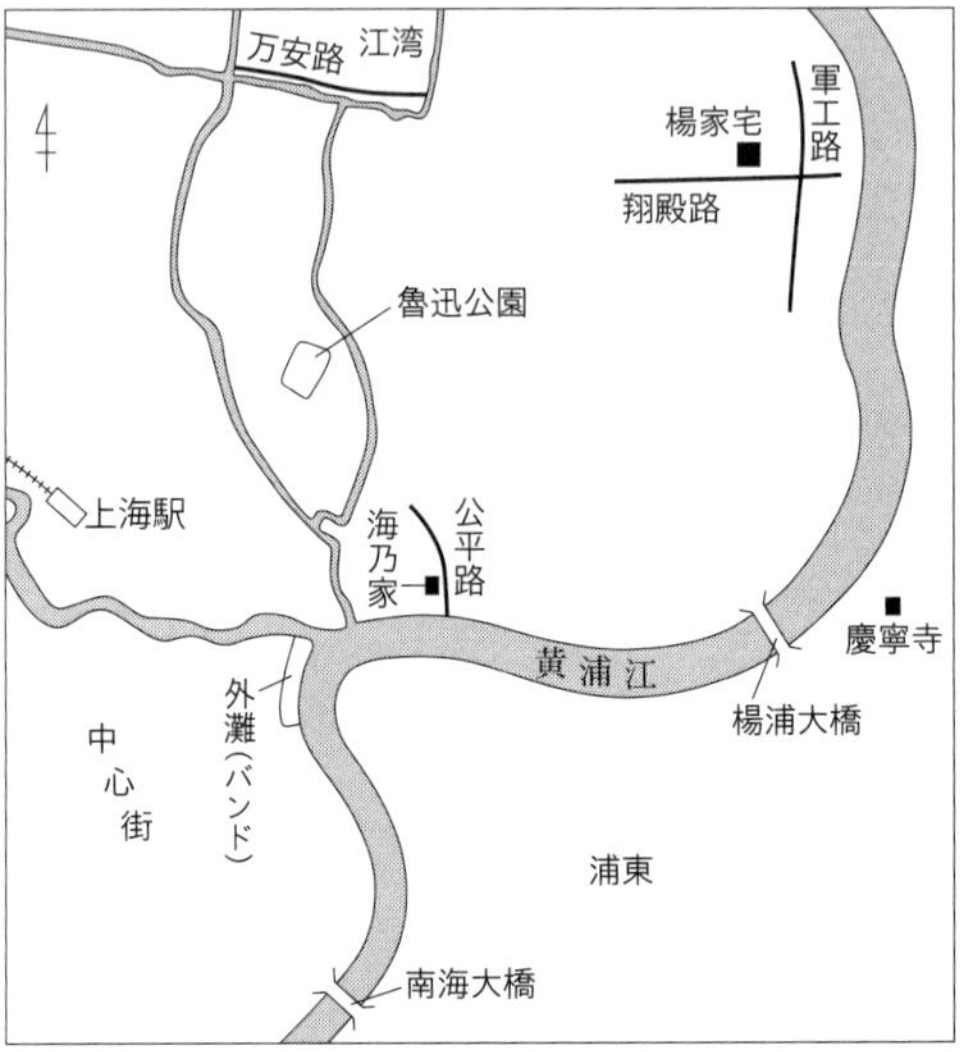

資料（尹明淑 2000年：29P）を基に作図

地図1-1　上海の慰安所関係地図

たが、この慰安所は普通の民家を利用した建物で、衛生管理や消毒施設などの面で劣悪であった。しかし、写真1-2に見られるように「聖戦大捷（大勝）の勇士大歓迎身も心も捧ぐ大和《やまと》撫子《なでしこ》のサーヴィス」という垂れ幕を掲げて積極的に営業し、兵士たちに人気があって大いに繁盛した（西野瑠美子 2000年a：4-6、10P／藤永壯 2006年：376-380P）。

上海の日本軍の慰安所設置計画を知った売春業者たちが、女性たちを連れて上海に押し寄せてきたりもした。南京攻略戦を取材した後、上海の兵站司令部に顔を出したある日本の通信社の特派員は「蘇州や杭州やその他の町、そして南京に店を開こうという一発屋が詰めかけていた……占領地での荒稼ぎが目当て」と観察し、彼らを「ハイエナの群」と形容した（秦郁彦 1999年：75P）。

このように一九三七年末から、上海や南京などの華中（中国中部）方面の日本軍及び日本の陸軍省の要請に従い、また、稼げるチャンスと捉えた売春業者たちの自発的行動によって、日本軍慰安所が本格的に設置された（地図1-1）。特に一九三八年に日本軍慰安所の原型が確立された。

日本軍慰安所は軍が業者を選定した軍指定のもので、軍がその運営全般を管理・監督し、必要物資も提供する所であった。軍は利用料金を定め、詳細な利用規則も制定し、慰安所の建物も提供した。

華北（中国北部）における慰安所設置は華中のそれより多少遅れたようで、一九三八年三～四月頃、華北でも慰安所が多数設置された。済南では一九三八年一月、日本軍が占領したわずか二日後に、朝鮮人売春業者が朝鮮人慰安婦三、四人を連れてやってきた。軍の要請や許可はなかったのに業者は、部隊の近くに筵《むしろ》でぐるぐる巻いた掘っ立て小屋を建てて営業を始めた。近隣の兵士たちが一日に二〇〇～三〇〇人押しかけてきたので、直ちに軍医が検診を始めた。その後、日本軍慰安所が続々と設置された（千田夏光 1978年：188－189P）。

漢口と広東における慰安所設置

華中の内陸部、長江の中流域にある漢口では、一九三八年一〇月の日本軍の武漢占領後、一一月下旬に多くの慰安所が設置された。日本軍は一九三八年五月、武漢攻略作戦を構想し、六月、武漢を攻略することを決定した。八月下旬には、陸軍大本営が中支派遣軍に武漢の攻略を命じ、総計四〇万人の大軍が作戦に加わった。日本軍は、一〇月末までに武昌、漢陽、漢口などの武漢三鎮を完全に占領し、一一月からは七個師団から成る第一一軍が、武漢地域を含めた長江の中流域に駐屯するようになった。

武漢攻略作戦が展開された九月末、上海日本総領事館は「漢口攻略後邦人進出に対する応急処理要綱」（一九三八年九月二八日）という文書で、漢口攻略後は日本人の漢口進出を統制するが、軍慰安所を開設するために進出する者は例外とする、と外務大臣に報告した。漢口の第一一軍参謀も所属する各部隊に慰安所設置を指示した。第一一軍司令部は、南京占領時のような殺人、放火、強姦などが再発しないよう武漢三鎮進入要領を下達《かたつ》し、兵士らによる略奪、放火、強姦を厳禁すると同時に、その防波堤として慰安所設置を指示した（吉見義明　1992年：116P／金富子《キムプジャ》　2000年：242-244P）。

しかし、日本軍の慰安所開設の動きに先立ち、武漢を占領する日本軍部隊の後についてすでに四、五軒の朝鮮人移動慰安所が武漢に入ってきていた。一軒の慰安所当たり一〇人ほどの慰安婦がいた。その朝鮮人業者たちは、日本軍の兵站部からの要請がなかったのに日本軍戦闘部隊のすぐあとからついていきて、日本軍が武漢を占領するや否やトラックに覆いを被せた移動慰安所の営業を始めたのである。

一九三八年一〇月、武漢の陥落が近づくと、南京の兵站監部は大阪出身の日本人業者・杉本に南京まで慰安婦たちを連れてこさせ、一一月中旬には彼女らを長江を遡った地点にある漢口に送った。杉本の一行は一一月一七日に漢口に到着した。続いて同じ大阪の松島遊廓出身の西村、神戸の福原遊廓出身の長谷川、新井、岩崎なども漢口に入った。一一月下旬、日本軍漢口兵站司令部は、先に入っていた朝鮮人移動慰安所とこの日本人慰安所を漢口の積慶里に集結させた。兵站司令部は慰安所当たり民家二軒を割り当てて貸与し、その壁を壊して一つの慰安所にした。床にアンペラ注8を敷き、部屋の壁もアンペラで作った。布団と食器は中国人の空き家から持って

注8　インドネシアなど熱帯地方原産の植物で編んだむしろ。

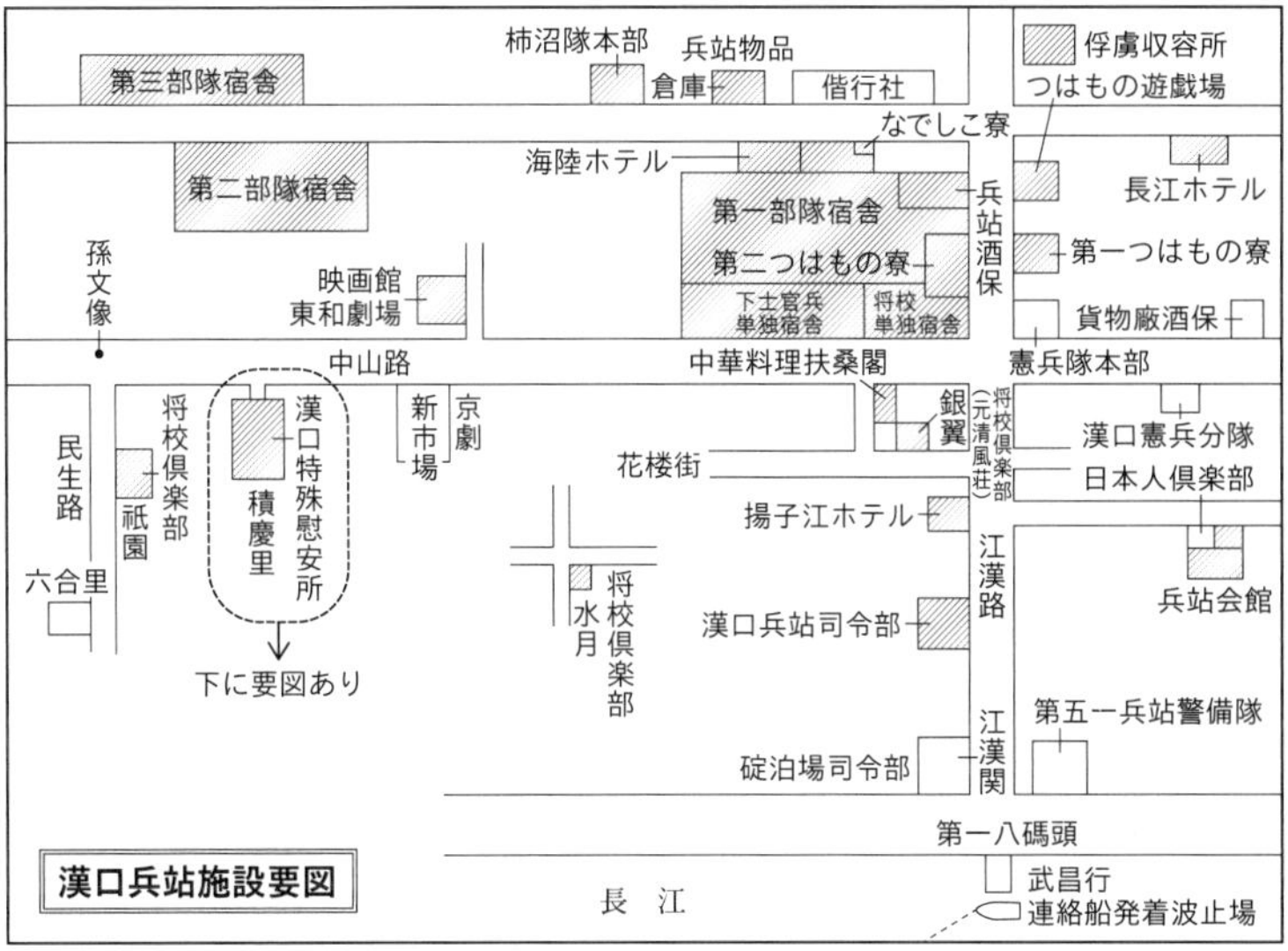

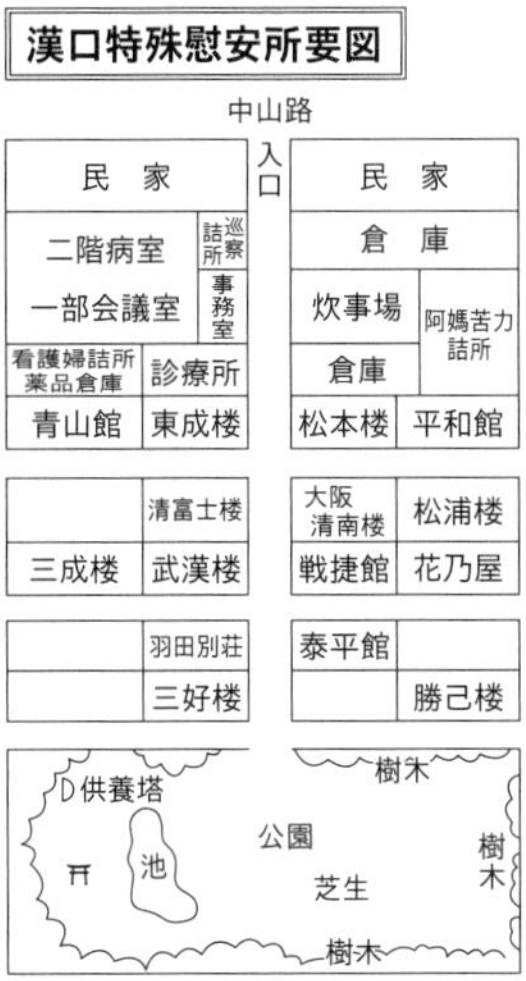

資料：山田清吉 1978年：76、148P

図版1-1　漢口の慰安所

きた。このようにして三〇軒の慰安所と約三〇〇人の慰安婦から成る漢口慰安所が一一月下旬、営業を開始した（長沢健一 1983年：50－54P）。漢口は占領地域の交通の要地で第一一軍司令部があり、兵力が移動するときに経由する所だったので、このように三〇軒もの慰安所が集まっていたのである。

積慶里は漢口の日本軍兵站施設が集中していた中山路にあった。図版1-1の上の図にみられるように、中山路と交差する江漢路に慰安所を管轄する兵站司令部と第一部隊宿舎、下士官宿舎、憲兵隊本部などがあった。積慶里があったのは中山路のその反対側のはずれのほうで、近くに将校倶楽部があり、私娼街である六合里もあった。下の図は積慶里の拡大図で、中山路から積慶里に入ると慰安婦の検診をする診療所と病室、反対側に倉庫と炊事場があり、続いて各慰安所が道の両側に並んでいた。慰安所を過ぎると公園があった。

一九三八年一〇月、日本軍が華南(中国南部)の広東を侵略し占領地を拡大した後は、華南一帯にも慰安所が設置された。この地域での慰安所設置においては、現地軍の要請に従い、本国政府や台湾総督府が慰安所の業者を選定した。まず、広東を占領した日本軍第二一軍参謀と陸軍省徴募課長が一九三八年一一月初め、南支派遣軍の慰安所設置のため「醜業を目的とする婦女」約四〇〇人を渡航させてほしい、と内務省に要請した。これに応じて日本の内務省警保局が、各府県に通達して適当な抱え主を選定させ、その抱え主らが婦女を募集し華南に連れてゆくことを企画した。内務省警保局は、大阪一〇〇人、京都五〇人、兵庫一〇〇人、福岡一〇〇人、山口五〇人と、五つの府県に計四〇〇人の婦女を割り当てた。一方で第二一軍は台湾総督府にも婦女三〇〇人の募集を依頼した。台湾総督府もやはり各州庁に、募集の数を州ごとに再割り当てをして業者を選定させた注9。

五カ月ほど後の一九三九年四月の時点で、広東の第二一軍の管轄地内には醜業に従事する女性が約一〇〇〇人おり、そのうち第二一軍兵站部の統制を受けているのは約八五〇人であった。先に第二一軍司令部が日本の内務省と台湾総督府に募集を依頼した慰安婦の約七〇〇人が、その主

注9 「支那渡航婦女ニ関スル件伺」(内務省警保局警務課長、1938年11月4日):『資料集成』第1巻、77-86P。

軸を成していたと推定される。

その後、一九三九年一一月から翌年一月までの三カ月間で、慰安所関係で台湾から華南に渡航した台湾人は二六〇人だった。同期間中、慰安所関係で台湾から華南に渡航した日本人は八〇七人、朝鮮人は五二三人で、台湾人の渡航数を遥かに上回った。この三カ月間に台湾から華南に渡った慰安所関係者の総数は一五九〇人に及ぶ。以前から台湾で酌婦・娼妓業に従事していた女性たちが華南に移動したケースもあれば、業者が日本や朝鮮から女性を集め、台湾を経由して華南に移動させたケースもあったといえよう（駒込武　２０００年：133－139P）注10。すでに一九三九年四月の時点で広東一帯に約一〇〇〇人の慰安婦がいたから、そのうちの一部が一九四〇年の初めまでに日本や台湾に帰還したとしても、一九四〇年の初めには華南一帯に一五〇〇人を超える慰安婦がいたと思われる。

日本軍は一九三九年二月に広東の南西側にある海南島を占領したが、ここでの慰安所設置は、台湾の国策会社である台湾拓殖株式会社が担当した。海南島の日本海軍が台湾総督府に慰安所設置を依頼すると、台湾総督府はそれを傘下の台湾拓殖に任せた。台湾拓殖は四月末に子会社の福大公司に業者を選定させ、慰安婦を募集する資金を貸してやった。福大公司が台北郊外の温泉街であり歓楽街でもある北投の遊廓業者・奥田甚三郎を慰安所業者に選定すると、奥田は自分が抱える酌婦・芸妓八人に、新たに三人を加えて海南島北部の海口に移動した。この業者は福大公司から渡航費として三万円を融資してもらい、台湾拓殖が海口に作った建物に慰安所を設けた。

海南島南部の三亜でも五月、台湾拓殖が日本海軍の要請（台湾総督府が仲介した）に従い、同

注10　原資料は『資料集成』第１巻、77-86、175-428P、『資料集成』第２巻、39-40P。

様に北投の遊廓業者を慰安所業者に選定し、業者を帳場（管理人）一人、料理人二人、酌婦一〇人などとともに移住させて慰安所を設置させた。料理人二人は台湾人、酌婦中一人は朝鮮人、その他は日本人だった。酌婦の住所は業者と同じで、遊廓業者が自分の抱える娼妓たちとともに移住したのである。海口の慰安所同様、台湾拓殖はこの慰安所にも福大公司を介して必要資金一万八〇〇〇円を融資した。一九四〇年四月、軍の移動によりこの慰安所は営業を中止した。その借入金の償還に困ったというところからみると、この慰安所が軍について移動しなかったことが分かる（駒込武　2000年：142－145P）。

海軍出身で上海で豆腐屋を営んでいた坂下熊蔵は一九四〇年、海軍に服務していた際の同僚である海軍将校の提案に従い、上海公平路に以前からあった慰安所・海乃家《うみのや》の経営を引き受けた。この慰安所は海軍特別陸戦隊の軍属専用慰安所で、海軍が慰安所の建物及び食料他の必要物資を提供した。坂下の主な業務は慰安婦の補充及び管理であり、一種の経営委託慰安所であった。引き受けてしばらくは利用者が少なく、坂下にしてみれば騙されたようなもので、金銭的な損害を被った。初期は本館一つで運営したが、一九四四年には利用客が増え、一キロメートルほど離れた所に別館まで設けて拡張した。慰安婦は合わせて四五人ほどで、内訳は日本人一〇人前後、朝鮮人一〇人前後、中国人二〇人前後だった。店には昼でも連日客の出入りがあり、昼に宴会が開かれることもあった（華公平《はな》　1992年）。

日本軍が中国の海岸全域と内陸の一部の要地を占領した一九四〇年五月、日本政府は日本人の中国渡航を制限する方針を発表した。芸妓、酌婦、女給、慰安婦などの「特殊婦女」は、原則的に新規渡航が認められなかったが、五月下旬の雇用者数を基準にして欠員ができたら、それを補充するレベルでの中国渡航は許可するとした注11。これは一九四〇年五月には中国戦線における軍慰安所の設置が一段落したことを意味する。

初期の朝鮮総督府の関与は？

以上のように、一九三七年七月の日中戦争勃発以降、一九四一年一二月の太平洋戦争勃発前まで、日本軍が中国戦線で慰安所を開設するに当たっては、中国駐屯軍が直接業者を選定しその業者を日本、朝鮮、台湾などに派遣して慰安婦を募集させるか、中国駐屯軍が陸軍省を通して日本の内務省と台湾総督府に慰安婦募集を依頼し、内務省と台湾総督府が行政組織を通して慰安所業者を選定し、その業者らに慰安婦を募集させた。要するに、日本軍や行政当局は慰安所業者を選定したのであって、慰安婦を募集したのはその業者たちであった。

この中国戦線での慰安所開設と関連する話でいうと、日本軍が朝鮮総督府や朝鮮軍司令部に慰安婦募集を依頼し、朝鮮総督府や朝鮮軍が行政組織（警察を含む）や軍に関連する機関を通して業者を選定したことは確認されていないが、日中戦争勃発直後、日本の中国渡航統制方針に従い、朝鮮総督府も朝鮮から中国への渡航（慰安婦の渡航を含む）を統制したことだけは確認されている。

朝鮮総督府警務局保安課は、一九三七年八月二五日付の「北支に無職不良分子流入阻止取締に関する件」及び同九月三日付「不良分子の渡支取締に関する件」などの通達で、朝鮮から中国に

注11　「渡支邦人暫定処理取扱方針中領事館警察署ノ証明書発給範囲ニ関スル件」（警務部第三課、1940年5月）：『資料集成』第1巻、137-138 P。

渡航する際には、管轄警察署が発行する身分証明書を所持させ、一九三八年一月三一日付の「渡支身分証明書発給状況に関する件」「支那渡航取締に関する件」の通達で、各道警察部長に身分証明書の発給状況を毎月報告させた。また、一九三八年一二月に漢口慰安所が飽和状態になると、漢口総領事の要請により、日本の外務省と拓務省が朝鮮総督府にも慰安婦の送出を制限するよう通達した。これに対し朝鮮総督府警務局保安課は各警察署に、翌一九三九年三月まで漢口や広東への慰安婦移送を中国現地の領事館、日本の外務省、拓務省の意向に沿って統制・調節するよう通達した。

さらに一九四〇年三月、中国に汪兆銘政権が成立した後は、朝鮮総督府も本国政府の方針に合わせて中国への渡航を一層厳しく取り締まった。その結果一九四〇年五月からは、慰安婦を送出する際、女性の居住地の警察署が発給した渡航証明書だけではだめで、目的地である中国現地の管轄領事館警察署と駐屯軍の送出要請証明書も必要になった。これに応じて朝鮮総督府も「渡支邦人暫定処理方針」を作成し、渡航証明書を発給する際には日本と全く同じように取り扱うようにし、中国に渡航する「特殊婦女（芸妓、酌婦、女給、軍慰安婦など）」の新規の渡航証明書は、五月二〇日時点での中国内の雇用者数を基準にした欠員を補充する限りにおいて発給できるようにした（吉見義明 1992年：127P／金富子 2000年：238-242P）。

このように、日中戦争期に朝鮮総督府が朝鮮における慰安婦募集に関与したのは、中国渡航用身分証明書発給に関する本国の方針の各級警察署への下達であって、行政組織を通して地方の官吏や警察に業者を選定させたのではなかった。ましてや、面（編集部注：日本の村に相当する行政単位）の職員や警察が慰安婦を直接募集し連行するように指示したものではなかった。よく「官憲による慰安婦の強制連行」云々というが、日中戦争期に朝鮮総督府は慰安所業者の選定さえもしていなかった。この点は、台湾総督府や台湾軍が配下の行政組織や国策会社に慰安所業者の選定をさせたのとは画然と違う。

太平洋戦争期の慰安所設置

一九四一年一二月八日、日本軍はハワイの真珠湾を奇襲攻撃し、アメリカの太平洋における戦力に打撃を与えると同時に、東南アジアに対する侵略を全面的に進めた。すでに一九四〇年にヴィシー政権下のフランスの植民地であるベトナムに進出していた日本軍は、一九四一年一二月八日の夜明け、マレー半島北東部のコタバルへの上陸作戦を開始し、翌年二月、シンガポールを陥落させ、三月にはインドネシアのジャワ島にも侵攻した。また、一九四二年一月にはビルマを侵略し、同年五月、フィリピンからアメリカ軍を追い出し、ルソン島も占領した。

日本軍が東南アジア各地を侵略するに従い、日本軍慰安所も東南アジア各地に続々と設置された。東南アジア各地での慰安所設置方式は大きく二つに分けられる。一つは、中国戦線の日本軍部隊が東南アジアに移動する際、部隊所属の慰安所も一緒に移動する方式である。千田夏光の『従軍慰安婦・慶子』に紹介された慰安婦・慶子らは、広東の歩兵第一二四連隊に所属していたが、太平洋戦争の勃発とともにその連隊がボルネオに移動すると、慶子ら一行も部隊についてボルネオに移動した。慶子らはその後、部隊とともにフィリピンやビルマなど南太平洋や東南アジア一帯を転々とした。

もう一つは、慰安所自体を新たに設置する方式である。太平洋戦争前に中国戦線に投入された日本軍は八〇万人だったが、太平洋戦争が勃発してから五カ月が経った一九四二年四月には、東南アジアの戦線に四二万人の日本軍がおり、そのうちの中国戦線から移動した一七万人の日本軍を除いても、二五万人の日本軍が海外の戦場に新たに投入された勘定になる（藤原彰 1987年：234P／林博史《ひろふみ》 1993年：13P）。したがって、それに見合うだけの新しい慰安所が設置されなければならなかった。

南方での新規慰安所設置は、主に南方派遣軍の要請により中国派遣軍や朝鮮軍、台湾軍が慰安所業者を募集し、慰安婦送出を支援する方式で行われた。

まず中国派遣軍が既存の慰安所業者や軍納業者などに、南方に行って慰安所を経営するよう勧誘したり命令したいくつかの事例がある（西野留美子 1993年：33－108P）。まずは一つ目の事例である。広東で夫が軍納業を、義母が軍用食堂を営んでいた酒井幸江《ゆきえ》（一九一八年生まれ）は、一九四二年の春先、軍の参謀からビルマに行って三〇人ほどの慰安婦を置く慰安所を経営するよう勧誘されたが、これを軍の命令として受け止めた夫と義母がそれに従うと決めた。酒井と夫は三〇人の中国人女性を集め、広東からビルマ行きの軍用船に乗り込んだ。

次は二つ目の事例だ。香月久治《かつきひさはる》は、満洲事変でも兵士として戦闘に加わり、一九三四年に除隊した後は満洲国で警察官をし、一九三八年からは満洲電業という会社に四年間勤めていた。そんなとき、南京の繁華街の太平路で一角楼という料理店兼慰安所を営んでいた彼の義父が、軍から南方で慰安所を経営するよう命じられた。しかし、一角楼を閉められない義父は香月に、自分の代わりに南方で慰安所を経営してくれと頼んだ。それに応えた香月は南京で二七人の日本人女性を集め、一九四二年七月、上海に行った。上海には一緒に出発する予定の女性たちが一三〇〇人も集まっていた。軍が用意したアトラス号に乗って出発、一カ月後にシンガポールに到着したが、香月はそこでビルマに行くよう命じられた。ラングーンに着くとまたビルマ北部のラシオに行くよう命じられ、ラシオで慰安所を開いた。

三つ目の事例は次のようなものだ。井上菊夫は上海で一九四二年五月、普段から親しくしていたふるさと楼という慰安所業者から、南方で一緒に慰安所をやらないかと誘われ、金儲けができると思い上海駐屯軍の慰安所経営者募集に応じた。当時、上海の景気が振るわなくなっていた一方で、新たに南方の景気が熱気を帯び始めていたためだったという。上海の日本軍の許可を受けた彼は、朝鮮人慰安婦たちを集め、先の香月と同じアトラス号に乗って出発した。ふるさと楼の業者と井上は、日本の南方軍からビルマ行きを命じられた。ビルマに到着後、ふるさと楼の業者は二軒の慰安所を開き、井上はメイミョウで第二ふるさと楼という慰安所を開設した。

このように、中国派遣軍が南方に行く慰安所業者を選定し慰安婦を送出したのは、南方派遣軍の要請があったからである。井上が南方へ出航するため上海港に行ったとき、日本軍の参謀大佐は集まった業者らを前にして「南方派遣軍総司令部の要請により、支那派遣軍総司令部これを斡旋し」と言った。

以上は中国派遣軍による勧誘・命令の話だが、朝鮮軍も業者を選定し慰安婦送出を支援した。日中戦争期とは違い、南方派遣軍の要請を受けた朝鮮軍司令部が慰安所業者を選定し、慰安婦送出に便宜を図ったことは確認されている。一九四四年、ビルマのミッチーナで捕虜となった日本人慰安所業者の尋問記録[注12]によれば、朝鮮軍司令部が京城の日本人料理店業者などにビルマで慰安所を経営するよう提案し、ちょうど料理店の経営が苦境にあった彼は、より多く稼げる機会を求めて応募した。彼は二二人の朝鮮人慰安婦を集め、朝鮮軍司令部は彼女らがビルマに到着するまで、日本軍が交通、飲食、医療などの全ての支援をするよう措置した。

その業者一行を含めた計七〇三人の朝鮮人慰安婦及び約九〇人の日本人男女の業者らが、一九四二年七月一〇日、釜山《プサン》で四〇〇〇トン級の客船に乗って出発、台湾を経てシンガポールに着き、そこで船を乗り換えて八月二〇日、ビルマのラングーンに到着した。彼らはその後、二〇〜三〇人のグループに分けられ、ビルマ各地の連隊や部隊に配属された。尋問記録を残した日本人業者は、第一八師団の第一一四連隊に配属され、部隊と一緒にビルマの各地を転々とした後、一九四三年一月、ビルマ北部のミッチーナに到着して慰安所を開いた。ミッチーナには既に二軒の慰安所があり、これで合わせて慰安所三軒、慰安婦六三人となった。

一方、南方の日本軍が直接、業者を朝鮮に送って慰安婦を集めたケースもあった。ビルマのミッチーナで捕虜になった前述の日本人業者と朝鮮人慰安婦の尋問記録によれば、「一九四二年五月初旬、日本軍の依頼人たちが、日本軍によって新たに征服された東南アジアの諸地域で『慰安サービス』をする朝鮮人女性を動員するため朝鮮に到着した……彼らの説明を信じて多くの女

注12　連合国軍最高司令官総司令部連合国翻訳通訳部の調査報告「日本軍慰安施設第2節9 慰安所 b ビルマ(1)」より。安秉直 2013年：417-423P 所収。

性が海外勤務に応募」し、「ほぼ八〇〇人に及ぶ女性たちが集められ、慰安所業者たちとともに一九四二年八月二〇日、ラングーンに上陸した」（安秉直《アンビョンジク》 2013年：407-408P）。一九四二年七月一〇日に釜山を出発した慰安団には、南方の日本軍の依頼を受け慰安婦募集のために朝鮮に来た業者もいた。

しかし、南方の日本軍が直接、依頼人らを朝鮮に送るのは簡単なことではなかった。それよりは、中国駐屯軍司令部や台湾総督府及び台湾軍司令部、また朝鮮総督府及び朝鮮軍司令部などに業者を通した募集を依頼するほうが、より一般的だったであろう。このように、太平洋戦争期の東南アジアでの慰安所設置においては、日中戦争期の慰安所設置時には直接確認できなかった朝鮮総督府や朝鮮軍の積極的な役割があった。

この一九四二年七月一〇日に釜山を出発した慰安団に先立ち、朝鮮から南方に向かった慰安団があったことも確認されている。一九三七年に軍医として入隊し関東軍第七三一部隊に勤務した冨原は、一九四二年一月、ジャワ攻撃作戦のために移動中、台湾の高雄でマラリアに感染、サイゴンの野戦病院で治療を受けた後、一九四二年三月、九竜の陸軍病院に移され、完治した後の六月中旬、九竜港で遅れて南方行きの船に乗ったが、冨原などの少数を除いた乗客の大多数は女性だった。彼女らは日本人、中国人、朝鮮人の慰安婦で、日本人は少し歳をとっており、中国人と朝鮮人は若かった。その船はシンガポールに寄港した際に冨原らを下ろすと、すぐにビルマに向かった。おそらくその船は、六月初め頃に朝鮮人慰安婦たちを乗せ朝鮮を出発したのであろう（西野留美子 1993年：151-164P）。

このようにして慰安所業者と慰安婦がビルマに到着すると、軍参謀部の後方担当が、部隊の兵士数に合わせて慰安婦を配置した。ある業者の慰安婦一行をそっくりそのまま送ったり、日本人、朝鮮人、中国人のグループに分けて送ったりした。たとえば、師団司令部所在地の将校用倶楽部には日本人慰安婦たちを配置し、戦闘地域には朝鮮人や中国人を配置したのである（西野留美子 1993年：106－108P）。

中国、朝鮮に次ぐ三番目に、台湾軍による業者募集もあった。フィリピンへの進出を図った台湾の業者が、台湾軍司令部の斡旋によりマニラで慰安所を開いたのも確認されている。台南のある業者は「マニラが落ちると直ぐに、台北の海軍武官府にお百度をふんで、現地での営業希望をお願いし……許可が下り……私の家に居た妓を中心に十三名の芸者を集め、それに板前、髪結、大工、左官まで全員三十名で……海軍の特務艇に便乗……サンマルセリノのフリーメーソンのお寺を割り当てられ、改装して料亭にした」（秦郁彦 1999年：134P）。これは兵士相手の慰安所ではなく将校が主な顧客の料亭ではあるが、業者が台湾軍司令部を通し粘り強く頼んで慰安所を開設したという点が特徴的である。

シンガポールのような都市部では初期、日本軍が現地で直接、女性を募集して慰安所を設置したこともある。シンガポールでは、一九四二年二月一五日の日本軍による占領直後、軍司令部の後方係が直接、住民から人づてに聞いて見つけた娼妓を各部隊に配置して慰安所を作った。それまでイギリス軍を相手にしていた女性たちが続々と応募してきたので、すぐに予定していた慰安婦数を満たすことができ、占領一二日後の二月二七日に初の慰安所が作られた。その後の三月五

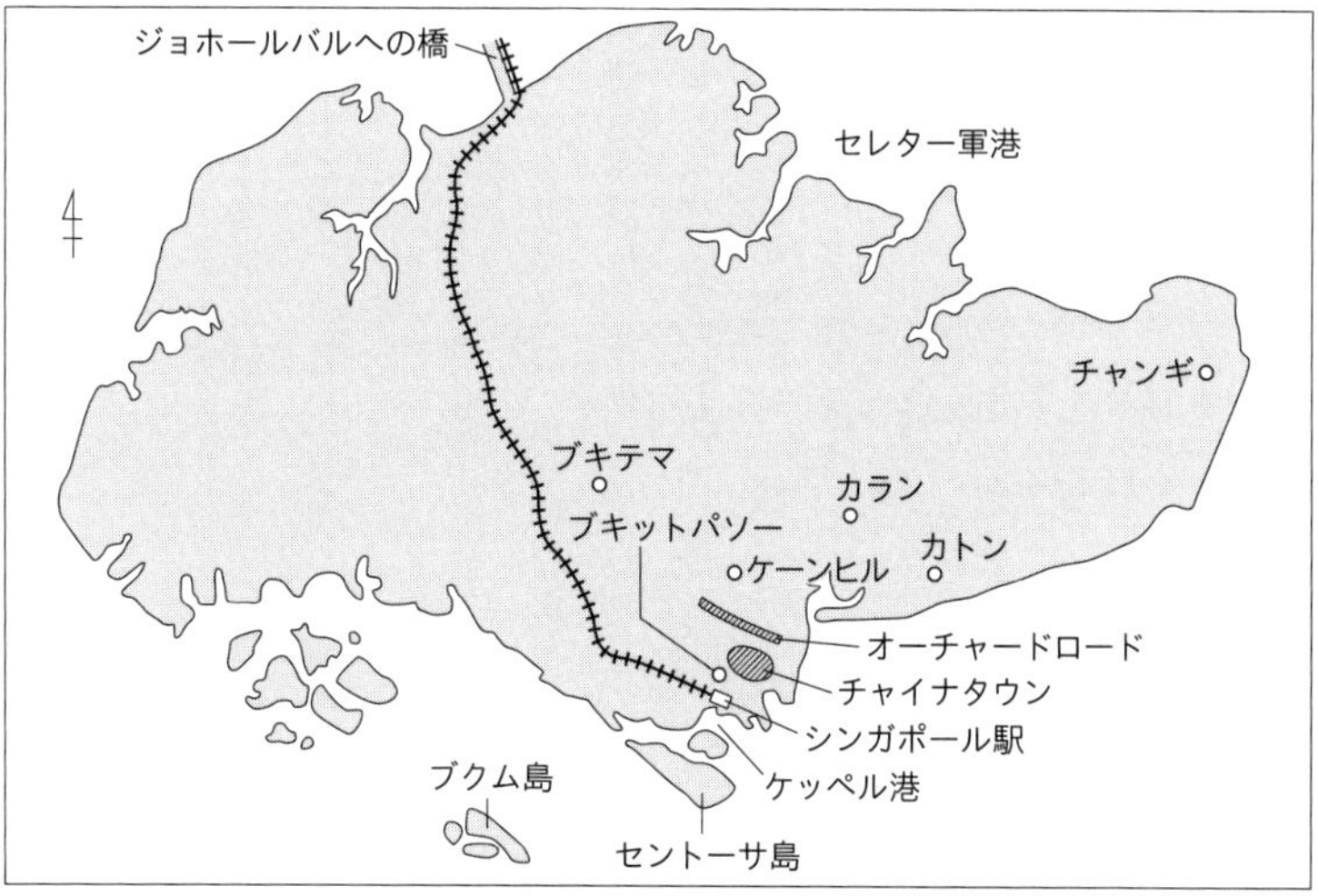

地図1-2　シンガポールの慰安所関連地図　資料（林博史 1994年：35P）を基に作図

〜八日頃、日本軍の宣伝班が作った中国語の新聞『昭南日報』に、月の報酬最低一五〇シンガポールドルで年齢一七〜二八歳の接待婦数百人を募集する広告が載り、四月七日付の同新聞には、加東《カトン》遊泳倶楽部で女性事務員一〇人と女性接待員二〇人を募集する広告が載った。しかし、広告を見て応募する人はほとんどいなかった（林博史 1994年：34-37P）。

一九四二年一一月、シンガポール島の南にある小島、セントーサ島に朝鮮人慰安婦一二〜一三人が到着し、軍慰安所が開設された。独立自動車第四二隊の隊員の証言によれば、ケーンヒル慰安所の慰安婦には朝鮮人が多く、マレー人もいた。朝鮮から来た業者と台湾人の女性がその慰安所を経営していた。そして、シンガポール北部のセレター軍港の慰安所では、ほとんどの慰安婦が中国人と朝鮮人だった（地図1-2）。

敗戦の危機の中での慰安所設置

太平洋戦争末期に、中国でも追加して軍慰安所が設置された。天津の日本軍が、七〇〇キロメートル以上離れた河南省の鄭州や近隣の山東省に一～三カ月という期限を定めた慰安所を作ったり、天津市内に将校のための倶楽部形態の慰安所を作ったりした。華北では日本の傀儡《かいらい》政権の華北政務委員会が組織されていたが、一九四四年六月、その配下の天津市政府と天津警察局は日本軍から要請され、河南省の日本軍部隊に天津市内の妓女を派遣することを決定した。すなわち天津警察局は、市内の接客業者の団体である楽戸連合会に妓女八六人を選抜させ、協会関係者が引率し警察が護送して、彼女らを一カ月間の期限で鄭州に派遣した。そのうちの五〇人が病気になるか逃げて離脱し、残る三六人が一カ月間、軍慰安婦として過ごした。

また一九四五年四月、日本軍は楽戸連合会に二〇人の妓女を選抜させ、天津市内の軍人倶楽部に慰安婦として派遣させた。そして、日本が降伏する直前の一九四五年七月末にも、日本軍天津防衛司令部は楽戸連合会に、天津の司令部直轄の慰安所である東駅会館に三週間、二〇～三〇人の妓女を慰安婦として送らせたり、山東の日本軍に妓女二五人を派遣し、三カ月間慰安婦として働かせたりした。以上は、日本軍が天津市の警察・行政組織を通して天津の中国人接客業者団体に、中国人妓女らを期限を定めた慰安婦として動員させたケースである（林伯耀・張友棟 2000年）。

天津に近い山東省済南に駐屯していた日本軍も、現地の中国人接客業者団体を通して慰安施設を作り、他の日本軍部隊に慰安婦を供給した。一九四四年上旬、済南の日本軍は済南中国妓館組合に慰安所を作らせ運営させた。従業員の食料や日用品は日本軍の兵站部が廉価で供給し、医療も日本軍が負担した。済南の日本軍は一九四四年六月、天津の日本軍と同様、河南作戦に際し妓女を戦線に送るよう要求したが、日本人料理組合では日本人妓女が足りなくて応じることができず、朝鮮人料理組合が朝鮮人妓女約三〇人を河南省鄭州に三カ月間派遣した。この妓女らは皆無事に帰還した（西野瑠美子 2000年c：170-172P）。

なお日本軍は、本土決戦を控えた最後の決戦場の沖縄でも、慰安所を新たに設置するという奇異な行動をみせた。ガダルカナルやサイパンを経て太平洋を北上するアメリカ軍を阻止するために、日本軍大本営は一九四四年三月、南西諸島守備軍として第三二軍を新設し、四月には沖縄に飛行場設営部隊を配置した。そしてその年の夏には、第三二軍の所属部隊として、中国戦線などの日本軍三個師団が沖縄に転用された。八月初めには第二四師団が中国丹東から、八月下旬には第六二師団が中国山西省と山東省から、八月末には第二八師団が満洲チチハルから移動した。第三二軍は沖縄でも、将兵による強姦の防止、兵士の慰安、性病の予防などのために慰安所を設置した。

中国などから移動した部隊の一部（第五〇飛行場大隊など）は、所属慰安所を帯同していた。第三二軍司令部は沖縄の那覇警察の助力により、辻遊廓の抱え主と娼妓たちや朝鮮から新たに募集した女性たちで慰安所を作った。特に一九四四年一〇月一〇日、アメリカ軍による那覇市大空襲で辻遊廓を含め那覇の市街地の九〇％が焼け野原になったが、日本軍は居場所が無くなった娼妓たちを新たな慰安所に編成し、そのための建物も建てた。日本軍は辻遊廓に慰安所一軒当たり一五人ずつ、計五〇〇人の慰安婦を提供させた。沖縄本島及びその付属島嶼《とうしょ》に設置された慰安所の数は近年一三〇軒と確認されたが、付属島嶼に設置された慰安所は小規模なものが多く、慰安所当たりの人員は一〇人を少し超える程度で、全体の慰安婦数は一五〇〇人前後と推定される（浦崎成子 2000年／古賀徳子 2008年）。

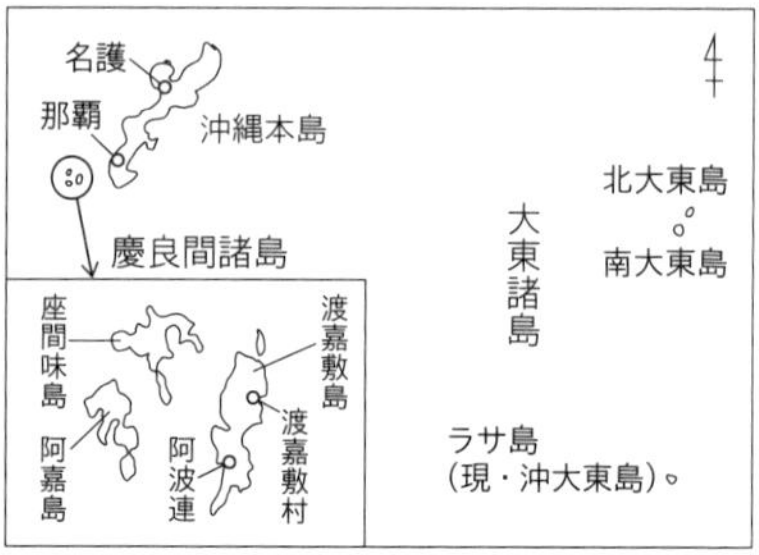

地図1-3　沖縄の慶良間諸島と大東諸島

　一九七九年に「沖縄のハルモニ（おばあさん）」として初めて世に知られた元慰安婦・裴奉奇《ペボンギ》一行の足取りを通して、沖縄における慰安所の設置状況をみてみよう。裴奉奇の一行は一九四四年一一月に沖縄に配置された。一九四四年一一月といえば、沖縄の南方にあるサイパンで日本軍が全滅（七月）していたが、フィリピンはまだ米軍に取り戻されていない時期である。米軍はその四カ月後の一九四五年三月、大々的な沖縄上陸作戦を展開し、三カ月後の六月には沖縄を占領した。裴奉奇の一行五一人は皆朝鮮人で、二〇人は沖縄本島に残り、裴奉奇を含む二一人は那覇港から西に三〇キロメートル離れた慶良間《けらま》諸島に行き、渡嘉敷《とかしき》島、座間味《ざまみ》島、阿嘉《あか》島にそれぞれ七人ずつ配置された。裴奉奇は座間味島経由で渡嘉敷島に向かった。残りの一〇人は、沖縄から東に三七〇キロメートルも離れた孤島の大東諸島に配置された（地図1-3）。

　裴奉奇らと別れて大東諸島に行った女性らは、とりあえず南大東島に行ったが、そこには既に何人もの慰安婦たちがいたので、一一月下旬に再び、南に一五〇キロメートルも離れた小島、ラサ島（現・沖大東島）に移動した。ラサ島には第八五兵站警備隊の第四中隊であるラサ守備隊の三二〇人がいた。この中隊の陣中日誌には、一一月二三日、管理者一人と朝鮮人慰安婦七人が到着したと記されており、一行の一〇人中三人は南大東島に残ったことが分かる（川田文子　１９８７年／姜貞淑　２０１０年：193－197Ｐ）。

さらに、ドイツの降伏後、日本の敗戦直前である一九四五年六月にも、内モンゴルの張家口に駐屯していた日本軍が新しい慰安所を作ろうとしたことが確認されている。アメリカ軍の通信盗聴資料によれば、内モンゴルの日本軍部隊は、慰安所設置のために割り当てられた慰安婦募集資金を京城にある銀行の慰安所業者の口座に入金してほしいと朝鮮総督府の財務局に要請した（パン・ソンジュ　１９９７年：232－234Ｐ）。

戦場の日本軍が次々と全滅し、慰安婦たちも同じ運命を迎える可能性が高い最後の決戦を控えた状況下でも、日本軍が新たに配置された地ごとに一カ所も欠かさず慰安所を設置したというのは、まさに猟奇的である。このように日本軍慰安所は、日本軍が派遣された戦場にはほとんど全部設置されたのが特徴である。

日本軍慰安所は戦場に設置されたもの

日本軍慰安所は地理的にどのように分布していたのであろうか。通説は、戦場はもちろん、日本本土や朝鮮、台湾など大日本帝国全域に軍慰安所があったとしている。日本の慰安婦運動団体であるｗａｍ《ワム》（アクティブ・ミュージアム 女たちの戦争と平和資料館）が作った日本軍慰安所の分布地図をみると、日本軍がいた所には全て軍慰安所があったように表示されている（https://wam-peace.org/ianjo/）。日本軍慰安所は中国に最も多かったが、東南アジア、中部太平洋、南太平洋諸島にも多く、満洲国と台湾、朝鮮、日本にもあったという。

しかし、日本軍が直営するか運営全般を監督・統制する日本軍慰安所は、そもそも戦場に設置されたものである。日本軍の戦闘地域でない所には慰安所はなかった（従軍慰安婦１１０番編集委員会 １９９２年：117Ｐ）。日本軍戦闘地域でない朝鮮や日本本土、台湾などは、兵士が民間人をむやみに強姦できる所ではなく、また、兵士は外出や外泊をする際に民間の遊廓を利用できたので、軍慰安所を設置する必要がなかった。警察の管理・監督を全く受けない私娼であれば性病感染の危険性が高いが、定期検診を受けなければならない公娼では、性病感染の危険性もかなり抑えられていた。

日本の財団「女性のためのアジア平和国民基金」が発刊した全五巻の『政府調査「従軍慰安婦」関係資料集成』（以下『資料集成』と略記）中、アメリカ軍などの連合軍による日本軍捕虜尋問記録を収めた第五巻を除く四巻に、合わせて一八四件の日本政府と日本軍の文書資料が収められている。そのうち一七九件が中国、東南アジア、中部・南部太平洋島嶼に設置された慰安所に関するもので、残りの五件が、日中戦争以前の満洲地域における関東軍の遊廓管理に関するものである。すなわち、日中戦争以後、日本本土、朝鮮、台湾、満洲に設置された慰安所に関する資料は一件もない。これは、日本軍慰安所がそもそも中国、東南アジア、南太平洋の戦場に設置されたものであることを示唆する。

また、日本の陸軍省が把握していた慰安所というのも、やはりそうしたものだった。一九四二年九月三日、陸軍省課長会報で倉本敬次郎恩賞課長は、設置された軍慰安所は華北一〇〇、華中一四〇、華南四〇、南方一〇〇、南海一〇、樺太（サハリン）一〇、合計四〇〇と報告した（吉見義明 1995年：70P）。中国戦線の慰安所が二八〇軒で、全体の七〇％を占めていた。陸軍省は、日本、朝鮮、台湾はもちろん、満洲においても軍慰安所の存在に言及していない。

日本、朝鮮、台湾は戦場ではなく、その国境においても日本軍は敵軍と直接対峙《たいじ》していない。これらの地域では、中国で慰安所を設置するときのように現地の日本軍が業者を選定し、その業者が慰安婦を集めて慰安所を開くということはなかった。その代わり、日本軍部隊の周辺に外出する軍人、あるいは休暇で出てくる軍人を客として迎える売春施設が自然発生的にできると、その日本軍部隊が戦場の日本軍慰安所の管理方式をまねして、そこを軍が利用する施設に指定し、統制・管理するケースが一部にあった。

朝鮮北部でのケースをみてみよう。北朝鮮の会寧《フェリョン》市関係者は、植民地朝鮮の咸鏡北道会寧に慰安所が六軒あったと言っている。しかし、そこが日本軍慰安所だったという証拠はなく、軍人が利用した飲み屋、カフェ、遊廓であったと思われる。

会寧には日露戦争中の一九〇五年九月に日本軍が初めて進駐し、一九二〇年には歩兵第七五連隊が創設されて駐屯し、その他にも工兵隊や飛行隊、憲兵分隊などがあった。会寧には早くから一〇人ほどの朝鮮人娼妓を抱えた料亭兼遊廓・徳川楼があった。徳川楼は一九三八年以降、戦時総動員体制下の遊興業規制を受け、芸者や妓生《キーセン》を呼ぶ宴会は開けず、民間人利用者が減った代わりに、会寧駐屯の日本軍が増えたお陰で、日曜日や軍隊の休日には軍人利用客が大幅に増えた。軍人を一人でも多く受け入れようと徳川楼は、一人当たりの利用時間を短縮して料金を下げた軍人用特別システムを作った。収益を最大化するために、民間人と軍人の間で価格差を設けたのである。当時、徴集されて会寧に配置されていたある日本軍兵士が、自分は将校の使いとして娼妓にプレゼントを渡すために徳川楼に出入りしていたが、日曜日ともなると外出許可を貰った多くの兵士たちがそこに押しかけ、並んで順番待ちしていたと証言している（金富子・金栄《キムヨン》 2018年：158−174P）。

徳川楼は日中戦争後、民間人の出入りが禁止された軍専用の慰安所に変わったという見解もあるが（李栄薫《イヨンフン》 2019年：259P）、民間人の出入りが禁止されたことは確認されていない。軍人と民間人がともに利用していた軍事都市の、ある料理店兼遊廓において、戦時統制期に民間人の客が減り、軍人の利用客が増えたのである。軍人の利用客が増えた後、日本軍部隊が徳川楼を慰安所に指定したのかどうかは分からない。会寧の歩兵第七五連隊は一九四四年、ルソン島に移動して最後の決戦に参加しており、その後、会寧に駐屯した日本軍は、兵員数としては大したものではなかった。

咸鏡北道の慶興《キョンフン》には、国境守備隊一個中隊や憲兵分遣隊などがいたが、そこにも慰安所があったという証言がある。一九二六年、咸鏡北道の雄基《ウンギ》で生まれた日本人女性と、一九二五年生まれの北朝鮮女性の目撃談がそれである。一九三八年、父親と一緒に慶興に移住したこの日本人女性は、一九三九年から四二年の間、日本に戻って女学校に通い、一九四三年に慶興に帰って郵便局の職員になった。彼女はある日、〝売春をする民家〟の前に日本軍兵士たちが並んでいたのを見た。また、ある日、近くの羅南《ナナム》の日本軍軍医が彼女の家に立ち寄った。彼女の母親が以前、この軍医に往診を依頼したことがあり、母親と軍医とは顔見知りだったからであるが、母親がお茶を勧めながらどこへ行くのかと尋ねると、軍医は梅毒の検査をしに行くところだと答えたという。一方、北朝鮮女性は初等学校を卒業した後、日本人が経営する商店の店員として働いていたが、一九三八年頃、彼女の家の前の慰安所に女性三、四人がいるのを見たと証言している（金富子・金栄 2018年：204－210P）。

　しかしこの目撃談は、日本軍慰安所の存在を立証するものではない。慶興の日本人女性は慰安所という言葉は聞いたことがないと言っている。慶興邑内の〝売春をする民家〟に軍人が出入りしたからといって、そこが必ずしも慰安所であるわけではない。一般の売春宿などに軍人が出入りしたのかもしれない。しかも、この日本人女性が一九四三年、慶興に帰ったときには、守備隊のほとんどが南方のトラック島に移動し、通信隊など若干の留守部隊だけが残っていた。日本に留学する前に聴き慣れていた軍隊のラッパの音は聞こえてこなかったという。軍人の数が少なかった所では軍慰安所というのはあり得ない。

　また、咸鏡北道慶興郡豊海《プンヘ》面大楡《テユ》洞の方津《パンジン》という小さな村にあった銀月楼と豊海楼が、韓半島内で初めて確認された日本軍慰安所だという主張もある。民間人の人口の少ない村に、二〇人ほどの女性を抱えた施設が二軒あり、そこから一キロメートルほど離れたところにある日本海軍の羅津《ナジン》特別根拠地隊の兵士たちがそこを利用したという（金栄・庵逧《あんざこ》由香 2012年：81－92P）。しかしこれも、日本の軍人が利用した民間の売春施設ではなく日本軍が管理する慰安所だったという証拠にはならない。軍慰安所なら、敢えて部隊から一キロメートルも離れたところに設置するはずがない。

一方、朝鮮北部清津《チョンジン》の新岩洞《シンアム》にあった慰安所で軍慰安婦として過ごしたという趙允玉《チョユノク》の証言によれば、その慰安所には三年間、民間人が出入りしたことがなく日本の軍人だけが利用したという。しかし、業者が趙允玉に見せた身分証明書のようなもの（娼妓登録証）には警察署の職印が押されており、同一の身分証明書が警察署にもう一通あった。また、慰安婦の一人が逃げたら警察が捜して連れ戻しており、週に一度の性病検査も警察が行っている（安李貞善《アンイジョンソン》 2007年：214－217P）。その点からして、ここの女性たちは警察が管理する公娼であり、軍人はそこを利用しただけである。

台湾の場合でも、慰安婦の証言はあるが、軍慰安所の存在を立証する客観的な資料はない。たとえば、日本軍の倉庫部隊で働かされていた台湾先住民（タロコ族）の少女二人（一三歳と一五歳）が、一年以上洞窟に閉じ込められ強姦されたと証言したことがある。この証言が事実だとしても、それは慰安所の存在云々というよりは、強姦事件とみるべきである。また、こんなケースもある。横浜の遊廓にいたある日本人娼妓が、借金が増え続けたため一九三八年、大金を前借りしてその返済に充て、台湾の澎湖島の馬公市にある遊廓に移った。そこには海軍御用という看板を掲げた二〇軒が集まっていた。この日本人女性は馬公市庁に戸籍謄本などの書類を提出して娼妓登録証を貰った。性病検診は軍医がしたが、外出は警察が監督した。これは、公娼を軍人も利用したケースではないかと思う。また、韓国の朴頭理《パクトゥリ》、李容洙《イヨンス》なども台湾で慰安婦生活を送ったと証言しているが、それが軍の監督・統制する慰安所だったのかは疑問である（東北アジア歴史財団　2009年：67－71P／中村ふじゑ　2000年／城田すず子　1971年：33－34P／挺対協他　1997年：35－40P）。

満洲の関東軍も、そもそも中国戦線で日本軍が行ったようには慰安所を設置しなかった。関東軍は長く満鉄沿線地域や関東州などに駐屯していたが、一九三一年の満洲事変以後は満洲の各地に駐屯した。日中戦争以前の関東軍は総員二〇万人程度だったが、日本軍専用の慰安所が設置されたことはなく、民間人経営の遊廓を軍民共用で利用した（秦郁彦　1999年：94P）。日本軍が慰安所業者を選定し、その業者が慰安婦を動員して慰安所を開いたのではなく、軍の駐屯地に接客業施設ができると関東軍はそこの女性たちの性病検診を行った。前述したように一九三三年三月、朝鮮人や日本人の娼妓業者らが関東軍の混成第一四旅団についてきて、万里の長城の近くの平泉で開業したが、その際、軍医が週一回、娼妓たちの性病検査をしたのがそれである。

日中戦争勃発後でもこれは変わることはなかった。一九四〇年代の初めまででも、慰安所関係のことは日本本土と同様に民間業者が行い、関東軍は関与しなかった。ある関東軍憲兵教育隊出身者は、季刊『憲友』第六〇号（一九九二年四月一日発行）に次のように書いている（加藤正夫　1993年：56P）。

当時、沢山の軍隊が満州各地に駐屯し、それに目を付けた朝鮮人が、日本軍人を相手とする料理屋（売春業）を経営していた。その当時日本人であった彼等は営業に当り、日本領事館の許可を必要とし、娼妓は性病の受診を義務づけられていた。領事館警察不在の土地では憲兵隊が軍医の協力で領事館の代行をし、昭和一三年頃には満州国警察へ移管するまで実施した。日本政府と軍が関与したのはそこまでであった。

前に言及した清津の慰安婦・趙允玉は、借金が増え続けたため清津から満洲の琿春《こんしゅん》街城北地区の慰安所に移った、と証言しているが、そこもやはり軍が管理する慰安所ではなかった。この慰安所では慰安婦の全ての生活費は慰安婦自身の負担であり、そのため借金が増え続けた。後述（第9章）するが、これは、日本軍が設置し管理する慰安所ではあり得ないことだった。趙允玉を支えた大邱《テグ》の慰安婦活動家が琿春を訪れたときも、現地の人たちは皆、日本軍慰安所や慰安婦は知らず、日本の軍人が出入りした遊廓はあった、と答えている（安李貞善 2007年：218－229P）。

ただし、関東軍に服務した軍人や軍属などの証言を採録した資料によれば、関東軍が売春施設を慰安所に指定したことは確認されている。三二人の証言者のうち七人が満洲の慰安所について証言しており、一九四一年から奉天や錦州などで軍に服務したある人は、あちこちに軍が指定した慰安所（朝鮮人や日本人が経営）があり、兵士たちはそこに軍が発行する免税票という割引券を持っていった。軍司令部は毎月、慰安所の営業状況についての報告を受けた。指定慰安所ではない所に行くことは禁止されていた、と証言している。これにより、関東軍が売春施設を慰安所に指定し管理したことが確認できる。また、東部国境地域の東寧に近い穆棱《ぼくりょう》に駐屯していたある砲兵隊員は、穆棱市内に朝鮮人業者の軍慰安所があったが、そこには二〇人程度の朝鮮人慰安婦がいて、部隊ごとに休日が異なっていたので慰安所は毎日営業していた、と言っている（従軍慰安婦110番編集委員会　1992年：46－48P、51－53P）。これらにより、全て軍指定の慰安所として軍が管理していたことが分かる。

特に満洲の国境地帯では、中国戦線の慰安所をまね、関東軍が慰安所を設置したこともあった。この国境地帯で日本軍はソ連軍と対峙しており、特にノモンハンや張鼓峰などでは、日本軍とソ連軍の間で局地的な戦闘が起こったりもした。ほとんどのソ満国境地帯には、民間人はいないか非常に少なかった。しかも一九四一年五月からは、民間人は旅行証明書を貰わないとそこに行けなかった（姜貞淑　1997年：157－158P）。そのため奥地の関東軍部隊が中国戦線の日本軍のように慰安所を設置することもあったのである。

ソ満国境地帯である牡丹江《ぼたんこう》省綏陽《すいよう》県の綏陽国境警備隊綏芬河《すいふんが》部隊が一九四一年一二月九日、寒葱河《かんそうが》区第二六三二部隊の官舎内に日本軍専用の料理店を開いた。本籍が朝鮮の馬山《マサン》市寿町である岩村が朝鮮人慰安婦一三人を連れてきて料理店を経営した。また、一九四二年六月の東安憲兵分隊の報告によると、軍事警察が特殊慰安施設の関連業者を選定した（朴貞愛《パクチョンエ》　2016年：16－17P）。しかし同じ綏陽において、軍の要請にもかかわらず慰安所が開設できなかったケースもある。「綏南地区では少なくとも一九四二年から敗戦まで慰安所開設の申請はすべて却下された」。一方、トーチカ（コンクリートで作られた陣地）を造る関東軍の築城部隊が慰安所の建物を建て、関東軍の軍納業者がその慰安所に慰安婦を集めてきたこともあった（従軍慰安婦110番編集委員会 1992年：39－40P、117P）。

日本においても戦闘が起き得る最前線では、部隊周辺に元からあった施設などを軍慰安所に指定したり、新たに慰安所を設置したりした。北海道釧路の海軍第三魚雷艇隊の戦時日誌によれば、この部隊は一九四四年七月、遊廓施設を点検し、洗浄室を完備しその他の衛生状態も良好な六軒を軍慰安所に指定した。また、東京から南に一〇〇〇キロメートル離れた太平洋上の絶海の孤島、小笠原諸島に駐屯していた部隊の陣中日誌には、一九四二年五月に作った娯楽場に、日本の遊廓である洲崎と吉原から女子一〇人ずつ、それに付属人員一〇人、合わせて三〇人が到着する予定、と書かれていた。そして東京から南に一五〇キロメートルほど離れた新島《にいじま》でも、一九四四年九月、日本軍部隊が上陸して飛行場を建設し、一九四五年四月に慰安所が設置された（吉見義明 1992年：379－385P／従軍慰安婦110番編集委員会 1992年：74P）。これらは全て、日本軍が本土決戦を目の前にしてその最前線となるであろう所に設置したものであった。

一方、沖縄駐屯の第九師団が一九四四年一二月に台湾に移動した際、その所属慰安所は沖縄に残った。台湾が戦闘地域ではなかったからだと推測されるが、この慰安所を含めた付属施設は他の師団（第六二師団）が引き継いだ。第六二師団司令部は第九師団の慰安所管理法、経営方法、営業成績、経営者と慰安婦の関係などを報告するよう配下の部隊に指示した（河宗文 2023年：629P）。このことは、慰安所が戦場に設置されるものであることをまたも確認させてくれる。

戦場			戦場外		計
中国	東南アジア	南洋	満洲	日本／台湾／朝鮮	
32	11	6	37	17	103

表1-1　挺対協証言録に収録された慰安婦103人の当初の慰安婦生活地域

要するに、日本軍が業者を選定し、建物を提供し、その経営全般を管理・監督した本来の軍慰安所は、中国、東南アジア、南洋などの戦場に設けられており、敵（ソ連）と対峙する満洲の国境地帯や、すぐにも戦闘が起こり得る日本本土のいくつかの最前線地域にも、軍が慰安所を設置した。その他の地域では、まず、満洲では関東軍が民間施設を慰安所に指定して軍人に利用させ、監督・統制した。一方、日本、台湾、朝鮮などでは、民間が作った接客業施設を軍人も利用する程度だった。つまり軍慰安所は、海外の戦場と満洲の一部地域にはあったが、日本、台湾、朝鮮にはなかったといえるだろう。

そうだとすると、満洲、日本、台湾、朝鮮などで慰安婦生活を送った、と申告した韓国の女性たちをどうみなければならないかという問題が生じる。まず、韓国の慰安婦証言者の中に占める彼女らの割合がどの程度であるのかをみてみよう。挺対協及びその傘下の機関が出した慰安婦証言録全八冊[注13]には一〇三人の証言が収められており、それによれば、彼女らが慰安婦生活を始めた地域は表1-1の通りである。

諸地域中、満洲の比率が三五・九%と最も高い。この数字は、これまで集計されてきた朝鮮人慰安婦二九四人のうち、満洲に行った人が九七人で三三%を占めているというのに近似している。満洲に行った人が多いのは、満洲と朝鮮が国境を接し鉄道で直接繋がっており、自由に往来できたからであろう。本来の慰安婦

注13　これに関しては第6章で詳しく紹介する。

といえる人たちは、中国、東南アジア、南洋に行った四九人で、半分に少し足りない。つまり半分を超える五四人が、満洲、日本、台湾、朝鮮で慰安婦生活を始めたと証言したわけである。ここで、満洲に行った三七人のうちソ満国境地帯に行ったと推定される人は一八人程度で、半分ほどである。この一八人を軍が設置した本来の慰安所に属する慰安婦とみて、彼女らに先立って中国などの戦場に行った四九人と合算すると合計六七人になり、全体の三分の二程度である。とすると残りの三分の一は、民間人も軍人も利用した民間接客業施設の従業婦といえよう。

本来の軍慰安婦は、日本軍の選定した業者が日本軍と行政当局から便宜を図ってもらって動員した女性たちであり、民間施設の接客婦は、日本軍の計画及び要請とは関係なく民間業者が連れていった女性たちである。満洲の一部後方地域や日本、台湾、朝鮮で慰安婦生活を送ったという人については、軍人を相手にしたからといって日本軍慰安婦と断定することはできない。

もちろん表1-1は、初めに慰安婦生活を送った地域を分類したものである。女性たちは他の地域（あるいは国家）に何度も移動することがあった。たとえば、最初は満洲後方の一般接客業所に行った女性が、その後、中国の戦場の日本軍慰安所に移ったケースもあり、また、日本軍慰安所にいた女性が、民間の遊廓に移ったり公娼の接客婦になったりしたケースもある。日本軍が設置した慰安所の慰安婦と民間業者が作った施設の接客婦は、まったく別個の二つの範疇ではなかった。しばしば都市地域では慰安所と売春業が重複構造をなしており、女性は軍慰安所と民間売春施設を行ったり来たりした。

関東軍特別演習の際、朝鮮人慰安婦を大挙動員した？

一九四一年七月七日の関東軍特別演習（以下「関特演」と略記）の際、朝鮮人慰安婦を大挙動員して慰安所を設置したという主張があるが、これも再検討する必要がある。千田夏光は関東軍司令部第三課兵站班の原善四郎少佐の証言だとして、日本はソ連を侵略するために関東軍を八五万人に増員し、それとともに朝鮮総督府を通して二万人の朝鮮人慰安婦を動員する計画を立てたが、実際には八〇〇〇人の慰安婦を北満洲に動員するにとどまった、と記している（千田夏光 1978年：102－104Ｐ）。挺対協に連なる研究者たちはこれを事実とみて、関東軍の依頼を受けた朝鮮総督府が道・郡・面の行政組織を通して慰安婦を〝徴募〟した。これは官憲による慰安婦強制動員の事例だと主張している（鄭鎮星《チョンジンソン》 2016年：47Ｐ）。

この関特演慰安婦動員説が事実であれば、日中戦争開戦後、満洲国でも日本軍が大規模に軍慰安所を設置し慰安婦を動員したということになる。しかし、この関特演動員説は事実とはいえない。

関特演そのものは事実である。日本軍はソ連を侵略する目的で関特演を企画し実施したが、関東軍の兵力を増強しているうちに計画を廃棄した。日本陸軍は一九四一年六月にドイツがソ連に侵攻するや、それに呼応してソ連を攻撃しようと七月初め、当時三五万だった関東軍兵力を八五万人に増やす大動員令を出した。ソ連に対する攻撃は極秘裡に準備しなければならなかったので、動員令の伝達にも電報ではなく手紙を使い、「動員」を「臨時編制」と呼び、召集令状においても「充員補充」を「臨時召集」とした。しかし、制限された輸送能力のため関東軍兵力の増強が遅れた上に、ヨーロッパの戦況が期待ほどには進展せず戦線が膠着《こうちゃく》状態に陥った。そのため八月九日、関東軍の兵力増強は七〇万人のレベルで中止となった（加藤正夫 1993年：57－59P／秦郁彦 1999年：96－97P、101P）。何よりも日本は、アメリカとの間に生じた摩擦により石油などの資源を確保するため東南アジアに進攻しなければならず、またその前に、アメリカの太平洋艦隊を無力化させ、アメリカが東南アジアの日本軍を攻撃できないようにしなければならなかった。日本としては南方侵略が、またそれより先にハワイの真珠湾への奇襲が優先事項であった。

果たして関特演の計画に、朝鮮人慰安婦の動員が入っていたのだろうか。実はそうではなかったのである。慰安婦二万人動員計画という千田夏光の主張は、虚偽だったとみるしかない。千田は関特演動員説の根拠として原善四郎少佐の証言を挙げている。しかし原は、関特演の当時、関東軍司令部の〝作戦〟担当第一課参謀であり、その細部業務に兵站があったものの、原の直属上司である今岡豊中佐は、この兵站業務は莫大な軍事物資を準備するものであって、朝鮮総督府に依頼して慰安婦を動員するようなものではなく、「慰安婦二万人動員計画」というのは聞いたことがない、と証言している。また、関特演自体が対ソ開戦を目の前にして極秘裡に進められていたのに、関東軍が、朝鮮総督府に慰安婦二万人の動員を要請するなどという自ら作戦計画を漏らすようなことをするはずがない。また、当時の陸軍省の関特演予算担当者も後日「当時の満州には慰安婦関係のことは業者がやっており、軍は関係していなかった」と証言している。ということは、関特演に慰安所設置の予算などはなかったということである。何より千田が原少佐に直接インタビューして書いたのかどうかはさまざまな面から疑問があり、ただ一九六五年に刊行された『関東軍』（島田俊彦著）という本に出ている慰安婦動員計画の話に、総督府の行政組織を通した慰安婦動員の話を付け加えただけだった（加藤正夫 1993年：55-61P）。関特演慰安婦動員説は、千田夏光の作り話だったのである（西岡力 2012年：77-84P）。

次に、関特演が一カ月間行われたとき、実際に何らかの慰安婦の動員はなかったのかという問題をみてみよう。原少佐は一万人を動員したと言い、その補佐役だった村上貞夫曹長は後日、総督府の紹介で売春業者のボスに会い、朝鮮人慰安婦三〇〇〇人程度を実際に動員して関東軍の各部隊に配置したと証言している（秦郁彦 1999年：99-100P）。計画が中断したにもかかわらず、新京駅に到着した朝鮮人慰安婦らを各部隊に配置したというのである。

しかし、朝鮮から慰安婦を三〇〇〇人も連れ出そうとすれば、朝鮮内の酌婦・娼妓市場にとてつもない影響を与え、社会で大きな物議を醸したはずである。次章で紹介するが、一九四一年前後、朝鮮内の芸妓、酌婦、娼妓の数は合わせて一万人に少し足りない程度だった。そのような状態の朝鮮から関特演のために三〇〇〇人の女性を連れ出したら、朝鮮内の酌婦、娼妓の数も大幅に減るのが普通である。しかし、一九四一年に戦時遊興業統制で芸妓の数が前年の六〇〇〇人余りから四八〇〇人余りに減少しただけで、酌婦と娼妓の数は前年の三五〇〇人余りから三四〇〇人余りへとほぼ変わらなかった。

また、関東軍が朝鮮総督府の道・郡・面の行政組織を通して三〇〇〇人もの慰安婦を動員したとすれば、総督府文書や関係者の証言、そして慰安婦女性の証言にこの関特演動員の記録が残っているものである。しかし、それらのどの資料でもそうした事実は確認されていない。これは、関特演のために朝鮮から慰安婦を大挙連れ出したことはないということを意味する。

関特演に際しての慰安所設置及び慰安婦動員計画は、おそらく事実であったろう。独ソ戦に続いて日ソ戦が勃発すれば、日ソ戦線の日本軍も慰安所を多数設置し、それによって隣接した中国や朝鮮が慰安婦動員の舞台になったであろう。この点で関特演慰安婦動員説は、何の根拠もない嘘だとはいえない。しかし、計画と実状についての記憶が入り混じる中で関特演における朝鮮人慰安婦三〇〇〇人動員説が生まれ、総督府による行政組織を通した大規模動員の事例を求めていた挺対協の慰安婦運動家たちが、それを事実と信じ込んだことによって、もう一つの神話が作られたのである。

《要約》

日本軍慰安所は一九三二年、上海事変後に初めて出来、日中戦争勃発後は中国戦線の各地にわたって設置された。最初は日本軍が上海の既存の遊廓を軍慰安所に指定した。日中戦争期には現地の日本軍が業者を選定したり、現地の日本軍からの要請を受けて日本の警察や台湾総督府が業者を選定したりした。中国では現地の売春施設を慰安所に指定することもあった。軍が慰安所を設置したといっても、軍が行ったのはあくまでも業者の選定で、この業者らが慰安婦を募集した。

慰安所は海外の戦場と満洲国の一部に設置されたのであり、基本的に朝鮮、台湾、日本には慰安所はなかった。自分は日本軍慰安婦だったと申告・証言した人たちの中には、実は慰安婦ではなかった人も含まれている。

2 慰安婦の数は？

不良コピーによって生まれた〝慰安婦数十万人説〟

日本軍慰安婦問題が韓日の外交懸案として登場した一九九〇年代初め頃から、韓国では朝鮮人慰安婦は二〇万人いたという話が広く流布するようになった。一九九二年一月一一日、『朝日新聞』が慰安所に日本軍が関与したと報じると、それに追従した日本の英字新聞『ジャパン・タイムズ Japan Times』が一三日、「政府の責任者が日本軍によって第二次大戦中に何十万人（hundreds of thousands）ものアジア人〈慰安婦〉に対する強制売春（forced prostitution）に加担したことを、初めて認めた」と報じた（秦郁彦 1999年：13P）。韓国側では一九九〇年代初め、挺対協の慰安婦運動に最初から参加した社会学者の鄭鎮星《チョンジンソン》が、日本軍慰安婦は八万～二〇万人であり、その中で朝鮮人は絶対多数を占めたと主張した（挺対協他 1993年：117P）。また、二〇〇三年から二〇一〇年までの高等学校の近現代史教科書で四〇%超の最高の採択率を記録した金星出版社版《クムソンチュルパンサ》『韓国近現代史教科書』は「日帝末期（編集部注：日本の植民地であった時代の末期）に（日本によって）軍慰安婦として動員された朝鮮女性の数は数十万人と推算されるが、正確な人数は把握できていない」とし（163P）、朝鮮人慰安婦だけで数十万人になると主張した。二〇一〇年代以後は、韓国の高等学校国史教科書から慰安婦数への言及は消えたが、今でも多くの韓国人が、少なくとも数万人、多ければ数十万人の朝鮮人女性が慰安婦として動員された、と認識している。

しかし、この朝鮮人慰安婦二〇万人説に何らかの客観的な根拠があるわけではない。漠然とした推測からひねり出された数値が、多くの人々の口を経て定説のようになったに過ぎない。朝鮮人慰安婦二〇万人説の形成過程は、表2-1及び図版2-1の通りである。

朝鮮人慰安婦二〇万人説の起源は、一九七〇年八月一四日付『ソウル新聞《シンムン》』の光復二五周年特集企画中の女子勤労挺身隊（以下「挺身隊」と略記）に関する記事である。この記事は、一九四三年から四五年にかけ韓国と日本で挺身隊として二〇万人の女性が動員されたが、そのうち朝鮮人女性は五万〜七万人だった。彼女らの一群は工場や建設現場などで働かされ、他の一群は日本軍慰安婦として性の慰み者となった、としている。日本軍慰安婦の数には言及していない。

この記事中の数値は、何らかの資料的根拠があって出されたものではない。更に、一九四三年から四五年にかけて挺身隊として動員されたのは二〇万人だ、と言っているが、それ以前から日本は女性を戦時動員していたはずで、それまで合わせるともっと多い数十万人を動員したことになる。それでもこの記事によりその後、この二〇万人という数値が多くの論者によって少しずつ

年度	文献	内容
1970	『ソウル新聞』(8月14日付)	1943-45年の朝鮮人・日本人女性の挺身隊は20万人、そのうち朝鮮人女性は5万-7万人、挺身隊のうちの一部が慰安婦
1973	千田夏光『従軍慰安婦』	1943-45年の朝鮮人挺身隊は20万人、そのうち5万-7万人が慰安婦。それ以前の慰安婦は2万人、総計で朝鮮人慰安婦は7万-9万人
1976	金一勉『天皇の軍隊と朝鮮人慰安婦』	慰安婦は20万人。そのうち朝鮮人慰安婦は8-9割
1979	宋建鎬『韓国現代史論』	朝鮮人慰安婦は1938年に3万-4万人。1943-45年の朝鮮人挺身隊20万人、そのうち慰安婦は5万-7万人(『ソウル新聞』1974年11月1日付)
1993	挺対協他『強制連行された朝鮮人軍慰安婦たち』1	慰安婦は8万-20万人、そのうち朝鮮人が絶対多数
1995	George Hicks, *The Comfort Women*	慰安婦は14万人(日本軍は700万人、50人当たり慰安婦1人とする)
1995	吉見義明『従軍慰安婦』	慰安婦は5万-20万人

表2-1　朝鮮人慰安婦20万人説の形成過程　　資料：秦郁彦 1999年：405P

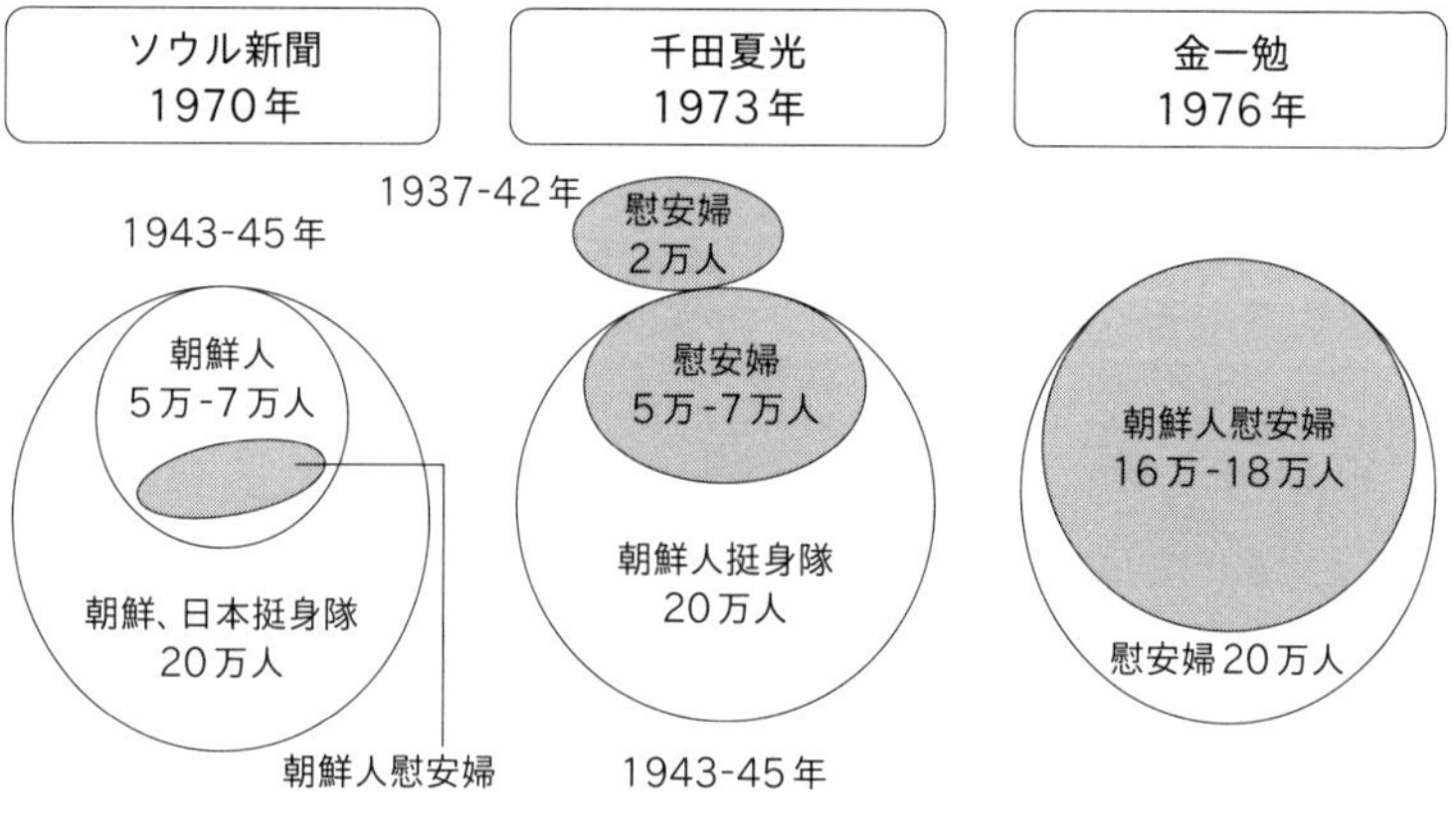

図版2-1　慰安婦20万人説の形成

変形されながら繰り返し言及されるようになる。

この数値を最初に引き継いだのは日本の慰安婦叙述家・千田夏光《せんだかこう》である。彼は一九七三年に刊行した著書『従軍慰安婦』で、一九四三年から四五年にかけて挺身隊に動員された朝鮮人女性は二〇万人であり、そのうちの五万〜七万人が慰安婦だったと書いた（106Ｐ）。二〇万人や五万〜七万人という数値は前述した『ソウル新聞』と同じだが、千田は『ソウル新聞』の記者とは違って「朝鮮人」挺身隊二〇万人、そのうち「朝鮮人」慰安婦は五万〜七万人だったとしている。また、一九三七年から四二年にかけても、朝鮮人女性が慰安婦として二万人動員されたので、朝鮮人慰安婦の総数は七万〜九万人になるという。

その後、在日朝鮮人の金一勉《キムイルミョン》がその数字をさらに膨らませ、一九七六年に出した著書『天皇の軍隊と朝鮮人慰安婦』で、慰安婦の総数は二〇万人、そのうちの八〇〜九〇％は朝鮮人女性だったと主張した。更に一九七九年には、韓国の言論人・宋建鎬《ソンゴノ》がその著『韓国現代史論』（邦訳は『日帝支配下の韓国現代史』一九八四年）で、一九三八年だけで朝鮮人女性が慰安婦として三万〜四万人動員された、一九四三年から四五年にかけて朝鮮人女性が挺身隊に二〇万人動員されたが、そのうち慰安婦が五万〜七万人だった、と書いた。彼は一九四三年から四五年にかけての慰安婦の数は『ソウル新聞』の記事を根拠としたとしている（邦訳の346Ｐ）が、実は千田夏光の説に従ったのである。宋建鎬は、一九三八年だけで三万〜四万人の朝鮮人慰安婦が動員されたと書いているので、その計算によれば、戦時期（一九三七〜四五年）に動員された朝鮮人慰安婦の総数は、一〇万人を遥かに超えるほかない。

このように、何の根拠もない二〇万とか五万〜七万とかいう数値が繰り返し引用されたため、それが慰安婦の数に関する一つの基準値として根づいた。たとえば慰安婦の数は、一九九三年には鄭鎮星が八万〜二〇万人、一九九五年にはジョージ・ヒックスGeorge Hicksが『The Comfort Women』という本で一四万人、一九九五年には吉見義明が『従軍慰安婦』という本で下限は五万人、上限は二〇万人（79－80Ｐ）とした。二〇〇〇年代に入ってからは、それらの数値が韓国の歴史教科書に堂々と書き込まれるようにまでなったのである。

韓国のインターネットのポータルサイトで「挺身隊」や「慰安婦」を検索すると、二〇二〇年代でも挺身隊二〇万人、あるいは慰安婦二〇万人に関する記事を簡単に探すことができる。たとえば、大邱《テグ》を中心とする慶尚北道の日刊紙『毎日《メイル》新聞』は二〇二二年八月二二日の「今日の歴史」欄で、いまだに挺身隊と慰安婦を混同しつつ、日本が挺身隊として徴発した韓国人女性は二〇万人余り、そのうちの多数が従軍慰安婦として日本軍の性奴隷になった、と報じている[注1]。

多くの論者が同じ数字を繰り返し引用したのであるが、実は彼らは、その数値について全く異なる話をしている。前述したように『ソウル新聞』の記事では二〇万人は朝鮮人及び日本人から成る挺身隊員の数で、朝鮮人慰安婦は五万〜七万人の朝鮮人挺身隊員の一部だった（朝鮮人慰安婦の数は示されていない）。ところが千田夏光は、一九四三年から四五年にかけて五万〜七万人の朝鮮人慰安婦が戦線に送られ、それ以前に送られた朝鮮人慰安婦を加えると、その総数は七万〜九万人になると言い、金一勉は、慰安婦の総数は二〇万人で、朝鮮人慰安婦はそのうちの八〇〜九〇％を占める一六万〜一八万人だったと言った。日本軍慰安婦は二〇万人であり、その中では

注1　https://news.imaeil.com/page/view/2022081915231507351（2023年1月19日検索）。

朝鮮人慰安婦が絶対多数だったという主張は、このように根拠のない話が独り歩きして生まれた。正常細胞が不良コピーされて癌細胞になるように、『ソウル新聞』の記事が不良コピーされて慰安婦二〇万人説が生まれたのである。

この不良コピーは、日本の植民地下にあった朝鮮人の被害を誇張し、それをもって日本政府を攻撃しようという意図の産物だった。日本の左派知識人及び韓国の慰安婦運動グループは、慰安婦被害を誇張する朝鮮人慰安婦二〇万人説を、日本政府を攻撃し慰安婦問題を煽り立てる恰好の材料として採用した。

事実のはずがない慰安婦二〇万人説

このように、韓国と日本の慰安婦運動家らが慰安婦五万〜二〇万人説を作り出したのだが、彼らはその数値が果たして現実的にあり得るものなのか、客観的事情にどれくらい符合するのかについては全く考えていなかった。

まず千田夏光のような慰安婦問題の初期の研究者が一九四三年から四五年にかけての慰安婦集中動員説を主張したが、その時期は日本軍が制海権を失い、物資であれ人力であれ大規模な海外移送が不可能になっていたから、そもそもそのような主張は成立しないのである。千田は著書の他の部分で自ら一九四三年以来の日本軍の制海権喪失を指摘し、それが原因となって南方の日本軍は日本人及び朝鮮人慰安婦を帰還させた、という矛盾した叙述をしている。たとえばニューギ

		1941年12月	1942年4月	1943年11月	1944年11月	1945年8月（終戦時）
陸軍	満洲	65	66	61	40	66
	中国	62	63	61	76	105
	南方	39	42	30	109	78
	その他を含めた計	166	170	170	280	284
海軍		32	—	—	—	40

資料：秦郁彦 1999年：401P。1942年の数値は林博史（1993年：13-14P）

表2-2　外地所在の日本軍陸海軍人・軍属の数（単位：万人）

ニアのラバウルの日本軍は、一九四三年八月から日本人看護婦を、一〇月からは慰安婦を帰還させており、南ボルネオの日本軍は一九四五年一月、米軍の爆撃を受けない病院船を利用して何十人もの慰安婦を日本に送還したとしている（千田夏光 1973年：174-178P）。

また、慰安婦が五万～二〇万人いたというのは戦時期の日本軍兵士の数とも合わない。慰安所というのは戦場に設置されるものだから、慰安所と慰安婦の数は戦場にいた日本軍兵士の数に連動している。つまり、戦場にいた日本軍兵士が多ければ多いほど慰安所と慰安婦は多い。ここで、太平洋戦争期に戦場にいた日本軍兵士の数をみてみると（表2-2）、一九四三年末までは二〇〇万人程度、翌一九四四年には二八〇万人くらいにまで増えている。

ここで、一九四四年における慰安婦の総数が二〇万人だとすると、日本軍兵士一四人当たり慰安婦が一人いたという勘定になる。慰安婦が一日に平均五人の兵士を相手にしたとしたら、一日の慰安行為の回数は一〇〇万回になる。これでは、全ての日本軍兵士がほぼ三日に一回ずつ慰安所を利用したということになるが、それはあり得ないことである。なぜなら戦場にいた日本軍兵士が、戦闘任務についたり訓練を受けたりせず慰安所にばかり出入りしたことになるからである。また、三日に一回ずつ、つまり一カ月に一〇回慰安所を利用したとしたら費用が少なくとも二〇円以上かかるが、一九四三年における戦地手当てを合わせた兵士の俸給は、上等兵の場合でも月二〇円を少し超える程度だった。つまり、俸給の全てを慰安所に使わなければならないことになる（従軍慰安婦110番編集委員会 1992年：100P）。

そこで、三日に一回ずつという仮定をもう少し現実的なものに変え、日本軍兵士は一週間に一回、慰安所を利用したとして考えてみよう。そうすると、兵士の総数が二八〇万人なのだから慰安所の利用回数は一週間に二八〇万回になり、慰安婦一人が一週間に一四人、一日に二人の兵士を相手にしたことになる。しかしこれでは客が少な過ぎて、慰安所は収支が合わず存立できない。だからといって慰安婦運動家らが言うように、慰安婦は一日二人どころか六〇〜七〇人の兵士を相手にしていたのだとしたら、全ての慰安所を利用する一日当たりの兵士の総数は一二〇〇万〜一四〇〇万人に達する。この数字にするには、戦場にいる全ての日本軍兵士が一日に四、五回慰安所に出入りしなければならない。以上の考察から慰安婦二〇万人説は成り立たないのである。

更にいえば、日中戦争期には最大八〇万人の日本軍が戦場に投入されたのみである。当時の慰安婦の数は五万人だったとし、慰安婦一人が一日に平均して日本軍兵士五人を相手にしたとすると、一日の慰安行為は総計二五万回になる。これでは日中戦争期、戦場の全ての日本軍兵士が、やはりほぼ三日に一回慰安所を利用したことになるので慰安婦五万人説さえも現実的ではない。慰安婦二〇万人説はとんでもなく誇張されたものであるが、それより少なく推計した五万〜七万人説も、程度が落ちるだけで誇張であることに変わりはない。

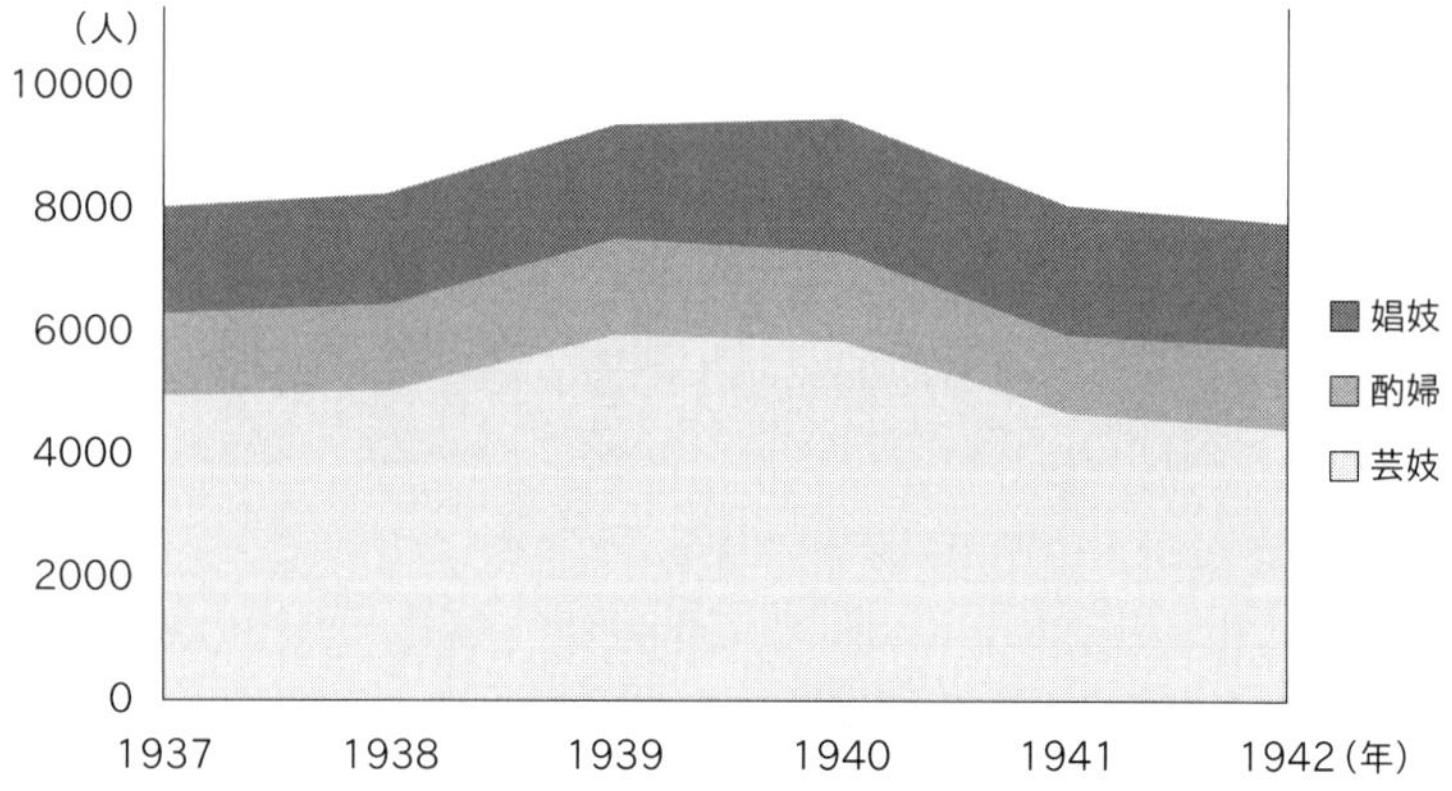

資料：朝鮮総督府編『朝鮮総督府統計年報』各年版

図版2-2　日帝末植民地朝鮮における朝鮮人芸妓、酌婦、娼妓の数

朝鮮人慰安婦数万人動員説も、一九三七年から四二年にかけての朝鮮内の芸妓、酌婦、娼妓数の推移とは合わない。図版2-2にみられるように戦時期における朝鮮内の芸妓、酌婦、娼妓は、一九三七年以降一九四〇年まで数を増やしたが、最も多いときでも一万人には至っていない。それなのに、三万〜四万人もの日本軍慰安婦を朝鮮内で動員できたのだろうか。慰安婦数万人を朝鮮から満洲に連れていったら、朝鮮内の芸妓、酌婦、娼妓は直ちに影響を受けその数を激減させたはずである。

実際、朝鮮内の芸妓、酌婦、娼妓の数は、一九三八年から三九年にかけては芸妓が増え、一九四〇年には娼妓が増えて九五八〇人でピークに達し、一九四一年には一四〇〇人以上減少、一九四二年にももう少し減った。それは芸妓の数が、一九四〇年の六〇二三人から四一年に四八二八人、四二年に四四九〇人に減少したからである。

秦はこの減少は一九四一年の関特演での朝鮮人慰安

婦動員のためではないかと推測しているが（秦郁彦　1999年：100P）、それは間違った推論である。芸妓数の減少は一九四〇年、遊興業に対し増税や営業取り締まりなどの戦時統制が強化されたためである。一九四〇年三〜四月、飲食税が飲食価格の一〇％から一五％に、遊興税が芸妓の花代（編集部注：客が支払う代金）の一四％から二〇％に引き上げられた。また八月にはダンスホールの禁止、女給数三分の一への縮減、料理店の提供料理数の制限、芸妓や女給の客との外出禁止などの措置がとられた。そのため料理店、カフェ、バーの利用客が減り、その収入も減った。妓生《キーセン》が最も大きな打撃を受けたが、遊廓は大きい影響は受けなかった（尹明淑《ユンミョンスク》　2015年：462－470P）。

もし一九三七年以降、朝鮮から数万人の慰安婦を動員したとしたら、芸妓、酌婦、娼妓の数は直ちに減少しなければならない。ところが実際にはそうはなっていない。それは、朝鮮内での慰安婦動員規模が、芸妓、酌婦、娼妓の数に影響を与えるほど大きくなかったことを示唆している。

大量動員論者らは、日本が接客業に従事した経験のない農村の生娘《きむすめ》らを新たに日本軍慰安婦として連れていったからだと説明するだろう。たとえばある日本軍軍属は、一九三七年末に北九州一帯で慰安婦として募集した女性一八人中、日本人女性七人は全て娼妓経歴者だったが、朝鮮人女性一一人は全て接客経験がなかった、と言っている（千田夏光　1995年：99－107P）。また一九四二年七月、釜山《プサン》からシンガポールに出発した朝鮮人慰安団七〇三人のうち、一部は娼妓経験者だったが、ほとんどは売春経験がなかった（安秉直《アンビョンジク》　2013年：408P）。これは日本軍が性病感染度の低い朝鮮人女性を慰安婦としてより好んだからだ、と説明したりもする（千田夏光　1973年：55－58P）。

しかし、女性を慰安婦に動員する際は、酌婦・娼妓などの接客女性を調達する既存のネットワークを活用するのが一般的だった。つまり動員する立場からすれば、そのネットワーク内に組み込まれている酌婦、芸妓、娼妓の中から慰安婦を募集するのが遥かに簡単だった。第1章で述べたように、慰安婦の募集に際しては、募集業者らが日本や朝鮮の周旋・紹介業者と接触し、彼らを介して慰安婦を募集するか、あるいは国内遊廓の抱え主や料理店の主人が酌婦や娼妓を集めて海外の戦場に連れていった。したがって、朝鮮において募集業者らが既存の酌婦や娼妓を相手とせず、農村にいる接客業に経験のない生娘を優先して集め慰安所に連れていったとみるのには無理がある。朝鮮でも募集業者が既存の酌婦や娼妓の中から慰安婦を募集したが、それだけでは足りなかったので、農村の女性たちを慰安婦に動員したとみるのがより妥当だろう。

慰安婦数の合理的な推計

それでは、実際の日本軍慰安婦の数はどれくらいのものだったのだろう。現在、それを示してくれる資料はなく、今後も資料が発掘される可能性はない。慰安婦は、身分的には軍人や軍属、雇用された者などの軍の構成員ではなく、軍に対する補給品のようなものだったので、名簿のようなものが日本の陸軍省などに報告されたことがない（秦郁彦 1999年：397P）。慰安婦名簿は個々の慰安所を管轄する部隊の兵站部《へいたん》が持っており、部隊別に慰安婦数が上級兵站司令部に報告されることもあったが、それらは極めて散発的にしか残っておらず、それらを合計して全体の慰安婦数を求めることはできない。第1章で言及したように（四〇ページ）、一〇万人余りの兵力を持つ広東の第二一軍司令部が一九三九年四月の時点で管理していた醜業につく従業員の数は約八五〇人で、これが部隊別の集計値としては最も大きいものである。

また日本の外務省が、中国の領事館を通じて中国内の日本国籍者を職業別に調査した際、接客業施設の芸妓、酌婦、娼妓の数を把握したこともあるが、そのときでも軍慰安婦だけを別途に集計したりはしていない。しかも慰安所の中には、軍専用の他に軍と民間が共同で利用する指定施設もあったので、慰安所の範疇自体を定めることも容易ではない。そのため日本軍慰安婦の総数の把握は、一定の仮定の下で推計するしかない。

実は合理的推計は既に出されている。日本の慰安婦研究者・秦郁彦と、韓国の経済学者・李栄《イヨン》薫《フン》が出した推計値である。先に推計値を出したのは秦である。彼は慰安所を利用した日本軍の兵士数は二五〇万人が最大値だったとみる。秦は、資料上にみられる兵士数と慰安婦数の比率は三〇対一から六〇〇対一まであって幅広いが、平時の日本の公娼統計から引いた娼妓一人当たり遊客数は一五〇人という比率を適用し、慰安婦数は最大一万六〇〇〇人（二五〇万人÷一五〇人）で、慰安婦の交代を考慮すれば二万人程度であろうと推定した（秦郁彦 1999年：404－406P）。

李栄薫も秦に従って兵士一五〇人当たり慰安婦一人の比率を適用し、戦場における日本軍兵士数の最大値である二八〇万人に対して慰安婦数は一万八〇〇〇人とみた。そして、この数値は一九四二年に外地の日本軍に支給されたコンドームの総数から推定した慰安婦数とも一致すると言う。一九四二年に日本の陸軍省が海外派遣軍に陣中用品として三二一〇万個のコンドームを支給したが、慰安婦が一日平均五人の兵士を相手にしたとすると、慰安婦一人が一年に一八〇〇個程度のコンドームを使用したことになるので、慰安婦の総数はおよそ一万七六〇〇人と計算される、と言うのである（林博史《ひろふみ》 1993年：16P／李栄薫 2019年：268P）。

当然、慰安婦の数は戦場における日本軍兵士の数に連動する。すなわち、戦線が拡大し戦場の日本軍兵士の数が増えると慰安所と慰安婦の数も増える。日本軍は一九三七年の日中戦争勃発以後、一九三八年末には広東などの華南にまで戦線を拡大したが、一九四一年末までは戦場は中国に留まっていた。しかし、一九四一年一二月八日のハワイ真珠湾への奇襲をもってアメリカと開戦、東南アジアの各地や南太平洋の島々にまで戦線を大きく拡大した。それにより戦場における日本軍兵士の数が大幅に増えた（前出の表2-2参照）。

秦と李栄薫が提示した慰安婦の総数は慰安婦数の歴代の最大値であるので、日中戦争勃発以後、太平洋戦争を経て日本の敗戦に至る過程において、慰安婦数がどのように推移したのか推論する必要がある。

ところで、秦と李栄薫の計算法にも問題がある。まず秦は、日本の平時における公娼の娼妓の総数二〇万人、年間の総遊客数三〇〇〇万人という実態から一五〇という数値（三〇〇〇万人÷二〇万人）を導き出し、ここから慰安婦一人当たり日本軍兵士一五〇人という比率を仮定している。しかし、これはストック（STOCK）とフロー（FLOW）を混同した誤った計算法である。日本内の公娼の娼妓数は一定時点の数（ストック）であるのに対し、遊客数は娼妓一人当たりの年間の利用客数（フロー）である。一方、戦場の日本軍兵士数と慰安婦数はどちらもストックである。したがって、その一五〇という数値を戦場の日本軍兵士数と慰安婦数の比率に適用する根拠はない。

また、戦場の日本軍兵士の数が二八〇万人という最大値に達したのは一九四四年と四五年の敗戦時であるが、その時期は戦況が悪化していたため、兵士が増えたからといって兵士一五〇人当たり慰安婦一人の基準で慰安所が追加設置されたりはしていなかった。したがって、李栄薫が提示した一万八〇〇〇人も誇張された数値といえるだろう。更に、彼が一九四二年のコンドーム支給数から導き出した一万八〇〇〇人ほどの慰安婦数にしても、慰安婦一人が一日平均五人の日本軍兵士を相手にこのコンドームを全て使い切っただろう、という仮定から出てきただけである。

結局のところ日本軍慰安婦の総数は、日本軍兵士何人当たり慰安婦一人という設置基準に基づいて推計するしかなく、戦場の日本軍兵士の数が変動するにつれ慰安婦の数がどう変わったかを明らかにするしかない。まず、慰安所を設置する基準からすると、日本軍兵士一五〇人当たり慰安婦一人というのが最も妥当な比率である。漢口兵站司令部の慰安係長は慰安婦一人当たり兵士一五〇人という比率を聞いたことがあり、その兵站司令部が管轄する慰安婦数は二八〇人で漢口には常時五万人ほどの兵力があったので、一五〇対一の基準はおおむね当てはまる（山田清吉 1978年：82P）。また、一九四四年に沖縄における慰安所設置を目撃した那覇の警察官の証言によれば、一連隊当たり慰安婦一五人の慰安所二軒が設置されており（慰安婦数は三〇人になる）、連隊の兵力は四〇〇〇人強だったので、やはりほぼ一五〇対一の比率が当てはまる（古賀徳子 2008年：47P）。一方、第1章（四〇ページ）でみたように、一九三九年、広東では第二一軍の兵士一〇万人に対し約一〇〇〇人の慰安婦がおり、兵士対慰安婦の比率は一〇〇対一程度だった。

　また、表2―2にみられるように、日本本土を除く外地の戦場における日本軍兵士の数は、一九四一年一二月の太平洋戦争勃発当時は二〇〇万人程度で、この数は一九四三年末まで大きな変動をみせなかった。一九四四年から四五年にかけても三〇〇万人を超えなかった。一九四五年八月に日本が降伏した当時、日本軍兵士の数は総計五四七万人に達したが、本格的な戦闘がない日本本土などに二九三万人余りがいた。すなわち、日本本土に二三七万人、小笠原諸島など日本の付属島嶼《とうしょ》に五万六〇〇〇人、台湾に一二万八〇〇〇人、朝鮮に二九万四〇〇〇人、サハリンと千島に八万八〇〇〇人などである。その反面、アメリカ軍などの連合軍と本格的な戦闘を繰り広げた中国、東南アジア、南太平洋諸島などには一八七万人（中国に一〇五万六〇〇〇人、東南アジアと南太平洋に八一万四〇〇〇人）、満洲国に六六万人がいた（姜貞淑《カンジョンスク》 １９９７年：154P）。満洲を戦闘地域に含めたとしても、日本が降伏した当時でも全日本軍のうち半分以下だけが戦線におり、この戦線の日本軍も太平洋戦争の勃発以後に数を大きく増やしたに過ぎない。

　一九四二年から四三年にかけての戦場における日本軍兵士の数は、二〇〇万人を超えなかった。兵士一五〇人当たり慰安婦一人の比率で慰安婦を動員したとすれば、この当時の慰安婦の総数は一万三〇〇〇人程度といえよう。その後、一九四四年から戦場における日本軍兵士の数が一〇〇万人以上増えたため、もっと多く慰安所を設置し慰安婦も増やさなければならなくなったが、戦況悪化による輸送力低下のため、それまでの一五〇対一の比率で慰安婦を増やすことはできなかった。したがって、日本軍慰安婦の総数は一万八〇〇〇人には遠く及ばなかったはずである。

また、日中戦争期に中国の戦場にいた日本軍兵士は、一九三九年で八五万人、一九四〇年六月で七三万人だった（秦郁彦 1999年：89P／藤原彰 1987年：234P）。第1章（五七ページ）で言及したように、一九四二年九月当時、日本軍慰安所は華北一〇〇軒、華中一四〇軒、華南四〇軒など全中国に二八〇軒あった。その頃、中国にいた日本軍兵士は六三万人程度で、これは先に記した太平洋戦争勃発前の一九四〇年六月当時の七三万人より一〇万人ほど少ない数字である。慰安所の数が兵士の数に比例するのであれば、一九四〇年六月における中国戦線の慰安所数は約三二〇軒となる（七三万人÷六三万人×二八〇軒＝三二四）。中国戦線の慰安所一軒の慰安婦数が平均一五人だとすれば、一九四〇年六月当時の中国戦線における慰安婦の総数は四八〇〇人になる。これは兵士一五二人当たり慰安婦一人に相当する。したがって、一九四〇年頃の中国戦線における慰安婦の総数は五〇〇〇人程度だったといえる。それ以前の、日本軍兵士がもっと多くいた時期を考慮したとしても、慰安婦の総数は五〇〇〇人台だっただろう。

満洲における日本軍慰安婦の数も考慮すべきであるが、その数は大きくなかった。満洲は戦場ではなかったので軍慰安所は本格的には設置されておらず、一九四二年九月の陸軍省恩賞課長の報告でも満洲の慰安所については言及されていない。ソ満国境に近い奥地には中国の戦場の慰安所をまねた軍専用、あるいは軍民共同利用の接客業施設があり、この奥地部隊は第1章でみたように業者を選定して慰安所を設置したりした。満洲国内では表2-3にみられるように、一九三八年一〇月当時の接客業での日本人と朝鮮人の女子従事者は一万八六一三人で、その約半分である九〇〇〇人ほどが芸妓や酌婦だった。彼女らは中国人芸妓、娼妓とともに満洲国内の日本人や

	日本人		朝鮮人		台湾人		計	
	女	男	女	男	女	男	女	男
華北	9,197		3,874				13,071	
華中	5,734		2,662				8,396	
華南	1,134		605				1,739	
中国の計	16,065	5,472	7,141	2,423	299		23,505	7,895
満洲	14,743		3,870				18,613	

注：中国は1940年10月調査、満洲は1938年10月調査。　資料：秦郁彦 1999年：399P

表2-3　中国及び満洲における接客業従事者数（単位：人）

朝鮮人ら民間人、及び関東軍兵士に対する接客サービスを担当した。各種の研究論文においても関東軍内の日本軍慰安所のことが稀にしか言及されていないのは、満洲国には日本軍慰安所と呼べるものが多くなかったことを物語っている。

以上のことから日本軍慰安婦の総数は、一九三七年の日中戦争勃発以降は五〇〇〇人台だったが、一九四二年から四三年にかけての頃に一万三〇〇〇人程度になり、一九四四年以後は一万五〇〇〇人程度だったと推論するのが合理的である。

朝鮮人慰安婦の数は？

ここまでは、日本人や中国人らも含めた慰安婦の総数を論じてきたが、では、この中に朝鮮人慰安婦はどの程度いたのだろうか。先述した慰安婦二〇万人説の主張者らは、全慰安婦の中では朝鮮人慰安婦が多数だったとみている。明治時代以降、海外に働きに出た日本人娼妓・唐行《からゆ》きさんの研究者である倉橋正直も、朝鮮人圧倒的多数説を主張した。彼は、満洲や台湾などの女性を占領地の中国に慰安婦として連れてゆくと中国人の反発を買うし、日本人の酌婦や娼妓は敢えて危険な海外の戦場には行こうとしなかったので、結局、必要な慰安婦は朝鮮人が充てられた、と説明している（倉橋正直 1994年：39－46、62P）。しかし、これは資料に基づいた話ではなく、そうだったろうという推量に過ぎない。

一九四〇年当時、芸妓、酌婦、娼妓は、日本には一七万五二八〇人おり朝鮮には九五八〇人いた。約一八対一の格差である。人口の規模が三対一（日本約七三〇〇万人、朝鮮二四三〇万人）だったことを勘案しても、六対一の格差になる。これは、それだけ日本の遊興業、風俗業が朝鮮より発達していたということである。第1章でみたように、日本軍慰安婦の募集は、既存の抱え主や募集業者が日本、朝鮮、台湾の芸妓、酌婦、娼妓の調達ネットワークを通して行った。したがって、遥かに大きなネットワークを持つ日本をさしおいて、敢えてネットワークの発達度の低い朝鮮で集中的に慰安婦を集めたという主張には信憑性がない。特に朝鮮で集中的に慰安婦を動員しよう、という日本政府や日本軍の政策もなかった。また、当時の台湾には人口六四三万人に対して芸妓、酌婦、娼妓が六九一六人いた。朝鮮と台湾の人口比が三・八対一であることを勘案すれば、台湾の芸妓、酌婦、娼妓の数は朝鮮の二・七倍だったわけで、朝鮮における遊興業、風俗業は台湾よりも発達が遅れていたといえる。こういうことを考慮すれば、朝鮮人慰安婦多数説はきわめて疑わしいといわざるを得ない。

慰安婦の民族別構成について秦郁彦は、日本人四〇%、現地人（中国人、満洲人、フィリピン人、ビルマ人など）三〇%、朝鮮人二〇%、その他一〇%と推定している。李栄薫もこの説を支持し、朝鮮人慰安婦数を全慰安婦一万八〇〇〇人の二〇%に当たる三六〇〇人とみた。平均一回交替したとすれば、朝鮮人の慰安婦経験者は全部で七二〇〇人程度になる。

日本人と朝鮮人の比率は二対一程度だというこの秦の推計は、中国に関する限り妥当といえる。当時の中国出入国統計資料の中の中国における接客業従事者統計や、中国に渡航する芸妓、酌婦、娼妓の統計を分析すると、日本人と朝鮮人の比率に二対一に近い数値が得られる。日本の外務省が一九四〇年一〇月、中国及び満洲における日本人、朝鮮人、台湾人の接客業従事者数を調べた資料（表2-3）によると、中国で接客業に従事した日本人は二万一五三七人、朝鮮人は九五六四人、台湾人は二九九人で、日本人女性対朝鮮人女性の比率は二・二五対一である。日本軍慰安婦は接客業従事女性の一つの範疇なので、中国においては日本人慰安婦の数は朝鮮人慰安婦のそれの二倍強だったとみるのが合理的である。このことから、慰安婦の民族別構成において日本人対朝鮮人の比率を二対一とみた秦の見解が、合理的だったことが分かる。

ところで、接客業従事者には料理店や飲食店の主人、管理人、ホールでサービスをする女給まで入っているが、その中に慰安婦を含めた芸妓、酌婦、娼妓がどれくらいいたのかについては、他の資料（一九三七年九月から一九三八年一二月までの期間に中国に渡った朝鮮人に関する統計）から推論することができる。

本書の第5章で詳しくみるが、日中戦争勃発以後、日本や朝鮮及び台湾から中国に渡航する際には、居住地の警察署長が発行する身分証明書を備えておかなければならなかった。朝鮮総督府は朝鮮から中国に渡航した人々の数を渡航目的別（職業別でもある）で集計しており、それによると、一九三七年九月から一九三八年一二月までの一年四カ月間に、朝鮮から中国に渡るために身分証明書を発給してもらった朝鮮人は総計で一万八四八六人いた。これは朝鮮から直接中国に渡航したケースで、満洲から山海関を経て中国に入ったり、いったん日本あるいは台湾に渡ってから中国に渡ったケースは含まれていないが、ともあれ、その一万八四八六人の内訳をみると、料理店及び飲食店業者が九六四人、貸座敷主人が一一〇人、女給や仲居（料理店の女中）が六二五人、芸妓・娼妓が一一五〇人など、接客業従事者が合わせて二八四九人だった（姜貞淑 1997年：155P）。つまり、慰安婦を含めた芸妓・娼妓の中国への渡航者は、接客業従事渡航者全体の四〇％程度だったわけである。

この比率を接客業従事者中の芸妓・娼妓の比率とみても、それほど無理はない。これを表2-3に適用すれば、接客業への朝鮮人従事者九五六四人のうちの四〇％、約三八〇〇人が慰安婦を含めた中国国内の朝鮮人芸妓・娼妓だったといえる。同じ方式で中国国内の日本人芸妓・娼妓を計算すれば八六〇〇人になる。合わせると一万三〇〇〇人である。

一九四〇年当時三八〇〇人いた朝鮮人芸妓・娼妓の中に日本軍慰安婦がどれくらいいたのかを直接示す資料はないが、日本軍慰安婦の総数を計算し、そこから中国人慰安婦の数を引いた後、日本人と朝鮮人の比率二対一を適用することで、朝鮮人慰安婦の数を求めることはできる。中国国内の日本軍慰安所数から出発して、その大略の数値を推計してみよう。

先の推論に従うと、日中戦争期における日本軍慰安婦の総数は五〇〇〇人台である。そのうち中国人慰安婦はどれくらいいたのだろうか。これについてもやはり直接示してくれる資料はないので、関連する記述から推論するしかないが、これに関連して吉見義明は「南京のような大都市

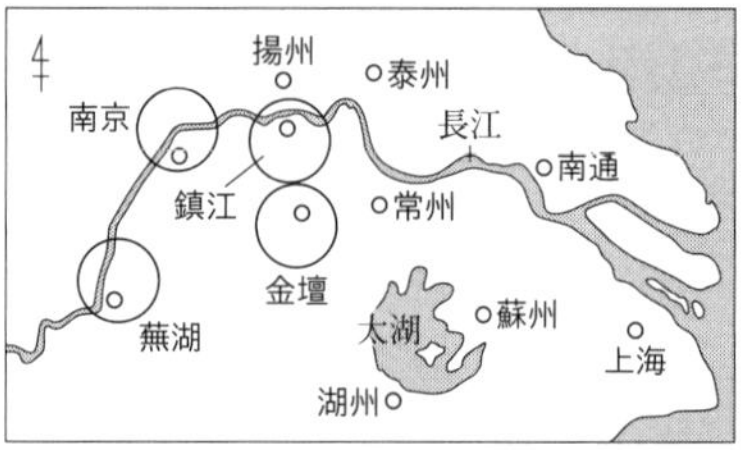

	日本人	朝鮮人	中国人
南京	244	21	134
蕪湖	31	25	41
金壇	0	4	12
鎮江	2	0	33
計	277	50	220
割合	51%	9%	40%

注：検査を受けた延べ人数を検査回数で割って各月慰安婦数を算出し、2カ月の平均値を求めた。
資料：第15師団軍医部『衛生業務要報』1943年1-2月（『資料集成』第3巻、1997年：215-221P）

地図2-1　南京地域

表2-4　南京地域の民族別慰安婦数推計（1943年1-2月）

には日本人慰安婦が多く、蕪湖のような中都市にもかなりいるが、地方にいくとほとんどいなくなるのに対し、朝鮮人は金壇・巣県のような地方にも連行されており、中国人はどこでも慰安婦にされている」としている（吉見義明 1992年：53P）。これは、中国人慰安婦が日本人慰安婦と同じくらいいたか、あるいはもっと多かったということを意味する。

ところで、戦争末期に入った一九四三年の一月と二月に、南京一帯の四つの都市（地図2-1）の日本人、朝鮮人、中国人慰安婦を対象に第一五師団軍医部が性病検診をした資料からも、民族別の慰安婦数を求めることができる。つまり、民族別に各月の延べ検査人数を月間検査回数で割って月ごとの慰安婦数を求め、その二カ月におけるひと月当たりの平均値を出せば、その平均値を民族別の慰安婦数とみることができる。推定結果は、**表2-4**でみられるように、日本人が全体の五一%、朝鮮人が九%、中国人が四〇%で、朝鮮人の比率が意外なほど低い。

一九四二年に東南アジア戦線に慰安婦が、特に朝鮮人慰安婦が多数送り出されたので、それ以後、中国では朝鮮人慰安婦が減ったと思われる。日本軍当局はそもそも、防諜上の理由、言語の不通、高い性病感染率への恐れから、中国人女性を慰安婦にすることを嫌がっていたが（秦郁彦 1999年：88P）、日本人と朝鮮人慰安婦が中国から他の地域に移っていったため、一九四二年以後、やむを得ず中国人慰安婦を次第に多く使用するようになったと考えられる。したがって一九四一年までは中国国内では、中国人慰安婦は日本人慰安婦より少なく、朝鮮人慰安婦よりは多かったとみるのが合理的である。ここで全慰安婦中の日本人、中国人、朝鮮人の比率を四対三対二とすると、全中国における慰安婦の民族別比率は、日本人四四％、中国人三三％、朝鮮人二二％となる。

一九四〇年当時の中国戦線における慰安婦数の推定値五〇〇〇人にこの二二％の比率を適用すれば、朝鮮人慰安婦数は一一〇〇人となる。これは、前述した一九四〇年当時の中国国内における朝鮮人芸妓・娼妓三八〇〇人の三分の一弱の数である。つまり、中国国内における朝鮮人芸妓・娼妓のうち、三分の一以下が日本軍慰安婦、残り三分の二以上が民間人相手の芸妓・娼妓だったということである。

太平洋戦争の勃発後、朝鮮人慰安婦の動員が増えた。第1章（四八～四九ページ）でみたように、一九四二年六月と七月、朝鮮からシンガポールやビルマなどに新たに一〇〇〇人余りの女性が旅立った。前に一九四二年から四三年にかけての期間における日本軍慰安婦の総数を一万三〇〇〇人程度と推計したが、秦の説に従いその二〇％を朝鮮人とみると、朝鮮人慰安婦は二六〇〇人程度だったことになる。これは、日中戦争期の朝鮮人慰安婦の二倍を少し超える数値である。

一九四四年から一九四五年の日本の降伏までの間に海外の戦場にいる日本軍兵士は一〇〇万人

			渡航朝鮮人			1940年10月現在の朝鮮人芸妓・娼妓数	1年間の芸妓・娼妓交替率(%)
			芸妓・娼妓	業主、その他の従事者	総計		
1937年9月-38年12月			1,150 (40.4)	1,699 (59.6)	2,849 (100.0)		
1941年7月-42年6月			667	501	1,168		
地域別	1937年9月-38年12月	華北	853				
		華中	293				
		華南	4				
	1941年7月-42年6月	華北	489	384		2,060	23.7
		華中	96	63		1,417	6.8
		華南	82	54		323	25.4

資料：姜貞淑 1997年：155P、吉見義明1992年:155-157P

表2-5　接客業に従事するために中国に渡航した朝鮮人（単位：人、カッコ内は％）

近く増えたが、悪化した戦況を考慮すれば、日本軍は慰安所と慰安婦をあまり増やせなかっただろう。したがって、朝鮮人慰安婦は日中戦争期に一〇〇〇人を少し超える程度だったが、太平洋戦争期に二倍を少し超えた二六〇〇人程度になったと推計することができる。一九三七年から四五年までの期間の平均は二〇〇〇人程度だっただろう。

　ところで、慰安婦として動員された朝鮮人女性の総数を求めるには、契約期間を終えた慰安婦が帰国するのに応じ、新たに慰安婦を動員して欠員を補充する慰安婦交替率を考慮すべきである。これについては、朝鮮総督府警務局が調査した一九四一年下半期から一九四二年上半期にかけた一年間の朝鮮から中国へ渡航した朝鮮人接客業従事者統計が、有用な参考資料になる（表2-5）。その一年間で芸妓・娼妓六六七人、業者及びその他の従事者五〇一人など、総計一一六八人の接客従事者が朝鮮から中国に渡った。接客業に従事する渡航者中、芸妓・娼妓の渡航者の比率は五七％で、前にみた一九三八年の四〇％より高いが、この頃（一九四一年下半期から四二年上半期にかけての時期）は、既に中国国内では慰安所などの接客業施設の設置が完了しており、辞めたか他の所に移った芸妓・娼妓を補充するという意味での渡航だったので、渡航者中の芸妓・娼妓の比率が大幅に上がったものと解釈することができる。

この朝鮮人芸妓・娼妓六六七人は、表2-3から推計した一九四〇年一〇月に中国国内にいた朝鮮人芸妓・娼妓三八〇〇人の一七・六％に該当する。中国国内にいた朝鮮人芸妓・娼妓の数は、一九四〇年と一九四一年とで大して変わらなかったはずなので、この六六七人は、それまでいた芸妓・娼妓が抜けた分をほとんどそのまま代替したものといえる。これは、中国国内にいた朝鮮人芸妓・娼妓が毎年六分の一程度交替し、六年で全員が交替したことを示唆する。一方で、この同じ朝鮮人芸妓・娼妓六六七人を行き先別に分けて検討すると、全く異なる様相を呈してくる。この六六七人のうち四八九人は華北に、九六人は華中に、八二人は華南に行った。ところが、地域別にみた一年間（一九四一年下半期から四二年上半期にかけての一年間）の娼妓・娼妓の交替率は、華北では二三・七％、華南では二五・四％であるのに、華中でだけ六・八％と目立って低い。華中だけ目立って低くなる理由はないので、これは統計の集計がきちんとなされなかった結果と思われる。実は、華中の極端に低い交替率に足を引っ張られて、朝鮮人芸妓・娼妓の全体の交替率が一七・六％に下がってしまったのであり、華北と華南で示された芸妓・娼妓の一年交替率二五％程度が実際の交替率だったとみることができる。ということは、中国国内の朝鮮人芸妓・娼妓は、四年で全て交替し、一九三七年から四五年までの八年間では二回交替したといえるのである。

第10章で詳しくみるが、日本軍慰安婦は、民間の芸妓・娼妓に比べて労働強度がずっと高く、それだけ収入も多かった。そのお陰で前借金の返済期間も短く、より早く帰還することができた。したがって、日本軍慰安婦の標準的契約期間は二年だったので、彼女らは二年に一回交替したとみるのが合理的である。この交替率から考えると、一九三七年から四五年にかけての八年間で中国国内の慰安所を経験した朝鮮人女性は、一一〇〇人の四倍の四四〇〇人くらいだったと思われる。一九四二年以降に設置された東南アジアの慰安所では、慰安婦は一九四五年までの間に一回交替したとみることもできるが、戦況の悪化により輸送が思うようにならなくなったため、それより少なく、たとえば〇・五回交替したとみるのが適切である。したがって、東南アジアの慰安所で慰安婦を経験した朝鮮人女性は、総計二二〇〇人程度（一五〇〇人×一・五倍）といえよう。この二つを合わせると六六〇〇人であるので、結局、朝鮮人女性の慰安婦経験者は総計七〇〇〇人程度だったといえる。この推計値は日中戦争期（一九三七〜四一年）に満洲国のソ満国境地帯に一部設置された慰安所の朝鮮人慰安婦を含まないものであるが、その数を足しても朝鮮人慰安婦数は大きく変わらない。したがって、慰安婦として動員された朝鮮人女性は数万、あるいは数十万人いたという大量動員論の主張がどれほどデタラメなものであるかを、ここで再び確認することができる。

《要約》

慰安婦運動グループの関係者らがよく主張する慰安婦二〇万人説はもちろんのこと、五万人説も事実ではない。戦場にいた日本軍兵士の数と慰安婦一人当たりの兵士数という慰安所の設置基準に基づいて推計すれば、慰安婦の数は日中戦争期に五〇〇〇人台、一九四二年から四三年にかけては一万三〇〇〇人、一九四四年以降は一万五〇〇〇人程度だった。慰安婦の交替を考慮した慰安婦経験者の総数は、日中戦争期で一万一〇〇〇人、太平洋戦争期で二万四〇〇〇人、都合三万五〇〇〇人であり、そのうちの朝鮮人女性の慰安婦経験者は合わせて七〇〇〇人程度だった。

第2部

彼女たちはどのようにして日本軍慰安婦になったのか

3

慰安婦強制連行説の形成と隆盛

長い間、忘れられていた存在

朝鮮人慰安婦強制連行説は、狭い意味では朝鮮の女性が日本の官憲によって強制的に連れてゆかれて日本軍慰安婦となったというものであり、広い意味では脅迫、暴力などによって女性本人の意思に反し慰安婦となったというものである。この強制連行説では、このようにして強制的に連れてこられた慰安婦が慰安所で自由に生活できたはずがなく、性的慰安を強要される奴隷生活を送ったに違いない、ということになる。このように強制連行説は性奴隷説に繋がる。慰安婦運動家らが日本政府に被害を受けた慰安婦への謝罪と賠償を要求し続けたことで、この問題は時間が過ぎても解決どころか悪化の一途をたどり、韓日関係を破綻寸前にまで追い込んだ。

しかしこの強制連行説は一九九〇年代に初めて生まれ、以降、勢いを得たものであり、慰安婦動員が実際に行われた日本統治時代末期にはなかった主張である。また、解放後の約四〇年間に

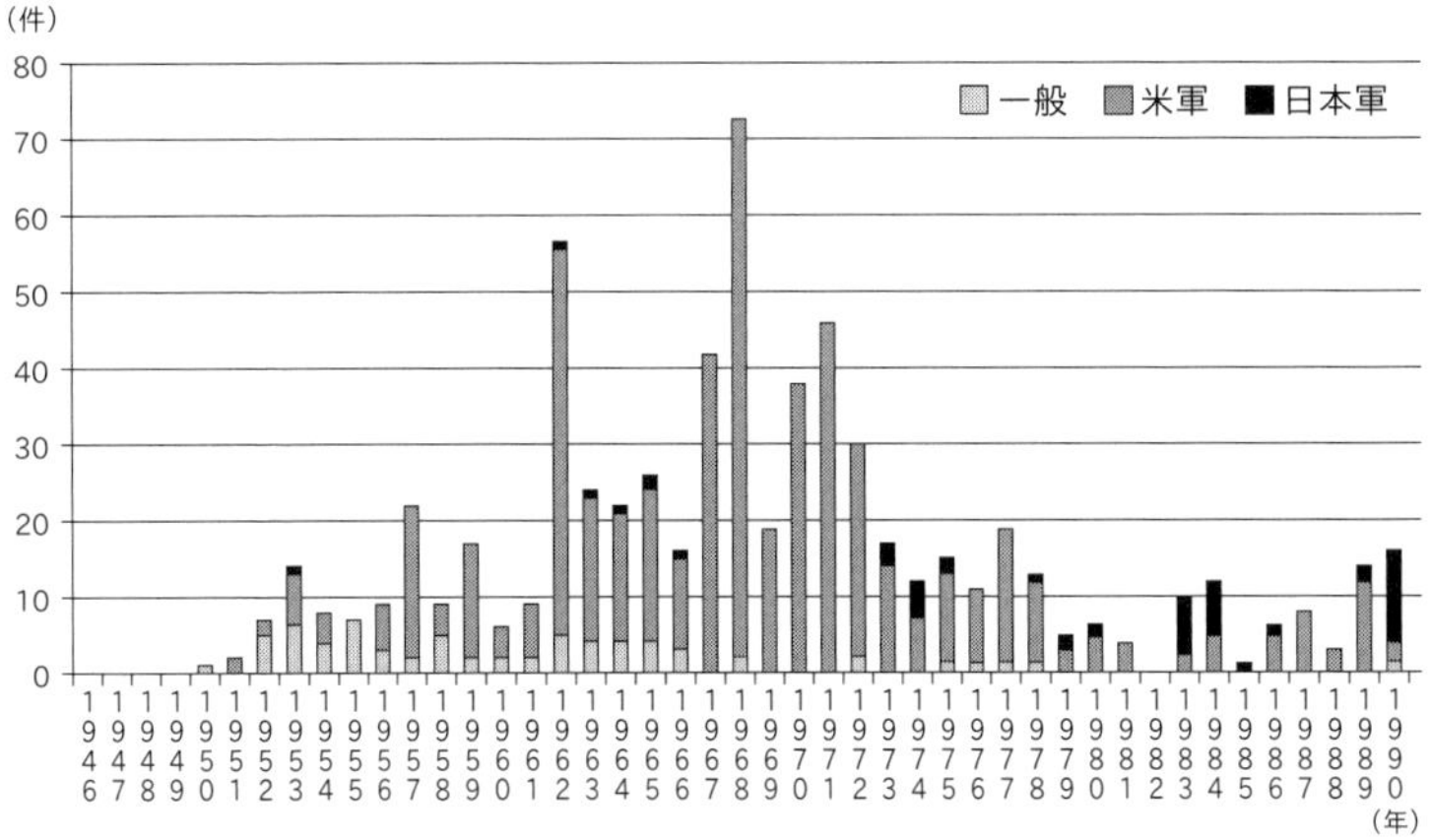

資料：ネイバー・ニュース・ライブラリー

図版3-1　1946年から1990年にかけての『東亜日報』と『京郷新聞』における慰安婦記事数

おいても、韓国人社会に慰安婦は強制連行されたものという認識はなかった。いや、日本軍慰安婦の存在自体がほとんど認知されていなかった。一九五〇年代から七〇年代にかけて使用された高等学校の韓国史の教科書では、慰安婦については全く言及されていない。一九八二年から九六年までの間に使用された国定教科書で初めて「女性たちまで侵略戦争の犠牲になった」と非常に短く慰安婦の存在を暗示しただけである。

この時期、韓国の新聞も日本軍慰安婦にほとんど言及していない。昔の新聞記事が読めるインターネットサイトのネイバー・ニュース・ライブラリーで検索してみると、『東亜日報《トンアイルボ》』と『京郷新聞《キョンヒャンシンムン》』では、一九四六年から六〇年にかけての一五年間、日本軍慰安婦に言及した記事はわずか一件である（図版3-1）。一九六〇年代から七〇年代までの二〇年間でも、日本軍慰安婦に関する記事は平均して一年に一回足らずである。一九七〇年代までは慰安婦といえば米軍慰安婦を意味した。当時の韓国人たちは日本軍慰安婦の存在を知らなかったのではなく、彼女らを日本による植民統治の被害者としてみていなかったのである。

記憶の中の慰安婦はただ不幸で可哀そうな女性

一九六〇年代以後、映画や小説のような大衆文化作品にたまに慰安婦が登場しているが、その取り上げられ方は特異なものだった。たとえば、一九六五年に『サルウィン川に日が落ちる』という映画が封切られた（写真3-1）。サルウィン川はビルマ東部を北から南に流れる川で、その流域を舞台に、日本軍将校として参戦した朝鮮人がビルマ人女性の抗日ゲリラと会って恋に落ち、結局は二人とも死ぬ、という悲劇である。この映画に日本軍慰安婦が助演格で登場しているのだが、その慰安婦像は当時の米軍慰安婦のイメージを借用したものだった。

主人公の部隊に初めて配置されたときの慰安婦の姿は、西洋風のワンピースを着、髪はパーマ、日本軍将校の訓示を無視して下品にケラケラ笑い、強くセックスアピールするというもので、完全に洋公主《ヤンゴンジュ》（編集部注、以下同：直訳すると西洋の王女、米軍慰安婦の俗称）を連想させる。一九六〇年代、韓国では米軍慰安婦を洋公主、洋《ヤン》セクシ（セクシとは新妻のこと）、洋カルボ（カルボとは売春婦の俗称）などと呼んで賤視したが、そのイメージを日本軍慰安婦にそのまま投射したのである。今、韓国のテレビドラマや映画で日本軍慰安婦をそのように描写したら、大変な非難を浴び放映や上映ができなくなるだろう。

写真3-1　映画『サルウィン川に日が落ちる』ポスター

写真3-2　映画『女子挺身隊』の新聞広告
資料：『東亜日報』1974年10月21日

一九七四年には日本軍慰安婦を主人公にした『女子挺身隊』という映画が封切られた。挺身隊（編集部注：正しくは勤労女子挺身隊）とは軍需工場などに少女たちを動員した組織で、そこで働く挺身隊員と慰安婦とは全く別のものなのに、韓国人は一九六〇年代から両者を混同するようになっていた。

この映画の新聞広告（写真3－2）には「補償してもらえぬ女人、数万の痛哭」という副題がついている。そのため、まるで慰安婦生活を送った人たちの苦しみを表現した映画であるかのようにみえるが、実はこれはその頃大ヒットした『星たちの故郷』のようなホステス映画の一種で、男性の観客を喜ばせるために女性を性的に描写したものである。この意図から広告は、半裸の女性が男性を見上げる典型的なポルノグラフィ的構図を取っている（キム・チョンガン2017年：171－173P）。

『星たちの故郷』では、飲み屋のホステスである主人公のキョンアが純粋な愛に生きる。それと同じくこの『女子挺身隊』では、天津で多くの日本軍兵士を相手にしていた朝鮮人慰安婦がソ満国境の最前線にある満洲の慰安所に行き、ある朝鮮人兵士と純粋で熱い愛を交わす。この慰安婦は植民地支配の被害者としての慰安婦ではない。

日本の植民地下だった若い頃に慰安婦生活を送った女性らの悲話が、一九七〇年代末から八〇年代前半にかけドキュメンタリー映画などにより紹介されている。まず一九七九年、ある日本人が『沖縄のハルモニ（おばあさん）』というドキュメンタリー映画を作り公開した。当時、沖縄に住んでいた元慰安婦・裴奉奇《ペボンギ》の話を聞き取ったものである。彼女は一九一四年に忠清南道の貧しい家に生まれ、七歳のときから家族と別れ他人の家で下女暮らしをした。結婚はしたがうまくゆかず、全国を転々とした後、二九歳だった一九四三年の秋、簡単に金儲けができるという話を聞いて沖縄に行った。彼女は戦争が終わった後も沖縄に残った。戦場でしたこと、すなわち慰安婦生活を恥じて故国に帰れなかったという。

一九八四年にはタイの盧寿福《ノスボク》おばあさんが、KBSテレビの離散家族再会番組を通して知られるようになった。彼女は一九二一年、慶尚北道醴泉《イエチョン》で生まれ、二一歳だった一九四二年にシンガポールに渡り、二年間そこで慰安婦生活を送った。一九四四年にタイに移ったが、戦争が終わった後でも、面目のなさから故国に帰らずタイに残ったという。

また一九八〇年代初めには、慰安婦を素材とした小説が発表され映画化もされた。一九八二年に尹静慕《ユンジョンモ》という作家が、林鍾国《イムジョングク》の『実録挺身隊』という本を参考にして書いた『母・従軍慰安婦：かあさんは「朝鮮ピー」と呼ばれた』（一九九二年刊の邦訳のタイトル）という小説である。「朝鮮ピー」とは朝鮮人娼婦を指す言葉で、当時使われていた蔑称である。この本は非常な人気を呼び、出版社を変えて何度も刊行された（初めは人文堂《インムンダン》、一九八八年には高麗園《コリョウォン》、一九九七年には当代出版社《タンデチュルパンサ》）。

この小説は、元慰安婦の母親を主人公が回想する形で展開する。母親は慶尚南道の晋州《チンジュ》出身で、その兄が徴用される危機に直面したため身代わりに挺身隊を志願、フィリピンで慰安婦生活を送った。そこである朝鮮人兵士と出会い、戦争が終わってから一緒に帰国、釜山《プサン》に落ち着き暮らしを立てていたが、主人公を産んでから夫と別れた。夫が何かと彼女の過去の傷である慰安婦生活に触れ彼女を苦しめたため、家庭が壊れてしまったという話である。

沖縄の裴奉奇、タイの盧寿福、尹静慕の小説に出てくる朝鮮ピーには一つの共通点がある。慰安婦生活を恥じ、面目がなく、故国・故郷に帰れなかったということである。しかも尹静慕の小説では、兄の徴用の身代わりという犠牲を払ったにもかかわらず、父母兄弟に我が身を恥じ故郷に帰れない、というように描かれている。その過去を知って結婚した夫も結局は彼女を捨てた。実在の人物である沖縄の裴奉奇やタイの盧寿福にも関心が集まったのは、慰安婦生活自体よりは、慰安婦という経歴のせいで四〇年も故国に帰れずにいる数奇な人生のためだったといえる。

要するに、大衆文化においても一九八〇年代初めまで慰安婦は、不幸で、可哀そうで、我が身や他人に恥じる、面目を失った人たちだった。日本による植民地支配の被害者ではなかった。米軍慰安婦を被害者とみなさないのと同じである。だからこそ日本軍慰安婦は、韓国史の教科書においても戦時強制動員の一つとしては叙述されていなかったのである。

これは、今の慰安婦に対する見方とは全く異なるものである。昔の人たちが慰安婦のことを知らなかったからではない。同時代の人たちのほうが、慰安婦とはどういうものだったのか今の人たちよりよく知っていた。だからこそ、慰安婦を日本による植民地支配の被害者とみず、日本に対し賠償を求めたりもしなかったのである。

強制連行説は日本で生まれた

日本の官憲が朝鮮人女性を軍慰安婦にするため強制連行したと初めて主張したのは、一九七〇年代の日本の作家や研究者らであった。新聞記者出身の作家・千田《せんだ》夏光《かこう》、在日朝鮮人の歴史評論家・金一勉《キムイルミョン》らである。

千田は日本軍慰安所に関わったかつての軍医、将校、兵士、慰安婦などを幅広くインタビューし、その証言、回顧録などを分析することで、日本軍慰安所の基本的史実を明らかにする成果をあげた。特に一九七三年に出した「〝声なき女〟八万人の告発」という副題を付けた著書『従軍慰安婦』で彼は、朝鮮人女性を中心とした慰安婦の大規模動員と、日本の官憲による朝鮮人慰安婦の強制連行などを主張した。

千田は元関東軍参謀や当時朝鮮で面長（編集部注：日本の村長のような存在）をしていた人の息子や農村で連行を目撃したという複数の人物らのインタビューを通して、慰安婦動員の具体的な様子を紹介した。また彼は、一九四一年の関特演（関東軍特別演習）に際し、関東軍の依頼を受けた朝鮮総督府が、道・郡・面の行政組織を通して朝鮮の婦女子を慰安婦として動員したが、その際、募集業者に官憲が同道したため、その威力により農村の婦女子は心ならずも応募するしかなかった。これは事実上の強制だった。あるいは募集業者に頼まれた警察が、面長を通して農村の娘たちに、日本に良い働き口がある、と勧誘して慰安婦にした。一九四三年からは朝鮮総督府が大々的に〝女性狩り〟に出、個々に挺身隊通知書を発給して婦女子を集めた。江原道では、警官がトラックで婦女子狩りをしたこともある、と書いた（千田夏光 1973年：96－116P）。

千田の主張は、総督府の警察や軍の憲兵が直接、物理力を行使しなくてもその威力だけで、そして総督府が発給した挺身隊通知書だけで、朝鮮の婦女子を慰安婦として連れてゆくことができた、というものである。これは最初のもっともらしい慰安婦強制連行説だった。千田の本は、戦争に行ったかつての軍人たちの慰安婦への追憶を刺激し、日本では三〇万部を超えるベストセラーとなったが、一九七〇年代前半の韓国では、それほどの関心は引かなかった。

一方、金一勉は、日本軍慰安婦の中で朝鮮人慰安婦は八～九割という圧倒的多数を占めたとし、千田よりもさらに過激にこれは「朝鮮民族滅亡のための日帝の策略」とまで言って、強烈な反日色を露わにした。しかし、千田が官憲による強制連行を主張したのとは違って金一勉は、奴隷狩りのような強制連行はなく、その代わりに警察と官吏が「女子愛国奉仕団」のようなもっともらしい戦争協力の名目で婦女子を誘引し、戦線の慰安所に送ったとした（金一勉 1976年：93－95P）。

金一勉の本は、林鍾国によって韓国で翻訳され、先述した尹静慕の小説の底本にもなったが、その本自体は、日本の戦時動員の責任を追及する運動に影響を与えるまでには至らなかった。

金一勉の本が出たわずか数年後の一九七九年に韓国の反政府言論人・宋建鎬《ソンゴノ》が出した『韓国現代史論』（邦訳は『日帝支配下の韓国現代史』一九八四年）でも、以下にみるように、朝鮮人斡旋業者による就業詐欺が浮き彫りにされているだけで、官憲による強制連行という主張は登場していない（秦郁彦 1999年：18P）。

> 日本当局は一九三七年末の南京攻略後、徐州作戦が開始される頃に、朝鮮内の御用女衒《ぜげん》たちに指示して、貧乏で売春生活をしていた朝鮮女性を多数中国大陸へ連れて行き、「慰安所」「簡易慰安所」「陸軍娯楽所」などの名称を持った日本軍の施設に配置し、日本軍兵士の慰みものにした。……ここで注目すべき点は、中国戦線に動員された朝鮮人慰安婦は職業的な売春婦ばかりだったのではなく、農村の貧しい娘たちが多かったという事実である。……日本軍に出入りする御用女衒たちが朝鮮に来て、駐在所や面長を先頭に「らくちんで金もうけできる仕事場がある」と、だまして連れ去ったのである（宋建鎬 1984年：345－346P）。

宋建鎬によれば、日本軍の御用女衒らが農村の貧しい農家を訪ねるときは支署の警官や面長を先頭に立たせたが、その際、官憲の威力というよりは「苦労せずにたくさん稼げる仕事」で娘たちを誘い連れていった、ということになる。

ところが、韓国ではさほど関心を引かなかった千田の〝官憲の威力による朝鮮人慰安婦強制連行〟論、特に植民地期末期の挺身隊における強制連行論が、一九八〇年代に入って日本で不良コピーされた。官憲が直接物理的な力を行使して朝鮮人婦女子を強制連行したという主張が登場したのである。山口県労務報国会下関支部の動員部長をしていたという吉田清治の証言である。

彼は一九八三年、慰安婦動員に関する二冊目の証言録『私の戦争犯罪・朝鮮人強制連行』を出した。その第三章「済州島の『慰安婦狩り』」の中に、タイトル通り自分たちは一九四三年五月下旬、済州島の城山浦《ソンサンポ》などで、民家や工場に女性たちが集まって作業しているところを取り囲み、全部で二〇五人を手あたり次第に連れていった。助けようとした夫や家族は銃床で殴り、日本刀で威嚇して退けた、と書いた。本人自身の告白なので、人々は本当だと信じた。この話が一九八四年、韓国のMBCテレビでドキュメンタリーとして作られて放映され、一九八九年には『私は朝鮮人をこのようにして連れていった』というタイトルで韓国でも翻訳出版された。

しかし、済州島《チェジュ》の現地ではこの事件を記憶している人は誰もおらず、しばらくしてから『済州新聞』が、この話を裏づける現地の人の証言はないと報じた。日本でもその真偽に対する論議が巻き起こった。一九九二年三月中に吉田と電話で二回問答しても疑念を解消できなかった秦郁彦は同年三月末、済州島に行き、連行の現場だと吉田が証言した城山浦の貝ボタン工場の元関係者たちや『済州新聞』の担当記者に会った。しかし秦は彼らから慰安婦狩りの話は聞けず、むしろ吉田は何の目的でこのような話を作り出したのかという質問を受けただけだった。秦の他にも多くのメディアが取材をしたが証拠が得られず、結局一九九三年以後、日本のメディアは彼の話を取り上げなくなった。彼の人生史そのものが嘘で塗り固められていたことも露わになった。つま

図版3-2　1997年に出版された小説『かあさんは「朝鮮ピー」と呼ばれた』表紙のイメージ

り、作り話だったのである注1。

しかし、彼の作り話によって韓国人の間には日本軍は女性たちを動物を狩るようにして強制的に捕まえ、慰安婦として連れていったというイメージが広がった。先述した尹静慕の小説は一九八二年から九七年にかけ出版社を変えながら三度出版されたが、一九九七年刊の三度目の本からは、志願して慰安婦になったという小説の内容とは違って、銃剣を肩に掛けた日本の官憲により両腕を掴まれて連れてゆかれる若い少女の姿が表紙に載せられた（図版3-2）。一九九〇年代末には、いつの間にか〝日本の官憲による強制連行〟説が韓国社会に根づいていたのである。

慰安婦問題の爆発

このように、一九九〇年代に韓国で慰安婦は強制連行されたという認識が確立したのは、韓国における慰安婦運動と日本における慰安婦研究があったからである。一九九〇年一一月、韓国で女性団体を中心として韓国挺身隊問題対策協議会、すなわち挺対協が作られた。その代表メンバーは、一九七〇年以来、韓国における日本人の妓生《キーセン》観光を告発・批判してきた韓国教会女性連

注1　秦郁彦（1999年：229-247P）による。一方、吉田の話を信じ込んで〝慰安婦狩り〟の話を集中的に報じた『朝日新聞』は、2014年8月、吉田の証言を報じた記事は誤報だったと認め、関連記事を全て取り消した。日本で2番目に多い購読者数を誇っていた『朝日新聞』は、その信頼性に大きな打撃を受け、購読者が激減してしまった。

合会と、慰安婦問題を調査してきた梨花《イファ》女子大学教授の尹貞玉《ユンジョンオク》だった。彼女らは妓生観光の元祖は慰安婦だという認識の下、慰安婦の足跡を辿ろうと一九八八年の二月と八月、及び翌八九年二月に、沖縄、九州、北海道、東京、埼玉、タイ、パプアニューギニアなどを踏査した。この調査結果は、セミナーで発表されたのに続き一九九〇年一月、『ハンギョレ新聞』に「挺身隊の冤《えん》魂《こん》が宿る足跡の取材記」というタイトルで四回にわたって連載された。「冤魂」という言葉には「朝鮮女性たちは日本軍によって戦争中に慰安婦として使役され、敗戦のときには虐殺された」という意味が込められている。彼女らは日本軍慰安婦と挺身隊を混同するほど事実関係がよく分かっていなかったのにもかかわらず、日本が慰安婦を虐待・虐殺したという先入観を持って調査を始めていたのである。

彼女らは挺対協を組織する前から日本政府に、慰安婦強制連行についての事実認定と謝罪を要求する書簡を送っていた。一九九〇年六月、日本の参議院予算委員会で社会党の議員が政府に日本軍慰安婦に対する調査を要請したところ、労働省の局長が「徴用対象業務は、国家総動員法に基づいた総動員業務であり、法律上列挙されている業務と従軍慰安婦業務は関係がない」と答弁したことがある。韓国教会女性連合会など四七の韓国女性団体は一〇月一七日、記者会見をし、朝鮮人女性を従軍慰安婦として強制連行した事実を認め、それに対して公式謝罪し、生存者と遺族らに補償するよう要求した（挺対協20年史編纂委員会　２０１４年：45-47P）。つまり、挺対協を組織する慰安婦運動グループは、慰安婦の実態を把握する前から、既に日本軍慰安婦の強制連行論を唱えていたわけである。

日本政府は一九九一年四月、「日本政府が挺身隊を強制連行した事実はなく、日韓請求権協定の締結により両国間における補償の権利と義務は終わった」と表明した。挺対協は大々的に世論を呼び起こす必要があると考え、慰安婦被害者本人による証言を企画した。ちょうどその頃、日本から補償を貰えないものかと元慰安婦の金学順《キムハクスン》が挺対協を訪ねてきたので、挺対協は一九九一年八月一四日、慰安婦被害者（金学順）の初の証言を実現させた。挺対協は続いて一二月には文《ムン》玉珠《オクチュ》、金福善《キムボクソン》の証言も実現させた。

一方、韓国の太平洋戦争犠牲者遺族会は、日本の高木健一など左翼の弁護士らや「日本の戦後責任をハッキリさせる会」（代表・臼杵敬子）とともに、韓国人の元慰安婦、元戦時労働者、元軍人・軍属を原告とする、戦後補償を日本政府に要求する裁判を準備した。これに呼応して『朝日新聞』は慰安婦強制連行論キャンペーンを全社的に繰り広げた。『朝日新聞』は一九九一年に一五〇編の慰安婦関連記事を掲載し、特に吉田清治と金学順のインタビューをそれぞれ二回、大きく取り上げた。高木弁護士らはその年末、金学順を日本に招いて東京地方裁判所に訴訟を起こし、大々的に記者会見と講演会を開いて日本の世論に大きな衝撃を与えた（西岡力 2012年：25-48P／西岡力他 2021年：27-34P、124-135P）。

これに日本の左翼研究者らも歩調を合わせた。一九九二年一月中旬、中央大学教授の吉見義明は、日本軍の残した文書を基に日本軍が慰安婦の募集と慰安所の運営に関与したことを明らかにした。すなわち、陸軍省と中国派遣部隊の間で交わされた公文書六点に基づき、陸軍省が一九三七年七月、中国戦線の各部隊に速やかに性的慰安設備、すなわち慰安所を設置するよう指示し、

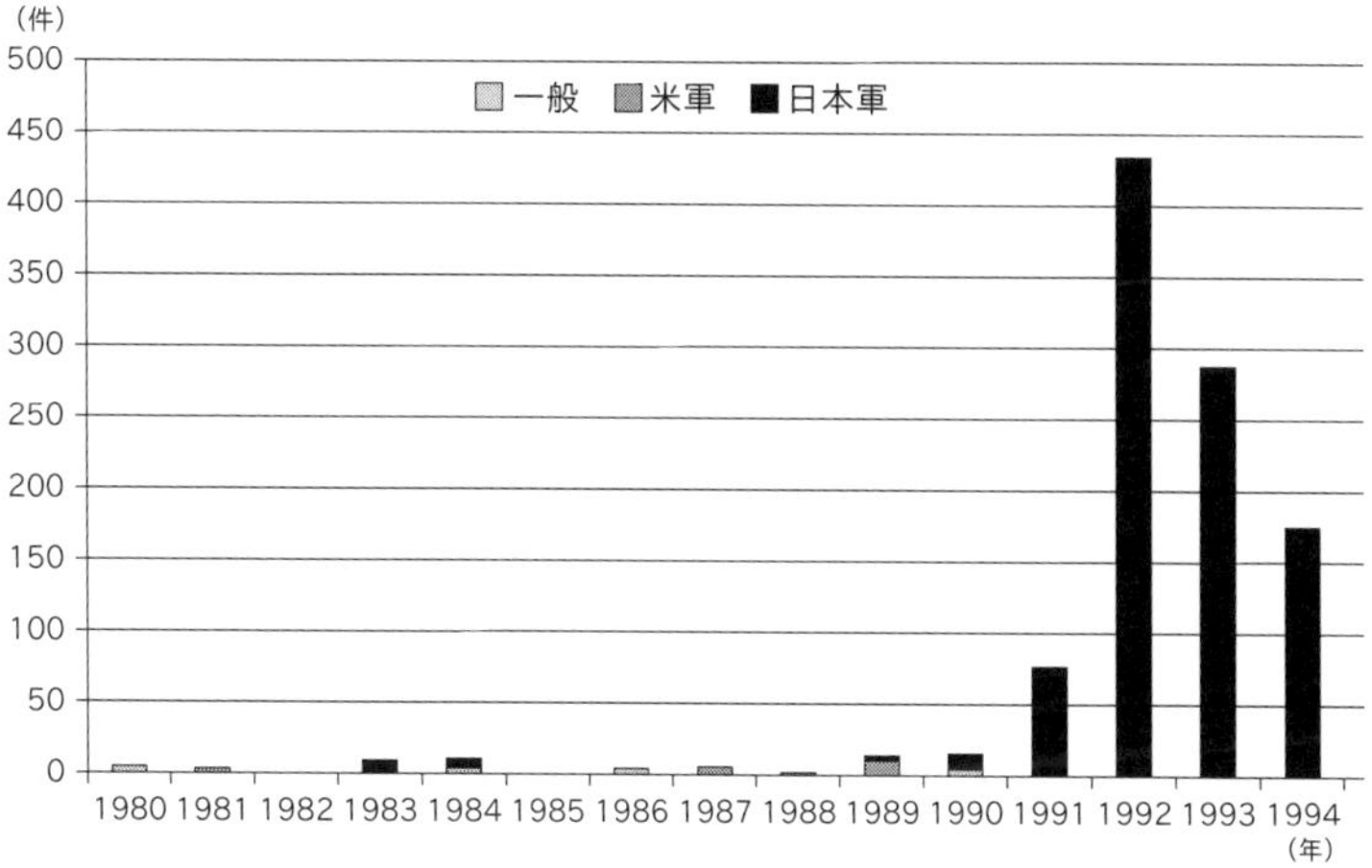

図版3-3　1980年から1994年にかけての慰安婦関連記事数　資料：図版3-1と同じ

一九三八年三月四日付の文書では、中国戦線の部隊に社会問題を起こさない人物を慰安婦募集業者に選ぶよう指示したことなどを示した。これにより、日本軍が慰安所の組織と運営に深く関与したことが広く知られるようになった。

韓国と日本におけるこうした一連の動きは、済州島での慰安婦狩り云々という吉田清治の嘘の火種に油を注いだ。韓国のメディアは連日のように関連内容を報じ、挺対協は各種の声明を出した。図版3-3は一九九一年以降、韓国の新聞に日本軍慰安婦関連記事が爆発的に増加したことを示している。状況が完全に変わり、韓国人の間に慰安婦被害に対する関心が爆発的に深まり、日本は慰安婦に謝罪し被害の賠償をしなければならない、という認識が広まった。

日本政府が広義の強制性を認める

韓日の慰安婦運動家や研究者らの攻勢を受け、日本政府は前向きな対応をした。一九九二年一月末に訪韓した宮澤喜一首相は、韓国の国会で慰安婦問題について謝罪した。その後、日本政府は調査を進め、一九九三年八月四日、「慰安婦関係調査結果発表に関する河野内閣官房長官談話」を発表した。「河野談話」と呼ばれるこの報告書で日本政府は、慰安所は軍当局の要請によって設置されたものであり、慰安所の設置・管理及び慰安婦移送に旧日本軍が深く関与しており、慰安婦は甘言・強圧など本人の意思に反して集められた事例が多く、官憲が直接募集に加担したこともあったと認めた。そして、日本軍慰安婦らに謝罪と反省の意を表し、その具体的な方案は追って提示するとした。以下に、その「河野談話」を引く。

今次調査の結果、長期に、かつ広範な地域にわたって慰安所が設置され、数多くの慰安婦が存在したことが認められた。慰安所は、当時の軍当局の要請により設営されたものであり、慰安所の設置、管理及び慰安婦の移送については、旧日本軍が直接あるいは間接にこれに関与した。慰安婦の募集については、軍の要請を受けた業者が主としてこれに当たったが、その場合も、甘言、強圧による等、本人たちの意思に反して集められた事例が数多くあり、更に、官憲等が直接これに加担したこともあったことが明らかになった。また、慰安所における生活は、強制的な状況の下での痛ましいものであった。……いずれにしても、本件は、当時の軍の関与の下に、多数の女性の名誉と尊厳を深く傷つけた問題である。政府は、この機会に、改めて、その出身地のいかんを問わず、いわゆる従軍慰安婦として数多の苦痛を経験され、心身にわたり癒しがたい傷を負われたすべての方々に対し心からお詫びと反省の気持ちを申し上げる。また、そのような気持ちを我が国としてどのように表すかということについては、有識者のご意見なども徴しつつ、今後とも真剣に検討すべきものと考える。……

（資料：https://www.mofa.go.jp/mofaj/area/taisen/kono.html）

この河野談話は、一九九一年八月の慰安婦問題の発生以来、二年間の韓日外交交渉の結果物であった。韓国政府は、国内の沸騰する反日世論を鎮静させ慰安婦問題の解決を図ろうと、日本政府に、慰安婦関係団体が納得できる内容で問題の真相を究明し慰安婦動員の強制性を認めるよう要求した。それに対し日本政府は、事実と確認されない慰安婦強制連行は認められないという立場だった。それでも韓日両国の外交当局は緊密に協議し、河野談話という相互合意に辿り着いた。つまり、日本側は韓国側に譲歩し「本人たちの意思に反して」という表現を数回入れて広い意味での強制性を認めた。慰安婦の募集は業者が担当したが「甘言、強圧によ」って募集した事例が多く、ときには「官憲等が直接これ（募集）に加担したこともあった」、これは全て「（女性）本人たちの意思に反する」ものだった、としたのである（西岡力他 2021年：165-181P）。

数年後、日本外務省の担当者は、この談話の中の「官憲等が直接これ（慰安婦募集）に加担した」という文言は朝鮮において女性を権力でもって強制連行したということではなく、インドネシアのジャワ島で発生した日本軍人による戦争犯罪、すなわち、一九四四年に日本軍がオランダの女性たちを強制連行して慰安婦にし、敗戦後に戦犯として有罪判決を受けたスマラン事件[注2]を指したものであると言った（西岡力　2012年：119P）。しかし、このことは河野談話には明示されておらず、この文言は朝鮮で官憲が慰安婦募集に加担したことを意味すると解釈された。また、軍は業者に甘言、強圧などの手段を使うように指示してはいないが、慰安所の設置と慰安婦の募集自体は軍の要請によるものであり、したがって「本人たちの意思に反する」慰安婦募集には日本に責任がある、ということが公に認められた。後から言及する吉見義明の強制性の定義、すなわち「本人の意思に反する」慰安婦募集は強制連行だという主張も、この河野談話から始まったのである。結局、河野談話はそれまでの日本政府の立場とは違い、慰安婦動員の強制性、官憲による強制連行を部分的ながら認めたことになってしまった。

戦時性暴力、戦争犯罪の汚名

韓国政府は河野談話を肯定的に評価し、慰安婦被害に対して日本に新たな補償を要求しないという声明を出した。しかし挺対協は、日本政府は慰安婦募集の強制性を曖昧に認めただけであり、慰安婦が〝公権力の暴力により強要された性奴隷〟であり、慰安所の運営が戦争犯罪であることを認めていない、と反発した。挺対協は慰安婦問題の国際問題化に乗り出し、意思を同じくする

注2　これに関しては本書の第8章で扱う。

日本の左翼グループと協力し、日本の研究者らとともに韓日合同研究会を作って調査活動を繰り広げた。

日本の左翼研究者らは強制連行・性奴隷説を確立した。その座長格である吉見は一九九二年、日本政府や日本軍の文書を集めた『従軍慰安婦資料集』を出したのに続き、関東学院大学教授の林博史《ひろふみ》、一橋大学の留学生・尹明淑《ユンミョンスク》、慰安婦・裴奉奇の一代記を書いた作家の川田文子、在野研究者で運動家の西野留美子、女性史研究者の鈴木裕子などとともに、日本軍慰安婦についての研究を開始した。また、彼ら彼女らは一九九三年に「日本の戦争責任資料センター」を設立、秋から『戦争責任研究』という季刊学術誌の刊行も始めた。吉見は一九九五年、自身初の慰安婦研究書として『従軍慰安婦』（岩波書店）を出し、続いて他の研究者らとともに『共同研究　日本軍慰安婦』（大月書店）も出した。

吉見は、その著『従軍慰安婦』の中で、朝鮮人女性が慰安婦になる経路として詐欺、人身売買、暴力的連行の三つを挙げ、これは自発的に慰安婦になった女性はほとんどいなかったことを意味すると主張した。彼はこの考えに基づき、本人の意思に反して慰安婦にさせられ、慰安所で性的慰安を強要されたという内容の強制連行・性奴隷説を学界に発表した。他の研究者らも彼に同調する研究と著書を続々と世に出した結果、慰安婦強制連行・性奴隷説はいつしか支配的学説になっていった。

明治時代以降、海外に働きに出た日本人娼妓・唐行《からゆ》きさんの研究者である倉橋正直も、強制連行説グループに加勢をした。一九九四年に彼は、日中戦争初期の一九三七年から三八年にかけての頃は、日本女性と、特に朝鮮のすでに酌婦や娼妓であった者がなる〝売春婦型〟慰安婦が多かったが、戦線が拡大した一九四〇年から戦場の日本軍兵士の数が大きく増え、慰安婦を大量調達しなければならなくなったため、日本の官憲が朝鮮の都市や農村の平和な家庭に襲いかかり、奴隷狩りのようにして娘たちを連れ出し慰安婦にした。その結果、〝性奴隷型〟慰安婦が多数になったと主張した（倉橋正直 1994年：39-74P）。しかし、これは資料に基づいた主張ではなく、いくつかの仮定から出発した推論に過ぎなかった。彼の主張は、当時激しく巻き起こっていた慰安婦強制連行説の影響を大きく受けた折衷案的な説明といえる。

こうした中、挺対協は国連に慰安婦問題を持ち込んだ。挺対協は一九九二年八月、国連人権小委員会において、日本軍慰安婦は〝現代型奴隷制〟であるという主張をもって委員たちにロビー活動を行った。それを受けて小委員会は、慰安婦問題を研究のテーマとし、以下に述べるように一九九六年と九八年に「武力紛争下の組織的な強姦、性奴隷制及び奴隷制に類似する慣行」に関する研究報告書を出した。それは、日本軍慰安所は〝強姦センター〟であり、これは強姦を禁止する国際法に違反するという内容のものであった。

まず挺対協の宣伝活動の結果、国連人権委員会はラディカ・クマラスワミ Radhika Coomaraswamy を対女性暴力問題に関する特別調査報告官に任命し、この報告官が一九九六年、「戦争中の軍隊による性奴隷問題に関する調査報告書」（別称：クマラスワミ報告書）を出した。

クマラスワミはイェール大学、コロンビア大学、ハーバード大学を卒業したアメリカの弁護士で、スリランカ人権委員会の議長を務めた人権弁護士だった。一九九四年に国連の対女性暴力問題に関する特別報告官に任命された彼女は翌年七月、日本軍慰安婦問題の調査のため韓国と日本を訪問して関係者たちから話を聞き、北朝鮮については代わりに訪問した人権センターの関係者から情報を得た後、関連する論著を検討してこの報告書を書いた。彼女は、日本軍慰安婦は自分の意思でなった者の他は、詐欺や暴力などの手段で軍に徴集され、自由を喪失したまま慰安所で性的慰安を提供しなければならず、報酬もろくに貰えず、日本の敗戦時には、ほとんどが日本軍に殺害されたか捨てられた。この意味で日本軍慰安婦制は戦時の軍性奴隷制 military sexual slavery in wartime だった、と規定した。

しかしこの報告書は、オーストラリアのジャーナリストがその頃出版した日本軍慰安所に関する英語の本を集中的に引用し、韓国と日本の慰安婦運動家らの説明と何人かの元慰安婦の証言をそのまま引き写したものに過ぎなかった。英語の本というのは、一九九五年に出版されたジョージ・ヒックス George Hicks 著の『The Comfort Women』（邦訳は『従軍慰安婦：性の奴隷』浜田徹訳、三一書房、一九九五年）であるが、この本は、写真3-3にみられるように、煽情的な表紙の通俗書であった。本のサブタイトルが「日本軍慰安婦」であり、表紙に売春婦風の女性の写真が載っているのだから、誰もが写真の女性は日本軍慰安婦だと思うだろう。しかし、その女性の服装は一九四〇年代のアジア人女性の服

写真3-3　ジョージ・ヒックスの『The Comfort Women（慰安婦）』表紙

装ではなく、二〇世紀後半の売春婦の服装である。ヒックスの本は歴史書としては表紙からして失格だった。

何よりヒックスは日本語が読めなかった。おそらく彼は、日本のある教授から紹介された在日韓国人女性に、彼女が日本の慰安婦運動家から貰って英訳した資料を、自分のもとに送ってくれと頼み、そうして送られてきた英訳資料を継ぎはぎして本にしたと思われる。そのためヒックスの本は基本的な事実関係からして間違っており、その本を集中引用したクマラスワミの報告書も、やはり事実関係からして間違っている（秦郁彦 1999年：265－268P）。

たとえばクマラスワミは、ミクロネシアで日本軍が一晩で七〇人の慰安婦を殺害したとか、一九三七年末と一九三八年初めに南京や上海で慰安所を開設する際、軍の料理人や洗濯婦として働けばいい給料が貰えるという提案で少女たちを騙したとか、吉田清治が他の朝鮮人とともに一〇〇〇人の女性を慰安婦として連行する奴隷狩りに加わった、と書いている。しかし、ミクロネシアにおける慰安婦殺害の話（詳しくは第13章で紹介する）は一九五六年に発表された日本の小説に出てくる話（フィクション）であり、一九三七年末と一九三八年初めに南京や上海で慰安所を開設する際には、第1章でみたように、募集業者たちが日本ですでに娼妓や酌婦であった女性らを巨額の前借金で誘惑したのであり、吉田清治の女性狩りにまつわる証言は作り話に過ぎなかった。またクマラスワミは、慰安所で性病が広がらないように殺菌消毒をすると言って軍医が女性の局部に熱い鉄棒を押し込んだとか、日本軍は慰安婦のほとんどを殺したというような、全く話にもならない北朝鮮居住の元慰安婦の証言を、さも事実であったかのように報告書に収録している。

何かの事案の専門家でなくても、その事案について書くことは許される。しかしその場合は、二次資料（研究論著）をしっかりと渉猟し、確立された事実を集約・整理しなければならない。ところがクマラスワミのこの報告書は、信ずるに足らない論著と虚偽証言を継ぎはぎしたデタラメなものだった。

しかし、秦が言うように大学生の報告書であれば落第点だったはずのこの報告書は、アメリカの名門大学出身の世界的人権弁護士が国連人権委員会の特別報告官の資格で書いたという理由で、日本軍慰安婦に関する定説として受け入れられた。それにはあの頃、旧ユーゴスラビアで内戦が起こり、女性に対する性暴力・強姦が大きな国際問題になっていたことが大きく作用している。報告書が書かれる直前の一九九〇年代前半、ユーゴスラビア連邦の解体再編の過程でボスニア・ヘルツェゴビナ紛争が起き、「民族浄化」と呼ばれるほどの殺傷と強姦、強制妊娠事件が起きた。セルビア系兵士たちがボスニア系女性たちを集団強姦したもので、戦時下の女性に対する性暴力・強姦が大きな国際問題になった。挺対協と日本の慰安婦運動家らは、日本軍慰安所の実態もセルビア系兵士たちのボスニア系女性たちに対する強姦と同じであり、女性に対する戦争中の性暴力・戦争犯罪だとした。慰安婦問題を欧米の各国政府、国際女性運動グループに広報し、日本政府に圧力を加えるためだった。

一九九八年八月には、国連人権委員会の差別防止・少数者保護小委員会が、戦時性奴隷制関連特別報告者であるゲイ・J・マクドゥーガル Gay J. McDougall が作成した「武力紛争下の組織的な強姦・性奴隷制及び奴隷制に類似する慣行に関する最終報告書」[注3]を採択した。報告書の

注3　この報告書は、日本の「慰安婦問題とアジア女性基金デジタル記念館」のサイトで閲覧・ダウンロードできる。https://www.awf.or.jp/pdf/0199.pdf（2023年1月21日検索）。

「本文」の主要対象は旧ユーゴスラビアでの戦争とルワンダでの虐殺であり、日本の慰安婦問題は「付属文書」で扱っている。この報告書は国連人権委員会で〝歓迎〟の形態（編集部注：評価の度合いを示す表現で、賞讃に次ぐ二番目）で決議され、その後二〇〇〇年八月に最終報告書が国連人権小委員会で歓迎決議された。

この報告書（付属文書）は先に発表されたクマラスワミ報告書の延長線上にあり、日本軍慰安所制度は性奴隷制度であり、女性に対する戦争犯罪であると規定した。特にこの報告書は慰安所を「強姦センター rape centres」と呼び、日本は二〇万人以上のアジア人女性を強制的に性奴隷にした。慰安婦の過半が朝鮮人で、年齢区分ではほとんどが一一歳から二〇歳までであった。彼女たちは毎日数回強姦され、甚だしい肉体的虐待を受けたのはもちろん、性病に苦しむなどの苦痛を経験し、虐待から生き残った者はわずか二五％だった、と記述した。

このマクドゥーガル報告書はクマラスワミ報告書同様、日本軍慰安婦の実態とはかけ離れた全く信憑性のない資料に基づく不誠実なものだった。たとえば、第二次世界大戦中に一四万五〇〇〇人の朝鮮人性奴隷（慰安婦）が死んだという日本のある自民党国会議員の発言を基に、慰安婦二〇万人のうち二五％だけが生き残ったと書いたり、慰安婦の大半が朝鮮人で、そのほとんどが二〇歳以下だったと書いたりしている。これは、事実の裏づけなしに作成された他の報告書の叙述[注4]をそのまま引き写したのに過ぎない。

しかしながら、国連の二人の特別報告官が続けて出した報告書により、韓国と日本の慰安婦運動家らは日本軍慰安婦制に戦時における性暴力・戦争犯罪の汚名を着せることに成功した。こう

↗ 本の自民党国会議員の根拠のない発言を確認された事実であるかのようにそのまま論文に記している。

して国際社会からは、日本軍慰安婦制は戦時における女性に対する性暴力であり、女性を性奴隷にした反人道的戦争犯罪であるとみられ始めた。

それ以後も運動家たちは慰安婦問題を国際問題化し続けた。挺対協は日本の慰安婦研究者、支援団体、中国の慰安婦研究者らとともに、二〇〇〇年に東京で模擬法廷である「女性国際戦犯法廷」を開いた。その表面上の目的は第二次世界大戦期の東アジアの戦争犯罪を裁いた極東国際軍事裁判（一九四六〜四八年、別称：東京裁判）が日本軍の〝蛮行〟中の性奴隷制（慰安婦制）を扱っていないので、民間裁判で戦犯裁判を終わらせるというものだったが、実は日本軍慰安婦問題を戦争中の女性に対する暴力問題、反人道的な戦争犯罪と規定し、日本政府の法的責任を追及するためのものだった（挺対協20年史編纂委員会 2014年：192P）。この法廷は昭和天皇などに強姦と性奴隷犯罪に対する有罪判決を下した。

日本、中国、韓国の慰安婦研究者らはこの模擬法廷を開く前から共同研究を組織していて、模擬法廷後、数年のうちに日本で『日本軍性奴隷制を裁く：2000年女性国際戦犯法廷の記録』（緑風出版）という全六巻の研究書を出した。そのうちの「『慰安婦』・戦時性暴力の実態」というタイトルを付した二巻は、戦場の各地における慰安所の実態を扱っており、特に中国の山西省や南京における強姦事例のような、慰安婦や現地の人が受けた日本軍による性暴力に焦点を当てている。

また挺対協は二〇〇七年に、アメリカの下院とヨーロッパ議会で日本政府に慰安婦問題の解決を促す決議案を出させることにも成功した。アメリカの下院は、日本軍がアジア人女性を強権で

注4　サンフランシスコにあるUniversity of California College of the Law刊行の学術誌“Hastings International and Comparative Law Review”の第17巻3号（1994年春、発行）に載った論文“Compensation for Japan's World War II War-Rape Victims”の499ページの本文及び脚注6の叙述のこと。この論文の筆者 Karen Parker と Jennifer F. Chew は日↗

性奴隷（慰安婦）にした事実を日本政府が公式に認め、謝罪し、関連する事実を日本の内外に知らしめるよう勧告した。挺対協は、国際社会における世論作りに成功したのである。

このようにして二〇〇〇年以後、韓国人は、日本軍慰安婦といえば日本の警察や憲兵によって朝鮮の少女が強制的に連れてゆかれるイメージ（図版3-4）を連想するようになった。そのイメージは、韓国で二〇一六年に封切られた慰安婦映画『鬼郷』や、二〇一七年に封切られた映画『雪道』にもそのまま利用された。

図版3-4　映画『鬼郷』で日本軍に連行される朝鮮人少女のイメージ

強制連行説の内部崩壊

強制連行論者たちは慰安婦研究を先導し、その研究のほとんどを担ってきたが、朝鮮における慰安婦の強制連行を立証することはできなかった。強制連行を立証する資料は、元慰安婦らの証言だけである。文書資料を使用する際には、その生成された脈絡を検討する資料批判を経なければならないが、証言についてでは、なお一層の資料批判が求められる。それにもかかわらず彼ら彼女らは、関連事実についての何らの確認作業もせず、彼女らの証言に基づいた慰安婦の強制連行を主張する。

吉見義明は初の研究書『従軍慰安婦』で、朝鮮人女性は暴力的連行、詐欺、誘拐などの違法な手段によって慰安婦にさせられた、と主張した。しかし彼はそれが事実なのかどうかについては少しも明らかにせず、各ケースに関する元慰安婦の証言を紹介しただけである。しかも彼はその本の韓国語版（一九九八年刊）の序文で、官憲による暴力的連行があったかどうかを問うことは問題を矮小化させることだと強弁し、強制連行説の核心の争点に関する議論を回避した（吉見義明 1995年：92-100P／同 1998年：9P）。

後に吉見は慰安婦を強制連行した事例として、日本軍がインドネシアでオランダ人女性を強制的に慰安婦にしたスマラン事件などが戦争中の東南アジアや中国の日本軍占領地で起きたことを挙げた。また、朝鮮や台湾で民間業者が誘拐や人身売買をしたのは強制連行だ、と主張したりもした（吉見義明 2013年：8-13P）。朝鮮や台湾で民間業者が誘拐や人身売買の手法で女性を慰安婦にしたという吉見の主張自体、事実かどうか検証しなければならないが、百歩譲ってそれが事実だったと仮定しても、それを強制〝連行〟とはいえない。なぜなら連行というのは、警察官が被疑者を逮捕し警察署に連れてゆく場合のように強制的に連れてゆくことであるが、誘拐や人身売買においては、ひとまずは強制力を使わず女性を騙し騙し連れてゆくからである。このようにして彼は、その後も強制連行を立証できないまま強制連行説を言い張り続けている。その結果、彼が提唱した強制連行説では、女性〝本人の意思に反して〟慰安婦になったことだけが主張の論拠として残った。

しかし、強制連行論者らが慰安婦に関する実証研究を進めれば進めるほど明らかになるのは、朝鮮において慰安婦を集めたのは軍や警察、総督府などの公権力ではなく、業者だったという事実である（西岡力　２０１２年：138Ｐ）。吉見らが一九九五年に出した『共同研究　日本軍慰安婦』が、そのことを示す代表的な著作である。

この本の第三章が、日本、台湾、朝鮮で慰安婦がどのようにして作られたかを扱ったものである。ところが、タイトルは「軍慰安婦の徴集」となっているのに、内容は公権力で慰安婦を徴集したのではなく業者が慰安婦を募集した事例である。まず日本では、軍が選定した業者に募集を委託し、業者が貧民層の娘たちを前借金で誘惑して慰安婦を集めた。台湾では、慰安婦証言者四八人中の三三人がブローカー、すなわち紹介業者によって慰安婦になり、八人が官吏によって慰安婦になった。そして朝鮮では、貧困層が増大した結果、その女性たちが接客業に従事するようになり（プッシュ要因）、業者が女性を甘い儲け話で誘うか（就業詐欺）、人身売買するか、誘引・拉致して慰安婦にした（プル要因）（吉見義明他　１９９５年：33－69Ｐ）。台湾では四八人中の八人が官吏によって慰安婦になったというのも、元慰安婦の証言があるだけで、他の証拠で裏づけられてはいない。

このように、タイトルは「徴集」だが内容は「募集」である。朝鮮編（第三章第三節）を書いた尹明淑は、朝鮮では業者による募集の他に強制連行があったと記しているが、どう強制連行したのかについては全く説明していない。更に、その募集過程において違法な就業詐欺、人身売買、誘引・拉致が横行したと説明しているが、慰安婦を募集するこの方式は、朝鮮内で紹介業者が女性を公娼に調達する方式と同じである。朝鮮内の公娼である酌婦や娼妓が公権力によって徴集されていないのと同じように、朝鮮人慰安婦も公権力によって徴集されたものではない。もちろん尹明淑は、募集過程の就業詐欺、人身売買、誘引・拉致が果たして事実であったかについても立証していない。

結局、この本を素直に読むと朝鮮人慰安婦がかたち作られる経緯は、権力による強制連行ではなく貧困による人身売買に近いということが分かる。商品の包装と中身が全く違うことがときにあるが、慰安婦強制連行説も、外側の包装という見てくれ（強制連行）と中身（貧困による人身売買）が全く異なっている。熱心に資料を見た吉見などの研究者らがこの点に気づいていないはずがないのに、それでも彼らが「慰安婦は強制連行された性奴隷」だという話を繰り返しているという点で、彼らの研究者としての誠実さに疑問を抱かざるを得ない。

《要約》

韓国人は日本の植民地統治の被害者だという物語が完成されるにつれ、一九八〇年代から日本軍慰安婦がその主要な被害事例として人々の関心を引くようになった。日本で成立した慰安婦強制連行説が韓国に入り、一九九一年から元慰安婦らによる証言が相次いだことで爆発的に慰安婦問題が起こった。韓日外交交渉を経て日本政府が「本人たちの意思に反して」という文言で慰安婦動員の広義の強制性を認めた結果、強制連行説は公認され、慰安婦制には戦時における性暴力・戦時犯罪という汚名が着せられた。しかし、実際の研究においては強制連行は立証されていない。

4
慰安婦契約論の展開

慰安婦契約論の提起

一九九〇年代に吉見義明などが慰安婦強制連行説を主張し始めた頃、日本の著名な現代史家・軍事史家である日本大学教授（当時）・秦郁彦も慰安婦研究に乗り出し、一九九九年には『慰安婦と戦場の性』（新潮社）という本を出した注1。彼は、当時ちょうど公開された日本軍慰安婦に関係する資料（政府や軍の文書、元軍人の戦場回顧録、政府の統計書など）を綿密に分析しただけでなく、資料調査を兼ねて韓国を訪問し、日本軍慰安婦制の全貌を明らかにした。「『性奴隷』ではなかった」「『強制連行』はあり得なかった」「（日本軍慰安婦制に関して）すべてがわかる」と書かれた帯がついたこの本は、いわば慰安婦制の全貌を示す〝百科事典〟といえる。

秦はこの本で、吉見を中心にした日本の左派研究者たちが主張する強制連行・性奴隷説が間違ったものであることを示した。かつて日本や朝鮮で貧困家庭の女性たちが業者から前借金を受

注1　この本は23年後の2022年9月末、韓国で翻訳出版された。

け取って娼妓になったのと同様に、それまで娼妓だった者や貧困家庭の女性が前借金を受け取った代価として慰安婦になったというのである。彼は日本軍慰安所を公娼の戦時における再編成とみた。この見解は、あまたの研究書や調査書で強制連行説を主張してきた多くの日本人研究者らに対する一大反撃だった。

それ以前から『産経新聞』、言論人の櫻井よしこ、韓国問題研究者の西岡力などが新聞・雑誌などへの寄稿を通して強制連行・性奴隷説を批判してきた。それに安倍晋三などの政治家や「新しい歴史教科書をつくる会」などの教科書の左傾化を正そうとする運動団体も協力していた。

韓国において慰安婦強制連行説に最初に反論を提起したのは、元ソウル大学経済学部教授・安《アン》秉直《ビョンジク》である。韓国経済史の研究者である彼は、ちょうど挺対協が結成された頃の一九九〇年代初めに挺対協傘下の挺身隊研究会関係者たちとともに調査研究活動を行ったことがある。当時、挺対協の運動家たちは、勤労女子挺身隊と日本軍慰安婦を混同し、団体名を韓国「挺身隊」対策協議会や挺身隊研究会としていた。安秉直は関連制度の研究を通して一九九二年、挺身隊というのは工場や建設現場などに動員され製造や建設に従事した人たちのことであり、したがって挺身隊と慰安婦は全く違うということ、そして、日本政府が一九四四年八月二二日に勅令で公布した「女子挺身勤労令」は国家の命令に従う義務服務を規定したものであったが、朝鮮では「勤労令」が出される前も後も志願の形式で挺身隊が運営されていたことを明らかにした。

安秉直は二〇〇六年一二月六日、韓国MBCテレビの「ニュースの現場」に出演し、慰安婦強制連行説を次のように否定した。

一部の慰安婦経験者の証言はあるが、韓国にも日本にも客観的な資料は一つもない。……今の韓国にも慰安婦注2がたくさんいるではないか。私娼窟のようなものがなぜ発生するのか。その原因について正確な研究がなされなければならない。「強制によって初めてそのような現象が起こる」のであるなら、強制さえなければそのような現象はなくなるはずではないのか。……慰安婦を動員して営業をした人がいた。従軍慰安婦や――私自身は「従軍慰安婦」ではなく軍慰安婦と呼んでいるのだけれども――慰安所営業者の中で朝鮮人が半数を超える。だとしたら、朝鮮人が何の権力、強制力をもって女性を動員したのだろうか。……「軍慰安婦」なのだから強制で動員した可能性はある。だから我々はそれに関して集中的に研究しなければならない。実際に私は挺対協と一緒に初期の三年間、調査をしたのだ。三年間、一緒に活動したのに挺対協から離れた理由は、ここの人たちが慰安婦問題の本質を把握し、今日の慰安婦の悲惨な状況が生まれないよう研究しているのではなく、日本と戦うための研究をしていたからだ。そんな反日運動に、今日、何の意味があるのか。そうした懐疑が生じ、私はその活動から手をひいた注3。

彼は二〇〇七年三月、ある日本人教授から受けたインタビューで、「(過去、挺身隊研究会で活動していた時期に)聞き取りも含め詳しく調査したことがあるが、私が知る限り、日本軍が女性を強制動員して慰安婦にしたなどという資料はない。貧しさからの身売りがいくらでもあった時

注2(編)　ここでいう慰安婦は、日本軍慰安婦ではなく売春婦のこと。
注3　https://news.mt.co.kr/mtview.php?no=2014012714205776924(2023年3月30日 検索)。

代に、なぜ強制動員の必要があるのか。合理的に考えてもおかしい」と問題の核心を突いた（西岡力　2012年：99－106Ｐ）。

安秉直の弟子である経済史学者・李栄薫《イヨンフン》も、やはり早くから慰安婦強制連行説に否定的だった。彼は二〇〇四年九月二日、過去史清算を主題にしたＭＢＣテレビの「一〇〇分討論」という番組に出演した際、朝鮮総督府が挺身隊（慰安婦）を強制徴発したという討論相手の発言に、「挺身隊に関する日本の資料をみれば、（挺身隊における）犯罪行為は権力だけでなされたものではなく、参与する多くの民間人がいた」「朝鮮人女性を管理したのは朝鮮人業者らであり、その名簿がある」と反駁し、慰安婦は業者が募集し動員したものであることを示唆した。また彼は、過去史清算には慰安所業者や管理者だけでなく、慰安婦を紹介した募集業者・周旋業者などの民間人や、慰安所を利用した朝鮮人兵士などの自己省察と反省が必須であり、このことは解放後の米軍慰安婦の場合にも該当する、と指摘した。しかしこのとき討論相手や司会者は、挺身隊が公娼や性売買の女性だったとでも言うのかと攻撃し、翌日、多くのメディアが的外れにも彼が「慰安婦は公娼だ」と発言したと報じたため、彼は批判の嵐にさらされ、大きな屈辱を受けることになった。

その三年後に出した本で彼は、官権力をもってしての慰安婦強制連行について、「（編集部補記：当時の朝鮮の）農村の困窮があまりにもひどく、女性たちを（編集部補記：性の市場に）押し出す力が強力だったため、外部からそれを引っ張る力も強力であり、官側としては敢えて強制力を動員しなくてもいい状況にありました。傍観しているだけでおのずから作動するほど、活発に回転する人身売買のマーケットが成立していたのでしょう」と指摘した。敢えて官憲が強制力を使う必要もなく、その市場における需要と供給の作用で慰安婦が戦場に送出されたということである（李栄薫 ２００９年：167P）。

李栄薫は二〇一九年に出した『反日種族主義』において、さらに明確な立場を示した。彼は秦と同じく、日本軍慰安婦制は公娼制の軍事的再編成、軍隊にまで拡大された公娼制だとみた。公娼制において父母らが前借金を受け取って女性を業者に引き渡し、それによって女性が娼妓の仕事を始めたのと同様、慰安所の女性もやはり、その父母らが前借金を受け取って業者に引き渡し、それによってその女性が慰安婦の仕事をするようになった。基本的には、父母ら親権者と業者の間で取り引きがなされたのであり、官憲による慰安婦強制連行はなかった。父母ら親権者から業者に引き渡された女性は、仕方なく、ときには泣きながら業者に従った。それは女性本人たちの意思に反することだったかもしれないが、だからといって、これが慰安婦動員の強制性を示しているわけではない。

また彼は、日本の貸座敷（公娼）において娼妓は遊客を相手に営業し業者は施設などを提供する、という形式をとったように、日本軍慰安婦は、日本の軍人を相手にする個々の独立した営業者であり、その収益を業者と分け合う存在であったとも指摘した。

そして彼は、慰安婦は公娼制下の娼妓に比べて危険度も強度も高い労働をする代わりに高収益をあげたことも指摘した。つまり、慰安所は戦場に設置されるものであり、慰安婦には戦況のいかんによっては命を脅かされる危険もあった。また、国内の平時で公娼の一日平均の利用客数が

写真4-1　『反日種族主義』に対する挺対協側研究者の反応
上の段の文字は「〝李栄薫教授の主張〟を検討してみると」、下の段の最初の文字は「鄭鎮星ソウル大社会学科教授」、それに続く囲みの文章は「韓国でだけ自発的に行ったなどというのは話になるのか。今、全世界のおばあさんたち、被害者たちが、証言を全く同じにしているのに」。
資料：2019年8月12日のSBSテレビ夜8時のニュース

○・五人ほどでしかなかったのとは違い、慰安所では、休日や戦闘前後には一日数十人の客を相手にしなければならなかった。その代わり短期間に高い収益を上げ、前借金を返したり、巨額の貯蓄をしたりすることもできた。このように李栄薫が提示した慰安婦像は、「強制連行された性奴隷」ではなく「危険を甘受する強度の高い労働を通して高い収益を得ようとする営業者」の姿だった。

李栄薫のこの主張に挺対協側の慰安婦運動家たちは強く反発した。挺対協代表を歴任した社会学者・鄭鎮星《チョンジンソン》は二〇一九年八月一二日、『反日種族主義』に対するSBSテレビの夜八時のニュースの誹謗報道で引用されたように、「韓国でだけ自発的に行ったなどというのは話になるのか。今、全世界のおばあさんたち、被害者たちが、証言を全く同じにしているのに」と非難した（写真4-1）。

慰安婦研究者の尹明淑《ユンミョンスク》は『ハンギョレ新聞《シンムン》』（二〇一九年九月五日付）に寄稿し、慰安所の経営者や慰安婦の中に巨額を稼いだ人たちがいたということに対して、ビルマなど東南アジアの戦場における甚だしいインフレのため、慰安婦・文玉珠《ムンオクチュ》の二万円を超す貯金も実際の価値としては二〇円ほどにしかならず、日本政府はその貯金を日本円に換えてもくれなかった、と反駁した注4。また、尹明淑は、日本の軍人が銃剣をもって朝鮮人の娘たちを連れてゆく姿を普遍的なものと認識するのは行き過ぎだと言い、李栄薫の強制連行説批判の一部については認めるものの、強制連行そのものについては、当時、朝鮮では公娼制が敷かれ紹介業者が活動しており、日本はこの産業体制を慰安婦強制動員に利用したと主張する。彼女もやはり強制とは「本人たちの意思に反すること」という強制動員論を繰り返すのである注5。

自発的だったのか強制連行だったのかという問題をめぐる鄭鎮星と尹明淑の反駁は、無知の所産、もしくは悪意のある歪曲である。李栄薫の主張は、父母ら親権者が前借金を受け取って女性を引き渡したが、その過程に官憲の暴力的介入はなかったというものである。李栄薫の言う自発性とは、募集業者と女性の父母ら親権者の間の取り引きについてであって、募集業者と慰安婦本人の間の取り引きについてではない。まれに女性自身が募集業者と取り引きする場合もあった。父母も夫もなく完全に独り身となった成年女性が、自分の意思で慰安婦になったケースもある。しかし、まだ幼い一〇代後半から二〇代初めの女性が慰安婦になる場合は、たいていその女性の父母ら親権者が募集業者と交渉して女性を引き渡した。

酌婦や娼妓をしていた女性であっても、慰安婦として遠い異郷の戦場に行くことを喜んだはずがない。そのような接客業の経験のない女性であればなおさらで、女性自身が望んだのではなく、

注4　この主張の妥当性については、第10章で詳述する。
注5　https://www.hani.co.kr/arti/culture/religion/908518.html（2023年2月15日検索）。

本人ではない他人の意思によって、非自発的に慰安婦になったのである。これは、その女性を慰安所に送る権限を持つ父母ら親権者がしたことだった。李栄薫は、慰安婦の女性が本人の意思で自発的に慰安所に行った、と言っているのではない。鄭鎮星らがこの区別もできずに「自発的に慰安婦として行ったなど話になるのか」と非難するのは、まったくもって無知の所業である。

あるいは、鄭鎮星や尹明淑が募集業者とその女性、その父母ら親権者間で交わされた取り引きの実状を知りながらあのように非難を浴びせかけたのであれば、これは悪意のある歪曲というほかない。尹明淑は慰安婦を動員する際、日本が朝鮮の公娼制や紹介業体制を活用したとみているが、朝鮮内の公娼制の下にあった酌婦や娼妓も、強制動員された存在とみなしているのだろうか。もしそうだとすれば、なぜ日本軍慰安婦の動員だけを問題にするのだろうか。知りたいところだ。ともあれ、このように慰安婦運動グループは、李栄薫からの批判にまともな反論を打ち出せていないのである。

鄭鎮星はこの自発性問題について、全世界の慰安婦被害者たちの証言が同じだ、と言うが、これこそ嘘である。日本人慰安婦のほとんどは娼妓出身であり、彼女らは国内の遊廓よりも高額な前借金とより短い契約期間をみて募集に応じた。植民地朝鮮の慰安婦たちは大部分娼妓出身ではなかったといっても、彼女らはあくまでも募集を通して慰安所に行った。全世界の慰安婦被害者たちが一様に強制連行されたと証言しているわけではない。

しかし、李栄薫と慰安婦強制動員論者たちの間で建設的な討論はなされなかった。慰安婦強制動員論者たちはメディアと会見して李栄薫の悪口を言い、彼への怒りを表明しただけだった。あるいは、彼らだけの討論会で一方的に李栄薫を非難しただけだった。

こうした状況下、李宇衍《イウヨン》、金柄憲《キムビョンホン》などの強制動員論を批判する人たちが、二〇一九年一二月から、正義連（挺対協の後身）に対抗し、ソウル市鍾路《チョンノ》の日本大使館前に建つ慰安婦少女像の撤去を要求するデモを正義連側の水曜デモに合わせて始めた。これは水曜集会への対抗集会にまで拡大した。その主導者の一人である国史教科書研究所所長・金柄憲は、二〇二一年八月、この間の慰安婦運動が持つ虚偽性と、韓国社会全般が抱く日本軍慰安婦制に対する誤った認識を批判した本『赤い水曜日』（未来社刊。邦訳は『赤い水曜日：慰安婦運動30年の嘘』〔文藝春秋、二〇二二年刊〕）を出した。

金柄憲は、代表的な生存慰安婦であり証言者である李容洙《イヨンス》の証言は、内容がしばしば変わり、どれが真実なのか分からないこと、慰安婦に関する国連報告書や慰安婦訴訟における韓国の裁判所の判決文は、歴史的事実に全く合っていないことなどを指摘し、慰安婦動員の本当の原因は貧困であり、慰安婦は慰安所に強制動員されたのではなく、抱え主と売春契約を結んだのであり、三〇年にわたる慰安婦運動は、韓国人と世界の人々を騙し続けた詐欺劇である、と主張した（金柄憲 2022年）。

ラムザイヤー教授、慰安婦契約の構造を解明

このように慰安婦強制動員説への強力な反論が提起される中、強制動員説に更に打撃を与える

事件が二〇二一年の初めに起こった。ハーバード・ロースクール教授のマーク・ラムザイヤー J. M. Ramseyer が、『国際法経済学評論 International Review of Law and Economics』という学術誌に「太平洋戦争における性契約 Contracting　for　sex in the Pacific War」という論文を発表したのである（Ramseyer 2021年）。

彼は一九九一年という早い時期から日本の公娼制に関する論文を書いており、その論文では、娼妓が抱え主から巨額の前借金を受け取り、一定の期間の売春行為を通してその債務を返してゆく方式の年季奉公契約 indentured servitude contract 注6がなぜ生じたのか、その合理的理由は何であるのかを明らかにした。

まずラムザイヤーは、売春施設では抱え主が娼妓を搾取し、娼妓はいつまで経っても債務奴隷から抜け出せなかったという通念が広まっているが、実際のところ大部分の娼妓はしっかりと儲け、契約年限が来る前に前借金を返し、娼妓業を辞めていると指摘する。これは、抱え主と娼妓の間の契約条件が娼妓にとって不利ではなく、また抱え主が、前借金に高い利子を上乗せしたり、生活物資を高く売りつけたりする契約条件操作ができなかったためだった。娼妓になることで彼女自身や家族の体面に大きな傷がつくのであるから、女性は他の一般的職業の報酬よりもずっと高額の保証を要求し、これに対し抱え主は〝信頼に足る誓約 credible commitment〟をして娼妓に巨額の前借金を与え、一定の年限で娼妓の仕事をさせたという。

ラムザイヤーは、巨額の前借金を受け取って就業した一九二〇年代の日本の公娼の娼妓が、他の業種の就業者よりも遥かに高額な報酬を貰い、それで前借金を早く返し、早めに娼妓業を辞め

注6　**年季奉公**とは、1600年代に新大陸である北アメリカに行ったヨーロッパ出身の移民者が、その移住費用を、一定期間、北アメリカの農場で働くこと（宿食提供以外は無報酬）で返したことを指す。娼妓や慰安婦が、それぞれ貸座敷や軍慰安所で、前払いされた債務（前借金）を性サービスを提供することで返済したのは、これと似ている。

ていったため、公娼において娼妓の新旧の交代が非常に活発だったことを示し、これは娼妓業に特有な年季奉公契約があったから起きたことで、この年季奉公契約には合理的理由があったという（Ramseyer 1991年）。

それから三〇年後の二〇二一年、彼は同じ視点を日本軍慰安所制に適用した論文を発表したのである。慰安婦に関する論文の多くが題目に「性搾取」や「性奴隷」という単語を入れているのとは異なり、この論文の題目には契約 contracting という単語が用いられていた。彼は慰安婦は売春契約を結んで働いたとみたのだ。

ラムザイヤーは、性奴隷説が慰安所の契約関係を今まで隠蔽してきたのだが、慰安所と慰安婦が持つさまざまな特徴も、やはり契約関係というフレームの中で説明されなければならない、と主張した。彼はこの論文の前半部分で、次のように売春契約に関する過去の持論を再論している。

売春は非常につらいものであり、女性の評価を落とすことなので、反対給付として所得を確実に保証してあげなければならず、それで前借金制度が生まれた。一般的な後払い制の労働のように、仕事をしたあとに報酬を受け取るのではなく、売春契約時に将来の報酬を前もって前借金として受け取り、就業期間に関しても上限を置くようにした。また、抱え主は娼妓の労働の現場を監視できないので、娼妓に定額の月給は支給できない。そこで、その代わりに定率分益制を取り、抱え主と女性が売春収入を定率で分けるようにした。もちろん女性は、自身の収入の一部を充てて前借金を償還した。

続いてラムザイヤーは、日本軍慰安所の売春契約の特徴を説明する。彼は、そもそも日本軍慰安婦制は、日本や朝鮮にあった公娼制を海外に外延・拡大したものであり、したがって、前借金や契約年限などの公娼契約の特性が慰安所における契約にも表れているとみる。この見解は日本の学界で確立され、韓国では李栄薫によって受け入れられたものである。

ここで押さえておきたいのは、日本軍慰安所が日本や朝鮮における公娼と違っていたのは、戦場が命を落とすこともあり得る非常に危険な所だったという点である。また、国内の公娼には業者の不当行為に対し訴えることのできる警察があるが、戦場にはそのような警察がない。そのため、それを相殺《そうさい》する処置として、慰安婦への報酬としての前借金はさらに増額され、契約期間は短くなった。

朝鮮内の公娼では、前借金は普通数百円[注7]、多くても一〇〇〇円程度だったが、軍慰安婦の場合は数千円単位で金額が増え、契約期間も最長二年に短縮された。前借金を予定より早く償還した場合、早期に契約関係を終えて慰安所を出ることができたのは、国内の公娼制と同じである。要するに、軍の慰安所は国内の公娼に比べ遥かに危険な所だったため、慰安所は国内の公娼よりも更に有利な契約条件を女性に提供するようになったということである。

この論文の核心は、公娼制と慰安所制の特徴的様相をゲーム理論の〝信頼に足る誓約〟概念で分析したという点にある。論文は、契約を履行する上での安全装置として、公娼と慰安所に独特のいくつかの条項ができたと説く。この論文は、日本軍慰安婦が性奴隷ではないことを立証しようとしたものではなく、業者と女性の関係を契約関係としてみれば、公娼制と慰安所制のいくつかの特徴がずっと分かりやすく説明できる、ということを主張したものである。

注7　植民地朝鮮の貨幣単位は圓（ウォン）として日本の円と区別されていたが、両者間には1対1の等価交換比率が維持されていたので、理解の便宜上、圓を円と表記する。

ラムザイヤーに対する絨毯《じゅうたん》爆撃

この論文は国内外に大きな論難を引き起こした。まず韓国の主要放送局が二〇二一年二月、夜のメインニュースでほぼ一カ月間、毎日のようにこの論文を誹謗した。たとえば、SBSは二月一日から三月三日までの三一日間で二一日、MBCは同じ期間に一四日、ラムザイヤー批判のニュースを流し続けた（表4－1）。外国の研究者が書いた論文をこうして連日テレビで批判するというのはおそらく前代未聞だろう。この報道の先頭に立ったSBSは、ラムザイヤーに対する絨毯爆撃を行ったといえる。

二月六日、ハーバード大学の校内新聞といわれるクリムゾンのホームページに「帝国日本の慰安婦は自発的な労働者だ、というハーバード大学の教授の論文が国際論争を触発した」という記事が載った。二月七日には韓国の代表的通信社である聯合ニュースが「ハーバード大学の内外でラムザイヤー批判が堰を切る」というヘッドラインの、まるでラムザイヤーが一方的に追い詰められているかのような記事を書いた。これに対して二月九日、慰安婦問題の真実を究明しようとする李栄薫など韓国内の多くの研究者たちが、「ラムザイヤーに対する魔女狩りを中断し、彼の論文を慰安婦問題に関する真摯な学術的討論の機会にしよう」という声明書を発表した。これに対してMBCが二月一四日、少数の極右人士たちの親日妄動だとまで非難した。

韓国の放送局は、アメリカの学界全体がラムザイヤーを批判しているとニュースで伝えた。そ

月日	SBS	MBC
2月 1日		
2月 2日		ハーバードの教授、調べてみたら……〝公式の肩書は三菱の教授〟
2月 3日		
2月 4日		
2月 5日	性奴隷は事実と違う……またも意地を張る日本	
2月 6日		
2月 7日		
2月 8日	〝慰安婦は売春婦〟悲惨な欠陥……ハーバード反撃	「〝売春婦妄言〟論文はF単位」……米国の学界でも批判が堰を切る
2月 9日	〝慰安婦売春婦主張〟学術誌に載せてはいけない論文……抗議相次ぐ	
2月10日		
2月11日	日本の学者たち「〝慰安婦売春婦主張〟論文は偉大な成果」と	
2月12日	〝慰安婦売春婦主張〟掲載するが批判も載せよう……〝腹立たしい〟	
2月13日	強制動員も全面否定……教科書収録推進	政界に火をつけた〝慰安婦論文〟……誰も彼も〝腹立たしい〟
2月14日		「〝慰安婦〟に介入するな」……極右人士たち米国にメール攻勢
2月15日		〝李容洙はにせものの慰安婦〟……ハーバード講演妨害まで
2月16日	〝憂慮立証されたら再審査〟……〝自発的契約は小説〟	〝慰安婦は売春婦〟妄言の背後には日本政府
2月17日	朝鮮人の犯罪が多かったから……関東大震災時の虐殺も否定	ハーバードに向けた叫び……〝悔しいから一生懸命やらなきゃ〟 3.1節、ハーバードで糾弾集会……総長〝問題ない〟
2月18日	契約書・証言ない。論文詐欺に飛び火か。ハーバード歴史学教授たちの反駁文入手	〝ハーバード大総長は偽善者〟……〝アン・チャンホ資料〟寄贈撤回
2月19日		ラムザイヤー批判、全世界に……中国外交部も加勢
2月20日	米国〝慰安婦は甚だしい人権侵害〟……中国も〝深刻な犯罪〟	
2月21日	発行中断、倫理委検討……慰安婦論文〝幽霊ブログ〟引用	
2月22日	ラムザイヤー、論文ごとに〝ジェイスン・モーガンに感謝〟……ルーツは極右学者	
2月23日	10歳の少女も契約売春婦……連判状回す経済学者	
2月24日	韓日の極右互いにコピー……ラムザイヤー教授引用	朝鮮人は下等労働者？……ラムザイヤー論文、調査着手
2月25日	ノーベル賞受賞者も連判状署名……〝ラムザイヤーは容認できない〟	
2月26日	慰安婦売春、契約書はない、とラムザイヤー、誤りを是認	窮地に追い込まれたラムザイヤー〝私が間違っていた……批判に苦しんでいる〟
2月27日	学術誌がニセのニュースの通路？……〝抗議の表示〟辞任	
2月28日	ホロコースト否定を想起……ノーベル賞受賞者たち同調	
3月 1日	中国生存慰安婦被害者12人……〝被害者の声を残さねば〟	〝ノー三菱〟不買運動まで……〝連邦議会レベルで糾弾推進〟
3月 2日	売春契約書はどこにあるのか……ラムザイヤーに弁明を求めた学術誌	ハーバード学生会も乗り出す……満場一致でラムザイヤーに謝罪要求
3月 3日	〝ラムザイヤー論文〟掲載学術誌3月号、今月発行しないことに	
回数	21/31	14/31

表4-1　ラムザイヤーの論文に対する韓国のテレビ局SBSとMBCの夜のメインニュース報道

れによると、まずはハーバード大学歴史学科の日本史担当のアンドルー・ゴードンA. Gordon、東アジア学科の韓国史担当のカーター・エッカートC. Eckert、ハーバード大学ロースクールのソク・チョンJ. Suk Gersen（英字は米国における名前）、コネチカット大学歴史学科のアレクシス・ダデンA. Duddenなどが批判文を寄稿し、インタビューを受けている。次に、アメリカ、オーストラリア、イギリス、香港、韓国、日本などのいくつかの学問分野の教授や大学院生など三〇〇〇人余りが、論文掲載撤回を要求する連判状に署名している。更に、ノーベル経済学賞を受賞したゲーム理論の研究者ポール・ミルグロムPaul R. Milgrom、アルビン・ロスAlvin Rothが批判声明を出し、アメリカの学術研究雑誌『アメリカ政治学評論American Political Science Review』の編集委員たちもラムザイヤー批判に加わると発表した。

その他、ハーバード大学の学部生の集まりである韓国人留学生会（略称ＫＩＳＡ）という団体が、ラムザイヤー教授の謝罪を要求する陳情書を大学の本部に提出した。また、韓国のサイバー外交使節団を自任するバンク（ＶＡＮＫ：Voluntary Agency Network of Korea）という団体も、当該学術誌を刊行する学会にラムザイヤー論文の撤回を要求するＥメールを送った。

論文の撤回要求は何かの深刻な研究不正行為があったときになされるものであって、これは度を過ぎた抗議である。自分たちの見解とは違うという理由だけで謝れとか論文を撤回しろと要求するのは、非常に野蛮な行為である。そのような行為は学問や思想の自由を根本的に否定するものだ。ハーバード大学の韓国人留学生会に所属するくらいだからトップクラスの秀才たちなのだろうが、そんな彼らが学問の世界ではあり得ない野蛮な仕打ちを恥ずかしげもなくしでかしているのである。

甚だしくはメディアが、ラムザイヤーの教授職名が「日本法研究三菱碩座《せきざ》教授」注8であることをもって、彼は日本から金を貰って親日研究をしていると非難したりもした。これは本当に無知の極みというしかない。日本の三菱がハーバード・ロースクールに日本法の研究をしてくれと基金を出して教授職を作ったのであって、親日研究をしてくれとお金をあげたわけではない。それなのに韓国のメディアは、日本法研究三菱碩座教授というものを、街のチンピラたちが裏金を貰い、なにやら怪しい頼まれ仕事をしているかのような存在として描いたのである。

しかし、学問の真理というのは単純にその支持者の数で判別されるものではない。地動説が初めて唱えられたときでも、多数がそれを否定したではないか。学問的主張の真偽は、論理がどれほど合理的で一貫性を持っているか、また、客観的事実、客観的証拠に裏づけされているかによって判別されなければならない。

ラムザイヤーに対する批判は大きく二つに要約される。一つは、ラムザイヤーが自身の主張を裏づける実証的根拠を提示していないことである。端的な例に、ラムザイヤーは慰安婦契約説を主張しながらも慰安婦契約書を提示できていないという批判がある。ハーバード大学のエッカートとゴードンは二月一七日、ラムザイヤーの論文には「悲惨なほどに経験・歴史・道徳的欠陥」がある、「(ラムザイヤーは)ただ一つの慰安婦契約も提示できなかった、契約があったのならそれは詐欺契約だった……学問的真実性 scholarly integrity の問題だ」と批判した(Gordon & Eckert 2021年)。コネチカット大学のダデンも「(ラムザイヤーは)証拠がなくて証明できない

注8(編)　**碩座教授**とは寄付金で研究活動をするよう大学が指定した教授のこと。

ことを証明したと主張した」と非難した。慰安婦契約などはもともと存在しないのだから、契約の証拠があるはずがなく、契約の存在を証明することはできないはずだというのである。

しかし、このような批判はまことに的外れである。ラムザイヤーが慰安婦契約書を提示していないことは、論文の欠格事由ではない。ラムザイヤーの論文は歴史学論文ではなく、慰安婦契約の存在を実証しようとしたものではない。それが歴史学論文であるなら、資料を根拠に慰安婦契約の実例をあげ、その存在を立証しなければならない。しかし、ラムザイヤーはそのような作業はしなかった。その代わりに、なぜ公娼制や日本軍慰安婦制に前借金や年限制、定率収益配分制などの共通する特徴が出現したのかを、経済学のゲーム理論で説明したのである。

ラムザイヤーのこの論文は、日本軍慰安婦制の核心的特徴がゲーム理論でよく説明できることを示したものであり、それを示したことだけで、十分に一つの学術論文として成立する。ラムザイヤーは、慰安婦というものを契約としてみれば関連現象が首尾一貫してきちんと説明できることを示した。なぜ日本軍慰安所に前借金があるのか、なぜその前借金が国内の公娼よりも多かったのか、なぜ契約期間が定められていたのか、公娼制でも六年または三年だったその契約期間が、なぜ慰安所では二年以下に短縮されたのかなどの問題が、慰安婦動員を契約とみなせばよく説明できる、と言っているのである。まさにこのことを明らかにした点で、ラムザイヤーの論文は学術的に大きな意義を持つ。

もう一つの批判はさらに根本的なもので、慰安所業者と慰安婦の間に契約が成立するはずがないというものである。ミネソタ大学ロースクールのリチャード・ペインター、ハーバード大学ロースクールのソク・チヨン、慶北大学の金昌禄《キムチャンノク》はそれぞれ次のように主張してラムザイヤーを批判した。

日本が運営した慰安所には、契約当事者たちの間に力の不均衡があった。それなのに、自発的な売春契約を結んだと考えるのは、完全なるフィクションである（リチャード・ペインター　二〇二一年二月一六日のSBSテレビ「夜八時のニュース」）。

契約分析は、自由な主体たちによる自発的な交渉を前提とするが、セックスを拒否することも逃れることもできないのに、何の契約だというのか（ソク・チヨン〔J. Suk Gersen〕２０２１年）。

植民地の貧しくてその多数が十分に教育を受けられなかった幼い女性たちが売春業者と対等な立場でその意味と内容を理解した状態で契約を締結したということは、経験法則に照らし合わせて不可能なことです（金昌禄　２０２１年：178Ｐ）。

ソク・チヨンは、慰安所では慰安婦は自由意思を行使できなかったという点を指摘した。しかし、慰安婦が慰安所で嫌だと思っていても性的慰安を提供しなければならなかったのは、当初結んだ慰安婦契約を履行する次元でのことである。ソク・チヨンは、慰安婦の慰安所での生活が自由でないから契約ではないと言っているが、これは、契約を履行しなければならなかったから契約ではないという詭弁である。

対等な関係ではなかったのにどうして契約が結べたのか、というリチャード・ペインターと金昌禄の批判も、やはり成立しない。たとえば、ある青年が世界のトップクラスの企業である三星《サムソン》電子《チョンジャ》の入社試験に合格し、雇用契約を結んだとしよう。この場合、三星電子とその新入社員の間には甚だしい力の不均衡があるが、両者は契約を結ぶことができる。なぜなら契約が法の保護を受けるからである。リチャード・ペインターや金昌禄の主張が成立するには、日本の植民地下の朝鮮社会が完全な無法地帯、つまり、契約はいつも無視されて履行されず、したがって契約自体が存在しない社会でなければならない。しかし、そうではなかった。植民地にも法による支配があり、特に経済的契約関係は法によって保護・保証された。

吉見ら日本の慰安婦性奴隷論者たちも、ラムザイヤーに対しまともな批判を提示できなかった。吉見が代表者である日本の市民団体「Fight for Justice 日本軍『慰安婦』――忘却への抵抗・未来の責任」は二〇二一年三月一〇日、歴史学研究会らの学術団体とともに発表した声明文で「多くの女性は、公娼制度とは関係なく、契約書もないままに、詐欺や暴力や人身売買で『慰安婦』にさせられたことが、膨大な研究から明らかになっています」と述べたが、これは彼の持論を繰り返しただけに過ぎず、ラムザイヤーによって新たに提起された慰安婦契約論にきちんと論駁したものではない。

また、日本の公娼制と軍慰安婦制の研究者である小野沢あかねも、日本の公娼契約は事実上の人身売買であり、さらに、日本と違って朝鮮と台湾では、売春経験のない女性たちが暴力、詐欺、人身売買により契約もなく慰安婦にさせられた、と主張した（Onozawa 2022年）。しかし、このような彼女の慰安婦契約の否定は、もしも慰安婦契約の存在が立証されれば一気に崩れる脆弱な反論である。

また、二〇二二年一二月に『国際女性学ジャーナル Journal of International Women's Studies』の「ラムザイヤー批判特集号」が出たが、そこに収録された論文は更に水準以下だった。中でもニューヨーク市立大学教授の社会学者ミン・ビョンガプの論文は、慰安婦強制動員の証拠だと言って挺対協の慰安婦証言録第二巻に載った金福童《キムボクトン》の証言を挙げたり、一九六〇年代から八〇年代にかけ韓国の新聞や雑誌に載った慰安婦動員記事を提示したりしただけで、動員方式について事実に基づいた説明もなしに「多くの女性が慰安婦に連れてゆかれた」と短く言及した新聞記事を紹介したに過ぎなかった（Min 2022年）。

ミン・ビョンガプは慰安婦に関する専門研究者でないので、こうした論文しか書けないのは仕方がないとしても、専門研究者を自任する韓国の聖公会大学教授・康誠賢《カンソンヒョン》も、これまでの強制連行説を反復している。彼は、一九三七年末から三八年の初め頃にかけて行われた日本各地での上海行き慰安婦募集を日本の警察が婦女子誘拐と疑った事例（第1章三二～三四ページで前述）を根拠に、ラムザイヤーの言う慰安婦契約は実は人身売買や誘拐であり、その他の強制によっても慰安婦が作られたと言う（Kang 2022年）。しかし、この出来事は警察が婦女子誘拐ではないかと疑ったというものであって、実際には誘拐事件ではなかった。本書の第1章と第8章に記したように、これは、酌婦や娼妓をしていた日本人女性が自由意思で応募し、そうした女性たちを募集業者が日本から上海に送った出来事である。専門研究者だという彼がこれを人身売買や誘拐だったと断定し、明白な契約の存在から努めて目を背けたのは、慰安婦契約を認めた途端に強制連行説が音をたてて崩れてしまうからである。

結局、慰安所業者と女性との間に慰安婦契約が成立したのかどうかは、あくまでも実証的に検討されるべき問題であって、この歴史的案件に関し、何も分からない門外漢が早合点して自説を主張したり、これまでの強制連行説をたんに繰り返したりするのは、いかがなものかと思う。慰安所業者と慰安婦契約を結んだ主体は、当該女性だけでなく、その父母ら親権者でもあり得た。その場合、当事者同士で自由で自発的な交渉を通し契約を結ぶことができた。

酌婦・娼妓契約の実例

次にみる一九二〇年代半ばの朝鮮における酌婦稼業契約書（図版4-1）は、慰安婦契約の存在を強く示唆している。現代の日本文に直して以下に記す。

酌婦稼業契約書

本籍大阪府外今宮町東田一〇二一の一

現住所　同上

酌婦稼業契約書
本籍大阪府外今宮町東田
一〇二一의一
現住所　同上
甲者向井一之進
本籍成川郡成川面下部里一六六
現住所　平壌府鈫貫里四一番地
乙者金　寶　玉
明治四十四年五月三日生
右契約事는甲者向井一之進乙者
金寶玉으로稱하고酌婦稼業을하
기爲하야左와如히契約을締結하
야甲乙兩人이一通式保存함
一、甲者가乙者에게一金三百圓
支拂함
一、乙者가甲者當所에서契約日
부터滿一個年六個月을酌婦에
從事하기로함
一、甲者가乙者에게往復費用과
衣服寢具食器等各項을負擔하
기로함
一、甲者가乙者에對하야無故히
契約을違反할時는第一號金額
은全部無効로함
一、乙者가甲者當所에서從命酌
婦營業行치아니할時는甲者損
害金과第一號金額을計算하야
支拂하기로함
一、乙者의民籍謄本은契約日로
부터三四日間으로出給함
右와如히契約을締結홈
大正十三年十二月十八日
契約(甲者)向井一之進㊞
契約(乙者)金　寶　玉㊞
連帶約人(乙者實母)
金　永　[illegible]㊞
별항과가티 계약을하고도 그계
약대로 하지안코 인권을유린할
뿐만아니라 개증생과 가티취급
하엿슴으로그와가튼디경에일으
럿다더라(사리원)

図版4-1　酌婦稼業契約書　　資料：『朝鮮日報』1925年8月17日

本籍　　　　　　　　　　　　甲者向井一之進

本籍成川郡成川面下部里一六六

現住所　平壌府鈫貫里四一番地

乙者金宝玉

明治四十四年五月三日生

右の契約において、甲を向井一之進、乙を金宝玉とし、乙が酌婦稼業を行うに際し左のように契約を締結し、甲乙両人が（契約書を）一通ずつ保存する。

一、甲は乙に一金三百円を支払うこと。

一、乙は甲の当所（朝日亭）で契約日から満一年六個月、酌婦として従事すること。

一、甲は乙の往復費用と衣服、寝具、食器などの各項を負担すること。

一、甲が乙に対し理由なく契約に違反したときは第一号の金額は全て無効とすること。

一、乙が甲の当所で命に従わず酌婦業を行わないときは、甲の損害金と第一号の金額を計算して支払うこと。

一、乙の民籍謄本は契約日から三、四日の間に提出すること。

右のように契約を締結する。

大正十三年十二月十八日
契約（甲者）向井一之進（印）
契約（乙者）金宝玉（印）
連帯契約人（乙者の実母）金永翰（印）

（資料提供は金柄憲〔2022年：85P、87P〕）

慰安婦研究者の金柄憲が発掘したこの酌婦稼業契約書は、大阪の向井一之進と平壌《ピョンヤン》の金宝玉《キムボオク》（一九一一年五月生まれ）及び彼女の母親・金永翰《キムヨンハン》の間で一九二四年一二月一八日に結ばれたものである。満一三歳だった金宝玉は、向井から三〇〇円を受け取った後、向井が所有する料理店「朝日亭」で一年六カ月間、酌婦として働くことになった。このほかに報酬はなく、一年六カ月にわたる勤めで債務を返済するのである。この契約により向井が、金宝玉が平壌・大阪間を往復する費用と、金宝玉が使う衣服、寝具、食器等の費用を負担し、向井が契約に違反した場合は前借金の三〇〇円は無効となり、金宝玉が酌婦の仕事をしないときは、損害金と前借金三〇〇円を計算して向井に支払い、金宝玉側は契約後三、四日以内に金宝玉の民籍（戸籍）謄本を提出することになった。そして、この内容の契約を締結したしるしに、向井と金宝玉及びその母親が捺印した。この契約書は二通作成された。向井と金宝玉側とでそれぞれ一通ずつ所持したのはいうまでもない。

前借金三〇〇円というのは、当時の肉体労働者の一年分の収入を遥かに上回る金額だった。また、契約期間は一年六カ月と非常に短く、給与がない代わりに、業者が衣食住の面倒を全てみるという条件だった。金宝玉が契約者の乙であり、その母親の金永翰が連帯契約人だが、一三歳の金宝玉が直接契約したわけはなく、その母親が結んだ契約、つまり、母が娘を酌婦に就業させた契約だった。戸籍謄本上の親がハンコを押しているので、親の意思が反映された自発的な契約だったといえる。

金宝玉以外に少なくとも六人の朝鮮人女性が、向井と酌婦就業契約を結んだ。契約期間はみなそれぞれで、最長は五年だった。この女性たちのすべきことは酔客を接待するお酌だったが、向井は彼女らを大阪に連れてくると、当初の約束をたがえて売春をさせ、そのために金宝玉の歳を一九歳にごまかすことさえした。女性たちは、大阪の警察署に主人の向井を処罰するよう嘆願し、警察は女性たちの嘆願が正当であることを確認した後、朝日亭を廃業させ、向井を拘留一二日に処し、七人の女性が朝鮮に帰れるようにした（金柄憲 2022年：79－91P）。

三〇〇円という巨額の前借金を受け取って娘を朝鮮から日本にまで送り、酌婦に就業させたのだから、金宝玉の家は間違いなく貧困家庭だったであろう。この金宝玉と、大阪で料理店を経営し朝鮮に来てまでして酌婦七人を連れていった向井との間には、力の不均衡がある。しかし両者は、図版4-1のような契約を結んだ。業者側が契約に違反して売春を強要したことに対し酌婦側が警察署に処罰を嘆願すると、警察は業者を処罰した。一九二〇年代半ばのこの酌婦就業契約は法の保護を受けたのである。

日本で結ばれた酌婦契約もみてみよう。

貸借金〇〇〇円也

本契約について抱主を甲とし、酌婦を乙とし、連帯借用人を丙とし、金円貸借ならびに酌婦営業契約を左のように締結する。

一、乙は丙を連帯借用人として、頭書〇〇〇円を本日通貨をもって受領借用した。但し無利子とする。以後の追加貸しに対しても無利子とする。

二（略）

三、債務弁済の方法は、契約締結の日より乙は甲方に寄居し、酌婦営業免許証の下付のあった日より月給二円および酌婦料金の一〇分の四（酌婦料は組合協定額による）を乙の所得とし、漸次弁済してゆくこと。

四―六（略）

七、乙は無断で甲方を去ることはできない。万一無断逃走等の場合には、その捜索に要した費用は乙の負担とする。

八、債務皆済の日をもって契約期限到来とする……もし債務履行前解約の場合には、乙、丙は即時に残り債務を甲に弁済しなければならないものとする。

（以下略）

（資料は秦郁彦〔1999年：35-36P〕）

これは借用契約書形式の酌婦就業契約書である。酌婦が抱え主から冒頭に記した金を借りた場合の契約で、酌婦は抱え主のもとで起居しながら仕事をし、月に二円の固定給に、酌婦の売上の一〇分の四の歩合給が加わって支給され、酌婦はそれをもって無利子の前借金債務を返済する。定められた契約期間はなく、債務返済が終われば契約も終わる方式で、酌婦の収入と貯蓄のいかんによって、契約が早く終了することもあるし限りなく延長されることもあった。

このように、一九二〇年代半ばにもこのような酌婦や娼妓の就業契約があったところからすれば、一九三〇年代末や一九四〇年代前半に慰安婦契約があるはずがないとみることのほうがむしろおかしい。慰安所業者と慰安婦（及びその父母ら親権者）の間に契約があったと考えるほうが妥当だろう。

学問の世界では、通説とは違った新しい見解・異説の出現を奨励すべきだろうか、それとも抑制すべきだろうか。答えは当然、奨励されるべきだろう。どちらが事実に適合しているか比べる過程で、異説が間違っていると判定されることは十分あり得る。その場合は通説は更に確固たるものになってゆく。一方、仮に異説のほうが正しいと判明すれば、通説はその座を異説に明け渡さなければならない。こうして学問は発展してゆく。

日本軍慰安婦問題にこの話を当てはめると、現在は強制連行・性奴隷説が通説である。しかし、これは神聖不可侵な無謬《むびゅう》の真理ではなく、明確な事実によって検証され棄却され得る主張である。通説に対しては新しい見解が提起され得るし、新しい見解が現れたからといってそれを圧殺しようとするのは、穏当な態度とはいえない。それは学問を退歩させる行為である。

ラムザイヤーが強調したように、巨額の前借金と数年という年限契約が契約履行の安全装置だったのか、それとも性奴隷説論者が主張するように債務奴隷であった証拠なのかが究明されなければならない。また、慰安婦に適用された報酬制が、ラムザイヤーの言う合理的報酬配分制だったのか、そうではなく性奴隷搾取制だったのかも究明されなければならない。

しかしその前に、慰安所業者と慰安婦の間に契約といえるほどのものが本当になかったのかを確認する必要がある。次の章では、慰安婦女性とその父母ら親権者は慰安婦の仕事に同意するという内容の書類を作成しており、それが慰安婦契約の証拠だということを究明してみる。

《要約》

慰安婦強制連行・性奴隷説が横行する中で、韓国内外の勇気ある幾人かの研究者が、貧困家庭の家長と慰安所業者の間で前借金と女性を交換した、という慰安婦契約論を提起した。特にアメリカのラムザイヤー教授は、前借金、一定の年限、売上の定率分配という特徴を持つ娼妓契約や慰安婦契約の構造を説いた。韓国内外の慰安婦運動同調者たちがこれに強く反発したが、朝鮮や日本に娼妓契約があったのだから、慰安婦契約があった可能性にも扉を開いておくべきだろう。

5 慰安婦契約の証拠

父母ら親権者の同意書類が必須

太平洋戦争勃発前まで、もともと日本軍慰安所は中国にのみあった。そしてその際、父母ら親権者が女性の慰安婦就業に同意したことを示す書類がなければ、募集業者と女性は中国行きの船に乗ることができなかった。日中戦争が起こって二カ月ほど過ぎた一九三七年九月一〇日から、中国に入国しようとする人間は、必ず身分証明書を所持しなければならなくなった。それ以前は旅券や特別な証明書がなくても中国に渡航できたのに、日本当局はこのときから、日本内地や朝鮮、台湾から中国に旅行するのを統制したのである。旅行者の居住地の警察署長が発行した身分証明書は図版5-1のようなものである。

身分証明書には本籍、現住所、職業、名前、生年月日、中国に渡航する目的、理由、期間などを記入し、末尾に発行年月日と発行人（警察署長の名義）の名前が記された。

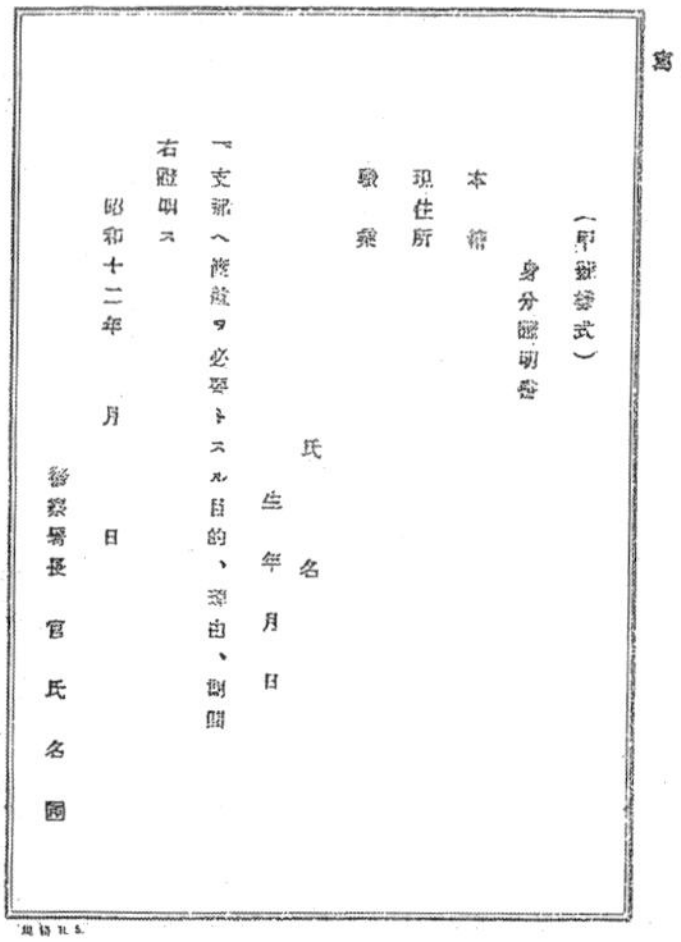
（甲號様式）
身分証明書
本籍
現住所
職業
氏名
生年月日
「支那ヘ渡航ヲ必要トスル目的、理由、期間
右証明ス
昭和十二年　月　日
警察署長　官氏名印
内務省

図版5-1　中国渡航時に必要な身分証明書
資料：『資料集成』第1巻、1997年：9P

慰安婦に身分証明書が発給される際には、女性本人が戸主・親権者及び募集業者などと一緒に警察署や警察支署に行って渡航の目的を説明し、それぞれの身分を明示しなければならなかった。したがって女性をただ誘引、拉致して中国や東南アジアに連れてゆくのは不可能だった。警察は募集業者の手下ではないので、誘引されたり略取されたりした女性に、警察署長名義の身分証明書を発給するはずがないからである。

ところで、身分証明書は中国に渡航する全ての人に要求されたもので、慰安婦の場合は更に他の書類も求められた。まずは臨時酌婦営業許可願、すなわち酌婦の仕事をするという女性と抱え主の申請書、次にその女性の写真二枚、女性とその戸主・親権者の承諾書、この営業許可願と承諾書に捺印した印鑑に対する印鑑証明書、女性の戸籍謄本、そして女性についての調査書である。このことは、一九三七年一二月に上海日本総領事館警察署が軍慰安所営業者たちに交付した注意事項文書に規定されていた[注1]。以下、それらの書類を一つずつみてゆこう。

まず臨時酌婦営業許可願（図版5-2）には、本籍、現住所、営業場所、家号（慰安所の名前）、女性がこれから使う芸名、本名、生年月日を記し、次いで「別紙の承諾書、印鑑証明、戸籍謄本、

注1　「前線陸軍慰安所営業者ニ対スル注意事項」：『資料集成』第1巻、39-40P。

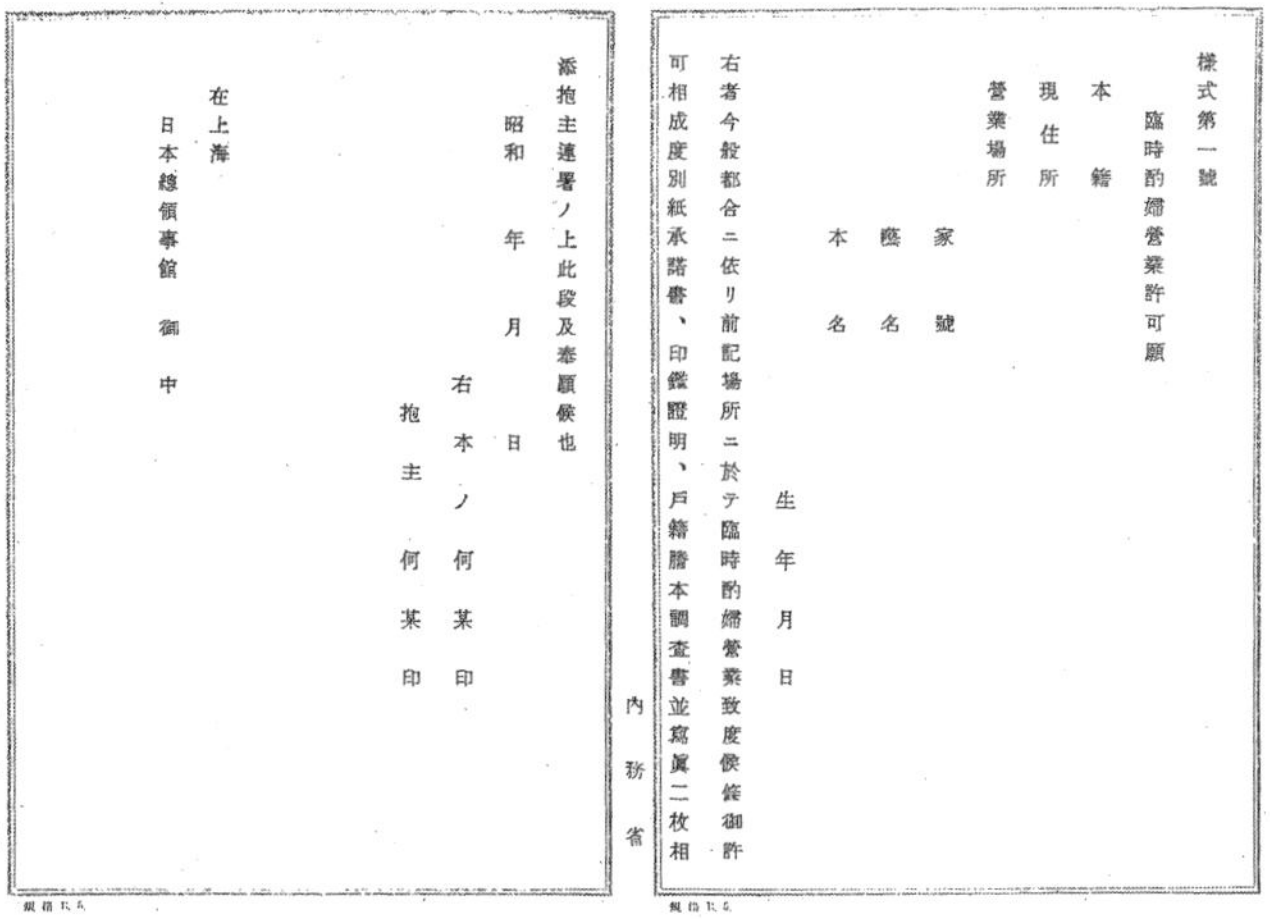
様式第一號

臨時酌婦營業許可願

本　籍

現　住　所

營業場所

家　號

藝　名

本　名

生　年　月　日

右者今般都合ニ依リ前記場所ニ於テ臨時酌婦營業致度候條御許可相成度別紙承諾書、印鑑證明、戸籍謄本調査書並寫眞二枚相添抱主連署ノ上此段及奉願候也

昭和　年　月　日

右本人　何　某　印

抱主　何　某　印

在上海

日本總領事館　御中

内務省

図版5-2　臨時酌婦営業許可願の様式　　資料：『資料集成』第1巻、1997年：41-42P

調査書、並びに写真二枚を相添えて」提出する旨、及び提出の日付を記入し、酌婦本人と抱え主が署名・捺印するようになっていた。提出先は中国国内の日本総領事館である。

承諾書（図版5-3右の「様式第二号」）は、これから慰安所で酌婦として働くという意思を表すもので、戸主・親権者と稼業人（慰安婦女性）が署名・捺印し、女性の本籍、現住所、氏名、生年月日も書くようになっていた。

調査書（図版5-3左の「様式第三号」）は、慰安所で酌婦として働こうとする女性についてのもので、居住期間が明記されている前居住地、現住所、教育程度、経歴、酌婦の仕事をしようとする理由、犯罪歴の有無、そして両親や内縁の夫の有無とその職業を書くようになっていた。また、女性の別借金（前借金）の額なども書かなければならなかった。

慰安婦が中国に渡航する際に必要とされたこ

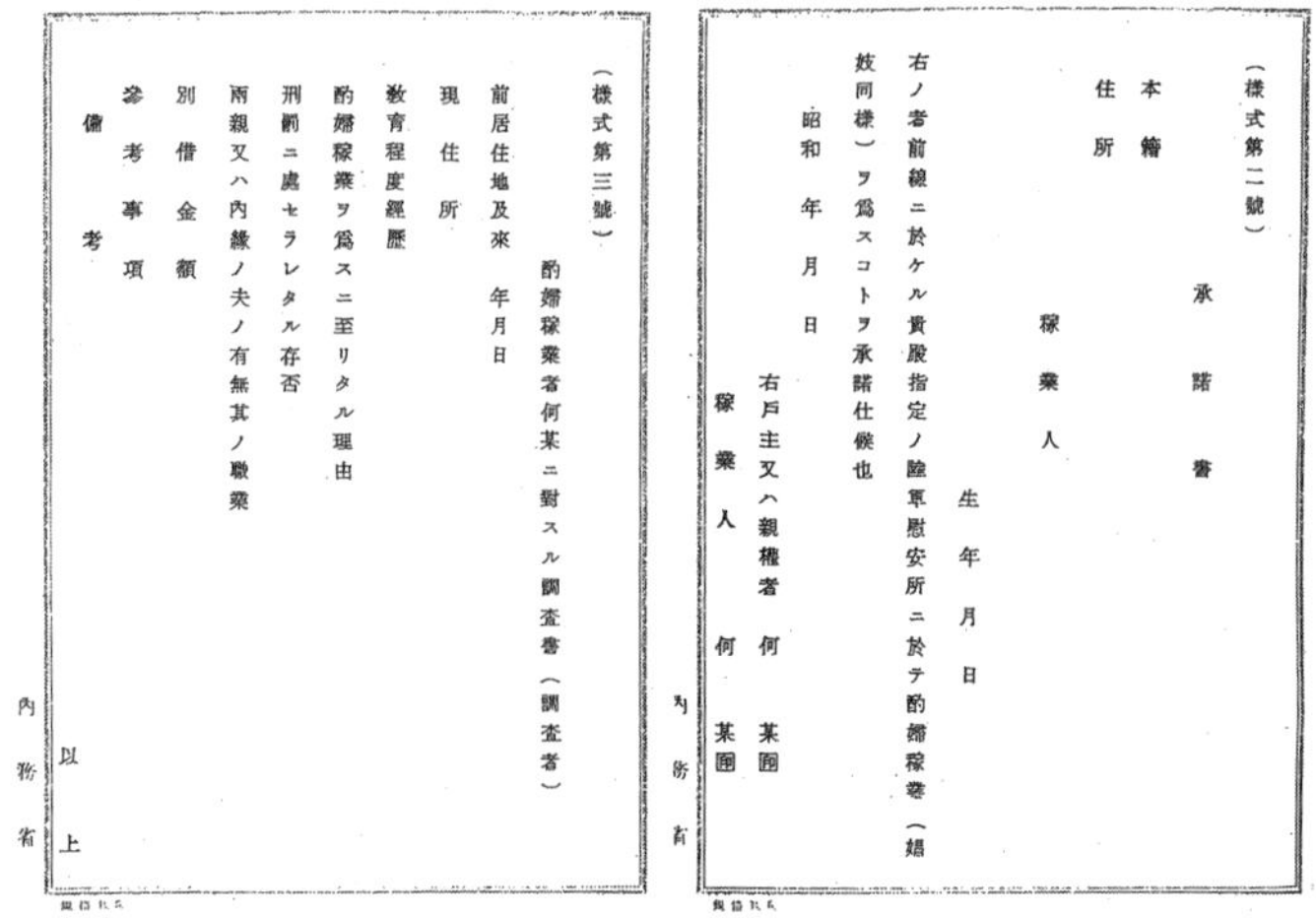
（様式第二號）

承諾書

本籍

住所

稼業人

生年月日

右ノ者前線ニ於ケル貴殿指定ノ陸軍慰安所ニ於テ酌婦稼業（娼妓同樣）ヲ爲スコトヲ承諾仕候也

昭和　年　月　日

右戸主又ハ親權者　何　某㊞

稼業人　何　某㊞

内務省

（様式第三號）

酌婦稼業者何某ニ對スル調査書（調査者）

前居住地及來　年月日

現住所

教育程度經歷

酌婦稼業ヲ爲スニ至リタル理由

刑罰ニ處セラレタル存否

兩親又ハ內緣ノ夫ノ有無其ノ職業

別借金額

參考事項

備考

以上

內務省

図版5-3　戸主・親権者の承諾書と領事館警察の調査書

資料：『資料集成』第1巻、1997年：43-44P

れら臨時酌婦営業許可願、承諾書、印鑑証明書、戸籍謄本等は、日本や朝鮮内で娼妓の仕事をしようとする際、管轄警察署から許可を得るために提出しなければならない書類と基本様式や内容が同じだった（永井和 2000年）。

たとえば、一九一六年三月に朝鮮で発令された「貸座敷娼妓取締規則」の第一六条は「娼妓の仕事をしようとする者は本籍、住所、氏名、妓名、生年月日及び就業場所を記載し、貸座敷営業者（抱え主）が連署した願書と次の書類を添付して、自ら出頭して警察署長に申請し、許可を受けなければならない」としている。

添付する書類は、①父親（親権者）の承諾書、②承諾者の印鑑証明書、③戸籍謄本、④娼妓の仕事及び前借金に関する契約書、⑤経歴及び娼妓をする事由を記載した書面、⑥警察署長が指定した医師または漢方医の健康診断書等だった注2。慰安婦が渡航する際には、このうちの

注2　白石保成（1920年）：『朝鮮衛生法規類集』498-499P。

慰安婦渡航書類	娼妓許可書類
身分証明書	
臨時酌婦営業許可願	娼妓稼業願書
承諾書（親権者、本人連署）	① 承諾書（親権者、本人連署）
印鑑証明書	② 印鑑証明書
戸籍謄本	③ 戸籍謄本
（身分証明書発給時、契約書提示）	④ 抱え主一娼妓間の契約書
調査書	⑤ 経歴、事由記載書面
	⑥ 健康診断書

表5-1　慰安婦渡航書類と娼妓許可書類

④〜⑥の書類は添付しなくてもよかったが、渡航のための身分証明書を発給してもらう際には、慰安婦の仕事及び前借金に関する女性と業者の間の契約書を、警察に提示しなければならなかった。また、領事館警察署で調査書を作成する際、〝経歴〟と〝慰安婦の仕事をする理由〟を陳述するのは、⑤の書類を添付するのと同じことだった。二つの書類群を比較すると表5-1のようになる。

要するに、慰安婦が渡航する際に必要とされる書類は、朝鮮内の娼妓が就業申請をする際に提出しなければならない書類と事実上同じである。この点は、日本軍慰安所制は日本や朝鮮内の公娼制を外延・拡大したものだという説のもう一つの根拠となる。貸座敷娼妓取締規則の第一六条の趣旨は、娼妓の仕事をしようとしているのは父母ら親権者を代表とする女性側の意思であることを確認する点にある。同様に、慰安婦が中国に渡航する際に必要とされる書類は、慰安婦の仕事をするのは女性側の意思であることを確認しようとするものである。

六種の書類の義務化の経緯

以上の慰安婦に求められる六種の書類は、どのように義務化されていったのだろうか。まず、六種の書類は、大きくは身分証明書とその他の書類の二つに分かれるが、この二つはそもそもの出どころが違っている。

まず身分証明書は「支那渡航取扱手続」という文書に規定されているもので、文書自体は一九三七年八月三一日付で日本の外務次官が発令した「不良分子ノ渡支取締方ニ関スル件」という文書の付属文書である注3。この「支那渡航取扱手続」の核心は、日本の内地や各植民地から中国に渡航する日本人（朝鮮人や台湾人も含む）は、居住地の管轄警察署長から発給された身分証明書を出国時や入国時に提示しなければならない、という点にあった。

しかし身分証明書は、警察署を訪ねて「中国に行こうと思うので発給してください」と言えばすぐに発給してくれるようなものではなく、その根拠を示す書類として、なぜ中国に行こうとするのかを説明する資料や、戸籍謄本等を提出しなければならなかった。

この「支那渡航取扱手続」は、公表した一九三七年八月三一日から施行されたが、身分証明書を発給するのには数日を要し、身分証明書がなければ入国できなかったので、中国に入国できるようになったのは一〇日くらい後の九月一〇日からだった。

次に、臨時酌婦営業許可願や承諾書等の書類は、上海日本総領事館が一九三七年一二月二一日

注3 「不良分子ノ渡支取締方ニ関スル件」（外務次官、1937年8月31日）：『資料集成』第1巻、3-10P。

に作成・交付した二つの公文書により規定されていた。一つは「皇軍将兵慰安婦女渡来ニツキ便宜供与方依頼ノ件」という文書で、日本軍に対する慰安業務を行う婦女の中国渡航に関し便宜を図ってほしい、と本国政府に依頼したものである。

もう一つは「前線陸軍慰安所営業者に対する注意事項」という文書で、慰安所が戦闘を繰り広げる前線 frontline に設置されたものであることを踏まえ、慰安所業者が注意しなければならない事項を整理したものである。この二つの公文書の中に、承諾書等五種の書類を備えなければならないと明示されていたのである。

華中への出入国を管理する官庁として上海日本総領事館が、前線にいる日本軍の要求に従って慰安婦の入国に関する手続きを整え、日本や朝鮮当局に慰安婦の出入国に便宜を図ってくれるよう要請し、慰安所営業者が注意すべき事項を整理したということである。

この上海日本総領事館の二つの公文書は、和歌山県知事が内務省警保局長に送った「時局利用婦女誘拐被疑事件ニ関スル件」という一九三八年二月七日付の公文書に添付されていた。この和歌山県知事が送った公文書は、知事が、以下に記す酌婦募集業者の婦女誘拐被疑事件（前述）を内務省警保局長に知らせたものである。事件というのは、一九三七年末から三八年の初め頃にかけて、中国から来た慰安婦募集業者が日本の和歌山県で慰安婦募集活動を行ったところ、それを知った和歌山県の田辺市警察が、時局を利用した婦女子誘拐ではないか、と疑ったものである。しかし、田辺市警察が調査をしつつ（図版5-4の②）、その調査の一環として長崎県に、上海派遣軍が本当に慰安婦募集の依頼をしたのか問い合わせたところ（③）、長崎県の水上警察署

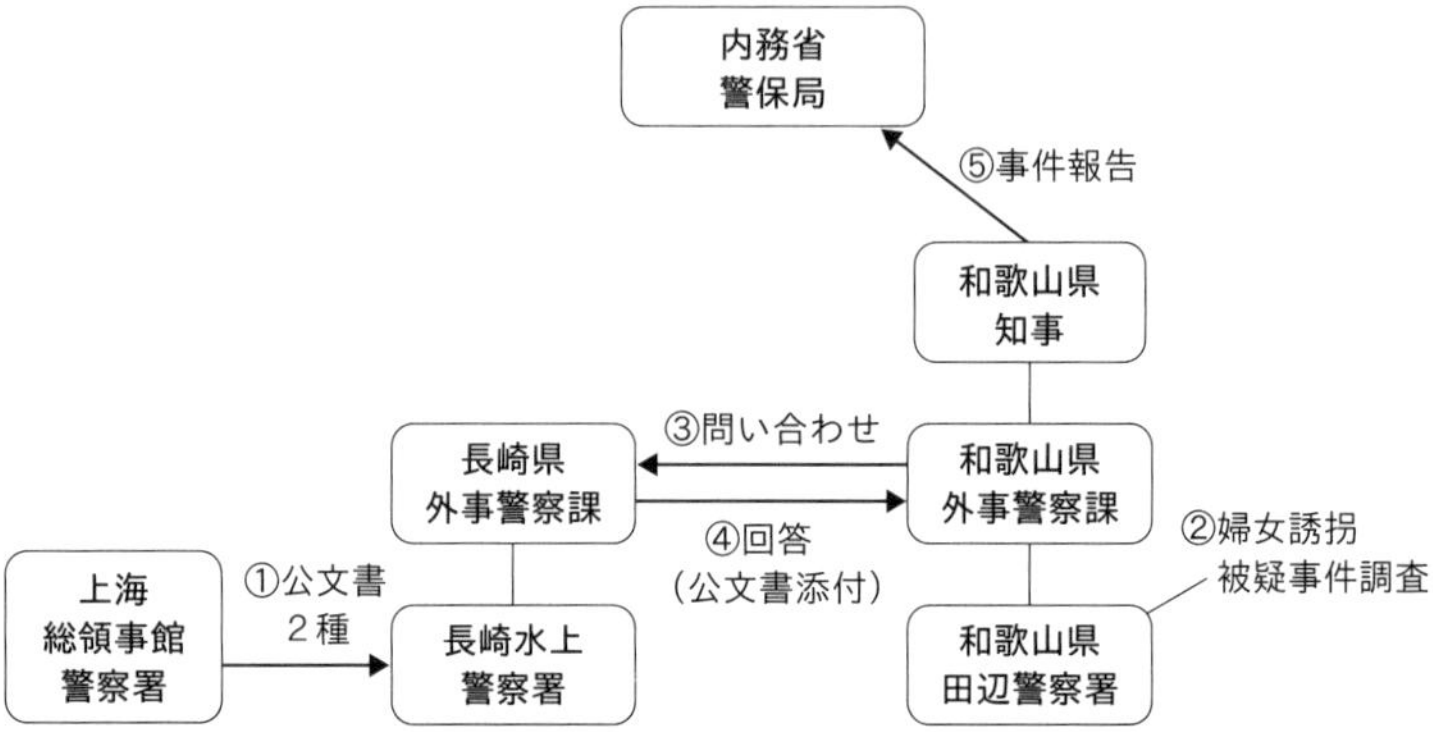

図版5-4　慰安婦渡航に要する６種の書類の報告経緯

がそれより前の一九三七年一二月二一日付で上海日本総領事館警察署から受け取っていた（①）二つの公文書を、長崎県外事警察課が和歌山県外事警察課に回したので（④）、業者らにかけられた嫌疑が晴れた。この経緯を和歌山県知事が内務省警保局長に知らせた（⑤）というわけである注4。

　日本の他の県からも内務省警保局に、慰安所業者が婦女子を募集していることを知らせる公文が送られてきた。そのため内務省警保局は、軍慰安婦の募集における方針を整理し発表した。それが一九三八年二月二三日付の警第五号「支那渡航婦女ノ取扱ニ関スル件」である。その主な内容は、当分の間、すでに娼妓をしている二一歳以上の女性を対象に慰安婦を募集すること、必ず女性本人が警察署に出頭して身分証明書を作ること、警察はその契約が合法的であるか徹底的に調査し、その婦女子の戸主・親権者の承認を得たものなのかチェックすること、というものだった。新聞に慰安婦募集の広告を出すことも禁じた。要するに、慰安婦を募集する際、誘引や略取、

注4　「時局利用婦女誘拐被疑事件ニ関スル件（和歌山県知事、1938年2月7日）」：『資料集成』第1巻、27-46P。

拉致等の違法行為を行うな、当分の間、すでに娼妓である女性を対象に慰安婦を募集せよ、という命令である。

このように、一九三七年の末から三八年の初めにかけて、戦場の日本軍の要請により慰安婦募集業者が日本や朝鮮などに来て婦女子を募集したことがきっかけとなって、日本政府が慰安婦の募集方法と手続きを整理して示したのが、慰安婦に求められた六種の文書だったわけである。こうして、女性を慰安婦として中国に連れてゆこうとすれば、それら六種の書類が必要になった。

六種の書類セットは慰安婦契約の証拠

これら六種の書類セット（表5-2）のうち、総領事館警察署が作成する調査書を除く五種は、慰安婦側が作成するか発給してもらうものである。繰り返しになるが確認しておくと、この五種の書類は、慰安婦として働くことの許可を求め、当該女性と抱え主が連署して上海日本総領事館に提出する臨時酌婦営業許可願、女性と戸主・親権者が連署して慰安婦として働く意思を明らかにした承諾書、女性と戸主・親権者の身元情報が記された戸籍謄本、契約に用いた印鑑が本物であるかどうかを確認するための印鑑証明書、女性の居住地の警察当局がこの慰安婦就業を承認して作成した身分証明書によって構成されている。この五種に、慰安所業者と女性との間に交わされた慰安婦契約書は含まれていないが、五種のそれぞれは、両者間の契約内容を反映して作成されている。この五種の書類セットは、戸主・親権者が女性が慰安婦の仕事をすることを承諾した

書類名		作成・申請者（連署者）	備考
慰安婦本人提出の五種の書類	臨時酌婦営業許可願	酌婦女性（慰安所業主）	許可権者：総領事館警察署
	承諾書	酌婦女性（戸主・親権者）	
	印鑑証明書	戸主・親権者	居住地の面事務所発給
	戸籍謄本	酌婦女性	居住地の面事務所発給
	身分証明書	酌婦女性	居住地の警察署発給
調査書		総領事館警察署	

表5-2　6種の書類セットの構成

ことや、女性が営業を許可してくれるよう官庁に願書を出したことや、この承諾及び願書提出が当事者（女性本人と戸主・親権者）の意思によるものであることを明らかにし、出発地と到着地の警察当局がそれぞれ、それらのことを承認したことを物語っている。これは、慰安婦の仕事における慰安婦側の自発的な契約を前提としている。身分証明書を発給する際、警察は、渡航する女性の職業、素性、言動、渡航期間、渡航目的等を調査し、渡航目的が正当でなければ許可しなかった（金《キム》富《プ》子《ジャ》 2000年：238－240P）。したがって、これら五種の書類が備わっていたならば、それは、業者と慰安婦（あるいはその戸主・親権者）の間で慰安婦の仕事（性的慰安の提供）に関する契約が成立していたことを意味する。

この五種の書類は上海総領事館が要求したものであって、日本の内務省や陸軍省が作成した中国渡航時取締方針には明示されていなかった。しかし、その頃発表された本国政府の取締方針、つまり内務省の「支那渡航婦女ノ取扱ニ関スル件」（一九三八年二月二三日付）、陸軍省の陸支密第七四五号「軍慰安所従業婦等募集ニ関スル件」（一九三八年三月四日付）等にはみな、警察は渡航が当該婦女子とその戸主・親権者の自発的契約によるものかを確認した上で身分証明書を発給せよ、募集業者は誘拐のような方式で募集してはいけないという内容が含まれていた。したがって、この五種の書類の趣旨は政府の方針にそのまま反映されたといえるだろう。

ところで、強制連行論者たちは、この五種の書類の具備要求は日本にのみ適用されており朝鮮には適用されていなかった、日本は婦女子人身売買及び海外移送を禁止した条約に加入していたが、それは日本本土でだけ施行され朝鮮では施行されなかったと主張する。代表的な慰安婦性奴隷説論者の吉見義明は、朝鮮では誘拐、拉致、人身売買等の方法で女性を集め中国に送り出したが、警察がこの強制連行を知っていながら渡航証明書を発給したのであれば違法行為であり、知らないで発給したなら職務怠慢である、結局のところ、警察はでたらめに渡航証明書を発給したのだ、と主張する（吉見義明　１９９５年：163Ｐ／同　２０００年：59Ｐ）。多くの慰安婦強制連行論者・性奴隷論者たちもそのようにみる。

だが、果たしてそうだろうか。前に述べた上海日本総領事館の二つの公文書の内容を探ってみよう。まず「皇軍将兵慰安婦女渡来ニツキ便宜供与方依頼ノ件」という文書の内容の核心は「慰安所業者に身分証明書を与えるから、五種の書類を揃えた女性を連れて上海に戻ってこい」というものだった。

つまり上海総領事館が、日本や朝鮮に行く募集業者に慰安婦募集事由を書いた身分証明書を作ってあげ、募集業者はその身分証明書を持って日本や朝鮮で慰安婦募集をする、ということである。募集業者は、上海を出発する前に五種の書類の書式を交付され、日本や朝鮮で募集活動中に書類を揃え、上海帰還の際にそれらを提出することになっていた。

また、「前線陸軍慰安所営業者に対する注意事項」という文書には「五種の書類がなければ中国への入国は許可しない」と明示されていた。慰安所業者は、募集活動をしながら臨時酌婦営業許可願、承諾書などの五種の書類を作成し、中国に到着したら即時これらを提出しなければならず、もし揃えられていなかった場合は、上海総領事館は入国を許さない、ということである。

このように二つの文書はともに、朝鮮に行く募集業者の場合であっても、募集業者という身分証明書を与えて仕事をしやすくしてあげる一方で、慰安婦を連れて帰ってくる際には、臨時酌婦営業許可願、承諾書、戸籍謄本などの書類を即時提出せよ、と規定している。慰安婦強制連行説主唱者たちは、この規定は朝鮮では適用されなかったと主張しているが、その主張はこれらの公文書の内容と一致しない。これが、彼らのほうが間違っているという決定的な証拠である。

また、常識的に考えても慰安婦強制連行論者の「日本でだけ適用云々」という主張は成立し得ない。慰安婦強制連行論者たちは、日本や朝鮮に女性を募集しにいった慰安所業者たちが女性たちを連れて上海に帰還した際、総領事館は、日本から戻ってきた業者に対しては関連書類を厳格に検査し、朝鮮から戻ってきた業者は書類がなくても入国させたと言う。また、総領事館の警察官は関連書類を検討した後、調査書を作成するが、強制連行論者たちは、日本から来た業者や慰安婦に対しては調査書を項目どおり几帳面に作成したが、朝鮮から来た業者や慰安婦に対しては調査書をきちんと作成せず、そのまま通過させたと言う。しかし、そんなことができるはずがない。吉見とその追従者たちは、それらの文書が自分たちの思い通りのものでないため無視しているに過ぎない。

この慰安婦渡航統制が厳格には遵守されなかったという主張もある。河宗文《ハジョンムン》は日本の内務省文

注5　内務省「醜業婦渡支ニ関スル経緯」:『資料集成』第1巻、105-109P。本文書の正確な内容については、永井和教授のホームページ掲載論文（永井和 2012年）を参照した。これを教えてくれた文藝春秋の担当編集者たちに感謝する。

書を根拠に、一九三八年一月八日に神戸港から上海に渡航した四〇～五〇人の慰安婦のうち二〇人だけが身分証明書を備えており、残りは身分証明書がないのに兵庫県がそれを黙認したと主張した（河宗文 2001年：62P）。慰安婦が書類を揃えていないのに中国に行ったという話だ。しかし、これは資料を読み違えたものだ。当該内務省文書には「一月八日に神戸発の臨時船・丹後丸に乗って渡航した四〇～五〇人のうち（神戸市）湊川警察署で身分証明書を発給してもらった者が二〇人」と記されているだけである。これは、残りの二〇～三〇人には身分証明書がなかったという話ではない。また、兵庫県はその慰安婦募集業者が斡旋業の営業許可を持っていなかった点を黙認したのであって、慰安婦に身分証明書がないのに黙認したのではなかった注5。

日本政府が新たな中国渡航に関する統制方針を出すと、朝鮮総督府は各道の道知事や警察部長にそれに従うよう指示した。外務省が一九三七年八月三一日、中国に渡航する者には管轄警察署が発給する身分証明書を所持させろという内容の「不良分子ノ渡支取締方ニ関スル件」を発令すると、朝鮮総督府は九月三日、正確にその通りの内容の朝保秘第六四六号「不良分子の渡支取締に関する件」を各道知事に発令した。そして翌年一月三一日には朝保秘第六六号「渡支身分証明書発給状況に関する件」を各道警察部長に発令し、中国渡航身分証明書の発給状況をその年の一月から毎月報告するよう指示した注6。

もし女性を誘引したり拉致したりして連行したのだとすれば、それらの書類をどうやって作ったというのだろうか。女性の承諾書や印鑑証明書や戸籍謄本が強制連行して作れるはずがない。たとえ第三者の名義の印鑑証明書や戸籍謄本を発給してもらい、その名義で偽の承諾書が作成で

注6　朝鮮総督府警務局保安課「在留朝鮮人の指導と渡支取締」：『高等外事月報』1、1939年7月、64-65P。

きたとしても、女性の居住地の警察署長から、どうやってその名義の身分証明書を出してもらい、中国入国時に、どうやって調査書を作成してもらうというのか。その書類は偽物であり、女性は誘引もしくは拉致された、ということが発覚するのが落ちである。結局、中国などに女性を慰安婦として連れてゆこうとすれば、その父母ら親権者から必要書類をきちんと手渡してもらわなければならないのである。このように戸主・親権者から書類付きで女性を引き渡してもらい前借金を支払うということが、契約ではないというのなら何だというのか。

また、こういう事実もある。マレーの日本軍政当局は一九四三年一一月、マレーの慰安所で慰安所業者が慰安婦と雇用契約を結ぶ際に従うべき契約条件を定め、その中で売上の配分比率や業者の費用負担の内訳、前借金に対する無利子、追加の借金などに関する管轄地方長官の認可等を規定した[注7]。慰安所業者は、これをガイドラインとして慰安婦の勤務条件を定めた。慰安婦がこれを受け入れることが、すなわち両者間における契約の成立だった。

慰安婦本人が提出した五種の書類の実例

慰安婦として渡航する際に求められる五種の書類の書式は、日本軍や日本政府の公文書には残っているが、書類の実物は現存していない。それらの書類は戦場の日本軍部隊の兵站《へいたん》係が収集・管理したはずだが、日本の降伏時、戦場で失われてしまったのだろう。しかし、そのような提出書類を軍が管理していたことを示す証拠は、日本軍関係者や慰安所業者、慰安婦の証言など

注7　詳しくは本書第9章を参照。

からいくつも出てくる。

　まず、上海日本総領事館が五種の書類の所持者だけ中国に入国させると決定した後、事実上その最初のケースとして慰安婦を日本で募集し中国戦線に連れていった事例がある（千田夏光《せんだかこう》 1995年：64-80P）。一九三七年末、第一二四連隊が派遣した募集業者・石橋徳太郎は、福岡で娼妓の仕事をしていた日本人女性の慶子ら七人と、九州北部の炭鉱町の朝鮮人鉱夫の娘一一人、併せて一八人を集め中国に行った（その募集経過については第8章で扱う）。

　その慶子の陳述では、父母から承諾書を貰ったとか管轄警察署に行って申告をしたとかいう話はなく、あたかも、これといった渡航手続きもなく軍納商人について軍の輸送船に乗ったかのような話になっている。一緒に行った朝鮮人女性に関しても、これといった出国手続きには言及されていないが、これら朝鮮人女性は、父母の承諾書を受け取り、戸籍謄本、印鑑証明書等の書類も発給されたものとみられる。なぜなら慶子が、金必連《キムピリョン》、李金花《イグムア》、金承希《キムスンヒ》、鄭裕花《チョンユファ》など、同じ慰安所に属した朝鮮人女性らの名前に漢字がどう当てられるか、ほとんど知っていたからである。のちに鄭裕花たちが中国の慰安所から九州の父母に宛てて手紙を書いたときも、慶子が代筆してあげている（千田夏光 1995年：198P）。学校にちゃんと通えなかったこの朝鮮人女性らが、自分の名前に漢字をどう当てるか、慶子に教えたということはあり得ない。おそらく募集業者の石橋が、朝鮮人女性らの父母から戸籍謄本や承諾書などを受け取り、慶子が石橋から、その名前は漢字でどう書くか伝え聞いたのだろう。慶子は小学校卒業後、高等小学校一年まで修了していたので、漢字を知っていた。

同じ頃、上海南西部の北橋鎮（今の閔行区《びんこう》）に駐屯していた日本軍野戦重砲兵第一四連隊は、一九三八年一月二七日、専用慰安所（北橋鎮特殊慰安所）を設置して「特殊慰安所取締規定」を定めた。その中の営業手続きに関する第一一条によれば、慰安所営業をしようとする者は営業許可願や誓約書、接客婦（慰安婦）の名簿とともに、接客婦と結んだ契約書の写しを提出しなければならなかった（河宗文 2023年：126P）注8。この規定は、五種の書類を示さず、業者と慰安婦の間で結ばれた契約書の写しを提出するようにしているが、もともと契約書には、女性の父母ら親権者が連署・捺印し、それを裏づける戸籍謄本や印鑑証明書も添付されているので、契約書の写しの提出は、つまりは五種の書類の提出と同じことである。何よりも業者と慰安婦女性の間で結ばれた契約書を提出しなければならなかったということが、まさに慰安婦契約の存在を立証している。

中国に渡航した慰安婦が身分証明書等の五種の書類を揃えていたことは、一九三八年末に営業を開始した漢口慰安所に関する証言録により確認できる。一九四三年から中尉として漢口駐屯日本軍兵站司令部の慰安係長を務めた山田清吉は、一九七八年に著した本で次のように慰安係担当者たちが慰安婦が提出した書類を受理していたことを明らかにしている。

慰安婦が漢口へ到着すると、楼主とともに必要書類をもって兵站慰安係へ出頭する。係の下士官は、彼女たち本人の写真、戸籍謄本、誓約書、親の承諾書、警察の許可書、市町村長（警察署長の間違い）の身分証明書などを調べ、所定の身上調書をつくり、それに前歴、父兄の住所、職業、家族構成、前借の金額などを書き入れる（山田清吉 1978年：86P）。

注8　「陣中日誌第5号昭和13年1月1日至昭和13年1月31日 野戦重砲兵第14連隊 第1大隊本部」：アジア歴史資料センターのサイトより。

この漢口慰安所には日本人女性もいたが朝鮮人女性も多く、新たに慰安所に到着した慰安婦たちは、どこの出身であろうと軍の兵站慰安係のもとにやってきて、それら五種の書類を提出したということである。募集業者に誘引されたり強制連行されたりしたとすれば、彼女らがこれらの書類を提出することはできなかったはずである。実状は、父母ら親権者が同意し、必要書類とともに女性を業者に引き渡したということが、ここでもはっきりと表れている。

挺対協の慰安婦証言録でも、何人かの元慰安婦たちが戸籍謄本などの書類について、はっきりと言及している。慶尚南道馬山《マサン》出身のカン・ムジャは家から憲兵たちに連れてゆかれたが、「（釜《プ》山《サン》の大同《テドン》旅館に女たち三五人が集まったあとの）あるとき警察が書類を作成するため私たちを呼んだ。女たちは二列に並んで警察署に行った。駅前に憲兵部隊もいて憲兵も来た」と言い、慶尚南道河東《ハドン》の出身で、一九四一年末、南洋の慰安所に向かったソン・パニムは「その人たち（七、八人の引率者たち）は釜山で私たちをある飲食店に待たせておいて、水上警察署を忙しく往復した」と言っている。また、慶尚北道青道《チョンド》出身のパク・ヨニは、朝鮮人の男が村の娘たちを集めて広東行きを勧めたのでついていった、釜山の草梁《チョリャン》のある家に到着すると、すでに五、六人の女たちが集まっており、主人は女たちの身分証明書や渡航証を作った、と語っている（挺対協他 １９９７年：48P、71P、122P）。

慶尚南道高霊《コリョン》の出身で、全羅南道宝城《ポソン》のある家の養女になり下女暮らしをしていたシン・ギョンナン（一九二一年生まれ）は、一九三八年初め、巡査と一緒に村に来た戦線の看護婦を募集しているという男についていったのだが、このとき彼女の父母はこの男の求めに応じて戸籍謄本を手に入れたという。彼女に対するインタビューにこの点がよく表れているので以下に引く（挺対協他　2001年b：29－30P）。

〈質問者〉旅館にも巡査たちが来ましたか？

〈シン・ギョンナン〉出たり入ったりしてたよ、その旅館に。巡査たちが（編集部補記：男の）後押しをしてて、中国から募集しにきたんだと言ったから興味が湧いて、一度行ってみようかと思って行ったよ。私が故郷はどこか話したんだ。そこに行けというので、戸籍を取ったよ。戸籍がなくて行けるか？　無条件で誰でも良いってもんじゃないよ。それだからうちの家では何で戸籍を取るのか分からないよ。そこでただ取って送れと言うから送ったのだから。戸籍は、連れていった人らがみんな連絡して、故郷がどこだって言えば、行って取ってきたんだよ。書類を作ってそこに行ったんだ。

別の例を挙げれば、一九三九年頃、台湾の澎湖島馬公市の海軍用料理店に働きに出た日本人娼妓・城田すず子は、娼妓許可証を貰うため馬公市に父親の承諾書や戸籍謄本等を提出しており、一九四四年、南洋のパラオ慰安所で帳場（管理人）を務めたときは、女性たちの借金の帳簿や戸籍謄本などを所持・管理していた（城田すず子　1971年：34P、62P）。その際、間違いなく女性たちの慰安婦契約書類も持っていただろう。

更に、一九四五年一一月一五日付の連合国南西太平洋地域総司令部の調査報告（第一二〇号）によれば、日本軍占領時、フィリピンのマニラで慰安所を開くには接待婦の契約書やその父母ら親権者の同意書を添付した接待婦認可申請書を出さなければならなかった。このこともやはり慰安婦契約の存在を物語っている注9。

また、戦争末期に沖縄の東方にある大東諸島のラサ島（現・沖大東島）に行った慰安婦の場合でも、五種の書類に準ずる書類が提出されている（姜貞淑《カンジョンスク》　2004年：198－200P）。一九四四年一一月下旬、朝鮮人慰安婦七人と慰安所業者一人がラサ島に到着し、慰安所を開いた。ラサ島駐留部隊の陣中日誌には、一二月三日に慰安婦の人的事項を上部に報告したと記されており、その人的事項とは、整理すると表5-3のようなものである。

これは、慰安婦七人の本籍、氏名、芸名、年齢、以前の職場名などであり、それらが記載されていたのは、戸籍謄本や臨時酌婦営業許可願等の五種の書類が提出されていたからである。提出されていなければ本籍や氏名、以前の職場名などが分かるはずがない。

一九四二年に華北、華中、華南にいた朝鮮人の姓名、本籍、業体、住所等を収録した人名録資料からも、同様に慰安婦の人的事項が確認できる。表5-4は、その人名録により中国安徽省当塗にあった朝日館の業者夫婦と慰安婦たちの名前と本籍を示したもので、人名録に名前と本籍が漢字で漏れなく記されていたのは、やはり女性の戸籍謄本やその父母ら親権者の承諾書など、関連書類が提出されていたからである。

以上、探ってきたように、慰安婦が中国の戦場の慰安所に行くには、女性とその戸主・親権者

注9　韓国国史編纂委員会（https://db.history.go.kr/id/wj_001_0020_0090）：2023年8月7日検索。

氏名	本籍	芸名	年齢	以前の職場
	釜山府草梁町	しのぶ	25	釜山鎮
	京城府東大門区公徳町	小春	25	一力
	馬山府枝品洞	笑子	21	高砂楼
	晋州府三峰町	明美	21	仲口楼
	ノシン府大和町	多摩江	21	金泉荘
	達城郡玄風面五山洞	信子	19	なし
	居昌郡南上面大山里	若葉	19	なし

注：氏名は論文の筆者が未記載。　資料：姜貞淑 2004年：200P

表5-3　沖縄・大東諸島ラサ島にあった慰安所の慰安婦に関する人的事項

氏名	本籍地	備考
薛濬東	開城府満月町721	館主
張福実	開城府満月町721	妻？
呉○孫	開城府南山町757	
李○徳	平壌府新里119	
舎○江	慶尚北道清道郡雲門面梧津洞	
車○子	開城府東町63	
李○○子	開城府雲鶴町96	
咸○子	平安南道平原郡能湖面薬田里100	
裴○子	開城府宮町470	
金○源	黄海道海州郡松林面借坪里674	

資料：白川秀男 1942年：125P。なお李栄薫（イ・ヨンフン、2020年：44P）からの再引用

表5-4　中国安徽省の当塗にあった朝日館における業者と慰安婦（1942年）

は慰安所行きに同意するという内容の書類を作成して提出しなければならず、さらに女性本人は出発前に居住地の警察署長に渡航許可証に該当する身分証明書を発給してもらい、中国に到着してからは渡航の経緯について領事館警察署の調査を受け、軍の兵站係に関連書類を提出しなければならなかった。これは、慰安所業者と慰安婦との間で慰安婦の仕事に関する契約が成立していたことを意味する。

なお、慰安婦契約が存在するということが即、慰安婦は自発的な売春婦であるということではない。契約は基本的に慰安所業者あるいは募集業者と当該女性の戸主・親権者の間で結ばれ、普通女性は、それを望んでいなくてもその契約に従わざるを得なかった。したがって、慰安婦になる女性自身にとってはその契約は非自発的であり、強制的であり得た。

また、慰安婦契約が存在したからといって、戸主・親権者に全ての責任を押し付けるわけでも、日本政府が免責されるわけでもない。女性が慰安婦になることにおいては、日本政府（日本軍）、慰安所業者、周旋業者、女性の戸主・父母ら親権者の皆が関与した（第8章参照）。軍慰安婦制を作り、慰安所を設置し、その運営を管理・監督したという点で、日本軍や日本政府には明らかな責任がある。

徴集ではなく募集だった

強制連行によってではなく契約によって慰安婦になったのだとすると、慰安婦の集め方は徴集ではなく募集であったことになる。しかしながら慰安婦強制連行論者たちは慰安婦「徴集」とか「徴募」という用語を使う。徴兵、徴税、徴収、徴用、徴発などといった言葉に使われる「徴」という文字は、国家が召喚し、求め、収得することを意味する。「徴」という漢字のそもそもの意味は、戦争に必要な人力を王の命令で動員するということだった。「召喚し、求め、収得する」主体は国家であるが、国家は召喚し、求め、収得しながらも反対給付を行わなかったり（徴税、徴収、徴兵）、正当な代価に及ばぬ代価を支給したりする（徴用、徴発）。したがって慰安婦徴集とか慰安婦徴募と言うと、国家が何の代価もなく、あるいは安価で慰安婦を呼び集めるという意味になる。

しかし、実際に慰安婦を集め連れていった主体は、慰安所業者や彼らから依頼を受けた周旋業者だった。たとえば一九三七年末、上海日本総領事館が慰安所業者や周旋業者に、慰安婦を朝鮮や日本などから集めてくるよう要請し、その際、五種の書類を揃えるよう要求したので、彼らはその要請に応じ、日本、朝鮮、台湾に行き、慰安婦になる女性たちを連れて帰った。

第1章でみたように、華南の戦線への慰安婦動員においても、現地軍の要請により日本の内務省と台湾総督府が慰安婦の募集と送出に関与したが、その際も、行政組織を通して直接選抜・動員したのではなく、各府県や各州庁に慰安婦数を割り当てたにとどまった。実際に慰安婦を集めたのは、各府県や各州庁が選定した業者たちである。

また、華南の海南島に慰安所が設置されたとき、現地軍の要請を受けて台湾総督府が動いたが、この場合も台湾総督府は、傘下の国策会社を通して台北の遊廓業者を慰安所業者に選定し資金援助をしたのみで、遊廓業者が酌婦を集めて海南島に移動して慰安所を開いた。

業者が前借金を支払って慰安婦を集めたという点で、これらはやはり徴集や徴募ではなく、業者による慰安婦の募集である（自分のもとですでに働いていた娼妓を連れてくる場合も含める）。

日本軍慰安婦に関する客観的資料は慰安婦契約の存在を立証しているが、これは元慰安婦たちの証言とくい違う。多くの元慰安婦たちが、官憲によって、または誘拐や拉致という暴力的方式によって連行された、と陳述しているからである。この章で検討してきた慰安婦契約論と照らし合わせると、元慰安婦たちのこれらの証言はどのように解釈すべきなのだろうか。

《要約》

日中戦争勃発以後、女性が慰安婦になるために日本や朝鮮などから中国に渡航しようとする際には、身分証明書、臨時酌婦営業許可願、親権者と本人が連署した承諾書、印鑑証明書、戸籍謄本が必要だった。これらの書類は、慰安所業者と女性（及び父母ら親権者）側の間に慰安婦契約が結ばれていたことをみせてくれる。実際、三〇軒もの慰安所が密集していた漢口では、兵站司令部が慰安所業者にこれらの書類の提出を求め、一九四四年末、沖縄の東方の離島に慰安所が開設されたときにも、軍は関連書類を収集・管理した。

6 挺対協証言録にみる〝慰安婦になるまで〟

通説の経路は間違っている

前の章で、暴力や拉致などの強制的な手段では女性を慰安婦として戦場に連れてゆくことができなかったことは確認できた。そうであるなら、慰安婦はどのような経路で作られていったのか。これに関しては、挺対協側の研究者が元慰安婦の証言を分析したものがある。姜貞淑《カンジョンスク》は、挺対協と挺身隊研究会が一九九三年から二〇〇四年にかけて出した元慰安婦の証言集全八冊（在中国元慰安婦の証言集二冊も含む）、対日抗争期強制動員被害調査支援委員会が出した口述記録集、北朝鮮で出た証言集の全一〇冊に収録された一五八人を、動員方式別に分類した。その結果は表6-1にみられるように、就業詐欺が五二・五％、脅迫・暴力・拉致が二二・八％、人身売買が一一・四％、誘拐が二・五％、その他（勤労女子挺身隊、奉仕隊、勤労隊等）が一〇・八％であった。就業詐欺が過半を占め、脅迫・暴力・拉致が四分の一に近かった。

	就業詐欺	脅迫・暴力・拉致	人身売買	誘拐	その他	計
件数	83	36	18	4	17	158
割合（%）	52.5	22.8	11.4	2.5	10.8	100

資料：姜貞淑 2017年：135P

表6-1　挺対協側の研究者による慰安婦になった経路分類

しかし、この分類方法には重大な問題点がある。まずは、慰安婦は犯罪を通して作られたとみている点である。就業詐欺、脅迫・暴力・拉致、人身売買、誘拐等は、現在においてのみならず、植民地朝鮮においても犯罪だった。このような項目設定自体が、慰安婦は犯罪を通して作られてゆくものだという意図的なフレーム化である。

更に、より根本的な問題として、経路項目が間違って設定されているということがある。そもそも誘拐という用語を間違って使っている。誘拐とは「人を従来の生活環境から離脱させ、自分または第三者の実力的支配下に置き、その自由を侵害すること」であり、「その方法が、暴行・脅迫を手段とする場合を略取、欺罔《ぎもう》・誘惑を手段とする場合を誘引といい、この二つの場合を総称して誘拐という」注1。したがって、脅迫・暴力・拉致も誘拐の範疇に属するので、四つ目の誘拐という項目は誘引とすべきである。それだけではない。就業詐欺、人身売買、誘拐はそれぞれ別の犯罪なのに、この分類では相当な部分が重なり合っている。数学の集合の概念を借り図版6-1を用いて説明すると、この分類においては、人身売買、就業詐欺、誘引というカテゴリーの中に、Bのような共通部分（積集合）があったり、Dのような、より大きな括りに包摂される部分集合があったりする。

Aは人身売買ではあるが就業詐欺ではない場合である。すなわち父母ら親

注1　naver 知識百科（https://terms.naver.com/alikeMeaning.naver?query=E00201111：2023年10月8日検索）。

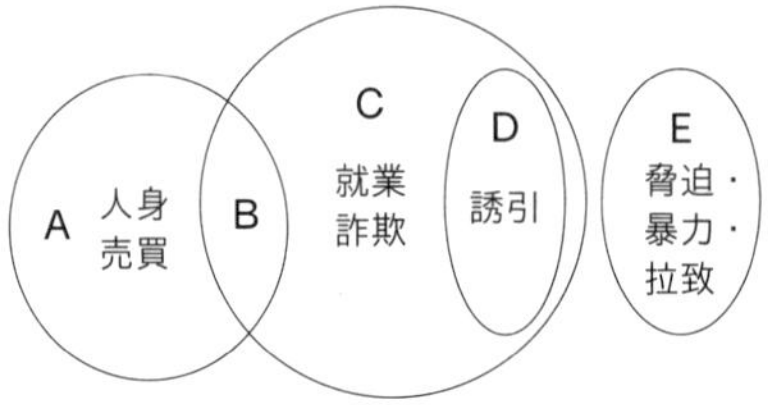

図版6-1　挺対協側の研究における慰安婦になった経路

権者が、女性が慰安婦として働きにゆくことを知りながらその女性を売るケースである。慰安婦になることを知っていながら引き渡すのだから、これは就業詐欺ではない。Bは人身売買であり、かつ就業詐欺でもあるケースで、この場合、父母ら親権者は女性を慰安婦にするとは知らず、騙されて金を受け取って引き渡すことになる。第7章でみる河允明《ハユンミョン》事件では、父母が工場や百貨店などのいい所に就職させてあげるという募集業者の嘘に騙され、娘を他人に養女として引き渡してしまった。これなどはまさにBである。

　Cは就業詐欺ではあるが人身売買でも誘引でもない場合である。誘引とは、主に幼い子どもを騙しそそのかして、父母が知らないうちに連れ去ることで、誘引で慰安婦になるDは、幼かったり世間知らずだったりする女性を仕事が楽で金がたくさん儲かる、いい働き口があると騙し、父母ら親権者や夫が知らないうちに連れてゆくケースである。したがってCは、父母ら親権者を単純にいい働き口があるなどと言って騙し女性を連れてゆくケースである。人身売買のように買って連れてゆくわけではないので、親権者に金を払ったとしてもかなり少額だったことだろう。

　図版6-1では、脅迫・暴力・拉致は他の項目とは別にした。女性を否応なしに動物を狩るかのように捕まえて連れてゆくのだから、人身売買、就業詐欺、誘引のどれとも重複しない。ただ、誘引についてはこの範疇に含まれる可能性がある。たとえば、誘引して連れ出した女性が、日本

に行くと言われて汽車に乗ったのに何だかおかしい、日本に行くのではなかったのか、などと抗議をしたら、そのときから暴力を使い、監禁したり、強制連行したりするだろう。そういう場合の誘引は脅迫・暴力・拉致のジャンルに入り得る。

このように、挺対協側が慰安婦になる経路として提示した各項目は、実際にはお互いに重なり合う。元慰安婦はこの分類において、自分にとって印象的な部分だけを話すようになるだろう。暴力を強く記憶している人は、私は暴力・拉致によって慰安婦にされたと証言するだろうし、実際は父母に売り飛ばされたのに、父母が騙された就業詐欺に関わるところだけを話すこともあり得る。このようにこれまでの通説の慰安婦になる経路では、慰安婦になった経緯を正確には把握できないのである。

慰安婦になる経路の分類

それでは、慰安婦になる経路が互いに重なり合わないようにするには、どのようにすればいいのだろうか。まず初めに想定できるのは、先の慰安婦契約論が示すように、当事者女性、あるいは親権者が契約を結び、同意した上で慰安婦になる場合である。すなわち慰安婦契約による経路である。二つ目は、父母ら親権者が女性を養女に出し、引き取った養父母がその女性を慰安婦にする場合である。養父母が初めは妓生《キーセン》に育て、その後、慰安婦に出したケースもあるだろうし、下女の仕事をさせながら大きくし、その後、慰安婦にしたケースもあるだろう。この経路は親権の委任譲渡だといえる。

一番目の慰安婦契約には明確に契約期間があり、契約の当事者たちはそのことを知っていた。契約の期間を慰安婦として働けば、辞めて帰ってくることができた。一方、二番目の親権が委任譲渡され他人の養女になった女性は、身の振り方は養父母次第である。養父母がお金を貰ってその養女を更に他人に引き渡す場合、実の親の同意を貰うことが慣行ではあったが、養父母が意図して実の親に内緒で売り渡す場合もあれば、実の親との連絡が途絶え、同意を得ようにも得られない場合もあった注2。つまり、親権を持つ養父母が女性に対する処分権を持っていた。合法的な慰安婦が生まれる経緯としては、このような二つの経路を想定することができる。

一方、挺対協が出した証言録には、この二つとは別の経路として誘引と暴力的拉致（略取）がより多く出てくる。前述したように、誘引は募集業者がいい働き口があると言って女性を誘惑し、乗り気になった女性を父母ら親権者や夫ら戸主権者に内緒で連れ去ることであり、略取は暴力や脅迫をもって女性を連れ去ることである。後者では、業者によるケースも、官憲によるケースもあり得る。これが強制連行であるが、誘引や強制連行は当時も違法行為で、官憲なら動物を狩るかのようにしてむやみやたらに婦女子を連行していいというものではなかった。

したがって、これらの違法行為を合わせて慰安婦になった経路を分類すると、表6-2のように六つの経路にまとめられる。この六つは、さらに慰安婦契約、親権委任・譲渡、誘引、強制連行の四つにカテゴリー化することができる。先の二つは合法であり、後の二つは違法だった。ここにおいて合法と違法を分けるのは、本人か父母ら親権者、夫ら戸主権者の同意があるかないか

注2　養女については第7章で詳しく扱う。

戸主・親権者による慰安婦契約	女性自身による慰安婦契約	養父母による慰安婦化	募集業者による女性誘引	業者による拉致・暴力	官憲による拉致・暴力
慰安婦契約		親権委任・譲渡	誘引	強制連行（略取）	
合法			違法		

表6-2　慰安婦になった経路

だった。同意がなければ違法だった。

では、挺対協が採録した証言の内容に従って、各慰安婦証言者を表6-2の四つのカテゴリーに分類してみよう。挺対協らによる慰安婦証言録は、一九九三年から二〇〇四年にかけ全部で八冊出された。そのうちの一〇三人が証言した経路をこの四つのカテゴリーのどれかに割り当てると表6-3のようになる。

この中で慰安婦契約の項に分類されるのは一〇三人中の三一人で三一%ほどである。また、父母が娘を養女に出し親権を譲渡するケースは一二人で、一一%を少し超える。誘引が二七人で二六%ほど、暴力・拉致などによる強制連行が三二人で、三一%ほどである。

〝強制連行された日本軍慰安婦〟というイメージに符合する誘引と強制連行は、合わせると全体の五七%程度を占める。この数字は、吉見らが主張する犯罪、つまり違法行為によって日本軍慰安婦が作られたという強制連行説に符合する、慰安婦運動団体・挺対協の主張にぴったりと寄り添うものである。

しかし、そうした強制連行の項に当てはまる割合は、通説が示唆するほどは多くなく、むしろ契約により慰安婦になったケースが思ったより多い。また、これらの分類は証言を単純に分類したのであって、それが事実かどうか綿密に検討すると結果が違ってくる可能性がある。強制連行されたというケースが減ってくることもあり得る。したがって、慰安婦の証言に対しても資料批判が

	慰安婦契約		親権委任・譲渡		誘引		強制連行	
	数	姓名	数	姓名	数	姓名	数	姓名
第1巻（1993年）	5	イ・ヨンスク（李英淑）、イ・ドゥンナム（李得南）、イ・ヨンニョ（李用女）、キム・テソン（金台善）、パク・スネ（朴順愛）	2	キム・ハクスン（金学順）、ファン・グムジュ（黄錦周）	9	キム・ドクチン、ハ・スンニョ（河順女）、オ・オモク（呉五穆）、ムン・ピルギ（文必璂）、イ・ヨンス（李容洙）、イ・オクプン（李玉粉）、イ・スノク（李順玉）、イ・サンオク（李相玉）、チェ・ミョンスン（崔明順）	3	ムン・オクチュ（文玉珠）、カン・ドクキョン（姜徳景）、ユン・ドゥリ（尹頭利）
第2巻（1997年）	4	パク・トゥリ（朴頭理）、キム・ボクトン（金福童）、ペ・ジョクカン、チェ・ジョンネ	1	キム・チュンジャ（金春子）	3	キム・ブンソン、パク・ヨニ、チョン・グムァ	7	チン・ギョンペン、カン・ムジャ、ソン・パニム、チェ・イルレ、ヨ・ボクシル（呂福実）、パク・スニ、キム・ウンジン
第3巻（1999年）	2	キム・ソラン、キム・オクチュ（金玉珠）	2	キム・グンジャ（金君子）、チョ・ナムネ	4	ファン・スニ（黄順伊）、キム・クッスン、ハ・ヨンイ、シン・ヒョンスン	6	フン・ハルモニ、キム・ウンネ、シム・ダリョン、チョ・スンドク、チェ・ファソン、キム・ユガム
第4巻（2001年a）	1	チョン・ユノン	2	キム・チャンヨン、チェ・ガプスン	2	キム・ファソン、ハン・オクソン	4	キム・ヨンジャ、ユン・スンマン（尹順万）、キム・ボクトン、アン・ボプスン
第5巻（2001年b）	3	シン・ギョンナン、イ・フナム、ハ・ボクキャン	0		3	ソク・ポクスン（石福順）、ユン・エジャ、ヤン・ジョンスン	3	キム・ジョンスン、イ・グムスン（李今順）、イ・ヤングン
第6巻（2004年）	3	コン・ジョミョプ、キム・スナク、キル・ウォノク（吉元玉）	1	チャン・ジョムドル	1	キム・ファジャ（金和子）	5	チョン・ソウン、ソク・スニ、イム・ジョンジャ、ノ・チョンジャ（盧清子）、キム・ボンイ
中国第1巻（1995年）	3	ハ・グンジャ（河君子）、イ・ボンファ、イム・グミ	3	ホン・エジン、チャン・チュヌォル（張春月）、ヨク・ヨンナン	3	ホン・ガンニム、パク・ピリョン、パク・マクタル	1	チョン・ハクス
中国第2巻（2003年）	11	キム・スノク（金順玉）、パク・テイム、パク・ソウン、パク・オクソン（朴玉善）、パク・ウドゥク、ペ・サミョプ、イ・グァンジャ、イ・スダン、イ・グィニョ、チ・ドリ、ヒョン・ビョンスク（玄炳淑）	1	チョ・ユノク（趙允玉）	2	ハ・オクチャ、ムン・ミョングム	2	カン・イルチュル（姜日出）、キム・ウィギョン、イ・オクソン（李玉善）
計	32人		12人		27人		32人	
(%)	31.1		11.7		26.2		31.1	

注：中国第1巻は挺対協他『中国に連行された朝鮮人軍慰安婦たち』（1995年）、中国第2巻は韓国挺身隊研究所『中国に連行された朝鮮人軍慰安婦たち 2』（2003年）。

表6-3　挺対協証言録上での103人の慰安婦になった経路

慰安婦契約（11人）	親権委任・譲渡（4人）	誘引（9人）	強制連行（11人）
イ・ヨンニョ〔李用女〕（1） パク・スネ〔朴順愛〕（1） キム・ボクトン〔金福童〕（2） チェ・ジョンネ（2） キム・オクチュ〔金玉珠〕（3） イ・フナム（5） ハ・ボクキャン（5） コン・ジョミョプ（6） キム・スノク〔金順玉〕（中2） パク・ソウン（中2） ヒョン・ビョンスク〔玄炳淑〕（中2）	キム・ハクスン〔金学順〕（1） キム・チュンジャ〔金春子〕（2） チョ・ナムネ（3） キム・チャンヨン（4）	ハ・スンニョ〔河順女〕（1） イ・ヨンス〔李容洙〕（1） チェ・ミョンスン〔崔明順〕（1） チョン・グムァ（2） ファン・スニ〔黄順伊〕（3） キム・クッスン（3） ハン・オクソン（4） ソク・ポクスン〔石福順〕（5） ムン・ミョングム（中2）	カン・ドクキョン〔姜徳景〕（1） チン・ギョンペン（2） ヨ・ボクシル〔呂福実〕（2） キム・ウンジン（2） キム・ウンネ（3） キム・ヨンジャ（4） キム・ジョンスン（5） イ・ヤングン（5） イ・オクソン〔李玉善〕（中2） ソク・スニ（6） ノ・チョンジャ〔盧清子〕（6）

注：名前のあとのカッコ内の数字は収録された本の巻数（「中2」は表6-3における中国第2巻）。

表6-4　慰安婦35人の事例の経路別検討

必要であり、それを通し慰安婦になった実際の過程、経緯はどうだったのかを追跡する必要がある。ここでは、全体の約三分の一に該当する三五人の事例を検討することにする。彼女らを経路別に振り分けた結果は表6-4の通りである。

経路1：契約

表6-5は契約によって慰安婦になったとみられるケースである。

李用女《イヨンニョ》は貧しい家庭の出身で、父親が前借金を受け取って料理店に彼女を養女として送った。一年間働くことで前借金を毎月幾らかずつ返済し、一年後には債務が全て清算される契約だった。契約満了が近い、一年ほど経った一九四二年のある日、料理店の主人から日本に金がたくさん儲けられるいい所がある、行ってみないかと言われ、「ちゃんと食べ、ちゃんと着られるよう、お金を

姓名	慰安婦になった経緯
イ・ヨンニョ〔李用女〕(1)	貧しい家で、父親が金を貰って料理店に養女として送った(1年契約)。1年くらい経った1942年、料理店の主人が、金がたくさん稼げるいい所が日本にあるから行かないか、と提案。ちゃんと食べ、服もちゃんと着て金を稼ごう、と思い受諾。南山のふもとの明洞にあるシナ料理屋に集合。町の友だちも連れていった。釜山からビルマのラングーンに行った。
パク・スネ〔朴順愛〕(1)	16歳のとき結婚したが極貧の家だったので逃亡。18歳のとき後妻に入る。夫が妻の浮気を病的に疑い20歳のとき紹介所に売られる。(病院勤務) 慰問団募集の噂を聞き応募。ラバウルに行く。
キム・ボクトン〔金福童〕(2)	区長、班長が国民服を着た日本人と一緒に訪ねてきた。日本の工場で働くのだと言い、母親に書類にハンコを押せと言って連れてゆかれた。釜山—下関—台湾を経て広東に行った。
チェ・ジョンネ(2)	貧しかった。他人の家の下女暮らしをした。14歳だった1942年、ある男が母親に娘を工場に送れと勧誘。「私が家を出るとき母親がどこかにハンコを押したようだった」。清津を経て雄基に行った。
キム・オクチュ〔金玉珠〕(3)	日本の軍人の家で下女暮らし。仁川で金儲けをさせてやるという紹介に同意。戸籍謄本が要るので故郷に帰り戸籍謄本を発給してもらう。前借金24円のうち20円を母親にやる。
イ・フナム(5)	商売をするのに負ってしまった借金のため派出所に拘留された父親を助け出そうと、自ら慰安婦に。慰安婦になったあと、父親は派出所から出され借金も返したという。
ハ・ボクキャン(5)	父親が紹介業者を通して(私を)日本人遊廓主に1,500円で売り、その日本人業主が慰安婦として連れていった。
コン・ジョミョプ(6)	ある人が家に来て、日本の絹織物工場の仕事だと言って勧誘。父親が「行け」とどなるので行った。満洲の海城にある接客業施設に到着したあと、父母の承諾を得て警察署から(娼妓業の)許可を貰った。帰還後、父母と再会。「お父さんがああしなかったら、なんであんなところへ行くものか……」。
キム・スノク〔金順玉〕(中2)	18歳のときから父親が3度も前借金を貰って(私を)売り払い、満洲の遼寧省、国内の新義州、満洲の黒竜江省を転々とした。
パク・ソウン(中2)	結婚生活に失敗したあと親元に帰ることができず、前借金を貰って親に与え、琿春にある軍慰安所に行った。
ヒョン・ビョンスク〔玄炳淑〕(中2)	17歳のとき、家を助けるため500円を貰って新安州の飲み屋で2年間過ごし、帰ってからは大金を稼ぐため父母同意のもと3,000円の前借金を貰って満洲の遼寧省の接客業施設に行き、借金を早く返そうとさらに戦場の慰安所に移った。

表6-5　経路① 慰安婦契約の事例

儲けよう」と考えて承諾した。

日本に向かった日、京城の南山《ナムサン》のふもとの明洞《ミョンドン》にあるシナ料理屋に集合して食事をした。李用女は町の友だちも連れていった。釜山《プサン》まで汽車に乗り、そこから船に乗ってビルマのラングーンに行った。有名な慰安婦・文玉珠《ムンオクチュ》が乗っていった一九四二年七月のビルマ行き慰安団だった。

李用女の証言によれば、料理店の主人が提案して本人が承諾したことになっているが、父母も同意したものと判断される。明洞のシナ料理屋に集合した際、父母も一緒に行ったという叙述があるからである。娘が新しい所に出発することを父母も知っていた。たぶん父母には相当な前借金が渡されただろう。本人もまたいい提案だと考え、町の友だちまで一緒に連れていった。李用女が募集業者に友だちもいると言い、交渉したのだろう。その友だちの父母も同意し、前借金を受け取ったものと思われる。

朴順愛《パクスネ》は一六歳のとき結婚したが、嫁ぎ先があまりにも貧しかったため逃亡、その後一八歳のとき、ある男の後妻に入った。ところがその男は妻の浮気を病的に疑い、朴順愛が二〇歳のとき彼女を紹介所に売り飛ばしてしまった。朴順愛はこの紹介所で病院勤務の慰問団募集の噂を聞き応募、ニューギニア・ニューブリテン島のラバウルに行った。ここで重要なことは、朴順愛に対する戸主権を持つ夫が、田七五〇坪の値段を超える巨額を受け取って彼女を紹介所に売り渡したことである。したがってこの場合は、戸主権者の同意による慰安婦契約とみなすことができる。

金福童《キムボクトン》が一五歳だった一九四一年、国民服を着た日本人と一緒に家を訪ねてきた区長と班長が母親に、娘さんは挺身隊として日本の工場で働くからと言って書類にハンコを押させ、ひとしきりすったもんだしたあと、彼女を連れ出した。釜山・下関を経て台湾に連れてゆかれ、そこからまた中国の南部の広東に送られたという。

彼女は、区長と班長まで加勢して挺身隊に行かなければならないと彼女の母親に強く迫った、と証言しているが、一九四一年に女性を挺身隊に動員することはなかった。挺身隊への動員は一九四四年三月以後に本格化したので（山田昭次 2005年：121P）、挺身隊云々は後から補った記憶だといえよう。区長などが言った行き先が日本の工場であろうとどこであろうと、金福童の母親は、区長まで加勢した説得により結局、娘の慰安婦就業に同意し、関連書類を渡してハンコもついたと思われる。したがって、これも自発的同意による慰安婦契約だとみることができる。

チェ・ジョンネは、家が貧しかったため他人の家で下女暮らしをしていたが、一四歳になった一九四二年、ある男が母親に娘を工場に送るよう勧め、その言葉で働きに出ることになった。家を出るとき母親を見たら、どこかにハンコを押しているようだった、と証言している。これは、母親が娘を引き渡すのに同意したということである。

金玉珠《キムオクチュ》は、日本人の軍人の家で下女暮らしをしていたが、仁川《インチョン》にいい稼ぎ口があると紹介されたので、それに同意して慰安婦になった。戸籍謄本を要求されたので故郷に行って発給してもらい、前借金として二四円を受け取ったが、二〇円は母親にあげたという。前借金が果たして二四円だけだったのかどうか、本当のところは分からない。もっと多額だったのに少なく話している可能性もある。ともあれ、前借金を受け取り戸籍謄本を手渡したのであるから、慰安婦契約に同意したとみることができる。

イ・フナムは、父親が商売をするため借金をしたが、返済することができず、釜山の大新町《テシンジョン》派出所に拘留されているという連絡を受けた。借金取りが毎日家に来て金を返せと大騒ぎするのを傍で見ていた隣人から、自分についてくれば「お前のお父さんも派出所を出られるし、あんたも金儲けができる」と強く誘われたので、その人についていった。釜山から慶州《キョンジュ》に行き、慰安所業者に引き渡され、満洲の牡丹江《ぼたんこう》省に行き慰安婦生活を始めた。慶州を出てからあまり経たないうちに父親の借金を返し、父親も派出所から出られたという。彼女が代わりに返した父親の借金は相当な金額で、イ・フナムが属した慰安所では彼女の前借金が最も大きかったという。

貧しい家の出身のハ・ボクキャンは、ある家に養女に出されていたのに再度父親に、釜山にある遊廓の日本人の主人に一五〇〇円で売られた。主人は彼女を含む一五人の女性を台湾に連れていったという。ハ・ボクキャンは、父親が彼女を釜山の瀛州《ヨンジュ》洞駅前の紹介所に連れていったところまで証言したが、紹介業者を通したこの取引では、当然、承諾書や戸籍謄本等の関連書類が彼女の父親から遊廓業者に渡されただろう。

コン・ジョミョプは、家に来たある人に日本の絹織物工場の仕事をしないかと勧誘されたとき、父親に行けと怒鳴りつけられた。満洲の海城という所の接客業施設に到着した後、父母の承諾を得て該当警察署で娼妓業の許可を貰った。これは、娼妓営業に入る前に父母の承諾があったということである。彼女は帰還して両親と再会したとき「お父さんがあしなかったら、なんであんな所へ行くものか」と恨みごとを言ったというから、娘を慰安婦（正確には娼妓）にしたのは父親だといえる。

一九二二年生まれの金順玉《キムスノク》は、七歳のときから七年間、他人の家に住み込み、家に帰ってきてからは日本人の家で子守りをした。一八歳になった一九四〇年、父親に売られて遼寧省の中国人の酒場に行ったが、そこで出会った朝鮮人の老人が借金を返してくれたので六カ月ぶりに家に帰った。しかし、再び父親に新義州《シンウィジュ》の四〇代の女性に売り飛ばされ、そこで妓生の仕事を一年半務め、借金をみな返して再び家に帰った。彼女は父親にもう売り飛ばさないでほしいと頼んだが、父親は「おまえの弟や妹を見てみろ。食べることができずに骨と皮だけになっているじゃないか。稼げるお前が稼がないでどうするんだ」と言ってまた売り飛ばしたので、彼女は黒竜江省牡丹江市の東寧という所に行かざるを得なかった。金順玉の父親は、前借金を貰って娘を渡す仕事を繰り返したのである。

パク・ソウンは一九一七年、父親の忘れ形見としてひどく貧しい家に生まれた。一九歳か二〇歳の頃、口減らしのため釜山の近くの田舎に嫁に行ったが、機織り、農作業が下手だといじめられ、一年も経たずに追い出された。彼女は実家に戻れず食堂で働いていたが、一九三七年、前借金三〇〇円を実家の母親にあげ、満洲の琿春《こんしゅん》市春化鎮の慰安所に行った。

一九一七年に平安北道博川《パクチョン》で生まれた玄炳淑《ヒョンビョンスク》は、一七歳になった一九三四年、家を助けようと二年期限で五〇〇円の前借金を貰う契約を結び、志願して新安州《シンアンジュ》の酒場に働きに出た。父母はその金で彼女の兄を結婚させた。彼女は二年後いったん家に戻ったが、「田舎では暮らせない」と思って、博川の紹介業者を訪ね、中国で金を儲けたいから紹介してほしいと頼んだ。紹介業者は三年期限で二〇〇〇円をあげると言ったが、彼女は一年一〇〇〇円ずつとして三〇〇〇円ほしいと言った。紹介業者が承諾すると彼女は父母を説得し、父母、祖父母から同意書を貰った。そのとき彼女の父親は紹介業者に、他の所に移さないという条件を付けた。彼女は満洲の遼寧省錦州に行ったが、そこの女性はみな朝鮮人で二〇〜三〇人ほどと多かったため、彼女を求めてきてくれる客がこれといっていなかった。ここにいては借金が返せないと考えた彼女は、主人に軍の慰安所に送ってくれと頼み、華中の戦場である安徽省蚌埠《ぼうふ》の慰安所に行った。数年後には武昌や九江の慰安所に移った。

以上みてきた慰安婦契約とみなせる事例では、どれも父母や本人の意思により慰安婦の仕事をすることに同意している。

経路2：親権譲渡

表6-6は、親が他人に親権を委任したとみられるケース、つまり養女になるケースである。その代表が、慰安婦であったことを最初にカミングアウトした金学順《キムハクスン》である。

彼女は父親を早くに亡くし、母親が再婚した後、継父と母親から相当ないじめを受けながら暮らしていたが、母親から妓生を養成する家に養女に送られた。契約は数年で、その際、母親は四〇円を受け取った。ここは平壌《ピョンヤン》券番注3、すなわち平壌妓生組合で、そこに妓生養成所があった。それ彼女はそこでの養成を終えたものの年齢が足らず、平壌では妓生として就業できなかった。それで養父が一九四一年、実の母親の承諾を得て、彼女を満洲・中国に連れていった。出発する日、

注3（編）　**券番**は日本の検番に当たる。検番は芸妓らの斡旋等をした業者の組合事務所。

姓名	慰安婦になった経緯
キム・ハクスン〔金学順〕(1)	父親が死亡。母親が再婚後、40円を貰って（私を）数年の契約で妓生を養成する家の養女に送る。平壌券番（日本でいう検番）の修業を終えたが、歳が足らず就業不可。養父が1941年、母親の承諾を得、私を中国に送る。北京で軍人に拉致される。
キム・チュンジャ〔金春子〕(2)	12歳のとき母親が契約金を貰い、（私を）飲み屋の下女に売り払う。1年後、飲み屋の主人が三水甲山の医者に売り、1年後、その医者が料理店に売り、以後、さらに数カ所に転売された。借金が累積していることを知り、紹介業者にみずから慰安婦になることを願い出る。
チョ・ナムネ (3)	父親が隣家の男から金を貰って（私を）売り払い、その男に連れられて満洲の紹介業者に引き渡された。満洲では歳が足らず（16歳）、娼妓への就業許可が出なかったが、1年待って他の所に売られていった。
キム・チャンヨン (4)	義父が3円を貰って（私を乳母として）移動唱劇団の妓生に売った。……その妓生がまた（慰安婦）募集に来ていた抱え主に売った。

表6-6　経路② 親権の委任譲渡の事例

母親が平壌駅で、黄色のセーターを買って見送ってくれた。養父はそのとき、彼女同様妓生に養成された女性（お姉さん）も連れていった。

金学順らは、初めに行った満洲では適当な就業先が見つけられず、北京まで行った。彼女らはそこで日本の軍人たちに拉致され、日本軍兵士数十人が乗ったトラックに乗せられた。養父は二人を奪われた上に、お金も満足に貰えなかったようだった。彼女らは軍人たちに空き家に連れてゆかれ、そこで将校に強姦された。お姉さんも同様だった。二人は幕の張られた部屋を各々与えられた。軍人たちが木のベッドを作って設置してくれた。以上が金学順の証言の骨子である。

しかし、軍人が民間人から女性を奪い、慰安所に連れていって強姦し、続いて慰安婦の仕事をさせたというこの証言は信憑性に欠ける。抱え主や業者の話が出てこず、軍人たちが無理やり女性を引っ張ってゆき、部屋も割り当て、家具も設置したというこの証言からすると、連れてゆかれた慰安所は軍直営だったことになるのだが、軍直営の慰安所は、一九三八年の初めに上海で設置されたもののすぐに閉鎖され、金学順が慰安婦になったという一九四一年には存在していない。日本軍が朝鮮人女性を北京の路上で拉致し、慰安所に監禁し、強姦し、慰安婦の仕事をさせたというのは、当時の状況からして想像もつかないことである。慰安所の設置や運営、慰安婦の調達に関する多くの日本政府、日本軍の指示・通達・規定では、慰安所業者は略取・誘拐のような手段で女性を調達してはいけないということが幾度も繰り返されている。業者がしてはいけないことを軍人ならしても構わないということはない。それ自体が軍法違反で処罰の対象となるのだから、初めからできないことなのだ。日本軍による拉致・強姦、軍慰安所への監禁という〝慰安〟強要についての彼女の証言は、とても事実であるとは思えない。

実は金学順は、これとは別の証言をしたことがある。他の二人の元慰安婦とともに彼女が一九九一年末に東京地方裁判所に出した「アジア太平洋戦争韓国人犠牲者補償請求事件」の訴状には、平壌駅から三日かけて軍人だけが乗る軍用列車を何回か乗り換え、安東と北京を経て北支の宝留県鉄壁鎮という所に到着し、養父とそこで別れた、と書かれている。彼女と養父は軍人だけが乗る軍用列車にどうして乗ることができたのか。それは彼らが、日本軍慰安婦契約者とその引率者の身分で搭乗したからにほかならない。

つまり金学順の件は、母親が平壌の妓生養成所のある男に彼女の親権を委任し、その男が養父として中国の日本軍慰安所に彼女を売ったとみるべきである。

次は金春子《キムチュンジャ》のケースである。彼女は一二歳のとき、金を受け取った母親から飲み屋に女中として売り飛ばされた。母親はその金で木綿半匹を買い、粟の借りを返した。一年後、飲み屋の主人から三水甲山《サムスガプサン》という所の医者に売り飛ばされ、さらに一年後、その医者から今度は利子をつけて料理店に売られて女中生活をするようになった。それ以後も何カ所かに転売された。このように金春子が幾度も転売されたのは、彼女の親権が委任譲渡されたからである。彼女はその間に利子が積み上がって借金が膨らんでいるのを知り、それを返すため清津《チョンジン》の紹介業所に行って慰安婦を志願した。彼女は紹介された業者から受け取った前借金で累積していた借金を返し、一九三九年五月、満洲国東安省の日本軍慰安所に行った。

チョ・ナムネは、兄弟のうち誰一人として学校に通えない極貧の家の出身だった。毎日酒びたりだった父親が彼女を隣に暮らす男に売り飛ばし、その男がまた彼女を満洲に連れていって慰安所紹介業者に売り飛ばし、娼妓就業許可が出るまでに一年かかったが、結局は売られていった。

キム・チャンヨンは、継父から三円で移動唱劇団の妓生に乳母として売られ、またその妓生から慰安婦募集業者に売られて慰安婦になったと証言している。金額がいくらであれ、父母が娘の親権を譲り、譲られた妓生が慰安婦募集業者に更にその親権を売り渡したというケースである。

親権を委任譲渡された養父母には、当該女性に対する養育と保護の義務はないが、処分権は持っていた。何度も転売された金春子のケースのように、養父母は、支払った金額より更に大きな金額を受け取れる場合には、いつでも女性を他人に売り渡した。養父母は自分が支払ったお金を養女に対する債権と認知し、養女は養父母に借りがあると認知した。養父母は養女を他人に再度売り飛ばすことで債権を回収するが、金春子のように養女自身が志願して慰安婦になり、その前借金で養父母に対する借りを返すこともあった。表6-3に載せた黄錦周《ファングムジュ》（証言録の第一巻に収録されている）も、養母がお金の取引をした際に膨れ上がった借金を返そうと志願して慰安婦になっている（軍需工場に行くと思って志願したが実際は慰安所行きだった、と言ってはいる）。

経路3：誘引

表6-7は誘引のケースである。

一九二〇年生まれの河順女《ハスンニョ》は、貧しさのため初等学校に遅れて入ったが学校が嫌いで、父親が学校に行けと怒るので家出をした。彼女は四、五年間、光州《クァンジュ》で下女暮らしをし、二〇歳くらいだった一九三九年か四〇年頃、大阪に行けば金をたくさん儲けられるとそそのかす男たちについて麗水《ヨス》から船に乗り、大阪を経て上海に渡り、軍慰安婦生活をするようになったと言う。この証言では、彼女は父母に内緒でそそのかされて連れてゆかれたということになり、その点で誘引に該当する。

また彼女は、上海から家に送った手紙に衝撃を受け、父親が怒りのあまり死んだとも証言しているが、彼女の父親は慰安所設置以前の一九三七年九月に死亡したことが戸籍に記録されており（証言録：76P）、彼女の証言と一致しない。彼女は一九三七年以前に中国に行ったとみるべきである。また、朝鮮から真っ直ぐに上海に行くこともできたのに、大阪を経て上海に行ったというのも理解しかねる。したがって、誘引されて慰安婦になったという証言は信憑性に欠ける。

姓名	慰安婦になった経緯
ハ・スンニョ〔河順女〕(1)	遅く初等学校に入ったので学校に行くのが嫌だったのに、父親が学校に行けとうるさく言うので家出した。光州で下女暮らしをしていて、大阪に行けば金がたくさん稼げるという男たちについてゆき、麗水で日本に行く船に乗り大阪に到着。すぐに上海に行って軍慰安婦生活を始める。
イ・ヨンス〔李容洙〕(1)	友だちの母親が、友だちと一緒にいい所に仕事をしにゆけと提案。数日後、友だちと一緒に日本人の男から赤いワンピースと革靴を貰い、男についてゆく。大邱から安州に行き、次に大連で船に乗り台湾に行った。
チェ・ミョンスン〔崔明順〕(1)	19歳だった1945年1月、町内会の人が就職を勧めるので、その人について日本の広島に行ったら、日本軍の将校の家で妾暮らしをすることになり、朝鮮に帰してくれと懇請したら、大阪の日本軍慰安所に送られ慰安婦にさせられた。
チョン・グムァ(2)	家出後、下女暮らしをしていたら、金儲けをしないかと勧誘された。
ファン・スニ〔黄順伊〕(3)	山菜を採っていたら、トラックに乗ってやってきた2人の男が「白米のご飯と肉のおかずをあげる」と言うのでついていった。
キム・クッスン(3)	隣の日本人が金儲けができると騙した。「行く前にお金を貰って服を一着あつらえ、着ていったことは覚えている」。
ハン・オクソン(4)	職業紹介所を通して日本人の家で下女暮らしをしていた。ここで、ある歳を取った人(募集業者と思われる)から「金儲けできるいい所があるから行こう」と騙されついていった。
ソク・ポクスン〔石福順〕(5)	班長が女の子たちは奉仕の集まりに出なさいと言ったので行ったら、軍隊から来たという人にトラックに乗せられた。7人が連れてゆかれた。工場に行けば金もたくさん稼げると言って。
ムン・ミョングム(中2)	1917年生まれ。全羅南道光陽(出身)。父親は作男。長女。学校教育は受けていない。18歳のとき、河東に友だちと遊びにいったら、日本人がやってきて飴玉やお菓子を買ってくれて工場に行こうと言うので、そのままついていった。

表6-7　経路③ 誘引の事例

有名な慰安婦・李容洙《イヨンス》はプロローグでも述べたように、友だちの母親から友だちと一緒にいい所に働きにいくよう提案され、数日後の早朝、友だちが家を訪ねてきて窓をトントンと叩いたので、黙って家を出てきた、と証言している。李容洙は大邱《テグ》から汽車に乗って平安北道安州《アンジュ》に行き、更に大連まで行って、そこから船に乗って台湾に行った。彼女は二〇〇七年の米議会聴聞会で日本の軍人に強制連行されたと話を変えたが、この証言は彼女が熱烈な慰安婦運動家になった以後のもので信頼しがたい。米議会での証言は、いわゆる慰安婦運動家が目的のためには話をいかに容易に変え得るのかをみせてくれる恰好の事例だといえるのかもしれない。この李容洙のケースは、友だちの母親や日本人の男が彼女の父母の同意なく、いい働き口といい品物で惑わして連れていったというところから、業者による誘引のケースに分類される。

しかし、実は本当の問題は、李容洙が行った所は果たして慰安所だったのかという点にある。両親に内緒で家を出た李容洙は、当然、父母の同意書、戸籍謄本、印鑑証明などの書類を持っていなかったはずで、実際、李容洙は中国ではなく台湾に行った。何の書類も持っていなかったので、検査が緩い朝鮮・満洲大連のルートを通って台湾に行ったのではないだろうか。戦場ではなかった台湾には本来の軍慰安所はなかった。李容洙は台湾にある軍人も利用した民間接客業施設に行ったのではないかと思われる。

京城に暮らしていた崔明順《チェミョンスン》は、一九歳になった一九四五年一月、日本での就職を勧誘する町内会の人に広島までついていったが、そこで待っていたのは、軍の将校の家での妾暮らしだった。朝鮮に帰してくれと懇願したら、今度は大阪の日本軍慰安所に送られ、七月まで慰安婦生活を送ったという。

しかし、彼女の証言には信じられない部分があまりにも多い。広島の日本軍将校が、たかが自分の妾を得るために朝鮮に人を送り京城から広島まで連れてこさせたとか、朝鮮に帰してくれと言ったら大阪に送って慰安婦にしたというのがそれである。そもそも大阪には軍慰安所はなかった。

黄順伊《ファンスニ》は、山で山菜を摘んでいたら、トラックに乗ってやってきた二人が白米のごはんと肉のおかずをあげると言うのでついていった。これも、親の同意なくして他人の娘を連れていった事例ということになる。

キム・クッスンは、隣で暮らしていた日本人にいい働き口があると言われ連れてゆかれた。その際のこととして彼女は「行く前に金を貰い、服を一着あつらえて着ていった」と証言しているが、これは親が娘の就職のことを知って、あるいは親が金を受け取って、娘に服を新しくあつらえてあげたことを示唆している。したがって、これは誘引に該当するとは言いがたい。

石福順《ソクポクスン》は、一八歳だった一九三九年、班長が娘たちは奉仕の集まりに出てくるようにと呼びかけたので出ていったら、軍隊から来たという人が工場に行けば金がたくさん稼げると言って、彼女ら七人をトラックに乗せて連れていったと証言している。しかし、トラックに乗って竜山《ヨンサン》駅まで行き、そこから新義州行きの汽車に乗り、新義州から更に汽車を乗り換えて中国漢口の近くにまで至る遠い道のりを見知らぬ人にただついていった、というのは信じがたい。しかも彼女は、新義州で汽車に乗り換えてから、駅ごとに軍人が調査に現れ、引率している男が旅行証のような書類を見せていた、と言っている。彼女の身分証明書ならびに旅行証もあったということだが、この証言は、村の奉仕団の集まりに出かけていっただけだったが、軍隊から来たという人が金が稼げるというからついていった、という初めの陳述と矛盾する。父母が娘の就業提案を受け入れて必要書類を提供したとみたほうが妥当である。

貧しい農家の長女ムン・ミョングムは一八歳のとき、友だちと一緒に河東《ハドン》に遊びにいったら、日本人がやってきて飴玉やお菓子を買ってくれて工場に行こうと言うので、金儲けができるかと思ってついていった。着いた所は黒竜江省孫呉県の軍慰安所だった。

このように、誘引されたという陳述には、河順女のように矛盾があったり、崔明順のように事実である蓋然性が希薄だったり、キム・クッスンや石福順のようにはっきりと誘引でない場合があったりで、その証言通りに誘引とみるのは難しい。誘引されたのであれば慰安所に行くのに必要な書類が揃えられないし、実のところ、父母が募集業者の甘い儲け話に惑わされて娘を引き渡している可能性が大きいとみなければならない。そうした点も考慮すると、誘引の実際の割合は、表6-3の二六%よりもずっと低かったのではないかと思われる。

経路4：強制連行

最後の表6-8は強制連行のケースである。この強制連行に関する陳述は、どれも相当に信憑性に欠ける。私には「こんなことが果たしてあり得ただろうか、起こり得ないはずだが」という

姓名	慰安婦になった経緯
カン・ドクキョン〔姜徳景〕(1)	富山の不二越の工場での勤労挺身隊から脱出。軍人に強姦されて部隊の裏の天幕の家（慰安所）に収容された。
チン・ギョンペン(2)	母親と綿花畑で仕事をしていて憲兵4人に連れ去られた。馬山、釜山、下関を経て台湾の海軍慰安所に行った。
ヨ・ボクシル〔呂福実〕(2)	全羅南道長興（出身）。1939年、17歳のとき、家に日本の軍警が押し入りトラックに乗せられた。巡査と軍人たちが家々を捜査、父親と妹が哀願したが、どうしようもなかった。羅州の栄山浦でも、道を歩いていた少女たちを手あたり次第に捕まえて乗せた。汽車の貨車に乗せられた。華北の天津に行った。軍人が輸送、中国人の空き家に収容された。
キム・ウンジン(2)	1932年、大邱出生。京城に移住。父親が兄を連れて中国に行った。1944年、初等学校6年生のとき、挺身隊として富山県の不二越（の工場）に行った。米軍の爆撃で工場が破壊されたあと、青森県に送られ慰安婦生活を始めた。
キム・ウンネ(3)	17歳だった1942年、巡査が日本の紡績工場に行けと脅迫。家から連行。家族みんなが大泣きした。ある女性に引き渡され、上海を経て南京に行った。.
キム・ヨンジャ(4)	警官が娘を出せと父親に暴行、水拷問をした。日本の軍人たち、警官たちが家々を回って少女たちを調査、父親は数日後に死亡。
キム・ジョンスン(5)	19歳だった1940年初め、家に警官と軍人が来て、「紡績会社に就職しなければならない」と言って連れてゆかれた。怖くて「行かない」とは言えなかった。軍服を着て剣を帯びた人だった。
イ・ヤングン(5)	通訳と軍人たちが「木綿工場に入れてやる」と言って、父母も知らないうちに引っ張ってゆかれ、シンガポールの慰安所に連れてゆかれた。
イ・オクソン〔李玉善〕(中2)	学校にも通わせられず生活も苦しかったから、母親が他人の家＝釜山鎮の小さなうどん屋に（私を）送った。酒膳の世話をするのを拒否したら、蔚山の飲み屋に下女として売り飛ばされた。ある日、道で2人の男からトラックに乗るよう強制され、図們、延吉に行った。
ソク・スニ(6)	京城の孔徳洞で町内の女の子たちを集合させたあと、軍人たちが一定の体重以上の女の子をトラックに無理やり乗せて連行し、内モンゴルに連れていって慰安婦にした。
ノ・チョンジャ〔盧清子〕(6)	畑で仕事をしていたら、黄色い軍服を着た憲兵4、5人が来て無理やりに連れてゆかれた。満洲の朝日食堂に配置された。食堂で酒膳の世話、掃除、洗濯、慰問団公演もした。馴染みとなった軍人に訴えて逃亡した。「食堂の主人は知らなかった。知ってたら責任を取るのに金が要るじゃない。（主人に）金も返してやらなきゃならんので、こっそりそのまま逃げたのさ」。

表6-8　経路④ 強制連行の事例

思いを拭い去ることができない。

まず、姜徳景《カンドクキョン》のケースをみてみよう。彼女は勤労女子挺身隊として日本に行ったという。一九二九年生まれの彼女は一九四二年三月、晋州《チンジュ》第一公立初等学校（現・中安《チュンアン》初等学校）を卒業し、一年後の一九四三年四月、その学校の高等科に入学したが、二年生であった一九四四年六月、学校を中退し挺身隊に入った。一九三九年まで女子の初等学校就学率が二〇％に達しなかった当時において初等学校を卒業したというのだから、姜徳景は上層の家庭に属していたといえる。彼女は富山県にある不二越《ふじこし》の工場で働いていたが、空腹と重労働に耐えきれず脱走した。しかし、すぐに憲兵に捕まって性的暴行を受け、その憲兵に日本軍部隊の後ろにあった天幕の家に連れてゆかれ、そこで慰安婦生活を始めた。部隊について移動しながら仕事を続けているうちに解放を迎えたという。

日本にいた軍人が女性を拉致・強姦することはあり得る。しかし、その後その軍人が女性を軍部隊の後ろにある慰安所に連れていって慰安婦にしたという話は、事実としては認めがたい。インドネシアで起きたスマラン事件などを除いては、部隊が拉致した女性たちで慰安所を作ったというケースはない。まして日本国内にいた駐屯部隊がそのようなことをする可能性は更にない。この姜徳景のケースをもって強制連行論者たちは、挺身隊に引っ張られていった女性たちの中からも慰安婦になったケースが相当あったと言うが、それは、基本的事実関係を確認せずに陳述を鵜呑みにしているに過ぎない。

この点は、姜徳景を深く掘り下げてインタビューし、その事実関係を追跡した日本人ジャーナリスト土井敏邦の本『〝記憶〟と生きる：元「慰安婦」姜徳景の生涯』(2015年)においても確認できる。彼女は不二越の工場から二回逃亡しているが、最初は捕まって工場に戻り、一九四五年の春、二度目の逃亡をした際、憲兵に捕まって慰安婦になった、と言っている。土井は、彼女が慰安婦生活を送ったという所は長野県松代町《まつしろ》(現・長野市)の軍用地下壕の建設現場だったことを明らかにしているが、今でも自動車で四時間はかかる富山から長野までの遠い道のりを、彼女がどのようにして辿ったのか、憲兵に本当に拉致されたのか、彼女のいた所が本当に軍慰安所だったのかは明らかにできなかった。それは彼女が、事実を筋道を立ててきちんと話していないためだった。連合軍との戦闘が起こっていたわけでもない奥地の長野県に、日本軍慰安所があったはずがない。おそらく彼女は、軍の施設工事現場の軍人と労務者が利用する遊廓にいたと思われるが、彼女がどのようにしてそこに行ったのかは、彼女しか知らないことである。

チン・ギョンペンは、母親と綿花畑で仕事をしていたら憲兵四人に連れ去られたと言っている。母親は連れてゆかせまいとしたが、憲兵たちは母親を突き放した。馬山《マサン》に着くと女性たちが集まっていた。そこから釜山に行き、更に下関を経て台湾の海軍慰安所に行ったという。

ところが、彼女の同じ証言の中に、馬山でワンピースに着替え、理髪所で髪も切り、写真も撮ったという話が出てくる。彼女の渡航証(身分証明書)を作るのに必要だから写真を撮ったのであり、したがって、これは民間業者の募集過程の一場面とみるべきである。彼女の証言通りだとすると、憲兵が民間業者の要求に従って女性を拉致した下手人になる。この点で、チン・ギョンペンの証言は信憑性に欠ける。

全羅南道長興《チャンフン》出身の呂福実《ヨボクシル》は、一七歳だった一九三九年、不意に家を襲ってきた日本の軍警によりトラックに乗せられたと言っている。巡査と軍人たちが女の子たちを求めて家々をくまなく探し回っていた。彼女の父親と妹が連れてゆかないでくれと哀願したが、どうしようもなかった。トラックに乗せられてゆく途中、羅州《ナジュ》や栄山浦《ヨンサンポ》でも、道行く娘たちを手当たり次第に捕まえては乗せた。日本の軍警はこうして女性たちを集めては汽車の貨車に乗せ、華北の天津に送った。その後、占領地の中国人の空き家に収容された。日本の軍人がこの過程をみな主導したという。

家に軍警が踏み込んできたとか、路上の女性を無理やり車に乗せて拉致したという話は、嘘であることが判明した吉田清治の証言にそっくりで、やはり信憑性に欠ける。また、この呂福実の話にも、業者に関することが全く出てこず、みな日本の軍人がしたことになっている。それなりのきちんとしたインタビュアなら、彼女に業者はいなかったのかと訊いただろうが、挺対協の質問者はこの部分のチェックをせず、日本の軍人が女性を拉致し慰安婦生活を強要したとしているのである。

キム・ウンジンは一九三二年に大邱《テグ》で生まれた。一家で京城に移住した後、父親が兄を連れて中国に行ったので生活が苦しくなり、光熙《クァンヒ》小学校六年生だった一九四四年、彼女は日本人の校長や教師の勧めで挺身隊を志願、下関からトラックに乗って富山県の不二越の工場に行った。ところが、米軍の爆撃で工場が破壊され多くの人が死んだ。残った三〇～四〇人が改めてトラックで青森県に送られ、そこで慰安婦生活を始めたという。

しかし、富山が空襲されたのは敗戦直前の一九四五年八月三日であり、そのときも不二越の工場は爆撃を免れ、破壊されることはなかった。当然、死亡者もいなかった。三〇人を超える不二越女子挺身隊員の証言によれば、彼女たちは軍のトラックではなく汽車に乗って不二越の工場に行った（花房俊雄他　２０２１年：107Ｐ）。先にみた姜徳景も、下関から不二越の工場まで汽車に乗っていったと証言している。したがって、キム・ウンジンが慰安婦になった経緯の陳述は全く信憑性に欠け、作り話とみるしかない。

キム・ウンジンと同じ本（第二巻）に収録されているパク・スニも、陜川《ハプチョン》初等学校六年生だった一九四四年、学校の先生の言葉に従い挺身隊に行った。彼女は、下関からトラックに乗せられ富山県の軍部隊のような所に行き、一五日間訓練されてから慰安婦生活を始めたという。しかし、一九四四年には富山県に日本軍の部隊はいなかった。また、下関を朝出て富山に夕方着いた、と言っているが、高速道路もなかった当時、そんなに早く着くはずがない（花房俊雄他　２０２１年：107Ｐ）。今でも下関から富山市までは、高速道路を利用しても一一時間はかかるのである。

キム・ウンネは一七歳だった一九四二年、巡査に日本の紡績工場に行けと脅迫され、家から引っ張り出された。家族みんなが大泣きした。彼女は、この巡査からある女性に引き渡され、上海を経て南京に行ったという。巡査が慰安所抱え主の手下の役割を果たしたということになる。

しかし、警察官個々人が金が欲しくて募集業者や抱え主と組み、逸脱行為や不正行為を犯すことはあり得たかもしれないが、国家政策上は、警察は慰安所抱え主の手下の役割を果たすようにはなっていなかった。したがって、このようなことは起り得ないことなのである。

キム・ヨンジャは、警官が父親に娘を出せと言って暴行し、顔に布を被せて水をかける水拷問までしたため、父親はそれから数日後に死んだ、当時、日本の軍人たちや警官たちは、彼女の家だけでなく娘のいる家を探し回っていた、と証言している。

本人がこのように陳述したことを事実ではないと断言することはできない。しかし、本当にこのようなことがあったとは考えがたい。たとえ帝国主義日本の植民地下にあったとしても、警官が娘を強制的に引っ張ってゆき、それに抵抗する父親を暴行・水拷問し、結局死なせてしまうというようなことが、現実に起こり得るのだろうか。

キム・ジョンスンは一九歳だった一九四〇年初め、家にやってきた刀を携えた警官と軍人に紡績会社に就職しないといけないと言われ、「怖くて行かないとは言えず」ついていった。車に乗ってゆく途中ずっと、朝鮮や日本の女性たちが車に乗り込み、引率者も代わった。汽車に乗って北京まで行き、そこで乗り換えて河北省の石家荘まで行ったという。

イ・ヤングンは、一六歳で嫁に行ったが疎まれて三年で家に戻った。それから一年ほど経ったある日、家に「刀を光らせ、真っ赤な縁取りの帽子を被り、黄色の毛布のような生地で作った服を着、ベルトをし、ピカピカした」日本の軍人たちが通訳とともに押しかけてきて、木綿工場に入れてあげると言った。ちょうど母親も父親もおらず、そのまま連れてゆかれた。父母は彼女が連れてゆかれた後、「泣きわめいて大騒ぎだった」という。彼女は釜山でたくさんの軍人たちと一緒に大きな船に乗った。着いた所はシンガポールだった。

キム・ジョンスンとイ・ヤングンのケースでは、警官や軍人が群れをなして家々に押しかけ紡績工場や木綿工場に就職させてあげると嘘をつき、女性を家から威力によって連れ出し業者に引き渡した、ということになる。これは、警官や軍人が慰安所業者や募集業者の手下の仕事をしたということであり、全く信憑性に欠ける証言である。また、イ・ヤングンはシンガポール行きの慰安団の一員だったのだが、この慰安団については、朝鮮総督府と朝鮮軍司令部の要請を受けた業者たちが前借金を渡し、いい仕事があるというような甘い儲け話で女性を募集したということが米軍捕虜尋問記録に残っており、彼女の証言はその記録ともくい違う。したがって、彼女らの証言は全く信憑性に欠けるといわざるを得ない。

李玉善《イオクソン》は、母親から釜山鎮の小さなうどん屋の養女にさせられた。彼女はうどん屋で酒膳の世話をするのを拒んだため、慶尚南道蔚山《ウルサン》の飲み屋に下女として売り飛ばされた。一九四二年七月のある日、路上で男二人に無理やりトラックに乗せられ、蔚山駅に連れてゆかれた。その後、他の女性一五人とともに貨物列車に乗せられ、満洲吉林省図們《ともん》を経て延吉に行き、慰安婦生活を送ったという。

しかし、動物を狩るかのようにいきなり路上で女性を捕まえ連れていったというのは、吉田清治の慰安婦狩り証言を連想させるもので、やはり信憑性を欠く。極貧の家の親が事実上親権を放棄して娘を他人に譲り渡し、その娘があちらこちら転々としたあげく遊廓に辿りついたとみるべきだろう。

一九二八年生まれのソク・スニは、太平洋戦争が勃発した後の一四歳の頃、京城麻浦《マポ》区孔徳《コンドク》洞でトラックに強制的に乗せられ連行されたという。町の女の子たちは精米所の前に集まれという町内放送があったので出かけてゆくと、軍人と民間人が混ざった一行が女の子たちの体重を計り、重い発育の良さそうな女の子たちをトラックに乗せた。彼女はその頃、体重が五五～六〇キロあり、即座に乗せられた。彼女の母親がなぜ私の娘を連れてゆくのかと抗議したがどうにもならず、同じようにして一〇人ほどが連れてゆかれたのだという。汽車を乗り換えて着いた先は、山も木も水もない黄色い砂が一面を覆う砂漠のような所だったというから、内モンゴルだったのではないかと思われる。

しかし、いくら日本が戦争に狂奔していたときだったとはいえ、町の女の子たちを並ばせ、食肉の重さを計るかのようにして体重を計り、一定の体重以上の女の子はトラックにむりやり乗せて連れ去ったという話は信じがたい。それに、一九四〇年代初めに一四歳だった彼女の体重が五五～六〇キロほどだったというのも、やはり信じがたい。一四歳の女子学生の平均体重は一九六五年で四一・五キロ、一九九三年では五一・〇キロで（教育部『教育統計年報』）、栄養状態が遥かに劣悪だった植民地下、それも戦時期に、一四歳の少女の体重が六〇キロ近くあったというのは信憑性に欠ける。

盧清子《ノチョンジャ》は、畑仕事をしていたとき黄色い軍服を着た憲兵四、五人にいきなり連行され、満洲の朝日食堂で酒膳の世話や掃除、洗濯、慰問団公演などをさせられたと証言している。ここでも、憲兵たちが食堂の業者の手先となって働いたということになる。

しかし、それに続く彼女の証言は強制連行されたという主張とはくい違う。彼女には食堂の主人に返さなければいけない借りがあったが、馴染みになった軍人に頼み込んで、こっそり食堂から逃げ出したと証言しているのである。この借りというのは食堂で働き始めてからできたものではなく、それ以前に受け取っていた前借金のことであろう。つまり、食堂で働き始めていたときにはすでに借金を負っていて、それを完済する前に逃げ出したのである。それにもかかわらず盧清子は、憲兵四、五人にいきなり連れてゆかれたと言った。この憲兵による強制連行と借金についての言及は、完全に矛盾している。

以上、官憲に強制連行され慰安婦になったという一一人の証言をみてきたが、彼女たちの言う強制連行された状況というのは、吉田清治が記した慰安婦狩りの場面ととてもよく似ている。彼女たちの証言も、吉田清治の証言と同様、作り話である可能性が高い。そうした証言を裏づけるいかなる客観的証拠もなく、親戚、友人、知り合い等の目撃談や関係者証言によって事実と立証されたというようなケースも、一つもないのである。挺対協は、元慰安婦の証言を採録しながら、その傍証を得ようとする努力を全くしなかった（秦郁彦 1999年：190P）。

日本の植民地下にあったとはいえ、朝鮮社会は奴隷狩りのようなことが起こる野蛮な社会ではなかった。一定の体重以上の女性を連れていったとか、憲兵たちが引っ張っていったとか（その一方で業者に借りがあったとも言う）、挺身隊として働きにいったのに慰安婦になったとかいう証言も、事実とは認めがたい。

そもそも、日本の官憲が娘を強制的に連行したのに、父母ら家族が泣き寝入りし、同じ村や町の人々も何の抗議もしなかったというのは、理解できることではない。たとえ植民地下であったとしても、官憲が女性を強制連行したら暴動が起こったはずである。太平洋のある島で一九四五年三月に捕虜になった三人の朝鮮人労務者たちは、米軍の尋問官にこう証言している。

捕虜が太平洋で見た全ての朝鮮人慰安婦たちは志願者 volunteer であるか、または彼女らの父母が売ったから慰安婦になったのだった。朝鮮人の思考方式からするとこれはあり得ることだったが、そうではなくて日本人が朝鮮人女性を直接徴集 conscription したりしていれば、年配の人間であれ若者であれ、誰にとっても耐えがたいことなので、激しく憤ったことだろう。誰もが激怒して蜂起し、そのために遭遇する苦痛もかえりみず、日本人を殺したことだろう（鄭鎮星《チョンジンソン》　2018年a：718P）。

挺対協証言録は一九九三年から二〇〇四年まで順次刊行されたが、後になって出される証言録であればあるほど、強制連行の事例の割合が高い。一九九三年に出た第一巻では、証言者一九人のうち強制連行に該当するのは三人しかいなかったが、二〇〇四年に出た第六巻では、一一人のうち六人が強制連行されたと証言している。これは、まさに強制連行説が一九九〇年代以降、確立されていった結果にほかならない。このことは、慰安婦の証言が慰安婦運動によって汚染され、事実と異なる内容に変わっていった可能性を強く示唆している。官憲によって強制連行され慰安婦になったという証言は、事実でない可能性が高いのである。

植民地朝鮮で官憲による慰安婦強制連行はなかった

官憲によって強制連行されたという主張については、挺対協証言録だけでなく北朝鮮や中国に居住する元慰安婦の証言も、信憑性に欠けるのは同様である。たとえば、北朝鮮居住の元慰安婦・崔奉仙《チェボンソン》の証言をみてみよう。一九二五年平安北道生まれの彼女は、家庭が貧しかったため九歳のときから村の地主の家で子守りをしながら家計を助けた。一四歳だった一九三九年末、日本人の警官と憲兵が家に乗り込んできて、抵抗する彼女を髪を摑んで引っ張っていった。連れてゆかれた家にはすでに少女一七人が集まっていた。彼女らはトラックに乗せられて香山《ヒャンサン》駅まで行き、そこで汽車に乗って、二日かかって満洲黒竜江省にある明月館という看板の建物に到着した。日本軍慰安所だった。ここにはすでに三〇人程度の朝鮮人慰安婦がおり、彼女は一九号室に配置されたという（西野留美子 1995年：106－108P）。

しかし、明月館はその名前からして明らかに民間業者の接客業施設である。また、彼女の証言にもやはり業者の話が出てこない。平安北道のある村まで来て彼女を連行し、トラックと汽車に乗せて慰安所まで連れてきて、明月館の一九号室に押し込むところまで、全て日本の警察と軍人がやったことになる。民間業者は何もせず、軍が女性の拉致、護送、慰安所配置まで全部したというのだが、それでは日本軍はまるで民間業者の手下ではないか。

もう一例挙げると、強制連行されて慰安婦になったという中国人の元慰安婦らの証言も信憑性に欠ける。一九九五年、中国山西省出身の元慰安婦五人が、東京地方裁判所に一人当たり二〇〇〇万円の補償金を要求する訴訟を起こした。彼女らは、山西省進圭社村に駐屯した日本軍に拉致、監禁され、慰安婦になったと主張した。そのうちの一人である万愛花は、四歳のとき生活苦のため他の家に売られた。一一歳で共産党に入党し抗日運動に加わったが、一五歳だった一九四三年六月、日本軍に捕まり、連行された後、八路軍の情報を吐けと拷問され、輪姦され、逃亡したが捕まり、また暴行されたあげく不具の体となったと主張した。また、村長の父親が八路軍に協力したため逮捕された一二歳の侯巧蓮は、村で他の六人とともに捕まえられ、毎日強姦されたと証言した。

日本の慰安婦研究者・秦郁彦は、一九四二年から四三年にかけての頃、山西省進圭社村一帯に駐屯した日本軍出身者を探し出し、三人の生存者にインタビューしたが、皆「あり得ないこと」だと強く否定した。進圭社村一帯は八路軍に対峙《たいじ》する前哨地点だった。そのため、民心を失ってしまうと住民と内通した八路軍によって全滅する危険があるので、部隊長が軍紀を厳正に引き締めた、と証言した（秦郁彦 1999年：198－204P）。

挺対協を支援する日本の慰安婦研究者や運動家さえも、朝鮮での官憲による強制連行説を否認する。吉見義明は、朝鮮や台湾のような植民地では、官憲によって強制連行されたという証言はあるが、事実としては確認されておらず、民間人業者が女性を募集したとしている（吉見義明 1998年：10P／同 2013年：13P）。また、関釜《かんぷ》裁判注4を率いる花房俊雄、花房恵美子も「当時の朝鮮には日本から公娼制度が持ち込まれていて、軍による奴隷狩り的な強制連行ではなく、多くの

注4（編）　韓国人女性らが日本に、望まぬ慰安婦生活を強いられたとして起こした裁判。釜山市在住の原告らが主となり山口地方裁判所下関支部に提訴したことからその名がある。

場合は生活に困窮した親が日本軍に要請された周旋人や慰安所経営者に娘を売ったり、就業詐欺の甘言に騙されて娘を手放し慰安婦にされた例が多いのです」と言っている（花房俊雄他　２０２１年：191Ｐ）。

したがって、官憲によって強制連行され慰安婦になったという証言を事実とみるのは難しい。強制連行は慰安婦になる主要な経路ではないのである。強制連行されたと証言している元慰安婦たちは、彼女たちが明かしていない何か他の経緯で慰安婦になったとみるのが妥当である。

慰安婦というのは、挺対協が主張するように日本軍や業者の犯罪によって作られたのではなく、父母や本人の意思で契約を結んだり、父母が親権を他人に譲渡することで生まれたのである。父母が娘を慰安婦にする契約を結んだり他人に売り払うなどということは、今の時代には理解しがたいことである。いくらにもならない金を貰って、どうして親が娘を慰安婦にしようとしたのか、と。しかしそれは、極度の貧困状態の中では、いくらでもあり得たことだった。

一九四五年五月、フィリピンで五人の朝鮮人慰安婦が米軍に捕まった。彼女らを尋問した記録によれば「全ての女性たちの家族は、極度の貧困のため家族を養う生活費用を節約し金を得るため彼女らは朝鮮の芸者ハウスに売られていった。彼女たちは台湾台中市に売られていった後、陸軍に雇用された。彼女たちは朝鮮に帰ってきたが、一九四四年四月二九日に、日本あるいは朝鮮の国籍の女性六二人とともにフィリピンに行った。彼女たちは相変わらず陸軍に雇用されていた」（鄭鎮星　２０１８年ａ：572Ｐ）。五人のうち四人は二組の姉妹だった。父母が金を受け取って姉妹をまとめて売り渡し慰安婦にしたのである。

以上のように、挺対協が出した慰安婦証言録をみてゆくと、①自発的な同意契約、②親権譲渡が慰安婦になる二大経路であり、その他部分的に③誘引があったものと推論できる。では、この推論にはどれほどの妥当性があるだろうか。次章で朝鮮内における酌婦や娼妓になる経路を探ることでこの点を検討してみよう。

《要約》

慰安婦運動団体である挺対協は、元慰安婦一〇三人が慰安婦経験を語った証言録全八巻を刊行した。証言録上での慰安婦になる経路は、親権者や女性自身による契約、親権の委任・譲渡、誘引、強制連行に分類され、その分類における契約と強制連行の割合は同じ三一%、誘引は二六%、親権の委任・譲渡は一二%である。しかし、誘引や強制連行で慰安婦になったという証言の中には、陳述の内容が矛盾していたり、蓋然性が低く事実だと認めにくいものが多く、誘引や強制連行は、当時としても犯罪として渡航手続きの過程で検知されたのであるから、慰安婦になる一般的経路にはなり得ない。

7

朝鮮内で酌婦や娼妓になる経路

朝鮮総督府警察の娼妓経路調査

朝鮮総督府警察が一九三〇年末、朝鮮内で娼妓になる経路を調査したことがある。その集計結果（表7-1）を見ると、日本人娼妓の圧倒的多数である八五・四％が周旋業者の手を経て就業しており、父母やその他親戚が抱え主と直接契約したものが九・六％、娼妓本人が抱え主と直接交渉したのは三・九％に過ぎなかった。これに対し、朝鮮人娼妓のうち周旋業者を介した者の比率は七一・八％と日本人娼妓より低く、その代わり抱え主と父母間、抱え主と本人間の直接契約の比率が日本人娼妓より高かった。周旋業者を介して娼妓になった者の比率が日本人のほうが高かったのは、何といっても日本人には朝鮮内に縁故関係にある人間が少なかったからだと思われる。

日本人であれ朝鮮人であれ周旋業者を介して娼妓になった比率が非常に高かったことは、朝

	総数	周旋業者介在	抱え主・父母による直接契約	抱え主・本人による直接契約
日本人娼妓	1,798	1,536	173	70
	(%)	85.4	9.6	3.9
朝鮮人娼妓	1,372	985	180	198
	(%)	71.8	13.1	14.4

資料：増田道義 1934年a:38P

表7-1　1930年末、朝鮮内の娼妓となる経路調査（単位：人）

鮮内に周旋業者が介在する娼妓市場のネットワークがあったことを示唆している。女性はどのようにして周旋業者を介して娼妓になったのだろうか。娼妓市場にいかなるネットワークがあったのだろうか。これらを知るには酌婦・娼妓に関する刑事事件の裁判記録が有用である。たとえば一九三九年、大邱《テグ》などで多くの募集業者や紹介業者が婦女を誘引して娼妓や酌婦にし、満洲国に送ったことで摘発され処罰を受けた。さらには朝鮮内で女性を違法に酌婦や娼妓にして処罰されたこともあった。全羅北道完州《ワンジュ》で父方のおじが姪を満洲国に娼妓として送った事件もあった。全羅北道任実《イムシル》では、ある募集業者が婦女を誘惑して満洲国に連れてゆき酒場に酌婦として引き渡した事件もあった。

経路1：父母が娘の娼妓就業を契約

以下に紹介するのは、父母が娘の酌婦・娼妓就業契約を結ぶ過程で、ある種の違法行為があって摘発された事件である。

図版7-1で太い線で囲まれた人物、李鍾玉《イジョンオク》、崔洪伊《チェホンイ》、諸岩同《チェアムドン》が募集業者である。彼らは太い点線で囲まれた女性の家族と交渉し、その女性を娼妓にした。これらの募集業者から女性を紹介され酌婦や娼妓に就業

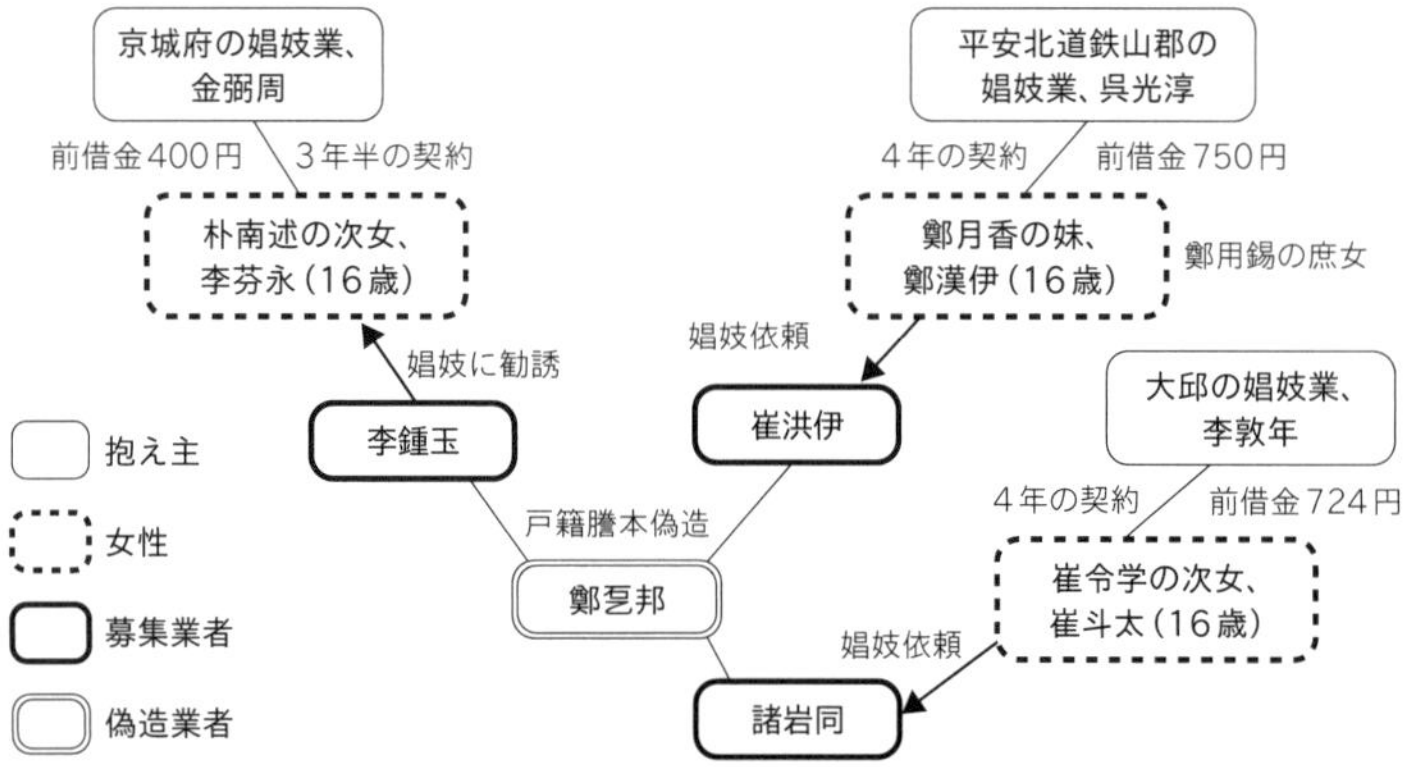

図版7-1　1939年、規定の年齢に達しない者を娼妓にした大邱の事件

させた所は、細い実線で囲った。

この三人の募集業者が関わった事件は全て一九三九年に大邱で起こった。李鍾玉という募集業者が朴南述《パクナムスル》にその次女・李芬永《イブニョン》を娼妓にしないかと誘った。朴南述は受諾し、別の紹介業者を介して京城の娼妓業者・金弼周《キムピルジュ》と三年半の娼妓就業契約を結び、前借金四〇〇円を受け取った。図版にある李芬永の名前の後のカッコ内は、当時の彼女の年齢（一六歳）である。

また、別の募集業者・崔洪伊に鄭月香《チョンウォリャン》という女性が、彼女の妹・鄭漢伊《チョンハニ》の娼妓就業を依頼した。鄭漢伊は鄭用錫《チョンヨンソク》の庶女（妾との間に生まれた娘）だった。依頼を受けた崔洪伊は、他の紹介業者を介して平安北道鉄山《チョルサン》郡の娼妓業者・呉光淳《オグァンスン》と娼妓就業契約を結ばせた。契約期間は四年、前借金は七五〇円で、鄭用錫は七五〇円を受け取った。鄭漢伊もやはり一六歳だった。

また募集業者・諸岩同に崔令学《チェヨンハク》が、その次女・崔斗《チェドゥ》太《テ》の娼妓就業を依頼した。諸岩同は別の紹介業者を介し、大邱の娼妓業者・李敦年《イドンニョン》に娼妓就業契約を斡旋した。四年契約で前借金は七二四円だった。崔斗太もやはり一六歳だった。

これらの事例では娼妓になった女性はみな一六歳である。しかし当時は就業規則上、娼妓になれるのは満一七歳以上で、一六歳では就業できなかった。それなのに彼女らはどうして娼妓になれたのか。実は戸籍謄本を改竄《かいざん》したのである。改竄してくれる業者がいたのだ。それが細い二重線で囲った鄭亙邦《チョンドルバン》という人物である。三人の女性はみな一九二三（大正一二）年生まれだったが、鄭亙邦は彼女らの戸籍謄本の「大正一二年」をそれぞれ「大正一〇年」に改竄した。こうして彼女らは一九二一年生まれの満一八歳になり、娼妓への就業が可能になった。

こうした戸籍の偽造が摘発され、これらの募集業者らと戸籍偽造業者が公文書偽造及び同行使で処罰された。

この事例は我々に何を示唆しているのだろうか。まず、多数の人間が関与して女性を酌婦や娼妓にするネットワークがあったということである。先に述べた三人の募集業者、李鍾玉、崔洪伊、諸岩同の職業は行商だった。農村や都市のあちらこちらを回って行商をしながら、婦女子募集の仕事もした。彼らは婦女子を大邱で募集しては、彼女たちを京城、さらには遠く平安北道鉄山郡という奥地の遊廓にまで送った。募集業者と遊廓を繋いでくれる紹介業者もいた上に、戸籍謄本を偽造してくれる業者までいた。結局、募集業者、紹介業者、戸籍謄本偽造業者、遊廓の抱え主など、多数から成る酌婦・娼妓市場のネットワークがあったということなのである。

この女性たちが酌婦や娼妓になったのは、誘拐によってではなく親が結んだ自発的な契約によってだった。募集業者が先に誘った場合もあれば、親が先に依頼した場合もあった。しかし親が関与した自発的な契約だったので、募集業者が前借金を騙し取ることはなかった。募集業者は単に紹介料を受け取っただけである。この場合、問題だったのは、親が結んだ自発的な契約ではあったが当の女性の年齢が規定に達していなかったことである。それで募集業者は、当局による満一七歳未満の娼妓就業の取り締まりから免れようと、戸籍謄本を偽造する違法行為を犯した。

また、女性の家族である父母や姉が、自分たちの娘や妹の酌婦・娼妓への就業に積極的だった。契約期間が三年半から四年と比較的長く、そのため前借金の規模も大きく七〇〇円を超えていた。

要するにこの事例は、女性の父母らがまず募集業者に依頼したり、あるいは募集業者から勧められて娘や妹を酌婦や娼妓にしたものであり、自発的契約による酌婦・娼妓への就業であった。年齢さえ満一七歳以上であれば、父母ら親権者が女性を酌婦や娼妓にするのは全くの合法だった。このような父母ら親権者による酌婦・娼妓契約が多数あったことは、容易に推定できる。

女性自身による酌婦・娼妓契約も、少数ではあるがあった。家庭が崩壊して独り身となった女性のケースである。父母がどちらも死んだり、孤児として育って結婚したがその夫とも別れたりして独り身となった女性が、自ら進んで酌婦・娼妓契約を結ぶケースもあったのである。

ところで、これらの事例は表面的には家族が女性を売り飛ばしたかのようにみえるが、これらは人身売買とはいえない。これは、人間を金で買い全面的に支配するというものではなく、一定期間その人間を酌婦や娼妓として働かせる契約である。

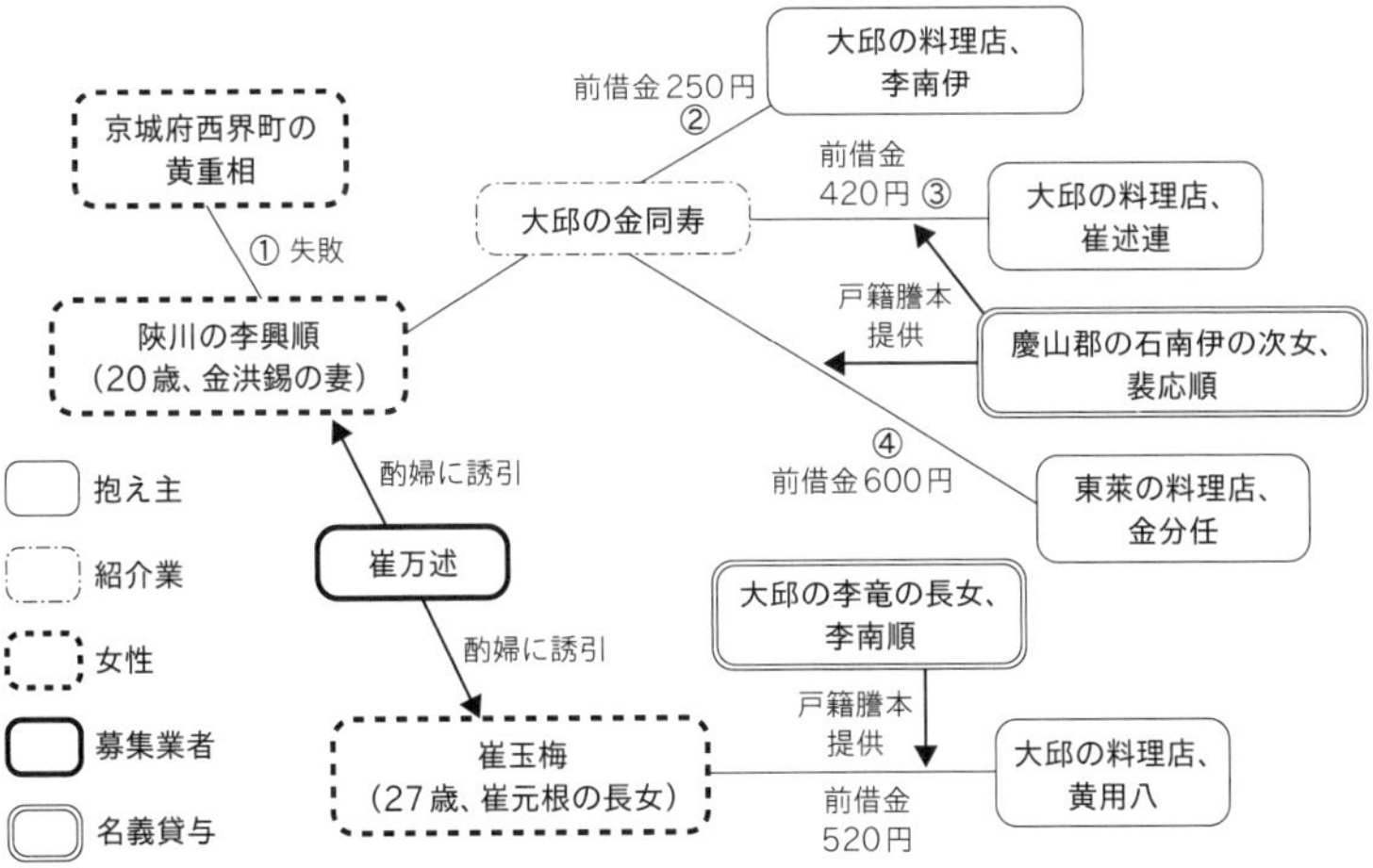

図版7-2　婦女子誘引により酌婦・娼妓にさせられた事例

経路2：誘引で酌婦・娼妓に

次に取り上げるのは、一九三九年に大邱で起きた誘拐事件である注1。ここで誘拐というのは父母ら親権者が知らないうちに女性を騙して連れてゆくことをいう。

崔万述《チェマンスル》という募集業者が二人の女性を誘引した（図版7-2）。一人は陜川《ハプチョン》の金洪錫《キムホンソク》の妻・李興《イフン》順《スン》（二〇歳）である。崔万述は李興順に、酌婦として働けば金儲けができるし、そうするうちにいい夫にも巡り会えると言って誘惑し、誘い出した。もう一人は崔元根《チェウォングン》の長女・崔玉梅《チェオンメ》（二七歳）である。崔万述は崔玉梅も酌婦の仕事を勧めて誘引した。

崔万述は李興順をまず京城に連れていった。彼は西界町《ソゲジョン》の紹介業者・黄重相《ファンジュンサン》を介して京城で抱え主を探そうとしたが、見つからなかった（図版

注1　「大邱一帯営利誘拐公文書偽造提訴」韓国国家記録院 CJA0001524。正確には誘拐ではなく誘引と書くべきであるが、ここでは事件名の通り誘拐と記す。以下、事件名の場合は誘拐とする。

の①）。西界町があったのは以前ソウル西部《ソブ》駅と呼ばれていた現・ソウル駅の裏側である。どうやら駅の周辺に田舎から上京してくる婦女子たちを遊廓の抱え主に紹介する紹介業者たちがいたようである。

　崔万述が京城で李興順の就業先を見つけられず大邱に戻ってきたのは、戸籍謄本等の同意書類を揃えられなかったからのようである。夫・金洪錫に内緒で李興順を連れ出したため、この夫から戸籍謄本を貰うことができなかったのだ。崔万述が李興順を連れて大邱に戻ると、金同寿《キムドンス》という紹介業者が現れた。金同寿は大邱のある料理店（主人は李南伊《イナミ》）に前借金二五〇円で李興順を引き渡した（②）。たぶんこの前借金二五〇円は、一部だけ李興順に与え、大部分は崔万述と金同寿で分けたのだろう。

　ところが金同寿は、それから幾日も経たぬうちに大邱の別の料理店（主人は崔述連《チェスリョン》）に前借金四二〇円で李興順を再び引き渡した（③）。料理店の主人・李南伊から受け取った二五〇円の前借金は返したのだろう。二度目の取引の際、金同寿は李興順に他人の戸籍謄本を持ってゆかせた。慶山《キョンサン》郡の石南伊《ソクナミ》の次女・裵応順《ペウンスン》の戸籍謄本である。前借金が二五〇円から四二〇円に増えたのは、戸籍謄本が備わったことで李興順が酌婦に合法的に就業できるようになったためだった。しかし金同寿はこれでおしまいにはしなかった。彼は慶尚南道東莱《トンネ》にある料理店（主人は金分任《キムブニム》）に前借金六〇〇円でまたしても李興順を引き渡した（④）。この東莱の料理店にもやはり裵応順の戸籍謄本が差し出された。実際は李興順という女性が酌婦になったのだが、名義上は裵応順が酌婦になったことになる。

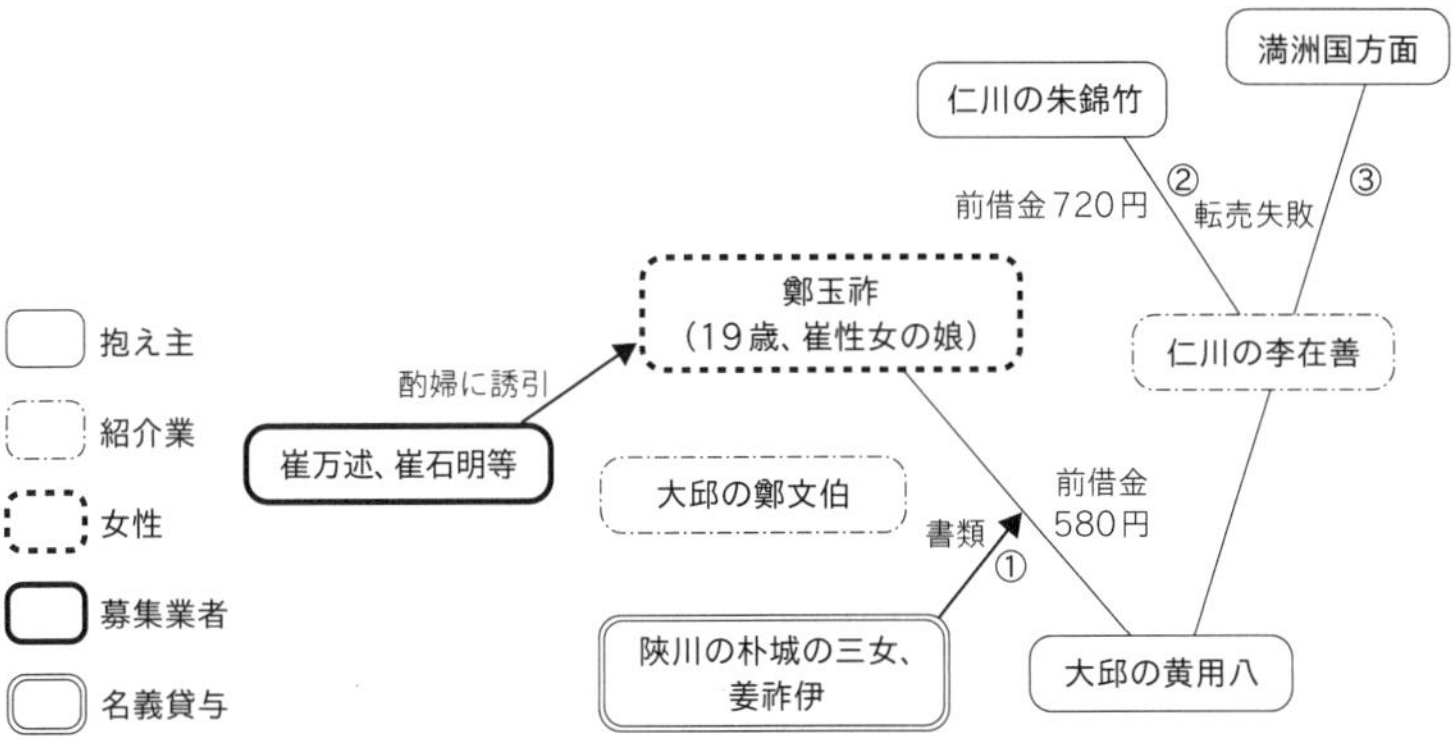

図版7-3　婦女子誘引の別の事例

崔万述は誘引したもう一人の女性・崔玉梅を、大邱のある料理店（主人は黄用八《ファンヨンパル》）に前借金五二〇円で就業させた。このとき崔万述は、金同寿の手口を見習ったのか大邱の李竜《イヨン》の長女・李南順《イナムスン》の戸籍謄本を貰い、崔玉梅にあてがった。

募集業者・崔万述が関わった別の婦女子誘拐事件もある。図版7-3のように、周旋業者・崔石明《チェソンミョン》は崔万述などと共謀し、一九三九年六月上旬、慶尚南道昌寧《チャンニョン》郡の崔性女《チェソンニョ》の娘・鄭玉祚《チョンオクチョ》（一九歳）を、飲食店の酌婦になれば、きれいな服を着て暮らせるし、いずれはいい夫にも巡り会える、と甘い言葉でそそのかした。父母の同意書類が必要だった崔石明は、紹介業者・鄭文伯《チョンムンベク》を介して陜川郡の朴城《パクソン》（女性）からその三女・姜祚伊《カンジョイ》の戸籍謄本、印鑑証明、承諾書を貰い（①）、鄭玉祚を姜祚伊ということにして大邱の抱え主・黄用八に引き渡し、前借金五八〇円を受け取った。この金は崔石明、崔万述などの募集業者と紹介業者で分配し、一部は戸籍謄本などを提供した朴城にも回ったと思われる。

誘引された鄭玉祚を引き取った大邱の抱え主・黄用八は、その後まもない六月下旬、仁川《インチョン》の紹介業者・李在善《イジェソン》を介して仁川敷島遊廓の朱錦竹《チュグムジュク》に前借金七二〇円で鄭玉祚をまた引き渡した（②）。鄭玉祚を転売することで一四〇円を稼いだことになる。その際、黄用八はまた鄭玉祚を姜祚伊に装わせたが、朱錦竹は二週間で鄭玉祚が姜祚伊の戸籍謄本を借用していたことに気づき、契約を取り消し前借金を取り返した。すると黄用八は、再び鄭玉祚を満洲方面に娼妓として送って前借金を手にしようと考え（③）、再び朴城から戸籍謄本、印鑑証明書、白紙委任状、承諾書を貰い、紹介業者・李在善に満洲国方面の抱え主を探してくれと依頼までした。

一方、父方のおじが姪を誘拐した事例もある[注2]。全州《チョンジュ》の林日順《イムイルスン》という男が、婦女子を満洲に酌婦として送れば高額の前借金が貰えるという話を聞き、二一歳になる自分の姪の朱玉礼《チュオンネ》を思い浮かべた。朱玉礼は林日順の義兄弟である朱洛煥《チュナックァン》の娘で、夫を早くに亡くした若後家だった。当時朱玉礼は全羅北道裡里《イリ》の、ある日本人の家で下女暮らしをしていた。

林日順は自分の義兄弟の妻であり朱玉礼の母親である金徳善《キムドクソン》に、自分が責任をもって玉礼を工場に就職させるか再婚させてあげると騙した。彼を信じた金徳善が同意すると、林日順は全州の人事紹介業者を介し、前借金一〇〇〇円を貰って朱玉礼を満洲国の娼妓業者に娼妓として送った。二〇二〇年代の感覚では約一〇〇〇万円という大金である。

一方、全羅北道任実の全俊淳《チョンジュンスン》は任実のある宿屋の従業員であった金順愛《キムスネ》（二四歳）を騙して連れ出した[注3]。金順愛がお金を儲けるのは大変だと生活苦を訴えると、全俊淳は満洲国で酌婦として働けば大金が稼げると彼女を誘惑した。それを信じて金順愛がついてゆくと、全俊淳は彼女

注2　林日順の件は「全州の姪国外移送誘拐事件」韓国国家記録院 CJA0001806。
注3　全俊淳の件は「任実婦女誘拐国外移送」韓国国家記録院 CJA0001809。

を満洲国奉天の娼妓業者に引き渡した。

また全俊淳は、任実の韓某《ハンなにがし》の長女・韓正淑《ハンジョンスク》（二二歳）とも知り合った。二年前に夫と死別していた韓正淑は、親戚の家で暮らしながら仕事を探しているところだった。全俊淳から、結婚して満洲で一緒に仕事を探そう、と誘われた韓正淑はその気になって彼と一緒に満洲に行ったが、新義州《シンウィジュ》から鴨緑江《アムノクカン》を渡ったところの安東（現・丹東）で、全俊淳に京城館という酒場に酌婦として売り飛ばされた。全俊淳は婦女子を誘拐し国外に送った罪で摘発され、懲役二年の判決を受けた。

大邱の李興順以下、任実の韓正淑まで、どれも親権者の同意なくして女性を騙し誘拐した事例である。このように、婦女子を誘拐して酌婦や娼妓にすることは当時の朝鮮ではよくあることだった。一九三三年一一月下旬には、京畿道驪州《ヨジュ》郡の前科二犯の李奉石《イボンソク》（二九歳）と李貴蓬《イギボン》（二二歳）が、江原道原州《ウォンジュ》郡の高《コ》某の妻・池方伊《チバンイ》（仮名、一八歳）を騙し京城に連れてきて、李貴蓬の妹であるかのように偽造した戸籍謄本まで添え、娼妓として抱え主に売り飛ばそうとしたところを警察に捕まった。李奉石等には、以前にも同じ手口で多くの婦女子を売り飛ばした嫌疑があった。

また、その一カ月前の一〇月には、京城の西四軒町《ソサホンジョン》（現・奨忠洞《チャンチュンドン》）の遊廓・咸南楼《ハンナムヌ》に前借金三二〇円で就業した慶尚南道河東《ハドン》出身の娼妓・鄭畢順《チョンピルスン》（一八歳）が、歳より若く見えたため本町警察署が本籍地に照会したところ、本物の畢順は河東の家におり、咸南楼にいる鄭畢順は河東郡丘《ク》陽面《ヤンミョン》の兪興俊《ユフンジュン》の妹・栄貴《ヨンギ》（仮名、一六歳）であることが判明した。栄貴の兄・兪興俊が友人二人と組んで鄭畢順の戸籍抄本を一〇円で買い、妹の栄貴を鄭畢順であるかのように装って、京城に連れてきて咸南楼に売り飛ばしたのだった。娼妓業の許可を出す際、警察はこの事実に気づかなかったという（増田道義 1933年e：38‐39P）。

もっと組織的な誘引事例もあった。京城の人事紹介業者が小間物の行商人らを引き連れて農村の女性たちを騙して連れ出したのだが、この場合も父母の承諾があるかのように装った（朴貞愛《パクチョンエ》 2010年：284P）。

人事紹介業の看板の下に婦女を誘引し青楼に売り飛ばした誘引魔の一団……彼らは小間物売りなどの行商人を装い、京城市内をはじめとして各地方の主要都市はもちろんのこと、貧窮にあえぐ農村一帯を巡りながら、家庭の不和により争いのある家、あるいは貧困に苦しみ食事もろくに取れずにいる家などを探し当て、巧みな話術で生娘《きむすめ》ら婦女子をたぶらかしてはソウルに連れてきて、飲食屋の酌婦などとして五〇円ないし二〇〇〜三〇〇円で売り飛ばしたという。もちろんその売買行為は、前借金という名目で女性を貨幣に換算したもので、それには当人の親の承諾が必要である関係上、彼らは戸籍謄本や公印、私印などをことごとく偽造し、両親の承諾があるかのように取り繕ったのだという（『東亜日報《トンアイルボ》』一九三六年一月三〇日付）。

女性の誘引は親権者の同意がないので違法であり、したがって摘発された場合は刑事処罰を受ける。さらに、誘引した女性を満洲国や中国に送ろうものなら、婦女誘拐の国外移送罪でも処罰される。

そのため誘拐犯は戸籍謄本を偽造したり、ほかの女性の戸籍謄本を貰って使ったりした。誘拐犯が李貴蓬のように自分の家族の女性の戸籍謄本を提出することもあったが、多くのケースでは第三者の女性の戸籍謄本を買って添付した。後者のように、この酌婦・娼妓市場のネットワークには金を貰って戸籍謄本を提供する人までいたのである。

警察が娼妓申告を受けるたびに事細かく調査すれば、その女性が誘拐されたのかそうでないのかが分かるだろうが、実際には警察が全ての酌婦や娼妓について本籍地を訪ねてまでして調査したわけではないだろうから、摘発されない誘拐事例はかなりあったと思われる。したがって、募集業者が女性を誘拐する際、他の女性の名義で書類を揃えて酌婦や娼妓にするというのも一つの経路だとはいえるだろう。

しかし、それは制約の多い例外的な経路である。誘拐犯がある女性を別の女性の書類を添えて酌婦や娼妓にしようとするとき、遊廓の抱え主がその事実を知らずにいるという事態はあり得るが、その状態が維持されるには、誘拐された女性がその事実をずっと口外せずにいなければならない。しかし、その女性が自分が誘拐され他の女性の名義で酌婦や娼妓になったことを黙り続ける理由はないから、いつかは関連の事実を口外し、業者もその事実を知るようになるのが普通である。あるいは、業者がただちにその事実に気づき女性の酌婦・娼妓就業契約を取り消す可能性もある。先に述べたように、図版7-3の仁川の敷島遊廓の抱え主・朱錦竹は、新入りの娼妓の実際の名前と所持していた戸籍の名前が違うことを知り、二週間後に契約を取り消し前借金を取り戻した。警察の管理・監督を受ける公娼の抱え主は、誘拐された女性は酌婦や娼妓として受け入れないものなのである。

強制動員説の吉見は、女性を慰安婦にする三大違法手段の一つとして誘拐をあげた。しかし、国内の酌婦・娼妓への就業においても誘拐は、その代表的手段とはなり得なかった。まして日本軍慰安婦の場合はさらになり得なかった。日本軍慰安婦は渡航前の出国手続きや渡航後の入国手続きなどで、警察のより厳重な取り締まり・統制を受けなければならなかったが、そういう中を誘拐された女性と誘拐犯が無事に通過するのは難しかった。したがって、誘拐によって慰安婦になった事例は一部あっただろうが、それが慰安婦動員の主要経路の中の一つではなかったといえるだろう。

経路3：父母らが女性に対する親権を譲渡

酌婦や娼妓になる三番目の経路は、父母が娘を他人に譲ること、親が娘に対する親権を他人に譲渡することである。よくいわれるように、食うや食わずの貧しい家を訪れた募集業者から「娘の面倒をちゃんとみて、いいところに就職させたり、いい家に嫁がせてあげる」と言われ、若干の金で娘を引き渡す親たちがかなりいた。なにしろ貧しかったので、食べる口を一つでも減らそうとした。幼くして嫁に出すのと同じである。

조선 1939.3.5

稀代의誘拐魔夫妻逮捕

피빨린處女가엄정나게六十五名

貧農說服、女兒誘引

高價로靑樓에賣喫

就職斡旋이口實、白紙委任狀으로欺瞞

取引範圍는海外에까지

魔手의秘訣

陰沈한魔窟속에

蟄伏한"留守部隊"

虎牙에으스러진그들의貞操

發覺端緒

写真7-1　『朝鮮日報』1939年3月5日付の河允明事件の報道
記事の見出しは右から「稀代の誘拐魔夫妻逮捕」「搾取された処女がなんと六十五名」「貧農説服、女児誘引」「高価で青楼に売喫」「就職斡旋が口実、白紙委任状で欺瞞」「取引範囲は海外にまで」「陰沈な魔窟の中に蟄伏していた〝留守部隊〟」「虎牙に蹂躙された彼女らの貞操」、横組みの文字は「魔手の秘訣」「発覚端緒」。

今となっては理解しがたいことであるが、当時は娘を他人に譲るのはよくあることだった。父母の親権を事実上、他人に委任したり譲渡したりしたのである。このようにして親から娘を譲り受けた人がその娘を酌婦や娼妓にするのも、よくあることだった。

こうしたケースを一九三九年春、朝鮮社会に大騒動を巻き起こした河允明《ハユンミョン》事件にみることができる。一九三九年の春、『東亜日報』や『朝鮮日報《チョソン》』などの新聞で婦女子の人身売買事件が大々的に報じられ、社会に大きな衝撃を与えた（写真7-1）。事件の概要は次のようなものである。河允明、金春教《キムチュンギョ》夫婦が一九三二年から七年間、三南（忠清道、全羅道、慶尚道）の農村を回って貧しい農家の娘たちを誘引し、京城の遊廓に売り飛ばした。ほとんどが一〇代後半くらいの少女たちである。事件は一九三九年三月に摘発されたのだが、被害者は一五〇人余りにも及び、彼女らは京城以外の満洲や中国にまでも送り出されていた。

河允明は大田《テジョン》刑務所で看守を務めていた人物で、看守を辞めた後、一攫千金を夢見て金泉《クムチョン》や光州《クァンジュ》などを回り、黄海道沙里院《サリウォン》で朝鮮料理業を始め、酌婦や娼妓を騙して買っては売り飛ばす仕事に飛び込んだ（『毎日申報《メイルシンボ》』一九三九年三月七日付）。

河允明夫婦は、一部は慶尚道で、主には全羅南北道一帯で貧しい農家を相手に甘い儲け話を振り撒いた。当然、貧しい農家の少女たちはみすぼらしい服を着ていたから、そんな彼女らに「お前も綺麗な服を一度は着てみないとな」と言ってそそのかした。「養女にしてあげる。いい所に就職させてあげる。学校にも行って勉強しないとな。京城に行けば贅沢ができる。製糸工場やたばこ工場や百貨店みたいな所に就職もできる。いずれいい所に嫁に行かなきゃな、金持ちの嫁にならなきゃな」と彼女たちを甘い言葉で誘惑した。

そんな言葉を聞いたら少女たちは京城に行きたがるだろうし、父母もまた乗り気になったことだろう。しかし、河允明夫婦が父母に支払ったのはわずか一〇～二〇円だった。実際のところ当時、貧しい農家には現金は一円もなかった。河允明が一〇円や二〇円、今の感覚でいえば一〇万～二〇万円程度の金を握らせたら、貧しい父母は彼になびいた。河允明夫婦は、養女にするのに必要な書類だと言って、父母から白紙委任状や印鑑証明書、そして娘の戸籍謄本を受け取った。

白紙委任状の様式ははっきりとは分からないが、次のような内容が含まれていたと推定できる。まず、委任は戸主がするものであるから「戸主〇〇は娘〇〇が誰々の養女になることに同意する」と書き、次に日付、娘の名前と戸主の名前、本籍、現住所を書き、捺印する。そして、誰々宛てとして委任された人の名前を書くようになっているのだが、そこは空欄であっただろう。その空欄には後から河允明の名前を入れることができたし、そうでなければ遊廓業者や料理店業者の名前を入れることもできただろう。

ともあれ、この貧しい農家の父親が捺印して白紙委任状を渡せば、自分の娘を誰かの養女にするのに同意したことになるので、渡された人は任意でその娘を処分できるようになる。この白紙委任状や戸籍謄本、印鑑証明を受け取った時点で、この事実上の人身売買が合法性を持つようになる。こうして河允明は一九三二年から一九三九年の春まで、一五〇人余りの婦女子を農村から連れ出し京城などの遊廓に引き渡した。

ところで、この河允明事件は稀なものではなかった。河允明事件が報道された後に似たような事件が次々と報じられた。まずは千順童《チョンスンドン》（三五歳）と千億万《チョンオンマン》（二四歳）の兄弟が引き起こした人身売買事件がある。彼らは農村の貧しい家を訪ねては養女にすると言って白紙委任状を受け取り、約五〇人の少女を引き取って華北や満洲に売り飛ばしたが、そのうち八人は朝鮮内に残っていて救出された（『東亜日報』一九三九年三月二八日付）。

同じ頃、裵長彦《ペジャンオン》一族が引き起こした婦女子の人身売買事件も摘発された。裵長彦とその従兄、甥ら親族が四年間、忠清南道一帯で一五〇人余りの婦女子を騙し、京城、華北、満洲などに売り飛ばした。やはり彼らも養女にするという白紙委任状を受け取り、戸籍謄本や印鑑証明書も揃えた。写真7-2は、まだ売られずに監禁状態にあったところを救出されたその少女たちである。

写真7-2　裴長彦一党と救出された少女たち　資料：『東亜日報』1939年4月1日付

左側の少女らはそれでもいくらかは大人びているように見えるが、前列右から二番目の少女は一〇歳になるかならぬかの非常に幼い子供としか言いようがない。

　また、朴玉童《パクオクトン》は警察署に人事紹介業の申告をした、紹介行為ができる正式な周旋業者だったが、人身売買だけでなく金《きん》の密売もしていた罪で摘発された。日本の植民地時代の小説家・蔡《チェ》万植《マンシク》は当時の社会相を巧みに描き出しており、『濁流』という有名な小説の他に当時の金鉱熱を扱った『金の情熱』という小説も書いている。その初めのほうに、行商人が農村各地を回って金の指輪のような金製品を買い取ると、彼らとは別の人間がそれを受け取り満洲に密輸する様子が描かれている。朴玉童は、農村で婦女子を買い集めると同時に、小説に描かれているように金まで買い取り、満洲に婦女子も売り、金も密輸していたのである（『東亜日報』一九三九年三月二六日付)。

さて、河允明はこうして連れてきた婦女子たちをどのようにして遊廓などに引き渡したのだろうか。彼は女性たちを本町五丁目三三番地の自分の家の密室に監禁した。この密室に出入りするには河允明夫婦が住んでいる居間を通らなければならなかったので、彼女たちは逃げ出すことができなかった。なにぶん極貧の田舎から連れてきたばかりで、みすぼらしく、栄養状態もよくなかったことだろう。童話「ヘンゼルとグレーテル」で魔女が、いずれは食べるつもりでヘンゼルとグレーテルにおいしいものを食べさせたように、河允明は遊廓に引き渡す前に少女たちに十分な食べ物を与え、身なりもちゃんと整えさせたことだろう。

河允明は女性たちを連れてきては、一、二カ月のうちに人事紹介所や周旋業者を介して遊廓や料理店、酒場などに娼妓や酌婦として売り飛ばした。河允明自身は登録された周旋業者ではなかったので、人事紹介所などを介したのである。河允明は、農村から初めて連れてきた女性は強姦してから遊廓に送ったという。河允明が代価として受け取った金は平均して四〇〇～五〇〇円だった。顔が可愛く、いくらか大人びた女性、つまり商品価値が高い女性だと一〇〇〇円以上を貰い、そうでない場合は安く引き渡した。父母からわずか数十円で少女を引き取りながらその数十倍の金を得るのだから、とてつもない差益である。

初めて摘発された当時の調査では、六五人程度が連れてこられ、四〇～五〇人が京城に、残りの一〇人余りが華北や満洲にまで売られていったとされた。一例として、河允明は一九三八年五月に全羅北道任実郡で五〇円を父母に払って一六歳の少女・金永順《キムヨンスン》を引き取り、人事紹介業者を

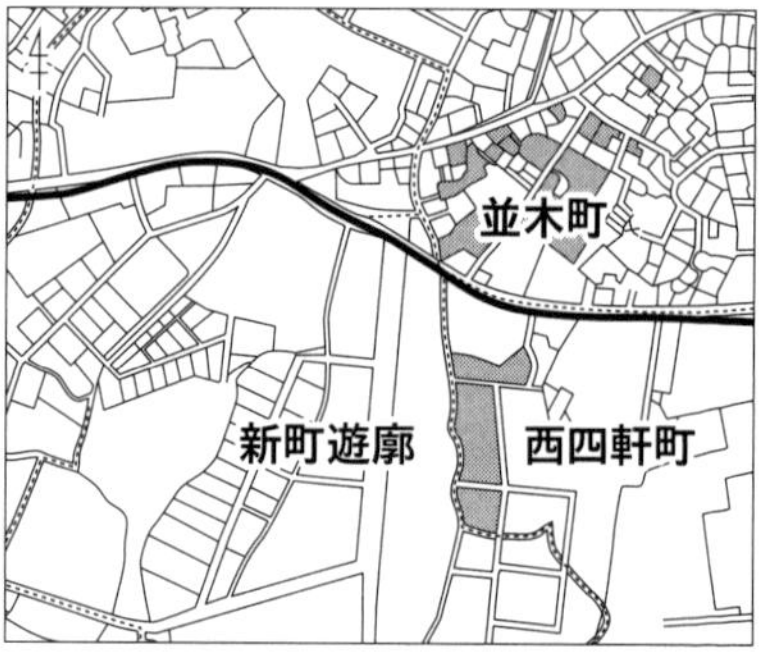

パク・ヒョン（2015年：177P）の地図（原資料は『地形明細図』1929年）より作図。
注：灰色に網のかかった部分は朝鮮人の遊廓。地図を上下に分ける太い線は、今日のソウル市の退渓路に該当。

地図7-1　新町遊廓の地図

間に挟んで西四軒町の広興楼《クァンフンヌ》という遊廓に一〇〇〇円で引き渡した。当時、法的には娼妓の仕事ができる年齢は一七歳以上であったが、このケースでは一六歳で売り飛ばしている。

　河允明が婦女子を売り飛ばした遊廓はどんな所だったのだろうか。当時、京城には公娼が二カ所あった。一つは新町《シンジョン》遊廓、もう一つは桃山《トサン》遊廓である。桃山遊廓は今の竜山《ヨンサン》区桃園《トウォン》洞、地下鉄六号線の孝昌公園前《ヒョチャンコンウォンアプ》駅から孔徳《コンドク》駅方向に向かう左側にあった。今はアパートが立ち並んでいるが、当時は公娼があったのである。

　新町は今日の中《チュン》区墨井《ムクチョン》洞、つまり退渓路五街《テゲロオガ》から南山《ナムサン》に向かう地域で、そこに新町遊廓があった（地図7-1）。日本の植民地時代の退渓路五街の道は、今のような六車線の大きなものではなく狭かった。植民地期の京城では、日本人たちが南山の北斜面から現在の乙支路《ウルチロ》あたりまで住んでおり、その近隣の外郭地域に作った公娼が新町遊廓である。新町遊廓は初めは日本人用に建設されたが、朝鮮総督府が京城市内の朝鮮人娼妓や業者もその周辺に移転するよう指示したことで朝鮮人の遊廓地帯が作られた。新町遊廓のほうから退渓路を北に越えた並木町《ピョンモクチョン》（現・中区双《サン》林《ニム》洞）、新町遊廓の東側の西四軒町（現・奨忠洞）がそこである。今はこの墨井洞一帯に遊廓の跡はない。退渓路五街にはオートバイの修理や販売をする店が並んでおり、南山方向には印刷所や紙類の商店があるだけである。酒場はもちろん、飲食店さえもほとんどない。

新町遊廓は計画の下に作られたため道が広く業者の規模も大きかったが、並木町遊廓は計画もなく造成された所だったので道は狭く業者の規模も小さかった。一九二九年に刊行された『朝鮮商工大鑑』によると、一九二七年の新町の公娼四七軒は業者がみな日本人で、全ての業者に電話が備えられており、年間の税額は最低で四〇円、最高だと三〇〇円に達した。一方、並木町の公娼二五軒は業者がみな朝鮮人で、電話もなく、年間の税額も一〇円台に過ぎなかった。西四軒町の公娼一九軒については、一二軒の主人が朝鮮人でやはり規模が小さかったが、七軒は業者が日本人で年間の税の平均額が一〇〇円を上回った。西四軒町遊廓には、新町遊廓が延長された側面があった（パク・ヒョン 2015年：178－179P）。

当時の小説家・李泰俊《イテジュン》（編集部注：号は尚虚《サンホ》）は、一九三一年に発表した短編小説「何事もないさ」で新町の日本人遊廓と並木町の朝鮮人遊廓を次のように描写している。

Kは電車を降り、薄暗い並木町の通りを息を切らせて登っていった。通りは行けば行くほどに明るく賑やかで、ここは夕方に戻っているようだった……それほど行かぬうちに、Kの前に大きな道路が現れた……静かに左右を見渡してから山（南山）の麓に向かって上がってゆくと、普通の商店とは違った日本式の二階建て、三階建ての家がずらりと並んでいた……近くに行って見てみると、なるほど家ごとに……活動写真館の入口の前に俳優たちのブロマイドが掛けてあるみたいに、人形のような娼妓たちの写真が陳列されていた。Kはさっき通り過ぎた朝鮮家屋の通りほどには乱雑でないことを幸いに……もう一回……狭い通りに戻った。

Kは何よりも娼婦たちの中に少女が多いことに驚いた。少女だといっても処女を意味するのではなく、体で男たちを誘うにはまだ熟していない杏のような、やっと一五、六歳の女の子たちが、長い髪を編み垂らしたまま、門のあたりに出てきて歌を口ずさみながら、この男、あの男へと秋波を送るさまは、Kの目にはあまりにも悲劇的だった。

（パク・ヒョン 2015年：180P、尚虚学会 2015年：156－157P）

李泰俊が見たところ、並木町の朝鮮人遊廓街は新町日本人遊廓街に比べ狭く乱雑だった。また、朝鮮人公娼の娼婦たちの中にはまだ成人には見えない幼い少女たちが多かった。このことは、河允明が農村から誘い出した幼い少女たちを連想させる。当時の河允明の家の住所は本町五丁目三三番地で、並木町のすぐ近くである。河允明は、少女たちを自分の家に監禁しておいて、すぐ近くの並木町や西四軒町の人事紹介業者たちに少女たちを売り飛ばしていたのである。監禁された少女のうちの一人が逃げ出したことが、河允明による婦女子の人身売買事件が摘発されるきっかけとなった。河允明は、逃げ出した少女を見つけ出そうと当時管轄署だった東大門警察署に捜索を依頼した。その結果、警察が河允明の家まで調査に来て、別の多くの少女たちを発見したのである。

こうなってから警察は、売られていった子どもたちを救出してそれぞれの家に帰そうと、遊廓の抱え主たちに少女らと一緒に警察に出頭するよう要求した。表7-2は、警察が出頭を求めた被害者たちの一例である。売られた先は並木町と西四軒町が多かった。つまり、少女たちは新町一帯の遊廓に売られていたのである。

警察から出頭を求められた抱え主たちは、少女たちを買い入れた契約が無効になるのを惧《おそ》れ、すばやく彼女らを遠い地方や海外に売り飛ばした。少女たちを親元に戻してやっても河允明から前借金を回収するのは難しいので、転売するほうを選んだのである。抱え主が出頭してこないので警察が訪ねてゆくと、多くの少女がすでにそこにはいなかった。

住所	業者名	被害女性（年齢）
並木町61	趙珍順	趙鶴伊（19）
西四軒町160	金寿漢	朴四順（18）
並木町56	林敬淑	金干蘭（19）
西四軒町175	車性女	黄命蘭（17）
大和町2丁目84	四平繁	千畢順（20）
西四軒町160	半月楼	金判礼（18）
橋南町39	申興淑	李在順（17）
竜頭町53	趙聖載	徐元伊（21）
竹添町3丁目		金元得（22）
西四軒町17	李周熙	金永順（18）
内資町228	李南植	具順伊（20）
並木町58	朴聖三	李福貴（17）

資料：『朝鮮日報』1939年3月7日付、『東亜日報』1939年3月10日付

表7-2　河允明事件に関して警察が追跡した被害者たち

ただし、急いでいたため相応の金が貰えず安値で転売した。たとえば、達城郡《タルソン》出身の黄命《ファンミョン》蘭《ナン》（一七歳）を河允明から六〇〇円で引き取った西四軒町の遊廓業者・車性女《チャソンニョ》は、黄命蘭を満洲国の首都新京の近隣にある公主嶺市の酒場（業者・李基弘《イギホン》）に二五〇円で引き渡した。大損だった。また、迎日郡《ヨンイル》から来た李福貴《イボクキ》（一七歳）は、並木町の朴聖三《パクソンサム》の遊廓から咸鏡北道明川《ミョンチョン》郡の酒場に六〇〇円で引き渡された。咸鏡北道

は移動するのに一日以上かかる遠い所である。並木町の遊廓・遊明楼《ユミョンヌ》にいた趙鶴南《チョハンナム》（一八歳）は、中国山東省の沓鏡《とうきょう》慰安所に五〇〇円で売り飛ばされた（『朝鮮日報』一九三九年三月九日付、『東亜日報』一九三九年三月一〇日付）。

当時、中国や満洲に婦女子を売るときは一〇〇〇円から二〇〇〇円、今の感覚では一〇〇〇万円から二〇〇〇万円が相場だった。それなのに五〇〇円で売ったのだから、大急ぎの安値での転売だった。売り渡す前には、まず京城の抱え主が周旋業者を介して満洲や咸鏡北道の酒場の業者に至急電報を打っただろうし、女性を買うという返信が来れば、すぐに周旋業者が女性を連れて満洲や咸鏡北道に向かったことだろう。権四順《クォンサスン》のように、海外に売られてゆく直前にかろうじて救出された少女もいた。売られた先の中国山西省に向かい京城駅から出発しようとしていて、乗客を監視していた警察に発見されたのである。

このようにして、事件が新聞に報じられてわずか三、四日のうちに一九人の婦女子が京城から遠い地方や満洲や中国に売られていった。

公娼制について知識のある読者なら、ここで一つの疑問を抱くだろう。公娼制においては、娼妓が新たに営業を始めたり止めたりする場合、必ず警察に申告し、その承諾を得なければならなかったのに、このケースでは、遊廓業者が警察の承諾なく娼妓を転売しているからである。実は、河允明から受け取っていた養女文書があるので、満洲や咸鏡北道で彼女らを酌婦や娼妓に登録することが可能だったのである。その女性が河允明事件に関わりがあるかどうかを現地警察がいちいち把握するのは難しかったため、満洲や咸鏡北道の業者は安価で女性を確保するという選択ができた。

東大門警察署は、咸鏡北道明川警察署に李福貴の所在を把握してほしいと要請したが、その後どうなったのかは分からない。とにかく、このようにして満洲や中国に渡っていってしまうと、もはやそれ以上被害者を追跡し召喚するのは、難しいか不可能だった。

この事件が起きた一九三九年三月には、すでに身分証明書がなければ中国に入国できなかった。しかし、警察の捜査の対象となっている婦女子がわずか三、四日のうちに警察署から身分証明書を発給されるはずはないので、彼女らは身分証明書なくして満洲や中国に行ったと推定される。中国への渡航時、身分証明書やその他の書類がなければ入国させないというのは、上海の日本総領事館警察署の措置であり、おそらく朝鮮から満洲国を経て華北に入ってゆく際、つまり山海関を通って華北に渡ってゆく際は、出入国の監視が甘かったものと思われる。そのせいなのか、のちの一九四〇年五月、日本の拓務省が、陸路で山海関を経て華北に入る者たちへの出入国管理を厳格にするよう指示したことがある[注4]。

養女制度を通した婦女子の人身売買

河允明事件は、植民地朝鮮における酌婦や娼妓の調達経路がどういうものだったのかをよく表している。河允明が婦女子を農村から連れてくる過程には詐欺の疑いが濃厚にある。遊廓や料理店に娼妓や酌婦として売ろうとしているのに、いい所に就職させるとか、学校に行かせてあげる

注4　「『渡支邦人暫定処理ノ件』打合事項」(1940年)：『資料集成』第1巻、143P。

といった甘い言葉で女性を騙し、自分は一〇〇〇円を貰って婦女子を売り飛ばしておきながら、その父母にはわずか一〇円や二〇円を与えているのである。このように詐欺性が濃厚だったけれども契約は合法だった。河允明が貧しい農家の父母や戸主から、当該女性を養女とするという委任状や戸籍謄本、印鑑証明書等を受け取っているからである。この事件は連日、新聞の社会面を大いに騒がせたが、河允明が起訴されたとか、有罪であれ無罪であれ裁判で何らかの判決を下された、といった記録はない。親権を譲渡する合法な契約の形式が整っていたため、警察の捜査を受けたにもかかわらず、河允明は司法による処罰を受けなかった。

こういう婦女子の人身売買はとてもありふれたことだった。河允明事件は詐欺性がとても濃厚な極端なケースであり、募集業者や紹介業者が利益を独占せず、父母にもそれなりの金を払って少女を遊廓や料理店に引き渡すケースもあっただろう。このように詐欺性が濃厚か希薄かという差はあったが、婦女子の父母に金を渡して婦女子を連れ出し遊廓や料理店に引き渡すという現象は、とても広範囲にみられた。特に、貧民層の未成年女性を養育すると言って連れてきて、何年間かの修業の後、妓生《キーセン》に就業させるといったことはよくあった。それに関する新聞記事をみてみよう。

まだ分別もつかない幼い頃に親元を離れ、これまで花柳界だけを渡り歩き、自分の父母兄弟を探すのに半生を費やしても見つけられず、遠く満洲方面にまで訪ねてゆくという哀れな遊里の悲話がある。その主人公は平壌府《ピョンヤンブ》箕林里《キリムニ》五三番地で生まれ、今は満洲へと向かう当年二二歳の林春愛《イムチュネ》という麗しい女性で、一時は平壌妓生券番に妓籍を置き、多くの青年たちの寵愛を一身に受けた林春紅《イムチュノン》という妓名を持つ女性である。彼女が花柳界に身を置いた動機はこうだ。幼いときから彼女の家は貧しく、一四歳のとき他人の家の養女になったという。そしてその養家から妓生券番に行けと命じられ、初めて妓生が歌を歌い踊りを踊る姿を見、そのときから習い始めて三年という歳月をその中で過ごした後、妓生と呼ばれるようになって、おのずとこの社会で身を処すようになり、ここで世の中のあらゆる辛苦を味わったという。そんなこんなで一年が過ぎると、お金というのか悪魔というのか、養家に稼いであげたお金は、四〇〇〇～五〇〇〇円になったという。

　それからちょうど一年後、平壌市内の某会社副支配人・盧益洙《ノイクス》（仮名）という青年がしばしば人知れぬ情熱で彼女に迫るので数回交際したところ、それを知った養父母が、出てゆけ、これまでの扶養料一〇〇〇円を払えと言うので、何度も何度も反抗してみたが、全て思い通りにはならず、仕方がないので奉天のスターダンスホールの踊子になることにし、一〇〇〇円を貰って養父母に払い、その家を出た（『朝鮮日報』一九三八年六月一日付）。

記事の主人公・林春愛は、一四歳で他人の家の養女になった。記事には言及されていないが、たぶん実の親は多少の代金を受け取ったのだろう。こうして林春愛の親権は養家の父母が持つようになった。養父母は三年間の養育に加え、妓生教育を受けさせるなど相当な投資をして、林春愛を妓生に育ててあげた。妓生になった林春愛の花代は、養父母の取り分となった。それは、一年で四〇〇〇〜五〇〇〇〇円にもなったという（金額が非常に大きく、誇張されているのではないかと思われる）。林春愛が妓生を続けていたら、その収入を養父母がずっと取り続けていただろうが、彼女がある男性と交際し始め、おそらく収入が減少するや、養父母は彼女に、これまでの扶養料を返し家を出てゆけ、と言った。それで林春愛は新たに借り入れた一〇〇〇円を養父母に支払い、満洲のダンスホールに行った。これで養父母と娘という関係が終わった。

実状としては婦女子の人身売買だが、表向きは養女としての縁組だった。養父母が一〇代初めの女児を連れてきて一定期間養育し、やがて妓生や酌婦にするのだが、養父母は、初めにわずかな金を実の親に渡すことで、そうでない場合でも数年間の養育費に充てることで〝売買〟の代価とした。こうして養女に対する親権を確保した養父母は、養女を妓生や酌婦にすることができた。

困窮した家庭には子供が多く、食べさせ育てることができずにいるが、そうかといって親として捨てることも売ることもできず、それで他人の養女にするという風習が、貧しい朝鮮には数多くみられる。したがって、養女という文字は見た目にはよいが、最近のその内容を探ってみると、妓生でなければ酌婦、売淫など、結局は花柳の巷で次から次に売買され、身を持ち崩す運命を辿ることが多い（『朝鮮日報』一九三九年三月五日付）。

もちろん、全ての養女が妓生や酌婦になったのではない。養女制度は格安な労働力を確保する手段でもあった。

養女に入る女児は、たいてい父母がいないか、あるいは貧民の娘だ……養女たちは一〇歳前後で他人の家に行って名もない下女として暮らす。婚期が来ると主人は、養子の婿として男を家に入れ夫婦にし、五、六年こき使い、その後は他人の家の離れに所帯を持たせる。こうして彼女は生涯、貧しさに押しつぶされながら暮らすしかない。報酬もあげず、養女という美名の下に女性を奴隷扱いするのは、人道に反する行為である。悪徳である（『東亜日報』一九三二年一二月二六日付）。

一般的に養父母が養女を貰うときは、自分の戸籍に娘として載せる（入籍する）のではなく私的な養子縁組文書を作成した。戸籍という公文書ではない私的な文書であっても、実質的には父母の権利を行使することができたので、養女の未来は全面的に養父母の手中にあった。一種の慣習法である。実の親は、育てるのも大変な娘を引き取ってくれるのが有り難くて、代価もなく引き渡したり、そうでなければ一〇〜五〇円という少額の金を貰って引き渡したりした。ときには養女に期限を定めることもあった（朴貞愛 2022年：23–25P）。

実の親が娘を他人の養女にしたからといって親子の関係が完全に断絶するわけではなく、ある程度の親権は行使された。たとえば、養父母が養女を妓生や酌婦、娼妓として就業させるときには、実の親に知らせてもう一度承諾を得なければならなかった。元慰安婦として最初の証言者となった金学順《キムハクスン》は、養父が「中国に出発する前にお母さんに連絡し、中国に行くことを了解してもらった。出発する日、お母さんが黄色いセーターを買って平壌駅までやってきて見送ってくれた」と証言している（挺対協他 1993年：35P）。一九二八年、仁川の置屋営業（妓生営業）者が一〇〇〇円という高額の前借金で女性を連れてきて、仁川竜洞《ヨンドン》券番に妓籍を置かせ養父・養女関係を結んだが、その後、妓生としての営業がふるわなくなると、その養女の妓生を開城《ケソン》の置屋営業者に九〇〇円で売り、金も受け取った。ところがこの妓生の実父が承諾せず、開城で営業ができなくなったことがあった（『毎日申報』一九二八年五月一二日付）。また、若干の金を渡してある人の娘を養女にした者が、その実父に内緒で養女を酒場に転売した結果、娘の行方が分からなくなった実父が警察に娘の捜索を願い出た事件もあった（『毎日申報』一九三七年九月二一日付）。実父が娘を養女として他人に引き渡したとしても、実父は、養父母が養女の身の振り方を決めるに際しては同意権を持っていたのである。

一方、養女が人身売買の手段として悪用されるのをみて、一九三〇年代末に警察がそれを取り締まったりもした。

貧しく無知蒙昧な農村の父母たちを騙し、若干の金品を与え、養女にするという美名の下、幼い少女を連れてゆき、二、三年養育した後は、いわゆる芸妓、娼妓、酌婦営業契約書というものを作って数百円や数千円ずつの借り入れをさせ、妓生あるいは飲食店の雇われ女、遊廓の娼妓などにする、営利誘拐を仕事にする養父母や悪徳抱え主を徹底して撲滅すると同時に、生涯を抱え主の餌食となる哀れな養女たちを救い出そうと、早くから開城署で司法係と

> 保安係が共同戦線を張り、管内花柳界の抱え主制度に全般的大手術をするようになったことは何度も報じてきたが、この網にかかった養父母と養女は実に五〇人にものぼった。その署の盧《ノ》司法主任は、正当な法に依拠して以来二カ月間、関係者を取り調べていたが、抱え主側の言い分に対しても養育したという点だけは考慮し、両者間に無理な点がないよう処分すると同時に、養女契約をみな解除させてしまったという。したがって、見えざる鎖に縛られて暮らしていた雇われ女、妓生たち五〇人はみなすっかり解放され、ある者は自営業を営み、あるいは実家に戻るなど、多くの吸血鬼が潜伏していた開城の花柳界が明朗になった。そしてその後、開城署では芸妓・娼妓・酌婦営業契約書という一種の違法契約の怪文書は詐欺文書とみなし、抱え主制度の陋習《ろうしゅう》は一切打破されることとなった（『朝鮮日報』一九三九年五月一一日付）。

養女契約については、養女本人や実の親が取り消しを求めることもできた。しかし、娘が虐待されたり〝売春〟を強要されたりした事実を知った実の親が娘を取り戻そうとすると、養父母は実父にその間の養育料を返すよう要求した。養女契約を解約すると、その間の養育費が養女の債務に取って代わるのである。実の親側がこれを返済するのはほぼ不可能だった。養父母が実の親に、一日当たり四〇銭だから四年間で五七六円の養育費を出せと言ったり、月二〇円ずつ、合わせて三八〇円の養育費を出せと要求したりした（朴貞愛　2022年：25-26P）。貧困家庭にそんな大金が作れるわけがなかった。

先に述べた林春愛は一〇〇〇円を新たに前借りし、それを養父母に支払って関係を断ったが、それができたのは、林春愛が新しい業者のもとでダンサーとして働くことにし、そこから前借りすることができたからである。その代わり林春愛は新しい業者に縛られた。挺対協証言録の第一巻に出てくる黄錦周《ファングムジュ》は、咸興《ハムン》のある村で養女として家事をしていたが、一九四一年春、日本の軍需工場に娘を送らなければならないという話を聞き、二〇〇円の借金を返し、金儲けもしようと考えて志願した結果、慰安婦になった。養父母に対する債務二〇〇円を返済しなければならなかったのだから、前借金は二〇〇円以上受け取ったのだろうが、これで養父母との関係は終わったのである（挺対協他 1993年：95－97P）。

河允明の養女になった女性たちも、実家に戻るには、河允明が抱え主から受け取った前借金と、その女性たちがその間、私的に抱え主から借りていた借金までみな返済しなければならなかった。別の業者のもとで酌婦や娼妓の仕事をすることにして前借金を受け取らないかぎり、返済は不可能なことだった。どっちみち別の業者に新たに縛られるだけのことで、親元に帰ることはできなかった[注5]。別の表現をすれば、養父母の親権は一定の代価を払えばいつでも消滅させ得るものだった。債権・債務関係を別にすれば、養父母と養女の関係は実の父母と実子の関係に比べれば非常に希薄なものだった。養女が日本軍慰安婦になったりダンサーになったりして前借金を貰い、養父母に借りを返すことによって、養父母・養女の関係を終えることができた。

注5 『朝鮮日報』1939年3月8日付「身を売る契約は無効だが、新しい借金が心配」。

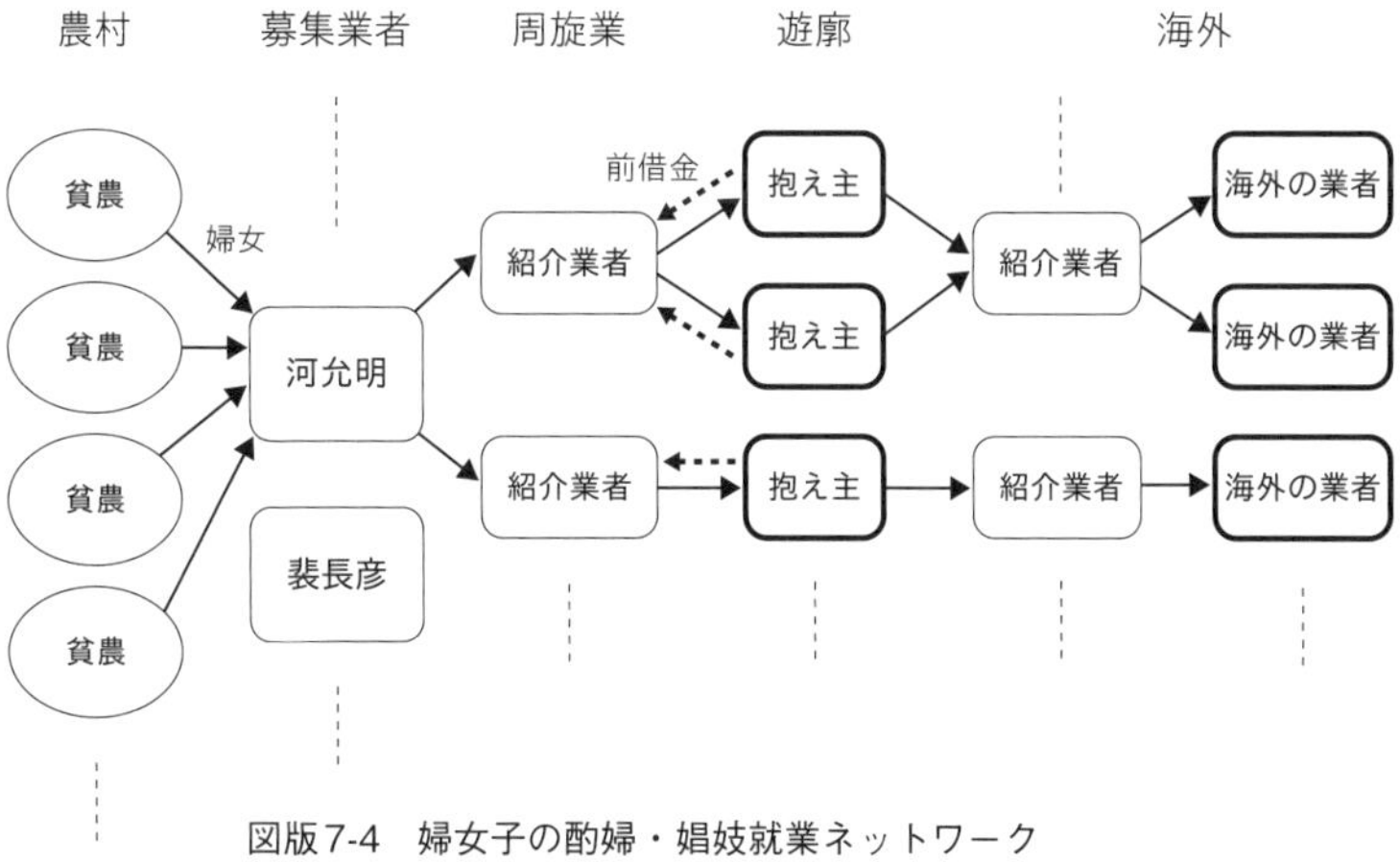

図版7-4 婦女子の酌婦・娼妓就業ネットワーク

酌婦・娼妓市場の全国的ネットワーク

河允明事件は、朝鮮の地方農村と京城などの都市を連結する、またはそこから中国や満洲と連結する多段階にわたる酌婦・娼妓就業ネットワーク（図版7‐4）があったことを物語っている。

図版7‐4の実線の矢印が婦女子の流れである。遊廓に向かう婦女子の流れは募集業者の活動から始まる。河允明、裴長彦、千順童などが農村の多くの貧しい農家を訪ね、父母を説得し、婦女をそそのかす。婦女子を京城などの都会に連れてきた彼らは、警察に登録した正式な周旋業者らに婦女子の娼妓や酌婦への就業を依頼する。河允明などはこの紹介業者らを介して、朝鮮人遊廓の抱え主にこれら婦女子を引き渡した。

反対方向に引かれた点線の矢印は遊廓から出てくる金の流れである。遊廓の抱え主が平均四〇〇～五〇〇円の前借金を出すと、この金は紹介業者と河允明らを経て貧しい農家にまで流れてゆく。遊廓の抱え主が出す前借金を、父母、募集業者、周旋業者で分配する。父母が前借金のうちの多くを分け前として貰うようなら詐欺性が希薄で、河允明がやったように、親には雀の涙ほどしか配分せず募集業者が独り占めするようなら、詐欺と何ら変わりはない。

警察が抱え主の出頭を求めると、抱え主らは損をしまいと紹介業者を介して海外の遊廓にまで婦女子を売り飛ばす。婦女子の海外への紹介と送り出しを引き受ける紹介業者もいた。

このように、婦女子を売り買いする多段階ネットワークが作られていた。こうしたネットワークがあったから、わずか数日のうちに婦女子を遠い満洲や中国に送り出すことができた。

そうした女性たちに人権のようなものはなかった。今の基準に照らし合わせると、話にもならない悪辣な犯罪である。では、この犯罪に関わったのは誰だったのか。父母、募集業者、紹介業者、遊廓の抱え主である。父母は責任から逃れることはできない。若干の金を貰って我が娘を売り渡したからである。ただしこれは、あまりにも貧しかったためわずかな謝礼金に目がくらんだのであり、あるいは食べる口を一つだけでも減らそうとした結果だった。当時は父母が娘を売っても犯罪ではなく、親が処罰されることはなかった。

このネットワークを機能させた主役は募集業者と紹介業者だった。彼らは農村の貧しい家庭を訪ね回り、ありとあらゆる手を使って父母を惑わし、娘を連れ出した。日本の事例ではあるが、この末端の女衒《ぜげん》(募集業者)が貧しい家庭から娘を連れ出す様子をみてみよう。

この仕事もコツがいります。どこかの村に、娘を売りそうな家があると聞いてその村に入ると、誰に教えられなくとも、一直線にその家へ行けます。カンもありますが一番貧乏そうな家を目当てにしますと、まず間違いありません。たいていの家は戸がなく、かわりにムシロがぶらさげられていて、家に入ると畳も敷いてなくムシロ敷き。おひつなど、気のきいたものはなく、釜と茶碗が床に散らばっていて、その中で、親爺は昼間からヤケ酒を食らい酔って寝ころがっている。そんな家が多いですな。このようなところへ、金になる話を持ちこむのだから喜ばれること、この上なしですよ（長沢健一　1983年：127P）。

「彼らはたいてい人を騙したり誘拐して依頼人の意思に反する所に周旋し……甚だしくは妙齢の婦女を海外または遊廓に誘拐したり無理やり醜業につかせたりするなど、そのような目にあう弊害は測り知れないほど」であり、「娼妓の大多数は彼らの魔手にかかり、抜け出すことができない職業に足を踏み入れさせられた」のだった（尹明淑《ユンミョンスク》　2015年：391P）。

特に河允明、裴長彦などのような募集業者らは、ほとんど詐欺と変わらない方法で貧困家庭の少女を貰い受け、養父母の資格で彼女らを酌婦や娼妓にし、前借金まで独り占めした。たとえ養父母になれず親権が得られなかった場合でも、彼らは世事に疎い父母ら親権者を騙し、前借金のごく一部しか渡さなかった。

朝鮮総督府から許可を受けた紹介業者らは、すでに一九一〇年代後半から圧倒的多数が朝鮮人だった。一九一五年の時点で朝鮮人紹介業者は日本人業者の一〇倍を数え、一九三五年頃まではその比率が維持されたが、一九四〇年には一三倍にまでなった。朝鮮における紹介業は、朝鮮人の事情をよく知る朝鮮人がするしかない業種だった。紹介業は、酌婦や娼妓ができる経路さえ分かっていれば資金がなくてもできる仕事であり、生活の手立てが容易には見つけられなかった朝鮮人にとって、成功への期待と起業意欲を満たしてくれる数少ない職業の一つだった。道内の事情に精通した者が地域の情報ネットワークを利用し、職を求める女性や家出した女性を巧妙に騙し、人身売買して遠い地域に送り込んだ。紹介業者による女性の斡旋は、朝鮮だけでなく遠く日本、満洲、中国、台湾、樺太にまで及んだ。それは、こうした地域へ送り出すと前借金が二倍を上回り、法規違反に対する取り締まりの危険度も低かったためである。朝鮮人女性が日本軍慰安婦になったのと同じ構造が、一九二〇年代にすでに作られていた（宋連玉《ソンヨノク》 1994年：51－53P／金《キム》富子《プジャ》 1995年：216P）。

経路4：拉致・暴力によって酌婦・娼妓にする？

最後に考察するのは、拉致や暴力によって酌婦や娼妓にさせられる経路であるが、こういうケースはそれほど多くはなかっただろう。なぜなら先に述べたように、婦女子を誘引した場合でも他人の戸籍謄本を提出して合法を装おうとした。まして拉致した女性を酌婦や娼妓として抱え主に引き渡そうとすれば、拉致した事実が簡単に露見してしまうからである。警察に管理・監督されているのだから、抱え主が拉致された女性を敢えて酌婦や娼妓にすることはなかっただろう。

別の見方をすれば、暴力を使って婦女子を無理やり拉致するまでもなかった。当時の朝鮮社会はひどく貧窮しており、世情に疎く純真でうぶな人が多く、そんな婦女子や父母を若干の金と甘い儲け話で、いくらでもたやすくたぶらかすことができた。

酌婦・娼妓になる経路が慰安婦になる経路に与える示唆

ここまで探ってきた酌婦・娼妓になる四つの経路のうち、どれが主なものだったのだろうか。答えはやはり、父母ら親権者による酌婦・娼妓契約が最も割合が多かっただろう。また、父母が養女などの形で他人に娘を譲るケースも、やはり相当数あっただろう。そして、募集業者が婦女子を誘引し他人の戸籍謄本を使って合法を装ったケースも少数ながらあっただろう。一方、拉致や暴力によって無理やり酌婦や娼妓にしたケースはごく少数だっただろう。

以上のような朝鮮内における酌婦や娼妓になる経路は、日本軍慰安婦になる経路について何を示唆しているのだろうか。

日本軍慰安婦になった朝鮮人婦女子にはそれ以前から酌婦や娼妓であった者は多くはなかった、というのが定説である。酌婦や娼妓の仕事についていなかった婦女子がそのまま慰安婦になったケースが多数あったというのである。そうしたケースでは、父母ら親権者が娘を慰安婦にする契約を結んだり、父母ら親権者から娘を養女として譲り受けた養父母が、その女性を慰安婦にしたりする事例が多くを占めたと思われる。

一方、婦女子を誘引して慰安婦にするのは簡単ではなかった。慰安婦を国外に送り出す際には、旅券に該当する身分証明書を警察署から発給してもらわなければならなかった。しかしそれには、誘引した女性に他人名義の戸籍謄本を持たせ、その戸籍謄本上の他人の親をその女性と一緒に警察署に出頭させ、彼女らに「慰安婦として就業するので身分証明書を発給してほしい」と言わせなければならないが、そんなことができるはずがなかった。したがって、誘引した婦女子を慰安婦として送り出す経路は、一般的ではなかったといえるだろう。

さらにいえば、暴力を用いて拉致した女性を海外に慰安婦として送ることは、それ以上に想定しがたい。「私は慰安婦だった」とカミングアウトした人たちの中には、路上で日本の官憲に突然拉致されたとか、見知らぬ男たちが自身を無理やり引っ張っていった、などと証言した人たちがたくさんいる。しかし拉致された女性に対し、戸主・親権者の同意書類を得たり身分証明書を発給してもらったりするのは不可能なことなので、このような証言を事実とみるのは難しい。

では、朝鮮における酌婦・娼妓調達ネットワークと日本軍慰安婦動員との間には、どのような関係があったのだろうか。それは、日本軍慰安所の慰安婦動員もやはり、まずはこの酌婦・娼妓調達ネットワークを利用したのである。すでに農村から婦女子を引っ張り出し酌婦・娼妓業に供給するネットワークが形成されていたのだから、それを利用すればいいのである。官憲を使って強制的に婦女子を慰安婦に引っ張ってゆく理由は全くなかった。「従来の紹介業者のやり方は軍隊慰安婦『募集』にも用いられた」（尹明淑 1995年：59P）のである。

慰安婦動員は募集の方式を取った。今日の韓国人たちがよく想像するような、日本の軍人や警察が女性の両腕を掴んで暴力的に連れてゆく強制連行のような手段は、行使する必要がなかった。すでに出来上がっていたこのネットワークを利用しさえすれば、慰安婦募集は可能だった。ただし日本軍慰安所は女性たちに、朝鮮内遊廓の娼妓や料理店の酌婦よりも、より良い条件を提示しなければならず、慰安所業者にも、朝鮮内の遊廓業者や料理店業者よりも、さらに良い条件を提示しなければならなかった。そうして初めてこの市場を作動させることができた。慰安婦であれ業者であれ、朝鮮内より条件が良くなければ敢えて遠く危険な戦場に行く理由がなかったからである。李栄薫《イヨンフン》教授が『反日種族主義』の中で、日本軍慰安所は収益性の高い市場だった、と記しているのは、まさにこのことを指している。

河允明事件は、すでに日本軍慰安所が盛んに設置され、慰安婦募集が行われている最中に起きた。この酌婦・娼妓市場を通して日本軍慰安所への慰安婦の募集と送出がなされたことが容易に推論できる。

《要約》

一九三〇年末の朝鮮人娼妓が作られる経路調査によれば、その七〇％以上が周旋業者を介していた。国内には酌婦や娼妓に従事させる市場ネットワークがあり、そこでは父母と募集業者との間で娘の娼妓就業契約が結ばれたケースが大多数を占め、若干の金を受け取った父母から娘の親権を譲渡された養父母が、その養女を娼妓にするケースもあった。一方で、婦女子を誘引し他人の戸籍謄本で娼妓就業の契約を結んだりすると、警察に摘発される可能性があった。日本軍慰安婦の動員もこの市場ネットワークを利用したのである。

8 客観的資料でみた〝慰安婦になること〟

国内の酌婦・娼妓調達経路を通した募集

元慰安婦の証言は、証言者の事情や聴取者の意図によっていくらでも事実から離れ、歪曲・潤色・捏造され得ることをみてきた。日本軍慰安婦がどのようにして作られたのか、一人の女性がどのようにして日本軍慰安婦になったのかについては、もう少し客観的な資料に基づいて把握する必要がある。

まず、第1章でも言及した、一九三七年末から一九三八年初めにかけての日本での慰安婦募集に関する日本政府の公文書を調べてみよう。一九三七年末、中支派遣軍の命令により慰安所業者と募集業者らが日本で酌婦・娼妓を募集する活動をした。この募集業者らが一九三八年初めまでに日本で集めた女性たちの大部分は、すでに公娼・私娼の娼妓であった者や、料理店の酌婦だった。

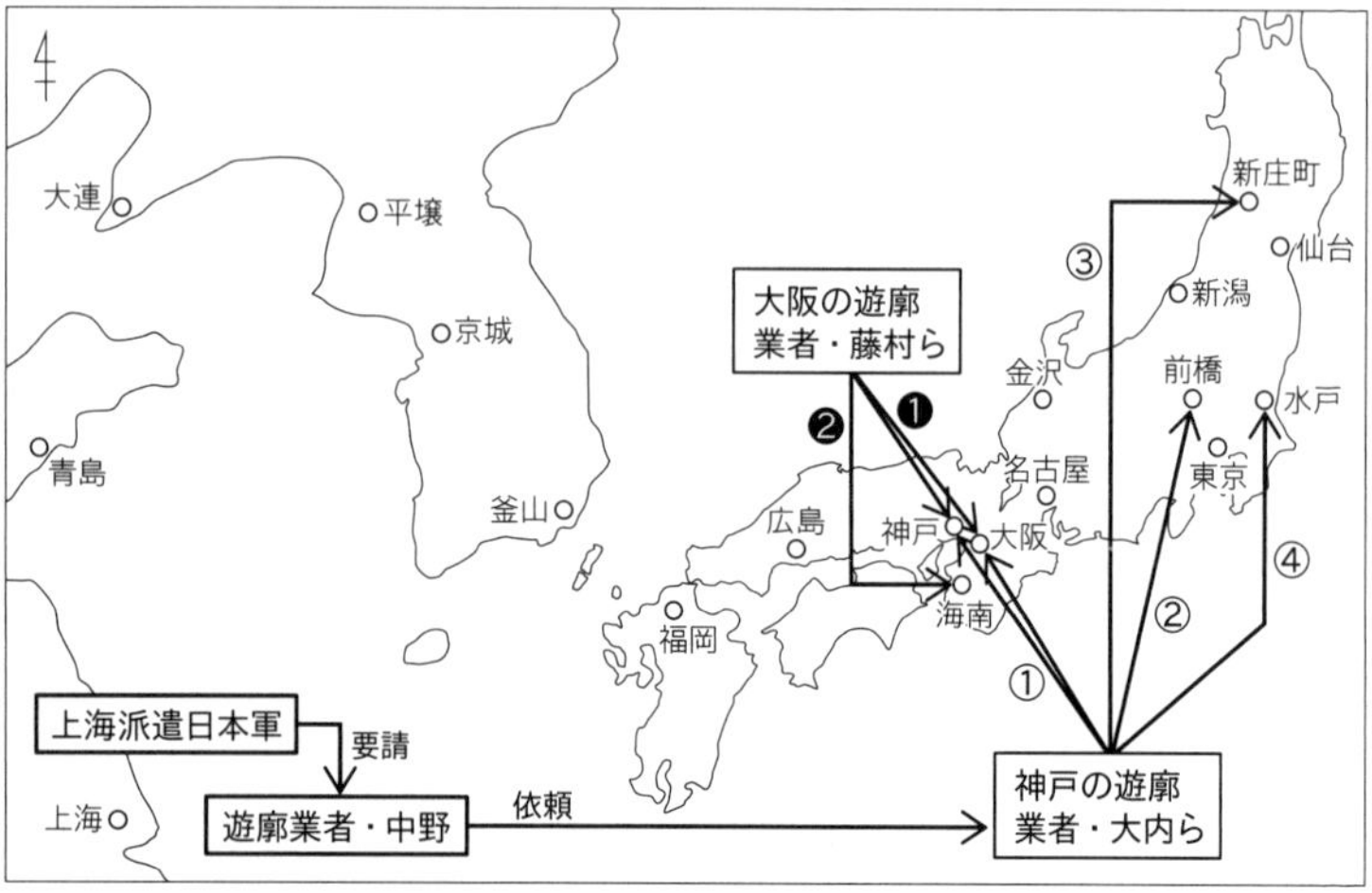

地図8-1　日中戦争初期の日本内における慰安婦募集の一例

上海の遊廓業者・中野が、上海派遣軍内の陸軍慰安所で働く酌婦三〇〇〇人が必要だとして一九三七年一二月、日本に来て、神戸の遊廓業者・大内藤七らを介し一月初めまでに二〇〇〜三〇〇人を募集した（地図8-1の①）。大内は関西地方に留まらず関東地方にまで行き、群馬県前橋市の紹介業者にも契約書、承諾書、前借金の借用証書、契約条件書類を提示し、酌婦募集を依頼した（地図8-1の②）。大内らはすでに神戸から第一便の酌婦を軍用船で中国に送り出しており、一月末頃に第二便を送り出す計画だった[注1]。

さらに大内は遠く東北地方の山形県最上郡新庄町《しんじょうまち》まで行き、芸妓・娼妓・酌婦の紹介業者・戸塚に、北支派遣軍の慰安所設立のために全国から募集する酌婦二五〇〇人のうち、まずは五〇〇人の募集を依頼した（地図8-1の③）。大内はこの酌婦募集において、年齢は一六〜三〇歳、前借金は五〇〇〜一〇〇〇円、契約期間は二年、紹介

注1　「上海派遣軍内陸軍慰安所ニ於ケル酌婦募集ニ関スル件」（群馬県知事、1938年1月19日）：『資料集成』第1巻、11-21P。
注2　「北支那派遣軍慰安婦募集ニ関スル件」（山形県知事、1938年1月25日）：『資料集成』第1巻、23-24P。

手数料として前借金の一割を軍部が支給するなどの条件を提示した。ただし、軍の計画を知らずにいた管轄の新庄警察署がその酌婦募集を中断させた注2。

大内は一九三八年一月一九日、茨城県水戸市の料理店で働く酌婦二人（当時、二四歳と二三歳）を上海で働かないかと直接勧誘して募集し、周旋業者・大川にも酌婦募集を委嘱した（地図8-1の④）注3。以上のように大内は、あくまでも日本の芸妓・娼妓・酌婦調達経路を通して慰安婦を調達しようとした。

大阪の近隣である和歌山県田辺市でも、大阪や神戸の遊廓業者が地元の紹介業者を介して娼妓を集め慰安婦として送り出そうとした。一九三七年秋、大阪の会社重役・小西、遊廓業者・藤村、神戸の遊廓業者・中野らが、陸軍軍納商人とともに東京に行き、徳久少佐を介して荒木貞夫大将に会い、上海軍慰安所に娼婦三〇〇〇人が必要だという話を聞いた。藤村と小西はまず娼妓七〇人を集め（地図8-1の❶）、翌年一月三日に長崎港から軍用船で彼女らを上海に送り出し、さらに大阪の公娼抱え主・佐賀今太郎と金沢甚右衛門に、和歌山県海南市の紹介業者・平岡を介して田辺市文里港《もりこう》の料理店で二六歳と二八歳の酌婦にそれぞれ前借金四七〇円と三六二円を支払い、平岡の紹介所に連れてゆかせる（地図8-1の❷）などの慰安婦募集活動をした注4。

そして、第1章で言及したように、上海に駐屯する日本軍第一二四連隊の第一一兵站《へいたん》司令部は一九三七年一二月二三日、連隊の御用商人（軍納業者）一二～一三人を召集し、日本の内地に行き慰安業務をする女性を各自一五人ずつ、翌年一月三日までに募集してくるよう指示した。一〇日間しかないぎりぎりの日程だった。募集条件は、年齢は三五歳以下、性病にかかっておらず、

注3　「上海派遣軍内陸軍慰安所ニ於ケル酌婦募集ニ関スル件」（茨城県知事、1938年2月14日）：『資料集成』第1巻、47-52P。
注4　「時局利用婦女誘拐被疑事件ニ関スル件」（和歌山県知事、1938年2月7日）：『資料集成』第1巻、27-46P。

前渡金は各一〇〇〇円、軍直営の〝娯楽所〟で勤務、前渡金は慰安代金によって逐次返済し、全額返済した後は自由の身になる、というものだった。この前渡金は臨時国債発行によって調達された臨時軍事費から準備された。兵站司令部はこの御用商人らそれぞれに、シワの無い新券の日本銀行券一万五〇〇〇円を支給した（慰安婦一人当たり一〇〇〇円×一五人）。

このようにして日本内地に派遣された慰安婦募集業者の中に、福岡県飯塚市出身の石橋徳太郎がいた。石橋は元々上海に駐在していた英国商社の職員だったが、日中戦争が起きた後、中国軍に逮捕され、日本軍によって救出されてからは、日本軍第一一兵站司令部の軍納業者になっていた。まず彼は故郷である福岡の炭鉱町・飯塚の遊廓を訪ねてみたが、既にある娼妓募集ルートを通しては慰安婦を集めるのは難しいことを知った。募集業者（女衒）が女性を調達し抱え主に紹介するネットワークはあるが、それを利用する場合、一〇〇〇円を慰安婦に前借金として渡してしまうと、募集業者らには何の代価も支払えないからである注5。

そこで彼が、福岡市で炭鉱夫供給仲介業をしている商業学校時代の同窓生に会って女性募集の方法を訊ねたところ、同窓生は、炭鉱町に行って朝鮮人鉱夫の娘を募集したらいい、と助言してくれた。朝鮮人女性なら日本人女性の三分の一の価格で調達できるという話だった。彼は嘉穂《かほ》、志免《しめ》等の福岡の炭鉱町で朝鮮人鉱夫の娘を募集する一方、福岡市の遊廓に行き個別に娼妓と直接交渉をした（千田夏光《せんだかこう》 1995年：64－67P、106P）。

また、東京の私娼街・玉の井の組合長・国井茂も、よい条件を提示して上海に行く慰安婦を募集した。しかし、この一九三七年末から一九三八年初めの頃、戦時の好況に沸いていた玉の井で

注5　日本では紹介業者が前借金の一割を女性側から手数料として受け取るので、前借金のうち900円は女性が、100円は紹介料として募集業者が受け取ればいい。これと同じような方式にすれば、すでにある娼妓募集ルートを通して慰安婦を集めることができたのだが、前借金を出した軍は紹介手数料を考慮しなかったようだ。

は、国井の勧誘にどの業者も応じなかった。のみならず国井の手持ちの娼妓たちにも上海行きは強要できなかった。国井は紹介業者に、より好条件を提示するよう頼んだ。好条件というのは、娼妓に前借金が残っている場合はその全額を返済してやり、新たに前借金を与える、というものだった。国井は残りの借金が四〇〇〜五〇〇円ほどあった高島順子という娼妓に、借金を全て帳消しにした上、新たに一五〇〇円を支給してあげた。弟の心臓の手術費が必要だった順子は、総額約二〇〇〇円の前借金を貰って上海の慰安所に行った（大林清1983年：200-208P）。

一方、日本人慰安婦について論じた本『日本人「慰安婦」：愛国心と人身売買と』（二〇一五年）に紹介された一〇人の日本人慰安婦たちもみな、前職は娼妓だった。一〇人全員が、過去に妓生《キーセン》や芸者だったか、公娼や私娼などの遊廓にいた娼妓だったか、表向きは飲み屋の看板をかかげながら実際は酌婦が体を売る〝酪酒屋〟の娼妓だった。

彼女らが日本軍慰安婦になったのは、何らかの強要によってではなく、巨額の前借金を貰うための自発的選択からだった。そのうちの一部は、娼妓業に従事しつつも相当な額の借金があり、慰安婦になって一時に巨額の前借金を受け取ることで借金を返そうと考えた。あるいは借金はそれほど多くはなかったが、とにもかくにも前借金をたくさん貰って家族のために使おうとした。彼女たちが慰安婦になることで受け取った前借金は一〇〇〇円から四〇〇〇円までさまざまだったが、二〇二〇年代の韓国人の貨幣感覚からすると、一億ウォンから四億ウォン（編集部注：一ウォン＝〇・一円とすると一〇〇〇万円から四〇〇〇万円）ほどにもなる大金だった。

このように、日本人女性が慰安婦になる経緯は朝鮮人女性の場合とはまるで違うと思われているが、同じ日本軍慰安婦なのに慰安婦になる経緯が、一方は自発的であり一方は強制的であるというような全く違うものになるはずがない。

一九三八年末から三九年初めにかけ華南を占領した日本軍が慰安所を設置した際にも、それまで芸妓や娼妓として働いていた女性が慰安婦として動員された。第1章でも言及したように一九三九年二月、日本軍が海南島を占領した後、そこでの慰安所設置は台湾の国策会社が担当した。その会社は、台北郊外の遊興地である北投の一人の遊廓業者を海南島の慰安所業者に選定し、その業者は、自身が抱える酌婦や芸妓八人に新たに三人を加えて海南島の北部に慰安所を開いた。一方、海南島の南部に設置された慰安所も、やはり北投の遊廓業者が自ら抱える芸妓や娼妓一〇人を連れていって開業した。

また、太平洋戦争勃発後の一九四二年初め、支那派遣軍が南方派遣軍の依頼により南方に行く慰安所業者を選定した際にも、業者三人は前借金を与えて女性たちを集めた。すなわち広東で酒井幸江《ゆきえ》は、義母が経営する軍用食堂の中国人厨房長を介して斡旋業者に女性の募集を依頼し、その斡旋業者が普通は一人当たり一〇円、美人である場合は三〇~五〇円の前渡金を与え、三〇人の中国人女性を集めた。また南京では香月久治《かつきひさはる》が、総額一七万円の前借金を渡し二七人の日本人女性を集めた。この女性たちは前借金のために身動きができずにいた遊廓の娼妓たちだったが、一人につき二〇〇〇~五〇〇〇円を貰った。歳は四〇代、二〇代が各二人で、残りはみな三〇代だった。香月が一九四二年七月、女性たちを連れて上海港に行ってみると、多くの業者が南京や蘇州などから女性たちを連れてきていて、その数は一三〇〇人ほどにも達していた。一方、上海の井上菊夫は杭州で前借金を渡し、一二人の朝鮮人女性を集めた（西野留美子 1993年：47－48P、79P、81P）。

このように南方で慰安所を始めることにした業者三人はみな、先払金を渡して女性を募集した。これは女性たちとの慰安婦勤労契約だった。そのうちの日本人女性たちは、それまで中国で酌婦や娼妓の仕事をしていた人たちで、朝鮮人女性らもまた、そうであったことは確実である。すでに中国に来ていたことからして、彼女らが酌婦や娼妓だった可能性が大きいのである。以上は前慰安所業者の証言であるが、これらの証言の聴取者である西野留美子が慰安婦動員に対する日本政府の責任を追及する人物であり、韓国の挺対協等と提携していたことを考えれば、このインタビューで強制連行の事実を隠すはずがない。

一九四〇年代の上海の海軍専用慰安所でも、女性は前借金をやり取りする契約を通して連れてきた。第1章で言及した海乃家《うみのや》の業者も毎年、多いときは年に三回も日本に行き、日本人や朝鮮人女性を新たに連れてくることで慰安婦を補充したり増やしたりした。業者の息子が初めて上海に来たのは一九四四年七月であるが、その際も、業者は神戸で朝鮮人女性二人、下関で日本人女性三人を集め、彼女らと息子を連れて上海に戻った。業者は女性を集める仕事を日本内地の紹介業者に任せ、本人は日本で女性を受け取り連れてくるだけだった。そして女性の戸籍謄本、親権者の承諾書、身分証明書などの関連書類を揃え、海軍兵站部に提出した。これは、業者が通常の酌婦・娼妓契約に従い、前借金と引き換えに身柄を引き取った女性を公娼で娼妓として登録するのと同じだった。

海乃家に朝鮮人慰安婦は一〇人ほどいたが、大部分は日本から連れてきたと思われる。この業者が神戸で女性を集めたとき、普通は前借金は一〇〇〇～二〇〇〇円なのに、自分の娘を引き渡すから五〇〇〇円の前借金をくれと言う親もいたという（華公平《はな》　1992年：17－18P、63P）。韓国には「水が入ってきたときに艪《ろ》を漕ぐ」という成句があるが、その言葉のように、これはチャンスだと娘を売り、ひと儲けしようとする時代だった。

一九四二年七月、朝鮮から東南アジアに七〇〇人余りの朝鮮人慰安婦が渡ったのも、巨額の前借金に応じたケースである。ビルマ戦線で一九四四年八月に連合軍の捕虜になった朝鮮人慰安婦や日本人業者たちを米軍が尋問した記録がある。よく知られたこの報告書では、朝鮮の女性たちが慰安婦となった経緯について次のように説明している。

これらの依頼人たちが使った餌は、巨額の収入、家族の借金を返せるいい機会、つらくない仕事、新天地シンガポールでの新生活への希望だった。このような嘘の説明を信じて多くの女性が海外勤務に応募し、二〇〇～三〇〇円の前借金を受け取った（安秉直《アンビョンジク》　2013年：408P）。

一言でいえば、簡単に金儲けができる楽な仕事があるという話を信じ慰安婦の募集に応じた、というのである。たとえ募集業者の勧誘話に嘘が混じっていたとしても、その女性たちが前借金を受け取って慰安婦募集に応じたのは、自発的なものだった。

前述の尋問記録とは別の、ビルマの慰安所業者に対する同年八月の尋問報告書によると、その慰安所には二二人の朝鮮人女性がおり、彼女たちの前借金はおよそ三〇〇〜一〇〇〇円に達していた（安秉直 2013年：417P）。

一方、戦争末期の中国戦線では、日本軍が民間の酌婦や娼妓を無理やり慰安婦にしたケースもある。第1章で見たように、一九四四年から四五年にかけ天津では、日本軍の要求に従って中国人接客業者団体・楽戸連合会が所属する妓女の中から一部を選抜し、短期間、慰安婦の仕事をさせた。農民が供出米として義務的に米を安価で政府に売ったように、酌婦や娼妓の一部に義務的に慰安婦の仕事をさせたのである。その際、妓女たちに前借金の債務があれば、接客業者団体が負担してその債務を返済した。接客業者団体の費用負担で慰安婦個人にインセンティブを与えたのである。一九四四年七月、天津市から河南省鄭州に慰安婦として派遣された妓女三八人のうち二一人が前借金の債務を負っていたが、天津警察はその妓女を派遣した業者（妓院）を除外した別の業者に、彼女たちに代わって債務を返済させた。ある楽戸分会（楽戸連合会の分会）に所属する妓女の債務を、その妓女を派遣した妓院を外した分会の残りの妓院の業者たちが均等に割り振って分担し、妓院に残った妓女たちに負担させないようにしたのである。妓女は慰安婦の仕事をすることで自らの債務が返済でき、このことが妓女が短期の慰安婦に応じる誘因になった。

また、一九四五年四月、天津楽戸連合会に二〇人の妓女を軍人倶楽部に供出させた際には、各楽戸分会が一〇〇人の妓女を選抜した後、性病検査を経て、軍と警察がそのうちの二〇人を最終的に選び出した。軍部が、この妓女一人に毎月小麦粉一袋、家族がいるときは別途で粟二キロを配給し、市の残りの全妓女二九〇四人に、総額四〇万二〇八元の家族生活特別手当てを分担させた。

そして一九四五年七月からは、楽戸連合会が天津防衛司令部直轄の慰安所である東駅会館に毎回二〇~三〇人の妓女を一カ月交代で送らなければならなくなった。その際、妓女の家族に毎月五万元の特別手当てを出し、その経費は各分会で分担することになったが、結局は慰安所に派遣された妓女を除外した他の妓女たちが負担することになった。日本軍慰安所の運営費用を一般の妓女に負わせたわけである(林伯耀・張友棟 2000年)。

以上のことは、日本や中国で以前から娼妓であった女性たちの中から、その調達ネットワークを通し慰安婦が募集されたということを物語る。この点は、朝鮮から朝鮮人女性を慰安婦として連れてくる際も同様で、業者たちはあくまで酌婦・娼妓市場を通して女性を募集した。漢口に駐屯する日本軍兵站司令部の軍医として慰安婦の検診業務を行った長沢健一によれば、漢口で長い間、慰安所を管理・監督した兵站部員は、日本の軍部や官憲による、いわゆる朝鮮人婦女の強制連行については、その噂さえ一度も慰安所内で聞いたことがなかった。長沢が朝鮮人業者に慰安婦をどのようにして補充するのか訊いたところ、その業者は、朝鮮にも日本と同じように遊廓がたくさんあって娼妓も多いので慰安婦の補充は難しくない、と答えた。漢口慰安所組合の金山副組合長も、慰安婦は金儲けができて仕事も楽だと伝え聞き、雇用を希望する女性が多い、と言ったという。

長沢は、漢口慰安所を去来した慰安婦の中に官憲により強制連行された婦女がいたら、慰安係の就業面接調査や診療所での検査の際に発見されただろうと言う。慰安所の利用軍人が慰安婦から「私は強制連行された」と聞いたら、やはり兵士たちの間で噂になり、兵站司令部内で問題になっただろうとも言う。

また、武昌の慰安所に補充用に連れてこられた慰安婦のうちの一人が、自分は将校倶楽部である偕行社に勤めるという約束で来たのだと抗議すると、兵站司令部が彼女に別の職を斡旋したことがあった。このように女性が約束と違うと言うことがしばしばあったが、それは父母ら親権者が娘を売り渡す際、娘に事実を知らせていなかったためだった。女性を買った募集業者や売春業者が、拒否する女性を納得させるため警察や総督府などを偽称し、それが事実であるかのように伝えられた可能性もある（長沢健一 1983年：240－241Ｐ）。

第5章の最後に述べたように、慰安婦強制連行・性奴隷論者らは募集ではなく「徴募」という言葉を使うが、個々の慰安婦の動員に官憲は関与していない。したがって、慰安婦の徴募と言うのは不適切であり、慰安婦の募集と言うべきである。ほとんどのケースにおいて、募集業者が父母や女性を甘い儲け話で惑わし、その女性を連れ出した。場合によっては、女性や家族が大なり小なりのペテンにのせられ、慰安婦になることに同意したのである。

日本軍の後に従い、その占領地へ

日中戦争勃発後、中国国内に日本軍の占領地が拡がると、多くの朝鮮人が朝鮮を離れ、その占領地に足を向けた。すなわち一九三七年七月に日中戦争が勃発した後、熾烈な攻防戦において日本軍が勝利し占領地を拡大してゆくと、直後の九月から中国に渡る朝鮮人が急増した。

一九三七年九月から一九三八年一二月までの一六カ月間に朝鮮から中国に渡航するために身分証明書の発給を受けた朝鮮人は一万八四八六人いたが、そのうち一万七四四九人が初めて渡航した者で、再渡航者は一〇三七人に過ぎなかった。地域別にみると、初渡航者全体の九四%に当たる一万六三二八人が華北に行った。渡航目的別では、商業五一七六人、無職二五三四人、その他四〇三一人、視察一七五一人などが全体の七三%を占め、料理業・飲食店の業者が九六四人、遊廓業者が一一〇人、女給・従業員が六二五人、芸妓・娼妓が一一五〇人だった（第2章の表2-5参照）。日本軍の中国占領を好機と捉え、朝鮮人たちが大挙その占領地に、それも華北に押し寄せたのである。

日中戦争勃発前は八〇〇〇人ほどだった華北の朝鮮人は、わずか二年後の一九三九年九月に約三万人、翌四〇年六月頃には約二万戸、六万八〇〇〇人にまで急増した。未申告者まで含めると、一九四〇年六月の華北の朝鮮人数は一〇万人に達したと推定される（キム・グァンジェ 1999年：282-283P／孫艶紅《ソンヨモン》：2011年：321P）。

一例として一九三七年九月末、新義州《シンウィジュ》―安東（現・丹東）―山海関の経路で中国に渡航した遊廓業者は日本人七人、朝鮮人六人で、娼妓は日本人一人、朝鮮人六三人だった。そのうちのある朝鮮人娼妓は、危険な所だけれど就職場所が新しくできたので中国に渡るのだ、と言った。

私たちも、恥ずかしい仕事だと思い、危険な所だと分かってはいるけれど、行きたくて行くのではなく、行かざるを得ない苦しい事情があって、やむなく賤しく蔑まれる仕事場に身を売ったのです。……どうか私たちがこんなことをしなくても暮らせるよう、男性たちが働き口を作ってくださいませ（『東亜日報《トンアイルボ》』一九三七年一〇月一日付）。

このようにして中国に入ってきた朝鮮人遊廓業者らは、戦う日本軍の後について新しい占領地に移っては、そこで日本軍の許可を受け慰安所を開設した。漢口の慰安所がそのようなものであった。第1章で述べたように、武漢占領作戦に投入された日本軍の後を追って、すぐに四、五軒の朝鮮人移動慰安所が武漢に入ってきた。彼らは、徐州占領作戦の際、華北から兵団について南下した者、武漢攻略戦の際、華北から移動した第二軍と行動を共にした者、南京方面から西に向かい第一一軍について入城した者、上海から来た者など、経路はさまざまだった。このとき、漢口に日本人慰安所は一軒もなかった。この朝鮮人業者たちは戦闘部隊のすぐ後ろをついてきて、日本軍が武漢を占領するやいなや、兵站部の要請がないにもかかわらず、さっそくトラックに目隠し幕を垂らした移動慰安所を開いたのである。

漢口慰安所に来た日本人業者たちは企業型遊廓を営んだ。彼らはもともとは大阪や神戸の遊廓の帳場（管理人）で、働いていた遊廓の主人から資本金と女性たちを委託され、漢口にその支店を建てたのだった。それに対して朝鮮人業者たちは、遊廓経営の経験がないまま飛び込んできたベンチャー型の業者だった（長沢健一　1983年：51－53P）。

ところで、一九三八年一一月以来多くの業者たちが漢口に押し寄せ、飲食店、カフェ、喫茶店、料理店、慰安所などを開いたため、二カ月余りが過ぎた一九三九年二月初めには飽和状態になった。そのため漢口総領事は本国の外務省局長に、業者が共倒れする恐れがあるので渡航を取り締まってほしいと要請し、このことは日本の警察や各地方長官、朝鮮総督府外事部長にも伝達された注6。

太平洋戦争が勃発し日本軍が東南アジア各地を占領すると、多くの朝鮮人たちがその占領地に向かった。女性たちを引き連れていった慰安所の業者たちは、その代表的な部類である。金海郡《キメ》進永《チニョン》で長い間代書屋を営んでいた朴治根《パクチグン》も、そうした一人だった。一九〇五年生まれの彼は、五年制の金海公立普通学校を一九二二年に卒業した後、一九二四年初めから登記所雇員となった。一九二七年八月、土地詐欺事件に巻き込まれ、拘束されて登記所を辞めたが、すぐに釈放され、一九二八年に自分で代書屋を開業し、その後一九四一年八月までそこで仕事を続けた。彼の仕事は土地や家屋の売買に伴う登記業務の代行であり、雇用人を通して、あるいは直接、進永邑内の登記所に行って書類を処理したり、馬山《マサン》の裁判所や殖産銀行支店で登記関連業務を処理するのが日課だった。彼の本家は金海の平凡な農家だったが、彼の妻の実家は料理店や旅館業を営む一方で女性の紹介業も兼ねていた。彼の妻の兄は釜山《プサン》で料理店と女性の紹介業を、妻の妹は大邱《テグ》で旅館を営んでいたが、一九三九年末、その旅館の経営を姉である朴の妻が引き受けることになった。

ところが日中戦争勃発後、朝鮮総督府が戦時統制の一環として司法書士事務所を合同させた結果、一九三九年一月からは代書業務を行っても単純に配当だけ受け取るように変わってしまい、彼の事業への意欲が弱まった。また、内縁関係にあった女性に旅館まで用意してあげたのに、一

注6　「漢口ヘノ渡航者取締ニ関スル件」：『資料集成』第1巻、125-130P。

九四一年の春、その女性の心変わりで離別し、大きな打撃を受けた。結局、彼は一九四一年七月、代書屋を廃業し、八月には一四年間暮らした進永を離れ、妻が旅館業を営む大邱に引っ越した。その年の秋には、朝鮮で女性を集めて満洲に連れてゆく女性紹介業をしようという人物に四〇〇〇円もの大金を貸し、踏み倒されたりもした。一九四二年、まだ三七歳だった彼には何かの突破口が必要だった。折よくその年の春、朝鮮総督府がシンガポール行きの軍慰安団を募集したので、それに応募した妻の兄について七月一〇日、釜山から東南アジア行きの船に乗った。彼の一行は釜山を離れてから一カ月余り経った一九四二年八月下旬、ビルマのラングーンに到着した。妻の兄は日本軍の命令に従ってラングーン西北部のプロームで慰安所・勘八倶楽部を開き、朴治根はその管理人（帳場）生活を始めた注7。

朴治根の日記には、多くの朝鮮人業者がビルマで慰安所を開いたことが記録されている。ラングーンのラングーン会館は京城出身の大山虎一、しらみず館は大邱出身の大原、内薗慰安所は朝鮮人の内薗、一富士楼は朝鮮人の村山、ペグの金和《かなわ》慰安所は朝鮮人の金和柱道、文楽館は忠清道出身の新井清次、桜倶楽部は大邱出身の金川長平、マンダレイの乙女亭は大邱出身の松本恒、蓬莱亭は朝鮮人の野澤が開いた（地図8-2）。松本恒は大邱出身の女性を集めてきたが、後で本書で取り上げる慰安婦・文玉珠《ムンオクチュ》もそのうちの一人である。この業者たちの大部分は一九四二年七月一〇日、朴治根とともに釜山を出航した東南アジア第四次慰安団の一行だった。軍慰安所を開こうと、日本軍の新たな占領地である東南アジアに押し寄せたのである。

どんなに働いても前借金を返せずにいた日本や朝鮮の公娼の娼妓も、戦場の慰安所で突破口を

注7　朴治根に関する以上の記述は『朴治根日記』の1939-41年分（未公開資料）及び李栄薫（2019年：273-274P）に依拠した。

注：太字表記は朝鮮人業者の慰安所。慰安所名のあとの数字は、同じ慰安所が日本軍の命令により移動したことを表す。資料（安秉直 2013年、西野留美子 1995年）を基に作図。

地図8-2　ビルマで開設された日本軍慰安所の例

開こうとした。借金が増え続けた日本人娼妓の城田すず子も、そうした一人である。城田は一九二一年、東京の裕福な家庭の長女として生まれ、下に四人の弟妹がいた。彼女が一四歳のとき母親が亡くなり、父親が親戚の借金の保証人になったことで家の全財産を無くしてしまった。弟妹は学校をやめねばならなくなり、自暴自棄に陥った父親は競馬におぼれた。彼女は一七歳になった一九三八年、前借金を受け取った父親に東京・神楽坂の芸者屋に売られ、芸者になった。彼女が性病の後遺症で働けなくなると、業者は横浜の周旋業・大和屋を介して遊廓・楽天地に彼女を送った。彼女の前借金はいつの間にか一八〇〇円という巨額になっていた。当時の日本の遊廓では三年契約・前借金五〇〇円が一般的であり、利用料金が一〜一・五円だったので、彼女が一八〇〇円の前借金を返すには遥かに遠い道のりがあった。折よく妓女を探していた台湾・澎湖島の遊廓の主人と知り合い、城田は三年契約で前借金二五〇〇円を受け取って台湾に渡った。城田は一七歳だったが、ともに出発した六人は長く娼妓生活を送ってきた二〇〜三〇歳の者たちだった。彼女は楽天地での債務一八〇〇円を返し、残りの七〇〇円は父親に送った。

　彼女が行った所は澎湖島馬公市の海軍用遊廓だった。合わせて二〇軒あった。そこで八カ月ほど働いたが、借金はほとんど減らなかった。彼女が稼いだ金は全て生活費や衣服代などに回った。それに加えて東京の弟が病気だという連絡まで貰った。彼女は客だった沖縄出身の年配の船員・宮内に結婚しようと何度も迫って二八〇〇円の金を貰い、馬公遊廓での債務を清算して東京に戻った。彼女は東京で弟を病院に入れる一方で、横浜の周旋業者に頼んで三〇〇〇円の前借金を貰い、期限を決めず借金を返済すればいいという条件で南洋のサイパン島に渡った。一九四〇年、まだ太平洋戦争が勃発する前のことだった。サイパンで芸者生活を送っていた一九四一年七月、台湾で出会った宮内に会おうとトラック島の見晴亭《みはらしてい》に移った。宮内の乗った船がトラック島に立ち寄るという話を聞いたからである。彼女はトラック島で宮内に会うことができなかったが、その代わり事業家の新嶋に出会った。新嶋が彼女の借金を返してくれて、彼女は彼の妾になった。

太平洋戦争が始まり戦況が悪化すると、トラック島の日本人事業家たちは夫人らを日本に帰し、新嶋も城田を東京に戻した。父親は雑貨店を営みながら、すぐ下の弟と暮らしていた。東京では水商売の他に仕事はなかったが、旅館や飲食店の従業員にはなりたくなかった。どうしてもトラック島に戻りたかった城田は一九四四年、東京の南洋庁事務所に頼んでパラオ行きの船便を得た。パラオを経由してトラック島に行く計画だった。パラオ行きの船には、パラオの南側のコロール島に海軍特別慰安隊として渡る慰安婦二〇人ほどが乗っていた（城田すず子 1971年）。

城田の事例は、ある日本の娼妓が家族を養うために、通常の債務より更に多額の前借金を貰い海外の酌婦や慰安婦になる過程をよく表している。その最初の酌婦（台湾の料理店の酌婦）生活では債務は減らず、日本にいる家族も助けを求めていたので、城田は世情にうとい客を騙して大金をせびり取り、台湾を脱出した。城田は再び日本で更に多額の前借金を貰ってサイパンに行き、次いでトラック島に移って、そこで成功した日本の事業家と出会い妾となった。戦況の悪化で東京に戻った彼女は、再び仕事を求めてパラオに行った。

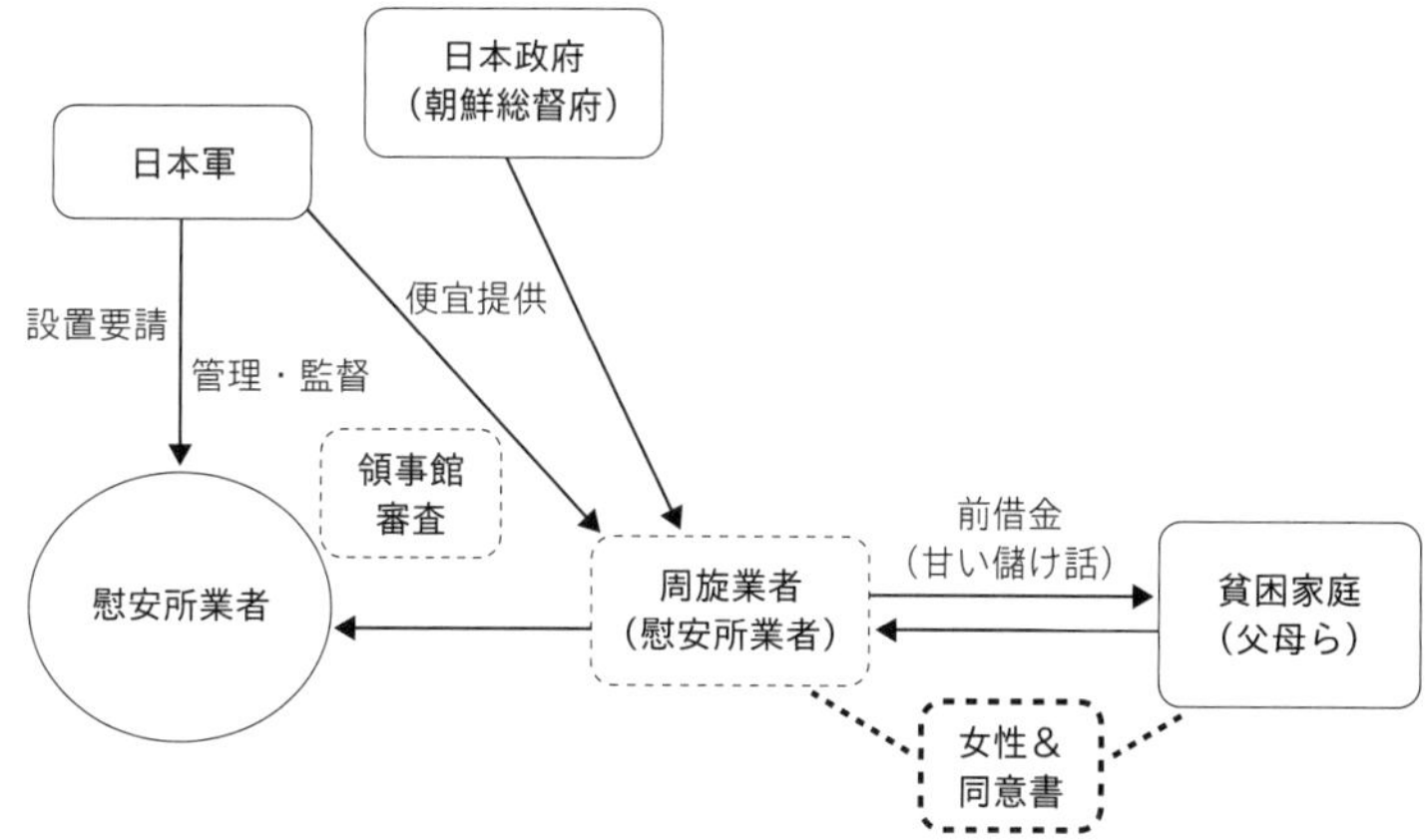

図版8-1　慰安婦動員の構造

慰安婦動員の構造

以上の論議をまとめると、慰安婦動員の構造は図版8-1のように把握することができる。日本軍慰安所は日本軍の要請に従って設置されるが、それは日本軍が慰安所の業者を選定することから始まる。慰安所業者は、直接あるいは周旋業者を介して日本や朝鮮や台湾などで慰安婦を募集する。もちろん、業者や周旋業者が個々の女性に直接接触して交渉するのは稀で、たいていの場合は募集業者が貧困家庭の父母ら親権者に接触し、前借金を与え、また、いい働き口があるといった甘い儲け話で父母ら親権者の同意を貰い、契約に導く。業者や周旋業者は同意書等の各種書類とともに女性を渡し受け、戦場の慰安所に連れてゆくのである。

接客業に従事したことのない女性が慰安婦に追いやられたのは、家が貧しかったからである。金と娘を引き換えにしなくても暮らしてゆける家の親は、決してこのような契約を結ばなかった。貧困の前には、娘に対する親としての責任感も希薄になった。八、九歳のとき親から咸鏡北道北青《プクチョン》の金持ちの家の元妓生だった妾に養女として売られ、六年ほどしてまたその妾に紹介所に売り飛ばされた趙允玉《チョユノク》は、まず清津《チョンジン》の日本軍部隊の近所の慰安所で、次いで満洲の琿春《こんしゅん》城北家の慰安所で慰安婦生活を送った。彼女は慰安婦として暮らしながら母親に「なぜ私を北青に養女として送り、ここ満洲まで来させたのか」と恨みの手紙を送ったが、母親は「他の人たちも金儲けに出かけているというのに、お前はなぜそうなんだ？」という娘を叱責する返事を戻した。そのため趙允玉はその後、家との連絡を断った（韓国挺身隊研究所　２００３年：78Ｐ）。

二四歳の女性・申順任《シンスニム》が一九三九年九月、京城地方裁判所で流言蜚語《ひご》を流布した罪で拘留七日の処分を受けたことがあった。京城の西大門《ソデムン》に暮らしていた貧困家庭のこの女性は、親の意向に従い一九三八年三月、近くの紹介業者の仲介で南京にある日本軍慰安所に娼妓として働きに出、一年余り経った三九年八月に帰ってきた。帰還直後この女性が処罰を受けたのは、「第一線の娼妓は軍人とともに戦争に参加しているので本当に危険だ」という軍事に関する流言を漏らしたためだった。この女性も家が貧しく、親の意向に従い慰安婦になった例である注8。

貧困な家庭の中でも特に、父母の一方あるいは両方が亡くなったか、家を出ていったか、本人が離婚したりして家庭が壊れている場合は、女性を酌婦や娼妓や慰安婦に押し出す力が強かった。農村出身の日本軍慰安婦の親の状況を調べてみると、父親の死亡、病気、不在が多くて全体の三分の一を占め、それに母親の死亡や病気、親の離婚や別居を加えると全体の約三分の二になる。

注8　京畿道警察部長京高秘2303号「流言蜚語者処罰に関する件」（1939年9月13日）：韓国史データベース資料。

農村出身慰安婦の三分の二程度が片親の家庭や再婚家庭、家庭のない孤児だった（尹明淑《ユンミョンスク》 2015年：311P）。一言でいって、壊れた貧困家庭が慰安婦の温床だったのである。

一方、戦時統制強化による接客業の経営悪化が、それまで働いていた接客業従事者たちを戦場の慰安所に押し出したりもした。一九四〇年に入って接客業に対する各種の戦時統制が強化され、これによって芸妓、酌婦、女給などの接客婦の収入が以前の半分程度にまで激減した。つまり料亭の売上が五〇％以上、カフェの売上が四〇～五〇％、妓生が料理店に呼ばれる時間が二〇～五〇％減少し、接客婦の収入も、妓生は二五～三四％、芸妓は五〇％、女給は六〇％程度減少した。このため料亭、バー、カフェなどの転業、休業、廃業が続出し、経営難を打開するため接客業者の中に中国に渡ってゆく人々が増加した（尹明淑 1994年：102P／秦郁彦 1999年：45P）。

このようにして家庭から押し出された女性たちを慰安所に引きずり込んだのが、日本軍の依頼を受けた慰安所業者たちだった。彼らは巨額の前借金を提示したり、簡単で楽に稼げる仕事場だという甘い儲け話を振りまいたりして女性たちを、もっと正確にいえば女性の親たちを騙した。極貧の家庭や壊れた家庭から女性を押し出す力と、その女性たちを慰安所に引き寄せようとする力が作用した結果、第4章の一三一～一三二ページで紹介した李栄薫《イヨンフン》の言葉のように、官憲が敢えて強制力を発動しなくても女性を戦場の慰安所に送ることができたのである。

女性たちは本心では慰安婦になることを願ってはいなかっただろう。慰安婦になったのは彼女らの意思に反することだったろう。したがって女性の立場からすれば、これを強制動員とみることもできるだろう。日本や韓国の慰安婦運動グループは、この〝女性本人の意思に反する〟ことをもって慰安婦強制動員説を主張する。代表格の吉見義明は、業者が略取、誘拐、人身売買等の手段で女性を慰安婦にしたのは、当時の日本の刑法第二二六条に違反すると主張する。日中戦争の前、国外移送目的の誘拐罪を処罰した判例のある日本で、日中戦争勃発後、この刑法違反を容認したのが日本軍・日本政府であるのだから日本政府はこのことについて法的責任がある、というのである（吉見義明 2010年：10－16P）。

吉見のいう刑法第二二六条は、帝国外に移送する目的で略取または誘拐した者は二年以上の有期懲役に処する、帝国外に移送する目的で（人身）売買をしたり略取・誘拐をした者、または売られた者を帝国外に移送した者も同様である、と規定している。この法に従い一九三七年三月、日本の大審院（最高裁）が慰安所経営者と斡旋人に誘拐罪の有罪判決を下したことがあった。一九三二年の三月から五月にかけて海軍指定慰安所が上海に初めて作られたとき、慰安所業者や紹介業者が長崎の女性に、仕事は単に兵士を相手とした食堂の雑事、軍隊の酒保での物品販売、上海の料理店の女給、下女、慰安所のカフェ勤務だと言い、目的地と働く仕事の内容をきちんと知らせずに欺いて連れてゆき、一年間慰安婦として働かせたことがあった。これについて女性の告訴で開かれた裁判で、慰安所業者や斡旋人に国外移送目的の誘拐及び国外移送の有罪判決が下された。

しかし日中戦争勃発後、中国に慰安婦として渡ってゆくためには、父母ら親権者が慰安婦の仕事に同意するという書類や戸籍謄本、印鑑証明書、そして警察署長がそれを確認した身分証明書が必要だった。こうした書類を偽造して略取や誘拐した女性を中国に送り出したケースもあったかもしれないが、それは警察の目を逃れなければならない例外的な事例である。日本の官憲や慰安所の業者が、女性を暴力や脅迫等で無理やり家から引っ張り出したのではなかった。また、基本的には業者が女性を騙したり、甘い儲け話で誘惑し誘引したのでもなかった。

女性を慰安所業者に引き渡したのは、女性の父母ら親権者だった。当時、誰であっても他人の妻や娘をそそのかし、金を貰って遊廓などに引き渡すことは犯罪だったが、家庭の戸主・親権者が金を受け取り自身の妻や娘を遊廓に引き渡すことは犯罪ではなかった。吉見はそれは〝本人の意思に反する〟略取、誘拐、人身売買だというが、女性が慰安婦になるのは親ら親権者の同意があってのことのため、当時はそのことに対し略取、誘拐、人身売買の嫌疑をかけたり、国外移送誘拐罪を適用できなかった。女性本人の意思に反することであっても、それは略取や誘拐、人身売買ではなく合法的な就業契約だった。父母ら親権者が業者や募集業者から前借金を受け取って娘を引き渡す際、女性本人が自分がその先どんな仕事をすることになるのか知らなかったとしても、親は知っていただろう。

したがって、この〝慰安婦動員〟に対して法的責任を問うことはできず、道義的責任を問うのみである。そしてその道義的責任者は①日本政府や日本軍、②慰安所業者や周旋業者、そして③貧困家庭の父母や戸主だった。この三者のうち誰の責任がより重いかを推し量ることはできない。大きくみれば、①と②が女性を慰安所に引っ張っていったが、③が女性を引き渡しさえしなかったら、彼女が日本軍慰安婦になることはなかっただろう。もちろんその女性はその代わり、朝鮮内の料理店や公娼の酌婦や娼妓になっていただろう。日本軍が慰安所を作らなければ、慰安婦というもの自体が初めから存在しなかっただろうが、貧困家庭の女性を国内や海外の公娼や私娼、接客業施設に押し出すことは、ずっと続いていたことだろう。

なお日本軍が、戦場にすでにあった遊廓や料理店などを慰安所に指定した場合には、当然そこにいた娼妓、酌婦、女給が慰安婦になったが、この場合、その女性らが日本軍によって慰安婦に動員されたとはいえない。

以下、何人かの女性の事例を取り上げ、〝慰安婦になる〟過程をもう少し具体的に調べてみることにしよう。

女性自身による慰安婦契約1：沖縄の裴奉奇

裴奉奇《ペボンギ》の事例は、極貧家庭が壊れたとき、その家の女性がどのようにして慰安婦になるのかをよくみせてくれる注9。裴奉奇は忠清南道の今の礼山《イエサン》郡に属する新礼院《シルレウオン》で一九一四年に次女として生まれた。姉とは二歳違いで、裴奉奇の出生三年後に弟が生まれた。家は非常に貧しかった。父親は小作さえできず、他人の家の作男をしていた。結婚したというのに独立した一家を構えることができず、裴奉奇の母親は実家に留まったまま暮らしていた。父親は作男として働きながら時々家族に会いにきたが、正常な家庭生活が送れなかったからか、裴奉奇の母親は長女をひどく虐待したという。娘が何か少しでも粗相をすると、ふだんからストレスが溜るだけ溜っていた母親は、この幼い娘をやたらに叩いたのだそうだ。

注9　川田文子（2014年）に依拠した。

裴奉奇は、六歳のときから日陰者暮らしを始めた。新設される鉄道の長項《チャンハン》線の工事現場にいた労務者と情を通じた母親が、家出してしまったからである。子供の面倒がみられなかった父親は、姉を他人の家に奉公に出し、弟を別の家にあずけ、裴奉奇は伯父の家に寄食させられた。ところが、それからほどなくして伯母が亡くなったため、その家でも育ててもらえなくなった。裴奉奇は他人の家に住み込んだが、夜尿症などの問題行動を起こして追い出され、それが三度繰り返された。

裴奉奇は、九歳のとき住み込んだ四番目の家でやっと定着できた。この家で彼女はあらゆる家事をさせられたが、裴奉奇の記憶によると、いつもお腹が空いていて機会をみつけては盗み喰いをしたそうである。その家で九年過ごし、一七歳のときに結婚した。新郎は公州《コンジュ》近隣の物寂しい山里の村の三〇歳過ぎの男だった。その家では長男が家督を継いで暮らしており、次男であった夫は居候だった。金を稼いでくると言って家を出た夫からは一年過ぎても何の便りもなく、裴奉奇は非常に肩身の狭い居候暮らしを強いられた。

そんな状況にあったので、村を出ようという隣家の女の誘いに乗って裴奉奇も家を出ることにした。途中泊ったある旅館の主人の紹介で、その近所の農家の三男と暮らすようになった。ところが、その男もぐうたらな人間で、小作もできず他人の家の作男をしていた。裴奉奇はまた家出した。彼女がまだ一九か二〇歳の頃のことだった。

話はここから一〇年飛ぶ。二度目に家出してから約一〇年間、二〇代の頃をどう過ごしたのか裴奉奇が全く話そうとしないからである。あちらこちらを歩き回ったとだけ言っているところをみると、その間、とうてい人には話せないような経験をしたのではないかと思われる。

二九歳になった裴奉奇が咸鏡南道興南《フンナム》にいた一九四三年秋、日本人の男と朝鮮人の男の二人連れの女性紹介業者が彼女に近づいてきて、「仕事せんで金儲かるところがある。行かないか」と誘った。裴奉奇は彼らについてゆき、こうして慰安婦の道に足を踏み入れることになった。

裴奉奇が日本軍慰安婦になったのは、日本軍による強制でも募集業者の就業詐欺でもなかった。募集業者が「仕事せんで金儲かるところがある。行かないか」と誘いはしたが、社会のどん底であらゆる風波にさらされてきた二九歳の女性を、そう言って誘ったからといって詐欺だとはいえない。裴奉奇のようにありとあらゆる辛酸をなめてくれば、「仕事せんで金儲かるところ」などどこにもないことくらい知っている。彼女はおそらく、どうせ行く当てもない身の上だからと、その募集業者たちについてゆくことにしたのだろう。

女性自身による慰安婦契約2：日本人慰安婦・慶子

日本軍の慰安所設置初期の慰安婦募集状況をよく表しているのが、日本人慰安婦・慶子の証言である[注10]。慶子は一九一六年、福岡県の英彦山《ひこさん》の麓にある村の貧しい農家の長女として生まれた。慶子が一七歳になった一九三三年、家に一二番目の子供が生まれると、父親は二〇円を貰って福岡市博多の大浜町にある私娼街に慶子を送った。二〇円は娘を売った金、すなわち身売り金としては少ないが、これは父親の、すぐに借金を返して自由の身になれ、という思いからだった。

注10　慶子は娼妓としての名前で、本名は笹栗フジ。慶子が慰安婦になる経緯は千田夏光（1995年：20-70P）に依拠した。

しかし私娼街での彼女の借金は、減るどころかむしろ六九円にまで膨れ上がった。そんなとき、客の一人だった元兵士がその借金を全て返してくれたので、以後は自由の身で娼妓の仕事ができるようになった。その男は福岡市に駐屯していた部隊の兵士で、慶子から性病をうつされたために進級が遅れ、下士官候補採用試験にも落ちて満期除隊したのだが、その後、所属していた部隊がソ満国境地帯に移動させられたのを知って、慶子に性病をうつされたから満洲に行かずに済んだ、慶子は命の恩人だ、だからお礼に借金を返してあげるのだ、と言うのだった。

前に言及した上海から来た軍納商人・石橋徳太郎は一九三七年末、博多大浜町の私娼街で慶子と出会った。石橋は慶子に、中国に行って慰安婦の仕事をしないか、と提案した。前借金は一〇〇〇円。慶子が一度も手にしたことのない大金だった。そのうえ石橋は、軍直営慰安所で軍が抱え主だから、前借金を膨らませて束縛し続けたりはせず、すぐに自由の身になれる、と説いた。

この話を聞いて慶子は計算してみた。兵士一人当たりの利用料が二円だとすれば、五〇〇人を相手にすれば一〇〇〇円になり、それだけ稼げば自由の身になれる。兵士の一回の利用時間は最長三〇分だそうだから、五人を相手にすれば一五〇分、つまり二時間半程度。その調子で仕事をすれば、一日一〇時間働くと二〇人は消化できる。こうして一カ月二五日働けば五〇〇人を相手にでき、そうすれば一カ月で一〇〇〇円の前借金をみな返すことができる。その後、お金を貯めて帰ってくれば、焼き鳥屋を開業できるじゃないか。慶子はこういう薔薇色の計画を立てたのである。

前述したように、元兵士が借金（いくらか増えた六九円）を返してくれていたため、慶子はその気になりさえすれば博多の私娼街を去ることができた。その元兵士は日中戦争勃発後、再入隊して南京に行ったと聞いている。慶子は、慰安婦になって中国に行けばその男にまた会えるのではないかとも考えた。

こうして慶子が肯定的な反応を示したので、石橋は　〇〇円を前金として渡し、残りの前借金九〇〇円は集結地の長崎の旅館で渡す、と言った。こうして慶子は石橋についてゆくことになった。石橋は同じようにしてさらに日本人娼妓六人を集めた。

父母による慰安婦契約：慶子一行の中の朝鮮人慰安婦たち

石橋は慶子と出会った次の日、炭鉱への労務者斡旋を担当している昔の商業学校時代の同窓生に会い、彼の助けを借りて、九州北部の炭鉱町で朝鮮人鉱夫の娘たちを対象に慰安婦を募集した[注11]。当時、九州の炭鉱では、朝鮮人農民を連れてくるよう朝鮮に募集員を送った。彼らが朝鮮人らを炭鉱町に連れてくると、親方と称する紹介業者が彼らを炭鉱主に引き渡して鉱夫の仕事をさせた。朝鮮人鉱夫の親方はたいていが朝鮮人だった。石橋はこの親方を介して鉱夫の娘たちの紹介を受けた。

慶子一行の朝鮮人女性の一人・金必連《キムピリョン》は一九二〇年生まれで、一九三七年末には満一七歳になっていた。彼女が一二歳だった一九三二年、父親が鉱夫の仕事を求め一家を引き連れて九州に来た。以後、父親は鉱夫として、母親は雑役婦として働き、金必連は炭鉱の食堂兼宿所の飯場で

注11　慶子一行の朝鮮人慰安婦については千田夏光（1995年：100-135P）に依拠した。

炊事や洗濯をした。しかし彼女が稼ぐ金は一月五・五~七円で、低賃金中の低賃金だった。

石橋から慰安婦募集を要請された朝鮮人親方は金必連に、中国戦線で軍人の食事の世話をし洗濯もすれば前借金一〇〇〇円が貰える、毎月家に送金もでき、毎日三食、十分に食べられるし、服もくれるぞ、と言った。金必連側が承諾すると、石橋は前借金一〇〇〇円を渡した。

李金花《イグムァ》も一九二〇年生まれの一七歳で、金必連が働いていたすぐ隣の飯場でやはり炊事や洗濯の仕事をしていた。李金花も前借金一〇〇〇円を貰って同様の提案を承諾し、ついてゆくことにした。

このように慶子一行の朝鮮人女性たちは、前借金をちゃんと貰い慰安婦の仕事を承諾したのだった。父母ら親権者の自発的契約だった。人によってはこれについて、日本軍が派遣した募集業者・石橋が慰安婦の仕事を洗濯だとか炊事だとか言って騙した就業詐欺である、と指摘するかもしれない。しかし、軍人の食事の世話や洗濯の仕事だと言ったのは朝鮮人の親方だった。石橋が、そうやって騙せ、と言ったのかどうかは分からない。また、たとえ金必連が慰安婦の仕事だとは知らなかったとしても、彼女の父母は慰安婦の仕事をするのだろうと分かっていただろう。炊事や洗濯をしても一カ月にわずか五・五~七円しか稼げない娘が、一〇〇〇円にもなる、ほぼ一〇年分の報酬を前払いで受け取るのである。戦線での単なる炊事や洗濯であるはずがない。

金必連から、中国戦線行きに応募したと言って一〇〇〇円を渡されたとき、彼女の父親はびっくりし、涙をポロポロ流しながら喜んだという。慶子も、金必連の父親は「娘の話をきいて、そんなうまい話があるはずはない。兵隊の炊事や洗濯するだけの仕事で、いくら戦場とはいえ千円もの支度金をくれるはずがない。これは兵隊のなぐさみものにされるのだとすぐわかったはずだ。涙を彼女が言うようポロポロこぼしたとすれば喜びの涙ではなく悲しみの涙だ」と思った。金を稼ぐのがどれほど難しいか知っている父親は、娘が戦線で軍人の食事の面倒をみたり軍服の洗濯をするとは思わなかっただろう。慶子は、金必連の父親の涙は「ウチが英彦山の麓の家をでるとき母親が流したのと同じ涙だ」と語っている（千田夏光　１９９５年：105Ｐ）。それは、娘が娼妓になり、女性としての平凡な妻の道、母の道を歩むのが不可能となったことを悲しむ涙だった。

炊事、掃除、看護婦の仕事だと騙したのか？

多くの元慰安婦たちは、業者から兵士たちの炊事や基地の掃除、負傷者の看護などの仕事をするのだとか、楽に金が稼げる仕事だと聞いて戦場の慰安所に向かった、と証言している。強制動員説の代表者・吉見も「虚偽の事実をもって相手方を錯誤に陥れる」欺罔《ぎもう》と、「甘言をもって相手方を動かしその判断の適正を誤らせる」誘惑を、日本軍慰安婦動員の三つの経路のうちの一つに挙げている（吉見義明　２０１０年：12Ｐ）。

慰安所や慰安婦に関し比較的忠実な証言を残した元慰安婦・文玉珠《ムンオクチュ》も、自分は「日本軍の食堂に稼ぎにゆこう」という友だちの言葉を聞いてついていき、親にも話さず、手持ちの金もあまりなかったと言い、前借金を貰わなかったかのように語っている。また、自分と一緒に南方に渡った多くの女性たちは、ラングーンに到着して朝鮮人の軍人から「ピー屋（慰安所）」に行くのだという言葉を聞き「天地がひっくり返るほど」驚いていたが、自分は「ああ、やはりそうか」とあきらめたという（森川万智子　1996年：56P）。しかしこれは、自分が東南アジアに渡った経緯を意図的に隠そうとする嘘とみるほかない。

そもそも文玉珠に東南アジア行きを提案したヒトミとキワの姉妹は、それ以前に満洲東安省の接客業施設で一緒に仕事をした友だちであり、大邱でも交流があった。すでに酌婦の仕事を経験していた彼女らが、金を稼ぎに遥か遠い東南アジアの日本軍の食堂に行くことにした、というのは納得しがたい。また、文玉珠は大邱で妓生の修業を終え、まさに妓生の仕事を始めたばかりで、それも評判がよかったと言っているが、食堂の皿洗いや炊事、掃除等で妓生よりも金を儲けられるはずがない。儲けられるとするなら、それは慰安婦の仕事でしかない。更にいえば、文玉珠らが釜山に到着し指定された旅館に行ってみると、アキミやヒフミら東安省でともに働いた友だちもいた。彼女らはその再会を喜び、「まあ、どうしたの、あなたも南の国にいくの、一緒でよかったね」と言って話に花を咲かせている。一緒に酌婦の仕事をしていた友人たちみんなと釜山で出会ったら、待っているのは当然酌婦の仕事だと気づき、話が違うじゃないかと後戻りするだろうに、むしろ彼女たちは楽しげに語り合ったという。

また文玉珠は、旅館で松本という朝鮮人の男性と六〇歳を少し過ぎた朝鮮人の男性、それにその甥っ子がいたと言っている。文玉珠は、松本をビルマの慰安所でこの女性たちを率いた業者としてすでによく知っていたのに、松本のことをただの「顔見知りの男」としか言っていない。これは、どうやって松本と知り合ったのかを意図的に隠した表現である。また、出航する日に埠頭に行ってみると、女性たちが一五～二〇人ずつのグループを作り、そのグループごとに「一人か二人、マツモトのような中年男がついていた。娘たちの集合したあたりには、ひときわ華やいだ若い声があがっていた」と言っている（森川万智子 1996年：46P）。各グループの女性たちはお互い友だちか顔見知りの仲で、彼女らを中年男性が引率しているという光景である。酌婦の経験のある文玉珠であれば、この時点でも東南アジアでやるべき仕事が酌婦であることに気づいていたはずである。こうした点からみて、「私は南方の慰安所に行くとは思っていなかった」という文玉珠の証言は、慰安婦募集に応じたことを隠そうとしているとしか考えられない。

実は文玉珠らが東南アジアに渡った前の年の一九四一年は、その前年から始まった戦時遊興業統制のため料理店の経営や妓生の仕事は下り坂だった。第2章（八〇ページ）で述べたように、その年の朝鮮の芸妓数は一九四〇年の六〇〇〇人から四八〇〇人に激減している。そんな業界の苦境期に妓生になった文玉珠には新しい仕事場、方向転換が必要だった。折よく東南アジアに行く慰安婦の募集があったので、彼女はそれに乗ったのである。

もちろん、行き先が慰安所であることを本当に知らなかった女性もいた。戦場に向かう船に乗る慰安婦たちの中には、世間知らずの純真な女性もいた。漢口の慰安所の軍医だった長沢健一によれば、ある日、検査所に新入りの日本人慰安婦が来た。赤茶けた髪と黒く日焼けした顔をしていて、農村からそのまま連れてこられたかのようだった。彼女は、性病検査は受けない、と泣きながら訴えた。

私は慰安所というところで兵隊さんを慰めてあげるのだと聞いてきたのに、こんなところで、こんなことをさせられるとは知らなかった。帰りたい、帰らせてくれ。

しかしその女性も、他の大多数の慰安婦のように困窮した父母に売られてきたのだった。長沢が見た慰安婦たちの書類には、娘を娼妓として売るという借用証文形式の契約書があった。この文書には、借用証文という題目に続いて「何千円也」という前借金額が書き込まれていて、「右の金額は酌婦稼業により支払うべく候也」と明記されており、作成年月日が書かれ、保護者と慰安婦本人の名前が連署され、捺印されていた。これは、第4章で述べた借用証形式の日本の娼妓契約書と同じである。

その仕事が慰安所の仕事だということを女性本人が知らなかったとしても、父母は知っていた。特別な技術や能力を持ち合わせていない女性に何千円という大金を前払いしてさせる仕事が、炊事や掃除、看護であるはずがなかった。その仕事は慰安所での〝慰安〟行為でしかなかった。

その女性は次の日、業者と一緒に来て検査を受け、その翌日から慰安婦として働き始めたが、長沢はある患者の病室から彼女が慰安所の洗浄場で吐いているのを見た。長沢の横でその女性を見ていた入院中の慰安婦が言った。

皆、はじめはあんな風でつらいものだわ。私なんかも、よく階段に腰かけて、くにに帰りたいなあと家のことを思っていると、階段に腰かけると客をふさぐって、帳場さんに怒鳴られたものよ。でもすぐ慣れて、あの子も親や家のことを思い出さなくなるわ。

一月ほど経ったある日、長沢は彼女がよく似合った着物を着て通路に出、同僚たちと争って兵士を誘い込もうとしている姿を見た。また一人、慰安婦が作られたのだった（長沢健一　1983年：147－149Ｐ）。

一方で、新たに慰安所に来た女性が聞いていた話と違うと言って慰安婦就業を拒否すると、管理監督者である軍兵站部がその要請を受け入れたケースもあった。漢口近隣の武昌には、業者は主に日本人、慰安婦は日本人と朝鮮人が混成の、合わせれば二〇〇人程度になる慰安所があった。一九四四年九月、その武昌の慰安所業者たちが慰安婦の減少を理由にその補充を申請すると、漢口兵站司令部の武昌支部が許可したので、朝鮮から一〇月、二人の朝鮮人が引率する三〇人ほどの女性が到着した。そのとき、そのうちの一人が、陸軍将校の集会所である偕行社に勤める約束で来たので、慰安婦と知らなかったと泣き出し、就業を拒否する事件が起こった。軍の支部長は業者に対しその女の就業を禁じ、適当な職業の斡旋を命じた（長沢健一　1983年：220－221Ｐ）。募集業者の甘言をもってしての募集に軍が是正を命じたわけだが、もちろん例外的な事件である。

一九四二年にシンガポールで慰安所を開いた際、慰安婦の仕事であることを告げずに騙して連れていったケースもある。セントーサの朝鮮人慰安婦たちは「シンガポールのレストラン・ガールということで百円の支度金をもらってきたが、来てみたら慰安婦にされてしまった」と日本語の教習者に泣きながら訴えたという。また、タンジョン・カトンの慰安所には一九四四年、インドネシアから一六〜二〇歳の少女三〇〜四〇人ほどが送られてきたが、彼女らは、日本軍が村々を回って看護婦を募集しているというので来てみたら慰安所だった、助けてくれ、と悲鳴をあげたという（林博史《ひろふみ》　1994年：38－39P）。このように戦争中、東南アジアの日本軍占領地で嘘をついて慰安婦を動員した事例も、一部発生している。

募集業者が慰安所の仕事であることを隠して女性を連れてくるケースは、もちろんあった。しかし多くの場合は、巨額な前借金を受け取った父母は、娘がこれからするのは慰安婦の仕事だと分かっていた。騙されて慰安婦になったと証言した人たちがたくさんいるが、その中には自分が慰安婦になったことを業者のせいにしている人も多い。したがって、本当に騙されて慰安婦になったケースがあったとしても、吉見のようにそれを慰安婦になる代表的経路の一つとみるのは妥当ではない。

朝鮮人の少女たちを動員？

慰安婦として動員された朝鮮人女性たちの年齢は、どのようなものだったのだろうか。よく朝鮮人慰安婦は日本人慰安婦とは違って一〇代後半と若く、接客業に従事した経験のない処女だったといわれる。挺対協の証言録をみると、多くの元慰安婦たちが、一〇代前半の幼い年齢で慰安婦として連れてゆかれひどい目にあった、と証言している。たとえば一七五人の元慰安婦に対する面接調査の結果を総合すると、全体の半分を超える八九人が一一〜一六歳で慰安婦になり、二〇歳以上は二五人で全体の七分の一に過ぎなかったという（鄭鎮星《チョンジンソン》　2016年：73P）。朝鮮で一六歳は法的に酌婦や娼妓になれない年齢だが、日本政府は自ら制定した法に背き幼い朝鮮人少女を慰安婦に動員したというのである。

このような通念を形にしたのが、ソウル市鍾路《チョンノ》の日本大使館前をはじめ韓国各地に建てられた慰安婦少女像である。写真8-1にみられるように、その像はおかっぱ頭の小柄の一〇代前半の少女を形象化したもので、悪辣な日本軍が純真無垢な朝鮮人少女を性の慰みものにし、その人生を滅茶苦茶にしたという物語に添ったものである。

しかし、これは日本軍慰安所の規定に反しているだけでなく、様々な客観的資料から確認される慰安婦の実年齢とも一致していない。朝鮮内の公娼に娼妓として登録できる年齢は満一七歳以上であり、慰安婦の場合も同様だった。一七歳以上でないと、中国に渡航する際の慰安婦としての身分証明書が発給されなかった。資料上で確認される慰安婦の年齢も大部分が二〇代だった。一九三八年一月、上海に到着した八〇人の朝鮮人慰安婦を検診した軍医・麻生徹男は、彼女らの年齢を二〇代と記録している（蘇智良他　2019年：323P）。また、前に示した表5-3の沖縄大東諸島ラサ島の慰安所（一九四四年一一月新設）の場合、朝鮮人慰安婦七人のうち二人が一九歳、三人が二一歳、二人が二五歳だった。さらに一九四四年、ビルマのミッチーナで捕虜になった慰安婦に対する尋問では、二〇人の朝鮮人慰安婦の年齢は最少一九歳、最高三一歳、平均二五歳だった（吉見義明　1992年：442P、451-452P）。その二年前、初めてビルマに来た一九四二年という時点だと、それぞれ一七歳、二九歳、二三歳である。ビルマのメイミョウにあった第二ふるさと楼の

写真8-1　韓国各地の慰安婦少女像
上左はソウル市鍾路、上右はソウル市往十里（ワンシムニ）駅、中左は世宗（セジョン）市、中右は堤川（チェチョン）市、下左は束草（ソクチョ）市、下右は横城（フェンソン）郡。
写真提供：金柄憲（キム・ビョンホン）

	慰安婦数（人）	慰安婦の年齢（歳）		
		最少	最高	平均
金沢慰安所	13	20	29	26.2
金城慰安所	7	22	30	24.6
花月慰安所	30	19	30	24.0
アジア亭	9	21	28	23.9
菊水	18	20	26	23.4
金川館	17	22	28	24.8
金華楼	12	19	31	24.3
合計と平均	計106	平均19	平均31	24.3

資料：朴貞愛（パク・チョンエ）2017年

表8-1　1944年当時の中国浙江省金華の朝鮮人慰安所の慰安婦年齢

朝鮮人慰安婦一二人も、一九四四年八月の時点でほとんどが二〇代前半だった（西野留美子 1993年：110P）。

一九四四年、浙江省金華の朝鮮人慰安所でも、朝鮮人慰安婦の平均年齢は二四・三歳だった。日本軍が一九四二年五月に占領した金華には、南京や杭州方面から朝鮮人接客業者らが日本軍の後を追い、接客婦らを連れ移ってきた。彼らは、一九四四年四月時点の金華地域に在留する朝鮮人たちの名簿を作った。その名簿において、慰安所と表記されていたり業者名や所属している女性から推測して接客業施設と思われる所を列挙すると、表8-1のようになる。これをみると、慰安婦の最年少は一九歳、最年長は三一歳、平均二四・三歳である。彼女たちが二年前に金華に来たとすると、そのときの年齢は最少一七歳、最高二九歳、平均二二・三歳となる。一〇代半ば、あるいはそれより若い少女たちが来たのではない。

慰安婦に関する元日本軍人の証言を集めたある資料では、証言者三四人のうち二七人が一九四二〜四五年に出会った朝鮮人慰安婦の年齢について語っている。それによると、一番多かったのが二〇歳前後で一三件、二〇代が六件、一七〜一八歳が三件、一〇代半ば及びそれ以下で幼く見えたというのが三件、三〇代以上が二件だった（従軍慰安婦110番編集委員会 1992年：102－103P）。二七件のうち一六歳以下は三件に過ぎない。

日本人慰安婦に比べ朝鮮人慰安婦が若かったのは事実であるが、日本軍が意図的に朝鮮人少女を選んで連れ出したわけではない。日本にそんな政策はなかった。朝鮮人慰安婦が若かった（幼かった）のは、朝鮮では娼妓・酌婦市場の発達が遅れ、それまで接客業を経験していた者が不足していたので、農村の未経験者の中からも慰安婦を募集したためである。農村の接客業未経験者で未婚の者というと、どうしても一〇代の終わりか二〇代の初めの若い女性になったのである。

軍人による強制連行は東南アジアの戦場における例外的事件

慰安婦運動家たちが日本軍による慰安婦強制連行の証拠として挙げるのが、インドネシアのジャワ島で起きたスマラン事件である。一九四四年二月、日本の軍人がオランダ領東インド（現・インドネシア）の多くの民間人抑留所からオランダ人女性数十人を強制連行し、スマランの慰安所で慰安婦として働かせた。慰安所を開設した後、強制連行が問題化したため、ジャカルタの日本軍第一六軍司令部は三カ月後に慰安所を閉鎖したが、日本の降伏後の一九四八年三月、オランダの軍事法廷がこれは悪質な犯罪であるという判決を下し、日本軍や業者ら関係者一一人を、一人は死刑、一〇人は最高二〇年から最低二年までの有期刑に処した。その後一九九二年に、被害者の一人であるジャンヌ・オフェルネ Jan Ruff O'Herne が被害の事実を社会に訴え、一九九四年にはエリー・プローグElly Ploegが、補償を要求する訴訟を東京地方裁判所に起こした。プローグの証言は以下のようなものである（西野留美子1995年：141－147P）。

一九二三年生まれの私は、雑貨屋を営む父母と妹、弟の五人で東部ジャワのジャンバーで暮らしていた。一九四二年三月に日本軍の占領が始まり、私はジャンバーの収容所に母親、妹、弟とともに抑留された（弟はのちに少年収容所に移動）。ある日、私と母と妹はトラック二台に乗せられてスラバヤに行き、そこから汽車でスマランに行ってハルマヘイラ収容所に入れられた。

日本軍は一九四四年初め、収容者の中から一五～三五歳の女性を集め、そこからさらに私を含む一五人を選んでそれぞれに荷物を持ってこさせ、バスに乗せてスマラン市内に連れていった。日本軍はどこに連れてゆくのか全く教えてくれなかった。集結地には、別の地域から来た女性も合わせると六〇人ほどの女性がいた。日本軍は私たちを一〇～一五人ずつの四つのグループに分け、四軒の慰安所（クラブ）に振り分けた。私が行った建物は竹垣で囲まれており、軍刀を持った二人の兵士が警備していた。

慰安所に来た軍人は受付の窓口で日本人の管理人から切符を買い、飾ってある写真の中から女性を一人選び、管理人から聞いたその部屋に行って女性に切符を見せた。

私のいたクラブは朝八時から次の日の朝六時まで開いていた。女性たちは普通は一日平均二、三人の軍人（たぶん将校クラスだと思う）を相手にした。兵士が外出できる日曜日は「兵士の日」と言い、この日、女性たちは別の大きな建物に移されて兵士を迎えた。女性たちにとって恐ろしい日だった。

この生活が三カ月続いたある日、私たちは解放されボーゴの収容所に移った。実際に解放されたのは一九四六年九月だった。父親が日本軍に殺されたので、オランダには母親と妹と弟の家族四人で帰った。

このスマラン事件では、中国や東南アジアの他のほとんどの慰安所とは違って、軍が直接慰安婦を集めた。日本の軍人が民間のオランダ人収容所で女性を選び出し、強制的に慰安所に押し込んだ。もちろん慰安所には民間の日本人業者がおり、利用方式も他の慰安所とほとんど同じだった。

しかし、スマランの慰安所の慰安婦が、みんながみんな強制連行されたわけではない。終戦直後、BC級戦犯法廷はその慰安婦三五人のうち二五人が強制連行されたと認定し、オランダ政府も一九九四年、オランダ領東インドの慰安所にいた二〇〇〜三〇〇人のオランダ人女性のうち、少なくとも六五人を強制売春の犠牲者と判定した。戦況が悪化した後、敵国民をみな収容所に抑留する処置を取ったため、インドネシア各地の慰安所からオランダ人女性が抜けていった。そのため日本の軍政当局は新たに慰安婦募集を計画した。そうした中、一部でこのような強制売春事件が起きたのだった（秦郁彦 1999年：216-218P）。

慰安婦運動グループの人たちはこの事件を例に挙げ、官憲による慰安婦強制連行が横行し、それほど日本軍の戦争犯罪が蔓延していたかのように強調するが、それは東南アジアの戦場において現地の日本軍が規則を破って起こしたことである。したがって、スマラン事件は慰安婦動員方式としては極めて例外的なものとみなければならない。

《要約》

業者は慰安婦を国内の酌婦・娼妓調達経路を通して募集した。独り身になった女性やそれまで娼妓などをしていた女性は自ら慰安婦契約を結んだが、たいていの場合は女性の父母ら親権者が業者と契約を結んだ。女性本人は炊事や掃除や看護婦の仕事だと思って慰安所に行ったケースもあるが、巨額の前借金を受け取った父母ら親権者は、それが慰安婦の仕事だと知っていた。韓国各地に建てられている少女像が示すように、韓国人の多くが一〇代前半から半ばの幼い少女が慰安婦として連れてゆかれたと思っているが、客観的資料によって確認される朝鮮人慰安婦の年齢は、みな一七歳以上である。

第3部

慰安所での生活はどのようなものだったのか

9
業者――慰安婦間の契約条件

慰安婦前借金の正体――人身売買の金なのか先払報酬なのか

朝鮮や日本内の公娼や戦場の日本軍慰安所に女性を連れてゆくときには、女性(あるいは家族)に前借金を渡すのが一般的だった。これはしばしば女性を売り買いすること、すなわち人身売買だとみなされる。小説家・李光洙《イグァンス》は一九三四年「売られてゆく娘たち」という随筆中に次のように書いている(李栄薫《イヨンフン》 2019年:250P)。

娘を売ることは、そんなに珍しいことでもない。人の娘や自分の妻を売り出すこともある。売る者もいれば、買う者もいる。いわゆる娼妓、芸妓、酌婦、妾のようなものである。

動産や不動産を金を払って買った人は、その動産や不動産に対する用益や処分の権利を持つ。

そうだとすると、公娼の抱え主や募集業者が前借金を渡して女性を連れてゆくのは父母ら親権者が売った女性を抱え主や募集業者が買う人身売買であって、抱え主や募集業者はその女性に対し所有者としての支配権を持つ、ということになるのだろうか。

他人の娘を連れてきて養女にした養父母が、新しい親権者として数年間衣食住の面倒をみながら、その女性を妓生《キーセン》に養成するケースがある。その際、養父母が養女を妓生や酌婦に就業させ、その収入を自分のものにしたりもした。第7章で言及した平壌《ピョンヤン》の妓生・林春愛《イムチュネ》がそうだった。林春愛の養父母は彼女が妓生として働いた金を独り占めした。林春愛は満洲のダンスホールで働くことにして得た前借金一〇〇〇円を養父母に渡すことで、はじめて養父母から解放された。この事例は養父母が養女に妓生の仕事をさせた場合、相当な期間、父母としての親権を行使できたことを物語ってくれる。

では、養父母は前借金を貰い養女を慰安所業者に引き渡す場合でも、ずっと親権を行使できるのだろうか。そうはゆかないだろう。外国の戦場に出ていったその女性が、慰安婦の仕事をして前借金を返したあと養父母の下に帰ってくる可能性は極めて薄い。どうせ養父母がまた前借金を貰い、彼女に慰安婦や酌婦の仕事をさせるからである。自分にたかり続ける養父母より、むしろ実の親を訪ねる可能性が高い。先に述べた林春愛も満洲に行ってから数年後、実母と姉を探しに朝鮮に帰ってくるが、八年ぶりにやっと会えた実母のあまりにも困窮した姿を見て、満洲の接客業者から新たに二〇〇〇円の前借金を貰って実母にあげ、満洲へ再び旅立った。新聞記事のタイトルも「独り身の母を養ってあげようと美女が満洲に身を売る」だった。

養父母が前借金を貰って養女を慰安婦にした場合、養父母—養女の関係はそこで終わる。養父母—養女の関係は債権—債務関係と同じようなもので、養父母が負担した身代金と養育費分を養女が返済すれば関係を終了できた。最初の証言者となった元慰安婦・金学順《キムハクスン》の場合でも、養父が彼女を日本軍に引き渡したことで関係が終わった。挺対協証言録の中国編第二巻に収められた趙《チョ》允玉《ユノク》も、八、九歳のとき咸鏡北道北青《プクチョン》のある金持ちの妾の家の養女になったが、家の雑用以外にも、元は妓生だったその妾から妓生になるための修業をさせられ、結局一五歳のとき三五〇円で清津《チョンジン》の慰安所に売られた。養母との関係はそこで終わった（韓国挺身隊研究所 2003年：68－70P）。

また、慰安所業者が募集業者から女性を養女として引き渡されて業者自身が養父となった場合でも、その女性を慰安婦として働かせ続けるのは難しい。慰安所においてありとあらゆる辛酸をなめ世情に明るくなった女性が、業者に強請《ゆす》り取られ続けるはずがないからである。他の慰安婦が自由の身になって朝鮮に帰ったり、前借金を返した後、お金をもっと稼ぐために別の接客業者のもとに移ったりしているのに、自分だけ養女という理由で慰安所に残って仕事を続けなければならないなどということを、彼女は受け入れないだろう。

実の親や養父母が娘や養女を慰安婦にして前借金を貰うことは外見上は人身売買にみえ、当時も「（娘を）売った」「（女を）買った」という表現がよく使われたが、この取引は人身売買ではない。人身売買とは、動産や不動産の売買を通してそれらに対する所有権を持つように、主人が当該女性に対し所有権を基にした支配権を持つことであり、売られてゆく女性は自由を失い主人に束縛される。債務によって奴隷身分に転落し永遠に自由を失う債務奴隷が、すなわちそういうケースである。

一方、慰安婦は、定められた期限を満たすか前借金をみな返済するまでは、慰安所に足止めされて仕事（性的慰安行為）をしなければならなかっただけであり、実の親や養父母が金を貰って売ったからといって、業者から無限定の支配権を行使される存在ではなく、一定期間の性労働、性的サービスを通してその前借金を返す存在だった。この点で慰安婦における前借金は、人身売買の代金ではなく一定期間の労働に対する先払報酬としての年季奉公金 indentured servitude payments だった。

日本でも前借金を貰って娘を公娼や私娼に送ることを身売りといい、直訳すれば「体を売る」ということになるが、これは女性に対する支配権を譲り渡す人身売買とは違い、一定期間売春行為を提供する誓約だった。一七世紀、主君に奉仕する武士を原型に、他人に雇用され家事や家業に従事する者として奉公人が現れた。奉公人とは、領主に年貢を納めなければならなかった農民が、他人から一定額の金を借りる代わりに一定期間、特定の務めを果たしたもので、主人に期限なく一方的に使われる隷属民である下人とは違っていた。これは遊廓に売られる女性にも適用され、父母、本人、親戚の認知のもと前借金を決めて受け取り、その代わり一定期間遊廓で働く契約を交わす慣行が確立された。つまり身売り奉公である。家長権が抱え主に委任され、抱え主が言うことをきかない女性を懲戒・懲罰したり別の業者に転売できたりする、一般の年季奉公とは違う点もあったが、身売りは人身売買ではなかった（下重清《しもじゅう》 2012年）。

公娼も同じだが、慰安所では慰安婦の勤務年限が定められており、たいてい二年だった。日本軍慰安所が本格的に作られ始めた一九三七年末から三八年初めの頃、上海から日本に渡ってきた募集業者が提示した年限が二年だった。その後開設された多くの慰安所でも、年限は二年程度だった。一九四二年七月に朝鮮を発ち東南アジアに渡った慰安婦たちのうち、八月にビルマに到着した慰安婦たちは、一年が過ぎた一九四三年秋から債務が完済されたら帰還することができた。

業者と慰安婦間の収入配分と費用分担

日本軍は慰安所運営規則の形態をとって慰安婦の契約条件を定めた。一例を挙げれば一九三七年一二月、上海の遊廓業者の依頼を受け群馬県で慰安婦募集に乗り出した業者・大内藤七が提示した就業条件は、次のようなものである[注1]。

・契約年限は満二年とする。
・前借金は五〇〇〜一〇〇〇円だが、そのうち二〇％を身付金及び交通費として控除する。
・年齢は満一六〜三〇歳。
・身体は健康であり親権者の承諾が必要。
・前借金の返済は年限完了と同時に消滅する。つまり年期中に病気で休養したとしても年期終了と同時に前借金は完済される。
・前借金の利子は年期中はなく、中途で廃業した場合は残金に対し月一％とする。

注1 「上海派遣軍内陸軍慰安所ニ於ケル酌婦募集ニ関スル件」（群馬県知事、1938年1月19日）：『資料集成』第1巻、19-20p。

・違約金は一年内に解約した場合は前借金の一〇%とする。
・年期途中に廃業した場合は日割り計算する。
・年期が満了して帰国する際の旅費は抱え主が負担する。
・精算は売上高の一〇%を本人の所得として毎月支給する。
・年期が無事満了した場合、本人の売上高に相応する慰労金を支給する。
・衣料、寝具、食糧、入浴費、医薬費は抱え主の負担とする。

契約年限は二年だった。前借金は八〇%だけ支給し、二〇%は必要経費に充てるとして支給されなかった。この必要経費とは身付金と交通費で、身付金とはタオル、石鹸、化粧品等など慰安婦の身支度に必要な生活物品の購入費、交通費は上海までの渡航費のことである。それとともに、衣類、寝具、食糧、入浴費、医薬費は抱え主が負担する、となっている。つまり、抱え主が慰安婦から一定額を受け取って生活費の一部に充てるということである。

また、前借金に利子はつけず、売上のごく一部である一〇%だけ慰安婦の所得として支給[注2]する代わりに、二年の年限を満たせば前借金を返済したものとして処理し、契約満了時、これまでの総売上額によって慰労金を支給する、としている。慰安婦は二年の年限の慰安行為で前借金を返済するようになっていた。この債務返済方式は一九三一年、日本の内務省警保局が調査した公娼制での年期契約に従ったものだった[注3]。それは娼妓として働く期間を予《あらかじ》め決めておき、その期間を満了すると業者―娼妓間の債権―債務が消滅するというものである（眞杉侑里 2009年：

注2 「売上の10%を報酬として貰った」と証言した元慰安婦は、挺対協証言録の第3巻に出てくるハ・ヨンイである。彼女は1941年末まで台湾・澎湖島の慰安所・朝鮮館と、それが移動した海南島の慰安所・名月館におり、名月館にいた頃の初期まで月の売上の1割を報酬として受け取っている（挺対協他 1999年：280P）。

251P)。ここでの前借金が人身売買代金ではなく先払報酬であることがはっきり表れている。

ところで、売上の一〇%のようなごく一部が所得として支給されるだけだと、慰安婦は仕事を怠け、時間だけつぶしておいたほうが得で、兵士に対するサービスがおろそかになる可能性が高い。それで慰安婦が熱心に仕事をするための誘因として、年限満了後、それまでの売上実績によって慰労金形態のボーナスを与える、としている。

これは日本や朝鮮内の遊廓に比べ遥かにいい条件だった。日本の公娼の代表格である東京の吉原遊廓における娼妓契約期間は、四年から八年が普通だった。業者が三〇〇円あるいは六〇〇円という金額を親に払うと、娼妓はそれぞれ四年あるいは八年間、業者に縛られ働かなければならなかった(秦郁彦 1999年:36P)。さらに「娼婦は、部屋代、電気代、入浴代まで楼主に支払わねばならず、日々の髪結い、化粧品代、日用品も自弁である。……衣類、布団、部屋の装飾、たとえば床の置き物、掛け軸など、全て楼主を通じて買わされ、借金に加算され」た(長沢健一 1983年:62-63P)。そしてこの借金には利子も付いたため、いくら働いても借金はなかなか減ってゆかなかった。そのため娼妓が前借金を返済し自由の身になるのは難しかった。

朝鮮の遊廓における娼妓に対する搾取は、日本の遊廓より更なるものがあった。南部のある地方では、一一七人の客を相手にした人気妓生は、五年間働いたのに前借金が全く減らなかった。一九三三年一一月一八日付の『京城日報《キョンソンイルボ》』によると、釜山《プサン》水上警察署が全羅南道で指名手配されていた羅老島《ナロド》の小松楼の酌婦・清水初代(二二歳)を捕まえ、彼女が前借金六〇〇円を踏み倒したという事件で取り調べたところ、この六〇〇円は酌婦の仕事でみな返済されており、契約年限

注3 内務省警保局『公娼に関する調査』(1931年)。

もすでに満期で、むしろ雇い主が二七〇円を彼女に転嫁しようとしたことが判明した。前借金を全て返済していたにもかかわらず、業者が騙そうとしていたのである。甚だしいケースでは、ふだんから娼妓に栄養価の低い劣悪な食べ物を与え、ひもじくなった娼妓におやつを高値で買わせて、その代金を借用金に追加する業者もいた注4。国内の公娼では、娼妓に必要な各種の生活用品は高値で売られ、借金に対しても高利を課し、しかも生活用品費に上限がなかった。

これに対して上海派遣軍の慰安所では、前借金は無利子であり、基本的な生活用品費は前借金の二〇％に固定されていた。公娼で娼妓の各種の生活用品費が娼妓の負担だったのとは違い、慰安所での各種の生活用品費は業者と慰安婦の共同負担だった。上海の海乃家《うみのや》のような軍の管理・監督下にあった慰安所では、借金に利子が付くことがなかったため借金が増えてゆくということもなかった（華《はな》公平　1992年：89P）。日本や朝鮮内の遊廓より好条件でなければ、遠く危険な戦場の慰安婦に応募してくれないからである。慰安婦契約は慰安婦を一方的に搾取する契約ではないことが確認できる。

また、収入配分という点では、一九三一年に日本の内務省警保局が行った日本の公娼制度に関する調査では、花代を抱え主と娼妓が一定比率で分け、娼妓はその分配金で徐々に抱え主に対する債務を返済してゆく定率制もあった（眞杉侑里　2009年：251P）。慰安所でもそれと同様に、毎月、業者と慰安婦間で売上額を五対五や六対四、あるいは四対六で分ける契約もあった。一九三八年一一月に開業した湖北省漢口の慰安所では、売上高のうち慰安婦の取得分は、借金があるときは業者と慰安婦とで六対四、借金をみな返済し終わると五対五だった。慰安婦は売上からの取

注4　増田道義（1933年ｅ：40P／1934年ａ：36P）による。

得分で前借金を返済しなければならず（山田清吉　1978年：83P／長沢健一　1983年：64P）、この場合は食費などの一切の営業費は業者が負担した。また、漢口付近にある広水の慰安所で働いた張春月《チャンチュヌォル》の場合は、売上の四割が慰安婦の取り分だった。その業者は慰安婦の取り分から毎月一〇〇円ずつ借金を返させたが、慰安婦を長く引きとどめておくために、売上が大きい月でもそれ以上差し引こうとはしなかった。借りを全部返した後は売上の五割が慰安婦の取り分となった（挺対協他　1995年：115-118P）。

　上海の海乃家でも前借金のある女性は売上を業者と六対四（業者の取り分が六）で分け、借金返済後には五対五で分けた。また、一九四二年に開業したビルマの慰安所でも、抱え主たちは売上の五〇～六〇％を取った。その比率は慰安婦が契約を結ぶ際、どの程度の債務を負ったかにかかっており（安秉直《アンビョンジク》　2013年：412P）、慰安婦の債務額が大きいほど抱え主側の取り分の比率が高かった。

　マレー半島において日本軍マレー軍政監が一九四三年一一月に発表した芸妓・酌婦雇用契約規則も、そうしたものだった。この規則は業者と芸妓・酌婦間の雇用契約が従うべき契約条件を規定したもので、その主要内容は次のようなものである注5。

日本軍マレー軍政監の芸妓・酌婦雇用契約規則

①売上の配分比率

債務残額	雇い主の所得	本人の所得

注5　馬来軍政監部『軍政規定集』第3号（1943年11月11日）：『資料集成』第3巻、36-38p。

一五〇〇円以上　六割以内　四割以上
一五〇〇円未満　五割以内　五割以上
無借金　　　　　四割以内　六割以上
※前借金と別借金は無利子
②稼業婦（慰安婦のこと）の次の費用及び物品は雇い主の負担とする。居室、戸棚、衣料箪笥、消毒用器具、寝具一式、食費、灯火、消毒薬品、健康診断に要する費用。
③稼業婦の毎月の売上の三％を地方長官が指定する郵便局に稼業婦の本人名義で貯金し、稼業婦が廃業するとき本人に交付する。
④稼業婦が配分所得で前借金を返済するときは毎月その所得の三分の二以上とし、残りは稼業婦の自由とする。
⑤稼業に起因する妊娠や分娩及び疾病に要する諸費用は雇い主・稼業婦が半分ずつ負担し、その他の要因によるものは稼業婦の負担とする。
⑥遊客などが稼業婦に直接渡す金品はみな稼業婦の所得とする。
⑦遊客が支払わない遊興費はみな営業者の負担とする。
⑧稼業婦が廃業するときは雇い主は稼業当日までの売上を精算する。
⑨稼業婦がこの契約を締結した日から満六カ月以内に雇い主の意思に反し解約しようとするときは、雇い主に相当額の違約金を補償する。その額は管轄地方長官の承認を受け決定する。

⑩雇い主は貸借計算書及び売上日記帳各二部を作成し、一部を稼業婦に交付し、毎月末計算するときに整理する。

⑪稼業婦が一度に一〇〇円以上の別借金をしようとするときは、管轄地方長官の許可を受ける。

⑫以下の場合は貸借計算書及び売上日記帳を管轄地方長官に提出し、検閲を受ける。

このマレー駐屯軍の慰安所では、前借金の有無やその額の大きさによって分配率が違った。すなわち、前借金が一五〇〇円を超す場合は売上を業者と慰安婦間で六対四で分け、前借金がそこまで大きくない場合は五対五で分け、前借金がなければ四対六で分けた。また、漢口の慰安所のように売上の相当額を慰安婦が取得する代わりに、慰安婦がその所得の三分の二以上を前借金の返済に充てなければならない、と釘をさした。所得の三分の二を債務返済に使うとすると、一五〇〇円以上の前借金のある慰安婦の場合、結局売上高の一五分の二（2／5×1／3）が慰安婦の可処分収入になる。これは売上の一三％程度に当たる。この比率だけみると、この雇用契約は一九三七年末に出た売上の一〇％を受け取る年期制契約とあまり変わりがない。

しかし、両者間には大きな違いがある。一九三七年末の上海の慰安所における年期制契約では、慰安婦は二年の年限中、売上の一〇％だけを貰い続ける。一方、一九四三年のマレーの慰安所契約では、慰安婦は前借金を返している間は売上の一三％を受け取るだけだが、前借金を返済した後は売上の六〇％を所得として受け取る。これは天と地ほどの違いである。特に一九四三年の契約は、一九三八年の漢口慰安所の契約に比べても慰安婦にとって有利だった。漢口慰安所では業者と慰安婦間の分配比率が、前借金がある場合は六対四、前借金がない場合は五対五だったが、マレーの慰安所では、前借金がある場合はその額により六対四あるいは五対五、前借金がなければ四対六だったからである。

この漢口とマレーの慰安所の定率制契約は、慰安所が好況である場合は慰安婦にとって有利なものだった。月別売上額を五対五や六対四や四対六で分ける定率制契約の下では、慰安所が好況であれば慰安婦は大きな所得をあげ、短期間で前借金を返し、慰安所を出ていったり、巨額な貯蓄をしたりできた。反面、稼業年限を定めた年期制契約では、慰安婦は好況時に多くの軍人を相手にしたところで追加の所得額は大きくなく、貯蓄する機会も大してなかった。売上が増えてもその一〇%以外は戻ってこないので、前借金を早めに返し慰安所を出てゆくことができなかった。

ただし年期制と定率制とで、どちらかが常に慰安婦に有利だったということはなく、それは慰安所に客が多いか少ないかにかかっていた。客が多ければ定率制のほうが慰安婦にはより有利だっただろう。

各契約方式の契約履行に要する取引費用、危険の分担度を調べてみよう。ここで契約履行に要する取引費用とは、慰安婦が慰安所で性的慰安を提供するよう管理・統制する費用をいう。慰安行為は慰安婦の閉ざされた部屋でなされるため、業者はその実態を直接は観察できず、利用する軍人の事後の反応と売上実績を基に推論するしかない。年期制では、慰安婦は二年の年限さえ満たせば借金が清算されるため、契約期間中とかく怠けがちである。頑張って仕事をして売上が増えても、増えた売上の一〇分の一しか貰えないからである。一方、定率制では、慰安婦は頑張って仕事をすれば、増えた売上の半分程度を貰えて所得が増えるので、契約期間中、おのずと熱心に働くようになる。したがって年期制では、業者の期待通りに慰安婦を働かせるには、定率制よりも綿密な管理・統制が必要になる。契約履行に要する取引費用が年期制のほうが多くなるのである。

もう一つの危険分担度は、業者と慰安婦が経営における危険、経営不振で損失を被る危険を分担する程度をいう。二つの契約方式では、慰安所が営業上の損失をこうむる危険に対する分担度も違っていた。年期制では、慰安所が経営上赤字になろうが、慰安婦は二年の年限を満たせば前借金が消滅し自由の身となる。ここでは、業者が危険を主に負担するため、危険分担度が低い。定率制では、慰安所の売上が低調だと慰安婦は前借金をみなは返済できず、業者は期限後に残った借金の返済を慰安婦に請求できた。年期制より定率制のほうが危険分担度が高い。

	取引費用	危険分担度
年期制	多い	低い(業者の危険負担)
定率制	少ない	高い

表9-1　収益配分方式別の取引費用と危険分担度

この結果を整理したものが表9-1である。業者は契約履行に要する取引費用が少なく危険分担度が高い五対五分配制をより好んだ。慰安婦は、怠けても二年の年限を満たせば債務が消滅するという点では年期制を好んだが、慰安所の売上が好調な場合は、前借金を早く返し貯蓄もできる定率制を好んだ。業者は確実に定率制を好み、慰安婦は状況によって年期制を好んだり定率制を好んだりした。このため年期制は初期に出現しただけで終わり、定率制が広く根づいた。

ところが、中国人の慰安婦の場合はこうではなかった。このことに関しては漢口慰安所の事例がある。それは前借金がなく、収益を分配する方式である。漢口の六合里慰安所では、四、五人の業者がそれぞれ二〇人程度の中国人女性を働かせていた。ここは積慶里慰安所に比べ料金が安く、日本軍や業者による統制もゆるかった。週一回の性病検査はあったが、その日検査を受けなくても娼妓を不合格にしなかったので、性病の管理ができなかった。また、慰安婦は住み込みではなく通いで仕事をするので、事情があると勝手に休んで出てこないこともあり、客が来ると女性たちが群がって客を選ぶ方式だった。前借金は一切なく、収入を業者と慰安婦間で六対四で分け、その日その日で清算した（長沢健一　1983年：88－89P）。

日本人や朝鮮人慰安婦がいる慰安所では業者が慰安婦を雇用する形式をとったのに対し、この中国人慰安婦と業者の関係は営業者同士の関係だったといえるだろう。前借金がなかったのは、業者が中国人慰安婦に対する債権を確保するのが難しかったからだと思われる。中国人慰安婦は現地の事情をよく知っており、知人や親戚がどこにでもいたが、日本人業者はそうではなかった。

戦場での危険に対する補償

日本軍慰安婦の契約条件を国内の公娼と比較してみるとどうなるだろうか。それぞれについてそれほど多くの事例が見つかっていないため確定的な比較は難しいが、これまで知られているいくつかの事例でおおよその輪郭を描いてみると、表9-2のようになる。この表の事例の大部分

		契約年限	前借金（円）	生活費	慰安婦の報酬	追加借金	前借金返済	早期終了オプション
国内の娼妓契約	日本の公娼1（1914年）	無し	380	娼妓負担	売上の40%	可能	報酬で	無し
	日本の公娼2（契約年不詳）	無し		娼妓負担	固定給月2円＋売上の40%	可能	報酬で	有り
	日本の公娼3（1923年）	6年	2,400	分担	売上の40%	可能	報酬で	無し
	日本の酌婦（1924年）	1年半	300	業者負担	無し	可能	期限満了時	無し
慰安婦契約	慰安婦1（1938年、上海）	2年	500-1,000	分担	売上の10%	可能	期限満了時	無し
	慰安婦2（1939年、漢口）			業者負担	売上の40%→売上の50%	軍の許可	報酬で	有り
	慰安婦3（1943年、マレー）			業者負担	売上の40/50%→売上の60%	軍の許可	報酬で	有り

資料：日本の公娼1と3は草間八十雄（1930年：176-182P）、日本の公娼2は秦郁彦（1999年：35-36P）、日本の酌婦は金柄憲（キム・ビョンホン、2022年：85-87P）

表9-2　国内の酌婦・娼妓契約と慰安婦契約の比較

はすでに紹介したもので、日本の公娼2と日本の酌婦は第4章で、慰安婦1、2、3はこの章で扱った。日本の公娼1と3は新たに追加したものである。日本の酌婦と娼妓は実際の個別契約で、慰安婦は該当地域の一般的な契約条件である。

この表で国内の酌婦・娼妓と日本軍慰安婦を比べてみると、契約条件は軍慰安婦のほうが国内の酌婦・娼妓より遥かに有利だった。軍慰安婦のほうが前借金が多く、契約期間も短かった。日本の公娼3は前借金が二四〇〇円と非常に多いが、契約期間は六年だった。二年基準で八〇〇円だが、これはたいていの軍慰安婦の前借金（一〇〇〇円以上）より少なかった。日本の公娼のおおよその契約期間は三年だが、軍慰安婦は二年以下だった。いうまでもなく、日本軍慰安婦のより有利な契約条件は戦場というより高い危険に対する補償でもあった。

一方でこの契約条件は、慰安所業者が国内の遊廓の抱え主より短期間でより多くの収入を上げなければならなかったことを意味する。軍慰安所の利用料金が国内の公娼の料金と同じくらいか、より低額だったとすれば、軍慰安婦の労働強度は遥かに高かったということになる。そうであってこそ慰安所業者も、前貸金の投資を上回る収益をあげることができたのである。したがってこの慰安婦側の好条件は、慰安婦の高い労働強度を反映したものともいえる。

慰安婦が前借金の金額や契約期間の面だけで有利だったのではない。一九一〇～二〇年代の日本の公娼では、慰安所での生活費は娼妓がみな負担したが、初期の慰安所では業者と慰安婦が生活費を分担し、後期の慰安所では業者が生活費を負担した。前に言及したように、日本の公娼の娼妓は業者に部屋代、電気料金、銭湯代まで払い、毎日の髪結い、化粧品、日用品の代金も自ら支払わなければならなかった。娼妓は手拭、石鹸などの日用品、衣類、布団、部屋の掛け軸ら飾り物などあらゆるものを業者を通して購入し、その全てが借金に加算された。一方、表9-2の慰安婦1では、食費、寝具類、什器は業者が提供し、着物のような衣類その他個人の用品は慰安婦が揃えなければならなかったが、そのすぐあとの一九三九年の漢口の慰安婦2では、大部分の生活費が業者の負担となった。これは一九四三年のマレーの慰安婦3でも同様だった。

そして日本の公娼では、娼妓が売上の四〇％を報酬として貰い、契約期間中この比率が維持されたが、軍慰安所では、前借金があるときは慰安婦が売上の四〇％を取り、前借金を返済した後は売上の五〇％を取った。特に一九四三年のマレーの慰安所では、前借金が多いときだけ慰安婦が売上の四〇％を取り、前借金が小さいと五〇％、前借金返済後は六〇％を取った。

別借金と呼ぶ追加の借金も、日本の公娼と初期の慰安所では業者と娼妓・慰安婦間の合意でいつでも可能であり、これが業者の娼妓・慰安婦に対する搾取の方便となっていたが、一九三九年の漢口慰安所以後は、追加の借金に関しては軍の許可を受けなければならなくなった。

このように契約条件は、国内の公娼より慰安所のほうが慰安婦にとって有利だった。これは戦場での危険に対する補償といえる。戦場では命を無くしたり負傷したりする危険があり、ふだんでも敵国の占領地を自由に歩き回ることが難しく、外出の自由が厳しく制約された。また、契約期間が終わったり前借金を返して自由の身になったりした後でも、帰国の交通の手立てが適期に得られず、朝鮮や日本に帰れないケースもあった。このような危険や不便に対する補償がなければ、女性が国内の公娼から慰安所に移ったり、国内の公娼ではなく戦場の慰安所を選んだりするはずがなく、だからこそ慰安婦には、国内の公娼の契約条件より有利な条件が提供されたのである（ラムザイヤー Ramseyer ２０２１年：６P）。

報酬を貰えなかったという元慰安婦の証言は？

慰安婦報酬には、慰安所に来る前に受け取った先払報酬としての前借金があり、また慰安所においての報酬もあった。慰安婦は前借金の債務を慰安所で受け取る報酬で分割返済して、その残りの収入を小遣いとし、ときには貯蓄もした。ところが韓国の元慰安婦の中で、先払報酬である前借金を受け取った、と明確に話した人は多くない。証言の脈絡を分析することで前借金を受け

	第1巻	第2巻	第3巻	第4巻	第5巻	第6巻	中国 第1巻	中国 第2巻
姓名	イ・ヨンスク（李英淑）、ファン・グムジュ（黄錦周）、イ・オクプン（李玉粉）、イ・サンオク（李相玉）、イ・ドゥンナム（李得南）、イ・ヨンニョ（李用女）、パク・スネ（朴順愛）、チェ・ミョンスン（崔明順）	パク・ヨニ、キム・チュンジャ（金春子）、チェ・ジョンネ	キム・オクチュ（金玉珠）、チョ・ナムネ、ハ・ヨンイ、シン・ヒョンスン	ハン・オクソン	イ・フナム、ハ・ボクキャン、ヤン・ジョンスン	コン・ジョミョプ、ノ・チョンジャ（盧清子）、キム・スナク、キル・ウォノク（吉元玉）	ハ・グンジャ（河君子）、チャン・チュヌォル（張春月）、ヨク・ヨンナン	キム・スノク（金順玉）、イ・グァンジャ、チョ・ユノク（趙允玉）、パク・ソウン、イ・スダン、ペ・サミョプ、ヒョン・ビョンスク（玄炳淑）、パク・ウドゥク
計	8人	3人	4人	1人	3人	4人	3人	8人

表9-3　挺対協証言録に収められた慰安婦の中の前借金受領者

取ったと推定できるだけである。挺対協証言録の全八冊に収録された元慰安婦一〇三人のうち約三分の一に当たる三四人は、家族が前借金を受け取ったとか、同じ慰安所の別の慰安婦たちは前借金を貰ってやってきたとか、前借金への言及はないものの父母が自分を紹介業者に引き渡した、と証言している。このように前借金の取り引きがあったと判断されるケースが、サンプル全体の三分の一程度である（表9-3）。

元慰安婦の中で前借金を受け取ったと確認あるいは推定される人の証言を、いくつか検討してみよう。黄錦周《ファングムジュ》は養女として売られた結果、二〇〇円の債務を負ったが、養父母にその借金を返した上に金儲けもしようと日本の軍需工場を志願し、慰安婦になった。彼女が養父母のもとを離れることができたのは、二〇〇円の前借金を貰って借りを返せたからだろう。また李相玉《イサンオク》は紹介所の家の養女となっていた（事実上は下女暮らしをしていた）ところ、日本の工場に行く女性を集めているという話を聞き、志願した結果、慰安婦になった。慰安所の主人は李相玉などを連れてきた募集業者に金を払い、各慰安婦はその金額に従って一年半、二年、三年などの年限が定められた。李相玉の契約期間は一年半で一番短かったが、おそらくこれは李相玉の養女としての債務が二〇〇円でしかなく、慰安所への旅費と食費も少額だったためだろう（挺対協他1993年：97P、186－188P）。

パク・ヨニは一九三八年に「広東に行けば金儲けができ、いい服も着られる」と言うある男について内緒で家を出、広東の慰安所に行くことになった、と証言している。これだけをみれば、彼女は巨額の前借金を受け取っていない。ところが「故郷から私を連れてくるのにかかった宿費など旅費の一切、慰安所での衣食住にかかる費用、果ては配分される化粧品に至るまで、全てがツケとして計算され」、そのためパク・ヨニは軍人を客にとっても全くお金を貰えず、三年が過ぎてはじめて借金をみな返すことができた、と言っている（挺対協他1997年：122－128P）。

しかも、一九三八年に広東に渡るには、第5章で言及した父母の承諾書などの五種の書類が必要だったが、パク・ヨニが父母に内緒で家を出たのなら、そうした書類を備えることができず、広東には渡れなかっただろう。とすれば、パク・ヨニは父母の同意の下、慰安婦として中国に行ったのであり、おそらく父母が巨額の前借金を受け取ったのだろう。広東で全ての生活費が借金として計算されたという話からすると、そこは軍の指定ではなく接客施設の所だったのではないかという疑問も生じるが、慰安所生活に関する彼女の他のいろいろな証言をみれば、そこが軍慰安所であったことは確実である。

南洋のパラオに行ったヤン・ジョンスンは、前借金を貰ったとは言っていないが、借金を負ったけどその借りをみんな返したから自由の身になれた、と語っており、前借金を受け取ったと推定される。イ・スダンは一八歳だった一九四〇年、服もくれるし金儲けもできる、と言う男から四八〇円を貰って黒竜江省阿城市に行き、ペ・サミョプは、ある軍属から四〇〇円を受け取った兄により三年契約で慰安所に送られたケースだった（挺対協他　2001年b：314P／韓国挺身隊研究所2003年：215P、252P）。

また、前借金にも債務にも言及していない元慰安婦の中にも、その証言を分析すると、前借金を受け取り慰安所に行ったと判断できる人がいる。一九四二年七月、東南アジアの慰安所に渡った文玉珠《ムンオクチュ》がそうである。彼女は前借金を受け取ったとは全く言っていないが、すでに満洲で娼妓を経験した彼女が、遠く東南アジアに行くのに前借金を一切貰わずに行ったというのは理解しがたい。また、彼女は次の第10章で詳しく説明するように、ビルマの慰安所での初めの六カ月間（マンダレイとアキャブの移動慰安所）は全く貯蓄ができなかったが、その後は毎月五〇〇〜九〇〇円を貯金している。これは初めの六カ月間は前借金を返すのに精いっぱいで貯蓄の余力がなかったためであり、したがって当初の出発の時点ですでに前借金を受け取っていたとみるのが合理的である。

次に、慰安婦は慰安所において報酬を貰えるようになっていたのに、やはり元慰安婦の多数が、慰安所で金は受け取っていない、と証言している。制度と経験者の証言が一致していないのである。この点につき、やはり挺対協証言録全八冊に出てくる元慰安婦一〇三人に対し、報酬をどれほど貰ったのかを基準に分類したのが表9-4である。

金は貰えなかった	言及無し	給与受領		その他
		債務の返済のみ	巨額貯蓄	
35人 34.0%	38人 36.9%	24人 23.3%	5人 4.9%	1人 0.9%
キム・ハクスン（金学順）、キム・ドクチン、ハ・スンニョ（河順女）、ファン・グムジュ（黄錦周）、イ・ヨンス（李容洙）、イ・オクプン（李玉粉）、イ・スノク（李順玉）、イ・サンオク（李相玉）、イ・ヨンニョ（李用女）、キム・テソン（金台善）、パク・スネ（朴順愛）、ユン・ドゥリ（尹頭利）〔以上1〕、チン・ギョンペン、パク・トゥリ（朴頭理）、カン・ムジャ、ヨ・ボクシル（呂福実）、パク・スニ〔以上2〕、キム・グンジャ（金君子）、シム・ダリョン、チョ・スンドク〔以上3〕、キム・ヨンジャ、チョン・ユノン、キム・ボクトン（金福童）〔以上4〕、シン・ギョンナン、イ・グムスン（李今順）、イ・ヤングン〔以上5〕、キム・ファジャ（金和子）、ソク・スニ、チャン・ジョムドル、キム・スナク、キル・ウォノク（吉元玉）〔以上6〕、イム・グミ、パク・ピリョン、パク・マクタル、チョン・ハクス〔以上中1〕	オ・オモク(呉五穆)、ムン・ピルギ（文必璂)、チェ・ミョンスン（崔明順）、カン・ドクキョン（姜徳景）〔以上1〕、ソン・パニム、ペ・ジョクカン、チョン・グムァ、チェ・ジョンネ、キム・ウンジン〔以上2〕、フン・ハルモニ、キム・ソラン、キム・ウンネ、チェ・ファソン、キム・ユガム〔以上3〕、キム・ファソン、ハン・オクソン、チェ・ガプスン、ユン・スンマン（尹順万）、アン・ボプスン〔以上4〕、ソク・ポクスン（石福順）、キム・ジョンスン〔以上5〕、チョン・ソウン、イム・ジョンジャ、ノ・チョンジャ（盧清子）、キム・ボンイ〔以上6〕、ホン・ガンニム、ホン・エジン〔以上中1〕、キム・スノク(金順玉)、チ・ドリ、イ・グァンジャ、イ・オクソン（李玉善）、ハ・オクチャ、カン・イルチュル（姜日出）、ムン・ミョングム、パク・オクソン（朴玉善）、パク・ソウン、イ・グィニョ、パク・テイム〔以上中2〕	イ・ドゥンナム（李得南）〔1〕、キム・ボクトン（金福童）、キム・ブンソン、キム・チュンジャ（金春子）、チェ・イルレ〔以上2〕、ファン・スニ（黄順伊）、キム・クッスン、チョ・ナムネ、シン・ヒョンスン〔以上3〕、ユン・エジャ、イ・フナム、ハ・ボクキャン、ヤン・ジョンスン〔以上5〕、コン・ジョミョプ〔6〕、ハ・グンジャ(河君子)、イ・ボンファ、チャン・チュヌォル（張春月）、ヨク・ヨンナン〔以上中1〕、チョ・ユノク（趙允玉）、イ・スダン、ペ・サミョプ、ヒョン・ビョンスク（玄炳淑)、パク・ウドゥク、キム・ウィギョン〔以上中2〕	イ・ヨンスク（李英淑）、ムン・オクチュ（文玉珠）〔以上1〕、パク・ヨニ〔2〕、キム・オクチュ（金玉珠）、ハ・ヨンイ〔以上3〕	キム・チャンヨン〔4〕

注：名前のあとのカッコの中の数字は、証言録の巻号。「その他」のキム・チャンヨンは「金を貯めたことはない」とだけ言っており、分類不能。

表9-4　挺対協証言録に収められた慰安婦103人の、報酬を支給されたかどうかについての答え

金は一切貰えなかった、とはっきり言った人は三五人であり、金に関しては何も言わない人が三八人である。日本の兵士たちをどういうふうに相手にし、食事はどうしたのか等については詳しく証言するのに、報酬をどういうふうにして受け取ったのかについては口をつぐむ人がかなりいる。両者を合わせると七三人で、全体の七一％である。一〇人のうち七人が、金は貰っていない、と証言しているわけで、そうすると朝鮮人慰安婦は、慰安婦として働いたにもかかわらず金を貰えなかったということになる。韓国ではこれが定説となっている。

次に、月給は貰うには貰ったが借金を返したら何も残らなかった、と言う人が二四人で、全体の四分の一程度、報酬を受け取り相当な額を貯蓄した、と語った人が五人で、全体の五％程度である。

一方、売上を四対六や五対五で、あるいは六対四で業者と分け合った、と言う人は李英淑《イヨンスク》（第一巻）、ハ・ヨンイ（第三巻）、張春月（中国編第一巻）、イ・スダン、玄炳淑《ヒョンビョンスク》（中国編第二巻）等である。このうち慰安婦の取り分比率が四の場合は前借金があるときで、六の場合は前借金の返済後である。このような分配比率は、この章の前のほうで述べたマレーの慰安所の契約指針と正確に一致している。そのほかに前借金を返済したと言った人はイ・フナム、ハ・ボクキャン、ヤン・ジョンスン（第五巻）、コン・ジョミョプ（第六巻）、ペ・サミョプ、パク・ウドゥク（中国編第二巻）等である。その他に、軍人がくれるチップを貯めて少額の貯蓄をしたという人たちも少しいる。

売上を業者と慰安婦とで分け合う場合をみてみよう。李英淑は、初めの広東の慰安所での二年の契約期間を終えると二軒目の慰安所に移り、そこでは自由の身になって売上を主人と五対五で分け合った。パク・ヨニは、初めの広東の慰安所で三年の契約期間を終えた後、別の慰安所・松屋に移り、そこでは売上の六割を貰った。ハ・ヨンイは、海南島の明月館で働いた初期は売上の一割を月給として貰ったが、交代した軍の責任者が主人に女性たちに売上の六割を渡すように命じた後は、六割を貰うようになった、と証言している（挺対協他 1993年：68P／同 1997年：68P／同 1999年：281P）。

毎月貰う報酬で債務を返済したと語る慰安婦たちもいる。ハ・ボクキャンは一九四一年に台湾の料理店に行き、一九四二年にフィリピンのマニラの慰安所に移ったが、「あのとき金をみんな帳消しにしてくれたんだ。（借りをみんな返したから）もう金は取らないよって主人がそう言ったよ」と証言している。一九三五年に満洲国の海城にある軍指定の遊廓に行ったコン・ジョミョプは、借金を返そうと二年間、夜も昼も客を取って業者にしっかり儲けさせ、そのおかげで業者もハルビンに行きたいという彼女を快く送り出してくれて、ハルビンでも一年間、一生懸命に借金を返した、と言っている（挺対協他 2001年b：259P／同 2004年：40-41P）。

親しい一人の友だちが、ハルビンに行けば客も多く、金回りもよく、大きくて広くていい所だから、女の子たちもたくさんいるんだって言うからそこに行ったんだ。「どこどこに行こうと思ってるんだ、行かせてほしい」って言えば、私があんなに儲けさせてやったんだから行かせてくれるよ。主人の許しを得て他の所に移っても、許可がすぐに出て客もすぐにとれたよ。

前借金を返した後、相当な額の貯蓄をしたという人も五人ほどいる。よく知られている慰安婦・文玉珠は、新たに移ったビルマの慰安所で、業者から貰った金や軍人たちがくれるチップをがむしゃらに貯め、自分の郵便貯金口座に二万六〇〇〇円を貯金したほか、故郷の家に五〇〇〇円を送金した。

ハ・ヨンイもまた、澎湖島と海南島の慰安所にいたときは前借金を返済するため金をちゃんと貰ったことはなかったが、慰安所の経営を引き継いだ帳場が太平洋戦争勃発後、スマトラに慰安所を移した後からは、売上の六割を受け取り、そのうちの相当額を銀行に貯金し、三万～四万円程度を貯めた（挺対協他 1999年：284－285P）。

このように、前借金を返したとか、金を少しでも貯めたと言うのは四人のうちの一人にもならず、四人のうちの三人近くが金を全く貰えなかったと言っているのが、朝鮮人慰安婦の証言である。後者は嘘をついているのだろうか。それとも、前借金を貰う契約はなく、慰安所において無償で性的な搾取をされたのだろうか。このことを論ずる前に、日本人慰安婦の場合はどうだったのかを探ってみよう。

その前にまず言っておきたいのは、日本人慰安婦の詳細な証言録や身の上話はいくつかあるが、挺対協証言録のように自らの慰安婦経験を証言した人は多くない、ということである。それは、韓国では挺対協という慰安婦運動団体があり、それに引っ張り出される形で多くの元慰安婦が日本の責任追及に乗り出したが、日本では自分が慰安婦になったことに対し、日本政府の責任を追及しようとする元慰安婦はいないからである。

西野瑠美子ら多くの日本人研究者が日本人慰安婦問題を取り上げた本がある（『日本人「慰安婦」：愛国心と人身売買と』現代書館、二〇一五年刊）。その中のある論文には、取り上げた日本人慰安婦一〇人のうち、慰安婦としての収入が分からないというのが四人で、あとの六人はみな短期間で前借金を返済し、さらには相当額の貯蓄までしていたことが記されている。

山内馨子は前借金が四〇〇〇円もあったのに、それをみんな返したというから、相当な報酬を貰ったということである。鈴本文は二三〇〇円の前借金を返済した上に、一万円を貯金した。嶋田美子は一年半で前借金一〇〇〇円を返済し、高島順子はわずか三カ月で前借金二〇〇〇円を全て返済した。もちろん多くの兵士を相手にしなければならなかった。一日に一五人ずつ相手にしたという。千田夏光《せんだかこう》の『従軍慰安婦・慶子』に出てくる笹栗フジ（娼妓名は慶子）も、やはり三、四カ月で前借金一〇〇〇円を返済した。田中タミは一生懸命に働いて前借金を返したが、帳簿から前借金が減ってゆくのを見るのが楽しみだったという（山田恵子他 2015年：143-152P）。

四八人の台湾人慰安婦に対する設問調査でも、四四人が金を受け取り、四人だけが金を貰えなかったと答えている（吉見義明 1995年：146P）。台湾人慰安婦の中には銀行に巨額の貯金をした人もいた。陳連花は慰安婦として働く中で巨額の貯蓄をし、一九四五年一月末の時点で台湾銀行の口座に二万四〇〇四円の残高があった。彼女は一九四四年一二月七日の最初の取引で五〇〇〇円を入金し、翌四五年一月（日付は不詳）にも八四〇〇円を入金した。このとき四円六五銭の利子がついていた。最後に一月三一日に一万六〇〇〇円を入金した。わずか二カ月間に合わせて二万四〇〇〇円を入金したわけである。これは、戦場の慰安所で貯めた金を三回に分けて自分の台湾銀行の口座に送金したとみるべきだろう（西岡力　2019年：89-90P）注6。その預金残高は、文玉珠の一九四五年九月現在の残高二万六三四三円に次ぐ巨額である。

ここまでを整理してみると、日本人慰安婦は相当額の報酬を貰い、そのため短期間で前借金を返済し、中には相当な額の貯金をした人もいた。台湾人慰安婦も大部分が報酬を貰ったと言い、やはり巨額の貯金をした人もいた。これは挺対協証言録の朝鮮人慰安婦とは全く違っている。同じ慰安婦であり、あるときは同じ慰安所にいたにもかかわらず、日本人慰安婦や台湾人慰安婦は慰安婦として働きながら金を稼いでいるのに、朝鮮人慰安婦はお金を見ることもできなかったと言う。

どうしてこんなに違うのか。理由の一つは、まず資料が作られる過程が元々違っていたことにある。朝鮮人慰安婦に関しては、挺対協の運動家たちが強制動員についての日本政府の責任を追及するために証言を採録した。その採録の過程で、強制連行・性奴隷説というフレームによって質問者の質問と慰安婦の答弁が潤色、歪曲、汚染された可能性が十分にある。〝強制連行された性奴隷〟が相当な報酬を貰い、それで前借金を返し、貯金までしていたというのでは、日本政府を追及しにくくなるからである。たとえば李容洙《イヨンス》は、証言当初の一九九〇年代初めには、自分は赤いワンピースと革靴に魅かれて業者についていった、と証言していたのに、二〇〇〇年代以後は、軍人が背中に何かを突きつけながらそのまま連れていった、と話を変えた。こういう風潮の

注6　西岡力教授は、台北の慰安婦博物館である阿嬤家（アマ〔おばあさん〕の家）‐和平与女性人権館に展示された陳連花の預金通帳から、その取引の内訳を把握した。

中にあった韓国人元慰安婦たちは、金は貰ったことがないと言ったり、報酬には口を閉ざしたりした。

しかし、日本人慰安婦の場合にはそのような必要がなかった。日本人慰安婦研究者の中にも日本の戦争責任を追及している人たちはいたが、前もってはっきりした意図を持ち、証言を潤色したり歪曲したり省いたりするのは稀だった。

一般的な慰安婦の契約条件と、朝鮮人慰安婦の報酬に関する証言が大きく食い違う二つ目の理由がある。前借金が残っている女性は、売上のうちの四〇%を貰い、その中から借りを返してゆくため、毎月自分で使えるお金があまりなかった。前借金を返す間は売上の一〇%そこそこしか貰えなかった。こういう場合、慰安婦は自分は小遣い程度しか貰えなかったと記憶するようになる。慰安所は、日本軍が勝ち取った占領地にあって、日本が勝っている間は好況を享受したが、一方慰安婦は、まだその期間は借金を返すのに追われ、売上の一〇%余りしか貰えなかった。戦況が悪化し敗戦の危機に追い込まれてからは、慰安所の営業がうまくゆかなくなった。そうしたとき慰安婦の収入が大幅に減ったのはいうまでもない。

一九四二年、満洲牡丹江《ぼたんこう》省で慰安婦として働き始め、一九四三年、部隊の移動に伴いインドネシア・スマトラ島のパレンバンに移って慰安婦暮らしをしたイ・フナムは、まさにこの点を正確に語っている（挺対協他 2001年b：242P）。

〈問〉慰安所の主人はお金をくれなかったんですか？

〈答〉そんなとき、お金はくれるはずないでしょ。お金をたくさん引っ張っていたから。借金していったからさ。ちょっとでもお金があれば借金を返さなければならないじゃない。だからお金貰えなかったさ。

先に述べたハ・ボクキャンはマニラの慰安所で借金をみんな返済したが、そのときまでは彼女も、収入の大部分を借金の返済に回したため、月給の実際の受領額はいくらにもならなかっただろう。文玉珠も、ビルマに来て最初にいた慰安所では、前借金を返すのが先で貯蓄ができず、次の慰安所からやっと貯蓄を始めた。パク・ヨニが最初の三年間いた広東の慰安所での報酬に言及しなかったのも、やはり前借金を返すのが先で、実際の受領額がいくらにもならなかったからだろう。チェ・ジョンネも、もともと母親がお金を貰って自分を業者に引き渡した上に、慰安所業者が、買いたいものがあったら買え、と言うので買ったところ、それがみな借りとなり、債務が二〇〇〇円に達した。その借金があったために彼女は、お金は見ることもできなかった、と証言したのである（挺対協他 1997年：220P）。

《要約》

慰安婦の前借金は人身売買の代金ではなく、年季労働契約の先払報酬だった。慰安婦は慰安所で仕事（性的慰安行為）をして前借金を返した。初期の慰安所では二年の期限さえ満たせば済む契約もあったが、売上を業者と慰安婦とで分け、慰安婦が自身の取り分の中から前借金を返してゆく方式が一般的だった。前借金を返済した後の業者と慰安婦間の分配率は、初めは五対五が多かったが、後に四対六と慰安婦に有利なものに変わっていった。韓国の多くの元慰安婦たちが報酬は貰えなかったと証言しているが、これは主に日本政府の責任を追及するために報酬を貰った事実を隠したからであり、その他の理由としては、慰安婦になった初期においては前借金を返すのが先で、売上の一〇%そこそこの報酬しか貰えなかったためである。

10

慰安所の営業と慰安婦の仕事、所得

日本軍の支援と監督

日本軍は慰安所の設置を決定し業者を選定した。日本軍は業者に慰安所開設のための各種の支援を行った。日本軍は慰安婦が戦場に渡る際の出入国手続きや輸送などに便宜を提供し、慰安所として使用する建物も提供した。日本軍兵站《へいたん》部はしばしば占領地で民家を接収し、内部を慰安所に改造して業者に提供した。

元日本軍人の証言によれば、占領地の料亭、待合、ホテルなどを将校用の慰安所に使い、占領地内の民家、アンペラで建てた掘っ立て小屋、バラック、町家、商家、ビル、改造した小学校、大学の職員住宅などを兵士用の慰安所に使った。これらの施設のほぼ全部を軍が接収し、慰安所業者に提供したのである（従軍慰安婦110番編集委員会 1992年：118P）。

たとえば一九三八年の初めに杭州に配置された第一八師団の師団通信隊小隊長・田中篤によれ

ば、連隊の副官が慰安所建物を準備するなど、軍が慰安所の施設を用意した。軍は適当な中国人の民家を選び、内部に慰安婦の頭数に合わせ仕切りを作って業者に無償で貸与した。先に述べたように、約三〇軒に達する漢口慰安所の建物もやはり日本軍の兵站部が提供した。兵站は一慰安所当たり民家二軒を割り当て、壁を崩して一つの建物として使えるようにした。仕切りを設置して個々の慰安婦の部屋を作り、床を敷いて布団や食器を用意したのも兵站だった。また上海の海《うみ》乃家《のや》も、元々は中国人が所有していた建物を海軍が接収して業者に貸与した。賃貸料は五円に過ぎず、しかも実際に支払われることはなかった。利用する軍属が急増した一九四三年頃には、海軍は約一キロ離れた所に別館も用意した（西野留美子 1993年：71P／華公平《はな》 1992年：69P、79P）。

日本軍は慰安所に対する綿密な管理体系を構築した。早くも一九三二年に上海に軍慰安所を設けた際、日本軍は性病検査のレベルを超えた多方面にわたる監督規定を作った。特に陸軍の上海派遣軍は一九三二年四月一日「軍娯楽場取締規則」を制定し、後日の慰安所に対する軍統制の原型を示した。主な内容は次の通りである。

（一）営業家屋は軍が指定し、必要な設備と損害は営業者の負担。
（二）利用者は制服着用の陸軍軍人、軍属に限る。
（三）毎月一回憲兵が指定する定休日を設ける。
（四）営業を許可された者は接客婦名簿（雇主、氏名、国籍、本籍、芸名、生年月日、略歴を記入、写真を添付）を憲兵分隊に提出する。

（五）毎週一回、軍医が憲兵の立会いで接客婦を検診し、不合格者は接客を禁じる。
（六）コンドームおよび消毒薬を用いる。
（七）営業時間は午前一〇時～午後六時、午後七時～午後一〇時（下士官のみ）。
（八）遊興料は内地人一時間一円五〇銭、朝鮮人・中国人一時間一円。
（九）接客婦は許可なく指定地外へ出ることを禁じる。
（一〇）営業者が接客婦に対する利益の分配などで不当な行為がある時は営業停止を命じる。
（秦郁彦　1999年：64P）

軍は慰安婦を把握し、毎週一回軍医官が慰安婦が性病にかかっていないかどうか検査し、営業時間や利用料金も定めた。さらに軍は慰安所の業者が慰安婦を不当に搾り取れないようにした。ただし、後日の日本軍慰安所のように営業状況や慰安婦の借金状況を細かく把握することまではせず、業者と慰安婦の間で問題が発生したときに対応する程度だったようである。

日中戦争勃発後、上海や南京などに慰安所が本格的に設置されるようになると、上海駐在の日本総領事館が中心となって慰安所業者と慰安婦を対象とする管理体系が構築された。その際、総領事館と現地の軍の間で役割分担が行われた。領事館は営業願書を提出した業者を審査して許可するかどうか決定し、慰安婦の身元や仕事に対する一般的な契約手続きを処理し、渡航する際の便宜を提供し、業者と慰安婦の身元その他に関する関係諸機関への照会と回答を担当し、業者と慰安婦が中国の港に到着した後は入国を許可するかどうかを直ちに決定し、憲兵隊に引き渡すことにした。憲兵隊は領事館から引き渡された業者と慰安婦の就業地への輸送手続きと業者と慰安婦に対する保護・取り締まりを担当した。そして領事館武官室は就業する場と家屋を用意し、一般保健及び検黴《けんばい》（性病検査）を担当した注1。

現地の日本軍は慰安所に対する更に綿密な管理体系を構築した。一九三七年末に上海西部の松江に駐屯した野戦重砲兵第一四連隊は、翌年一月末の慰安所開設とともに「特殊慰安所取締規定」を下達《かたつ》した。この規定は、総論と営業手続き、営業施設、衛生、営業方法、禁止制限及び取締の五章、及び付則で構成された四一カ条に及ぶ非常に細密かつ膨大なものだった。これは、この連隊が独自に作成したのではなく、軍の全般的な慰安所開設及び運営のマニュアルに則って作成されたものではないかと推測される（河宗文《ハジョンムン》 2023年：125P）。その主な内容は次の通りである（カッコ内の番号は条項番号）。

特殊慰安所取締規定（抜粋）

（二）上海県警備区域内の特殊慰安所設置は……舎営司令官のみ行うことができる。

（三）特殊慰安所経営者は接客婦を使用する営業者と飲食などを販売する者に分け、両者を兼ねることはできない。

（四）特殊慰安所の設置経費中、宿舎は舎営司令官が用意し、その他の経費は使用者の負担とするが、舎営司令官が便宜を与える。

（五）専任将校は営業者の退去を命じ営業場を制限することができ、営業者は損害賠償その

注1　「皇軍将兵慰安婦女渡来ニツキ便宜供与方依頼ノ件」（『資料集成』第1巻、36-38P）。

他の異議申請をすることはできない。
（六）営業者は舎営司令官や専任将校の許可なくして営業の廃止、全部あるいは一部の休業をすることはできない。
（八）軍人・軍属のみ利用することができる。

第二章　営業手続き

（一一）特殊慰安所で営業しようとする者は、所定の誓約書及び接客婦に対する契約書の写しを添付し、舎営司令官に提出しなければならない。
（一三）接客婦名簿に本人の写真二枚を添付して提出しなければならない。
（一四）接客婦に異動が生じたときは専任将校に書面で申告しなければならない。

第三章　営業施設

（一六）営業者は家屋の修理、改造、装飾などを専任将校に申告しなければならない。

第四章　衛生

（二〇）接客者に対し毎週土曜日、軍医の検診を行う。
（二二）検診の結果、不合格だった者は診療を受け、許可が下りるまで接客を禁じる。

第五章　営業方法

（三〇）客が来たらまず料金を受領する。但し料金は日本の貨幣・軍票でのみ受領する。

（三一）（営業時間の規定）

（三二）（遊興料の規定）

第六章　禁止制限及び取締

（三六）営業者は接客婦に対する契約不履行の場合、営業を停止するものとする。

（四〇）本規則に違反したときは許可を取り消し、退去を命じるか営業を停止する。

（資料：「野戦重砲兵第一四連隊第一大隊本部の陣中日誌（一九三八年一月三一日）」）

この規定において注目すべき点は、（二）特殊慰安所設置の決定権は施設を担当する駐屯軍舎営司令官にあったこと、（三）特殊慰安所には接客婦を使って性的慰安を提供する所と、飲食・酒などを販売する所の二種類があり、両者を兼ねることはできないということ、そして（五）専任将校は営業者を追い払ったり営業を制限できるが、営業者がそれに異議申し立てができないということ、（六）専任将校らの許可なくして営業者が任意で営業をやめたり休んだりできないことなどである。要するに、慰安所の設置から運営、休・廃業に至るまで軍が強力な権限を持っていたのである。

一九三八年末から設置されるようになった漢口慰安所も、漢口兵站司令部が厳しく管理した。

先に述べたように、漢口慰安所は三〇軒の慰安所と約三〇〇人の慰安婦から成っていた。

漢口兵站司令部は日本の遊廓におけるように業者に組合を組織させた。その漢口慰安所組合では組合長と副組合長が選出された。兵站司令部はその組合を介して慰安所を統制し、自分たちの意思を業者らに伝えた。組合事務所は各業者から提出された慰安婦の異動状況を記録し、収入額や支出額を帳簿に記載し、こまめに登録人員や売上高の報告を受け、それを兵站司令部に報告しなければならなかった。特に目をひくのは、慰安婦ごとに出納簿を作って借金の状況や金銭の出入りを明示させ、慰安婦の身分を保護する資料にしたことである（長沢健一1983年：59－60P）。

漢口慰安所では、性病などの健康管理を担当した一人の軍医が細心かつ厳格な管理体系を作った。慰安所創設当時から勤務した藤沢軍医は元は大阪の松島遊廓近くの開業医で、遊廓の生態に精通していた。朝鮮でももちろんそうだったが、日本でも遊廓の抱え主の娼妓に対する搾取はひどかった。遊廓の娼妓はタオル、石鹼、化粧品などの消耗品や衣類、布団、部屋の装飾品など生活用品の全てを抱え主を通して購入したが、抱え主はそれらを市場価格に自分らの利益を上乗せした一層高い価格で売った。その代金は娼妓の借金にそのまま加算された。

藤沢軍医はこうした搾取から慰安婦を救うために、借金を増額する場合は兵站司令部がその理由を慰安婦から直接聴取した後、許可するようにした。藤沢が各慰安婦の借金額を調査したところ、日本から来た慰安婦は法規通りの借用証書を持っており、中にはずっと法的強制力のある公正証書を持っている人もいた。一方、朝鮮人業者には、契約書類が全くなく、貧農の娘を人身売買のようにして買い集め、奴隷のように酷使している人もいた。こうしたケースでは、抱え主が借金の帳簿を自分の都合のいいように書き換えても、慰安婦がそれを防ぐことはできなかった。慰安婦は死ぬまで自由の身になれず、慰安婦自身もその状態に対する自覚がなかった。藤沢は借金管理に兵站司令部が関与することで、慰安婦が働けば借金を返済でき、自由の身になれるようにした。

もちろん、軍が業者を強く統制すると、業者はその統制を巧妙な手段で回避した。慰安婦は借金を返済している最中は、手に入るお金がほとんどないので業者や帳場（管理人）からお金を借りて日用品を購入しなければならなかった。漢口兵站司令部がこのような借金を慰安婦の出納帳簿に記載できないようにしたため、業者は慰安婦の客数を減らして帳簿に記載し、報告から漏れた収入中の慰安婦の取り分を新たな債務と相殺《そうさい》した。たとえば、実際には客が一〇人だったとしたら、そのうちの八人だけ帳簿に記載して軍に報告し、残り二人分の売上は業者が取り、そのうちの慰安婦の取り分をその未記載の借金の返済に充てるのである。このようなことまで兵站が監督することは不可能だった（長沢健一 1983年：63-64P）。

漢口兵站司令部は一九三八年一一月三日の漢口への入城を記念し、毎月三日を慰安所の休業日とした。慰安婦には月に一回の休日だった。その日は朝九時になると、慰安婦たちが着飾って三々五々慰安所内の小公園に集まる。組合長が司会をする行事があるのである。式ではまず皇居がある東方に向けた最敬礼、次いで戦没した英霊に対する黙禱、漢口で死んだ慰安婦を祀る慰安婦供養碑に向けての拝礼、慰安係長の精神訓話などが続き、それから当日の眼目の表彰式に移る。前月に最高の売上を記録した慰安婦に表彰状と副賞を授与するのである。組合長は「あなたは何月、最高の売上をし、全慰安婦の模範となり、皇軍慰安に努力したことを賞し、表彰します」と表彰状を読み上げる。表彰状を与える狙いは、慰安婦たちの虚栄心を刺激し競争を煽ることにあった。同僚が表彰状を貰うのを見て、今度は自分が貰おうと売上を上げる努力をするよう誘導することにあった。

同様の意図から漢口兵站司令部は、慰安所の入口の壁に掲げる慰安婦の写真も売上高順にするよう指導した。各慰安所は売上高一位の慰安婦の写真を右端に置き、その左から売上順に写真を掲げた。こうすると利用する軍人たちは、左端に行くほど写真の女性らに人気がないことを知り、反対側の人気がある女性らを選ぶようになる。これは慰安婦間の競争を促した。その結果「自然に売り上げは伸び、楼主の笑いは止まらな」かった。「女たちの競争心や虚栄心を利用した搾取の手段」であった（長沢健一 1983年：129-131P）。

一九四一年一一月、マレー軍政監部は「慰安施設及び旅館営業取締規定」により慰安所を特殊慰安施設に分類した後、その経営者は原則的に日本国籍者に限定し、従業員にはなるべく現地人を活用して日本人の使用は最小限にし、営業の許可、禁止、停止、譲渡及び営業所の移転、稼業婦の就業及び就業所の変更、営業者及び稼業婦の廃業は地方長官が処理するようにした。また同軍政監部は「慰安施設及び旅館営業遵守規則」によって慰安所に、現金出納簿を備えて日々の収支を明らかにし、毎月の収支計算書を作成し、管轄支部警務部を通して軍政監に提出するよう要求した。

第9章でみた一九四三年のマレー軍政監の芸妓・酌婦雇用契約規則（三〇四〜三〇六ページ参

照）も、それ以前の一九三七年末の上海派遣軍による慰安所の契約条件より条項が多く詳細にわたる。慰安所運営の経験が蓄積された結果であろう。そこでは③項のように、営業状況の記録を慰安所業者と慰安婦に共有させた。また⑤項のように、慰安業務を遂行する過程で妊娠したり分娩したり病気になったりした場合、関連費用を業者と慰安婦とでそれぞれ半分ずつ負担させた。兵士は慰安所でコンドームの使用が義務づけられていたが、兵士がコンドームを使用しないか、使用したとしても不良品だったため慰安婦が妊娠した場合、関連費用を業者と慰安婦とで分担するようにさせたのである。そして⑪項のように、慰安婦が業者から一定額以上の追加借入をする場合は軍の許可を受けさせた。一九三七年末の上海派遣軍による慰安婦募集の際には、このような規定はなかった。

一方、沖縄に駐屯した第六二師団（別称、石兵団《いし》）の一九四四年九月二一日の会報によると、軍は九月末に開業する慰安所運営に関して注意すべき事項を非常に細かく規定している。

後方施設ニ就キ左ノ件注意セラレ度《たし》

1　税金額ハ営業者ヲシテ貯金ノ方法ニテ保存セシメ他日税額決定ノ折ハ適宜ノ処置ヲ取リ得ル如クスルコト

2　検黴ニ方《あた》リテハ妓女ニ不快ノ感ヲ与フルガ如キコトナキコト某兵団ニハ妓女ノ顔ト局部ヲ見ツツ為セルモノアリ

3　経営者ト妓女トノ関係ヲ調査シ分ケ前等ヲ研究シ遺漏ナキ如クセラレ度

4　他兵団方面ニテハ国民学校児童ガノゾキ見風教上不可ナルモノアリノゾケザル如ク施設セラレ度
5　風教上妓女ヲシテ附近ヲ猥《みだ》リニ散策セシメザル如ク村民ヨリ申出アリ場所ニヨリテハ注意セラレ度
6　妓女等ガ那覇ニ時折帰リ度《た》キ希望アリ然《しか》ルトキハ便アラバ証明書ヲ委員ニ於テ発行シ自動貨車等ヲ利用セシメラレ度
　然ル時ハ助手台ニ乗セヌコト
7　妓女ハ煙草ニ苦シミアル旨申出アリ出来得レバ便宜ヲ与ヘラレ度
8　二十八日以降ハ切符ヲ更ニ兵一下士官一ヲ増加差支ヘナシ
（以下省略）
（資料：吉見義明　1992年：412P）

税金は営業者に予《あらかじ》め預金方式で預けさせ、検査時に軍医は顔と局部を交互に見て慰安婦に不快感を与えたりしないようにし、慰安婦が街への外出で貨物自動車を利用するときは悪戯されないよう助手席には乗せないなど、細心の注意事項が設けられた。これが一〇〇パーセント守られたとは思えないが、ともあれ、ここまで細心の注意事項を設けたこと自体が、日本軍の厳格で細かい慰安所管理方針を示唆する。

軍人専用の慰安所に民間人を出入りさせたか調べる臨検もあった。上海の海軍陸戦隊専用の慰安所である海乃家に、ある日突然、憲兵が乗り込んで一人ずつ客の身分を調べた。海乃家に出入りしていた着物販売の民間人が客としてあがっていたときこの臨検に遭い、押入れに隠れているところを見つけられたが、憲兵に即座に敬礼をしたので「堪忍してやる」と言われて落着したこともあった（華公平 1992年：77－78P）。

慰安所の高収益営業

慰安所業者の最大の関心事は、売上を伸ばし高収益をあげることだった。そのために業者は慰安婦により多くの軍人を相手にさせた。漢口慰安所では兵站司令部が入口に慰安婦の写真を売上高順に掲げさせたが、他の慰安所でも業者は慰安婦同士で競わせようと、よく入口に慰安婦別の売上高を掲示したりした。さらには業者は、売上が優秀な慰安婦には賞を与え、実績が上がらない慰安婦には罰を与えたりもした。それぞれビルマと広東で慰安婦生活を送った文玉珠《ムンオクチュ》とパク・ヨニの証言が、その様子を伝えてくれる。

〈文玉珠〉切符が多くならないと困るのだった。一日に何枚になったかを黒板に白墨（チョーク）で書き込まなければならないから。毎日書き込んでいくと、グラフに一目瞭然に差がでてきた。マツモトはわたしたちを競争させていた。いま考えると恥ずかしいことだけれど、負けず嫌いのわたしはいつも一番だった（森川万智子 1996年：103－104P）。

〈パク・ヨニ〉女性たちは（軍人から貰った）この切符を集め、夕方になると主人のもとに持ってゆき、主人はその女性の一日の実績を帳簿に記録した。主人は帳簿に記録したものをまた一カ月単位で合算し、女性たちに順位をつけたが、一等や二等になると、女性たちに配当される衣服の中でも良い衣服が順に回ってき、食べる物も良い物をくれたりした。そしてずっと一等を取り続ける女性には、数カ月に一度、金の指輪をあげたりした。しかし、軍人たちに人気がなく順位が下の女性には、台所仕事もさせ、便所掃除などの人の嫌がる仕事もさせた。人一倍嫉妬しやすい年頃の女性たちを、主人はそんなやり方で宥めたり脅したりして治めた。女性たちは良い待遇を得ようと自然と競争するようになった……私も一生懸命に軍人たちの相手をした（挺対協他　１９９７年：126Ｐ）。

では、慰安所の営業状況はどうだったのか。慰安所ごとに状況は異なるが、それに関する客観的な資料からみてみよう。一九四四年八月、ビルマのミッチーナでアメリカ軍の捕虜となった慰安所業者二人と慰安婦二〇人を尋問したものによれば、その慰安所の営業成績は良好だった。一週間の全ての曜日ごとに利用する師団内の部隊が指定されており、慰安婦には週一回の定休日などはなかった。また一日の間でも、兵士、下士官、将校という階級別に利用時間が定められていた。昼は兵士、午後五時から九時までは下士官、九時から一〇時までは将校といったふうに、階級別に利用時間が決められていたのである。利用料金にも差があって、兵士はもちろん安くて一・五円、下士官は三円、将校は五円だった。将校が一晩宿泊するときは二〇円だった。慰安婦は利用する軍人が泥酔状態のときは断ることもできた。

その慰安所の一日利用者数は、下士官と兵士が八〇～九〇人、将校が一〇～一五人だった。合わせて九〇～一〇〇人ほどである。慰安婦数が二〇人だったので、慰安婦一人当たり、一日に軍人五人、月に一四〇人程度を相手したことになる（月二八日営業）。

慰安婦の月の売上は三〇〇～一五〇〇円に及んだという。慰安婦が単に一日五、六人の兵士を相手にしていたのでは月一〇〇〇円も売り上げられない。この売上には宿泊を含む将校の利用が多数含まれているはずである。業者がこの売上のうちから五〇～六〇％を取った。業者は食事を提供する代わりに、衣服その他の品物を慰安婦に高く売りつけて利益を得た（安秉直《アンビョンジク》　２０１３年：410-412Ｐ）。

慰安婦一人当たりの売上の中央値九〇〇円に慰安婦の人数二〇をかければ慰安所の月の総売上となり、一万八〇〇〇円である。一日の平均利用客を九〇人、ひと月に二八日営業するとしたら、利用客一人当たりの売上は七・一四円である。業者が売上の五〇～六〇％を取るので、業者の月の収入は九〇〇〇～一万八〇〇〇円となる。そのうちの三分の一くらいを管理人、食堂従業員、掃除婦などの人件費や食費などに支出しなければならないが、慰安婦の月の収入から前借金が分割返済されるので、両者はほとんど相殺される（その根拠は後述の表10-1で説明する）。結局、業者の月の現金純収入は一万円前後になる。この計算では、慰安婦一人の売上を月九〇〇円にしたが、この金額が過大だとすれば、業者の月の現金純収入は一万円よりは少なくなるだろう。それでも巨額の収入といわざるを得ない。

ビルマやシンガポールで慰安所の帳場（管理人）として働いた朴治根《パクチグン》の日記から、慰安所の営業収益に関してより多くを推論できる（安秉直　2013年）。彼は合わせて三軒の慰安所で働いた。最初は一九四二年八月下旬から一一月一〇日までラングーン北西部のプロームで、一一月一一日から四三年一月一六日までは更に西方の前線の港湾都市アキャブで、ともに妻の兄が経営する勘八倶楽部で働いた。彼は四三年一月一六日にアキャブを出てラングーンに向かい他の事業を模索した後、五月三一日から九月の初めまでラングーン市内のインセンにあった二つ目の慰安所・一富士楼で働いた。そして四三年九月にはビルマを離れてシンガポールに行き、ここで四四年二月一日から一二月中旬まで菊水倶楽部で働き、一二月一六日に朝鮮への帰国の途についた。

このうち一富士楼では一九四三年八月の一二日、一九日、二六日に、一週置きに兵站司令部からそれぞれ四〇〇個、六〇〇個、八〇〇個のコンドームを受領した。一週間の平均値六〇〇個を月に換算すれば二四〇〇個になる。全てのコンドームを客の軍人たちが使い切ったとは思えないので、月の利用客数は二四〇〇人にまでは至らなかったようである。

しかし、これは平素より少ない利用客数だった。朴治根は同じ時期の八月一一日、「慰安所の客が減り収入もずいぶん減っ」たと日記に記している。それは、一富士楼に出入りしていたあるインド人納品商人がその七月末にペストで死亡したため、八月初めに慰安所の営業が一週間禁止されたからである。ペストが原因で営業が停止されれば、一週間後に営業停止が解除されても、客はペストへの感染を恐れ慰安所に行くのをためらうものである。一週間の受領コンドーム数が四〇〇個から六〇〇個、八〇〇個へと増えたのは、利用客数が回復し正常の水準に戻ったことを表している。一週間に八〇〇個が普段の正常な水準だとすれば、月の利用客数は三二〇〇人程度になる。利用客一人当たりの平均料金を二円だとすれば、慰安所の月の売上は六〇〇〇円を少し超える。これは先に推計したミッチーナの月の売上一万八〇〇〇円の三分の一でかなり少ないが、それは将校の宿泊利用を勘案せずに利用客一人当たりの平均料金を二円にしたからである。

菊水倶楽部は一九四四年三月二六日の日曜日に一六〇〇円余りの開業以来の最高売上を記録したのに続き、公休日である四月二九日の天長節（天皇誕生日）とその翌日に、それぞれ二四五〇円と二五九〇円という売上最高記録を更新した。それほど軍人の外出が多かった。利用客一人の平均料金を二円とすれば、三月下旬の売上一六〇〇円余りの日には八〇〇人の軍人が、四月末の特需のときには一日に一二五〇人程度が訪れたことになる。どちらも将校の宿泊利用を考慮していない。普段そんなことはなく、一年に数回もない非常に特別なケースだった。このような年間最高記録水準の利用客数と売上高から月の利用客数と月の売上を推定するのは難しい。それは慰安所が最も混むとき、どれほどの客が押し寄せたのかを示してくれている。

最後に、勘八倶楽部の営業実績は非常に良かった。一九四三年一月一六日、朴治根がアキャブを離れてラングーンに向かったとき、妻の兄の山本は三万二〇〇〇円を釜山《プサン》の自分の家に送金してくれと頼んだ。これは四カ月半の間に山本が稼いだ金の一部だった。山本は朝鮮から一九人の慰安婦を連れてくるとき前貸金として相当額の金を使ったが、それをわずか四、五カ月の間に回収したものと思われる。

この四カ月半の間、勘八倶楽部はどれほど売り上げ、客はどの程度いたのだろうか。業者は

売上	配分			
100	慰安婦40	実際の受領 13	13	慰安婦の実際の受領額
		前借金返済 27	67	業者の実際の受領額
	業者60	業者の報酬 40		
		経費 20	20	従業員等の給料、食費、衣料費等の運営費

注：マレー軍政監部の規定どおりに慰安婦は自分の取り分のうち2/3を前借金の返済に充てたと仮定。また、国井の上海の慰安所のように帳場（管理人）等の従業員給料と運営費に売上の20%を要したと仮定。

表10-1　慰安所の売上の配分推定例

持っていた金の一部は送金せずに残したはずなので、この期間中に彼が得た収入を少なめに見積もって三万五〇〇〇円だったとしよう。そうすると山本の月の収入は八〇〇〇円程度になる。もちろん、これには慰安婦の前借金の分割返済分が含まれている。

通常、業者と慰安婦は売上を六対四で分け、業者は自分の取り分から帳場他の従業員の給与や食料費などの運営費を支出し、残りを自分の所得にした。また、慰安婦は四〇％の取り分のうちから前借金を返済した。後から記す国井茂の上海の慰安所を参考にして、売上好調期に業者の取り分のうちの三分の一が運営費に使われると仮定しよう。まず業者は売上額の六〇％を自分の所得にする。そして第9章でみたように、前借金債務のある慰安婦は売上の二七％を前借金の返済に充て、残りの一三％を分配されるとしよう。そうすると結局、業者は表10-1のように、慰安婦が前借金を返済している間は全売上の六七％、すなわち三分の二を分配されることになる。業者・山本が手にした月八〇〇〇円は売上の六七％に当たることになるので、慰安所の月の総売上は一万二〇〇〇円程度になる。客一人の単価を二円だとすれば、月の利用客数は約六〇〇〇人である。

他の事例をみてみよう。東京の玉の井遊廓の組合長だった業者・

国井は、上海近くの慰安所に慰安婦五〇人を連れてゆくとき、前借金として慰安婦一人当たり一〇〇〇円、総額五万円を投資した。業者の回顧によれば、慰安婦一人が一日平均一五人を相手にすると、一日の総利用客数は七五〇人（慰安婦五〇人×客一五人）で、一日の総売上は一五〇〇円（一回の利用料金を二円とする）である。そのうちの七五〇円が業者の取り分で、管理人などに収益を分けてやったあと自分の取り分として五〇〇円の収入を得ることができ、これは一カ月であれば一万四〇〇〇～一万五〇〇〇円の収入である。四カ月あれば投資した五万円くらいを稼ぎ出すことができた（大林清 1983年：221P）。

以上のようにして推定したビルマの慰安所の月の売上は、ミッチーナ慰安所一万八〇〇〇円、一富士楼六〇〇〇円、勘八倶楽部一万二〇〇〇円である。業者らはそれぞれ月に一万円、四〇〇〇円、八〇〇〇円の収入を得た。二〇人程度の慰安婦を連れてくるのに前貸金として二万～三万円投資したとしても、数カ月も経たないうちに回収することができた。上海の海軍軍属専用の慰安所である海乃家の業者も大儲けをした。毎晩、業者の金庫は儲備券《ちょびけん》や軍票で溢れ、業者はその金を上海銀行に預けたが、人力車で運ばなければならないほどだった。一九四五年八月の日本の敗戦時、預金が凍結されて引き出せなくなったが、預金額は五七〇万元で、日本円に換算すると二五万円ほどもあった（為替比率は約二〇対一）。海乃家の業者がその間に日本にどれほど送金したのか分からないが、一九四〇年に慰安所を引き受けた後、しばらくの間は稼げず、最後の二年間に稼いだというから、その期間中の月間預金額は平均二万円になる。

勘八倶楽部の例のように、慰安所の売上は特にその設置初期に良好だった。それは軍が適切な需要を事実上保証してくれたからである。兵士たちに他の慰安がない状態で兵士一〇〇〜一五〇人に対し慰安婦一人の割合で慰安所を設置したのだから、兵士たちが慰安所に押し寄せ、慰安所は高収益をあげることができた。

多くの業者が大儲けをした中、東南アジアの慰安所のある一文無しの管理人が、チャンスを摑んで大成功した例もあった。朴治根とともに一九四二年七月、東南アジアに行った新井という朝鮮人は、一文無しの単身者として慰安所の管理人の仕事を始めたが、間もなくマレーで漁業、貿易などに従事するようになり、数百万円を取り扱う南方貿易営業所の事業主になった。朴治根も妻の兄所有の慰安所で管理人として六カ月ほど働いた後は、ラングーンに行って他の慰安所業者と一緒に食堂や製油工場を営んだ（安秉直 2013年）。

高収益慰安所の裏面、慰安婦の酷使

慰安所の高収益は、それだけ慰安婦の労働強度が高かったことを意味する。業者が慰安婦に衣服や化粧品などの日用品を高い値段で売りつけ利益を得た部分もあっただろうが、基本的には慰安所が高収益であるというのは売上が大きいということであり、それは慰安婦の慰安行為数、相手した軍人数が多かったということである。

捕虜尋問資料によると、ビルマのミッチーナの慰安所における慰安婦一人当たりの一日の顧客数は五人だった。朴治根の日記に出てくる一富士楼の一九四三年八月頃の月間の通常のコンドーム数は三二〇〇個であり、慰安婦は一六人だったので、慰安婦一人当たりの月間使用量は二〇〇個、一日の使用量は約七個である（月に二八日働いたとする）。これは捕虜尋問資料に出ている一日の顧客数五人より四〇％ほど多い。シンガポールの菊水倶楽部の歴代最高売上日である一九四四年三月二六日の慰安婦一人当たりの一日の利用客は四四人である。そして四月末の天長節の際の慰安婦一人当たりの利用客は七〇人である。軍人一人につき平均一〇分の性的慰安が行われ、また慰安婦が少しの休憩もなく軍人を相手にしたとしても、七〇人だと七〇〇分で、一二時間近くを要する。

しかしこの菊水倶楽部の最高売上日に、慰安婦が実際に一人当たり四四人とか七〇人の軍人を相手したわけではない。この売上には軍人がくれるチップや将校の宿泊料金が含まれており、実際の一日の利用客はそれより少なかった。ビルマに行った文玉珠の証言がこのことを物語ってくれる。彼女が最初に働いたマンダレイの慰安所の料金は、兵士は一円五〇銭、下士官は二円、尉官級は二円五〇銭、佐官級は三円だったが、彼女が貰った軍票は一日に普通三〇～四〇円、日曜日には七〇～八〇円程度になった。「軍人たちは、自分はどうせ死ぬかもしれないのだから、とチップをはずんでくれたのでそれだけの金額になったが、実際に相手したのはそれほど多かったわけではない。ただ日曜など、昼ごはんを食べる時間もなく働いたことがあった」（森川万智子1996年：59P）。

また、勘八倶楽部の初期の月間利用客六〇〇〇人を慰安婦数一八で割ると、慰安婦一人当たりの月の利用客数は約三三〇人、一日当たり約一二人になる（月に二八日営業）。一日に一二人とい

年度	期間	遂行任務	休暇日数	月平均
1938年	6カ月	三堡と青島駐屯、広東作戦参加	8	1.3
19(3)9年	1年	青島駐屯、徐州討伐、山東省北部一帯討伐、南寧攻撃参加、青島復帰	13	1.1
1941年	1年	上海揚浦区の呉淞駐屯、日本の佐賀県で上陸訓練、寧波上陸作戦、津市駐屯、呉淞帰還、マレー半島に行く	29	2.4
1942年	1年	シンガポール南部地域警備	35	2.9

資料：河宗文（2023年：276-302P）

表10-2　ある日本軍小隊の休日付与

うのは軍人が与えるチップや将校の宿泊料金が考慮されない誇張された数値である。実際のところ一日平均の利用客は一〇人に満たなかっただろう。一方、ビルマのメイミョウの第二ふるさと楼の場合、慰安婦一人当たりの一日の利用客は一四〜一五人だった（西野留美子 1993年：110P）。

こうしてみてくると、慰安所の初期には慰安婦は一日平均一〇人近い軍人を相手にしたが、後には利用軍人数が減り、一日平均五人ほどになったといえるだろう。

ところで、売上から推定した慰安婦一人当たりの一日利用客数は、日本軍の休暇日数からも検証することができる。実際に日本軍兵士にどれくらい休日が与えられたのかは、個別部隊の陣中日誌を通して追跡できる。最近、この陣中日誌を分析し日本軍の慰安所設置及び利用状況を追跡した優れた研究が出た（河宗文 2023年）。日本軍第五師団第九旅団歩兵第一一連隊第一大隊砲小隊の数年間の陣中日誌から分かる休日付与状況は、表10-2の通りである。これは一九三八年から四二年（一九四〇年の資料は抜けている）にかけこの部隊が駐屯した場所と遂行した任務、年間の休暇日数を示したものである。

この砲小隊の隊員数は五〇人ほどであった。まず作戦及び駐屯の状況をみると、第一一連隊の所属部隊として砲小隊は、北支那方面軍の徐州作戦が一段落した一九三八年七月中旬から八月下旬まで徐州の南方の三堡に駐屯し、一度青島に帰った後、九月末から一二月中旬まで広東占領作戦に加わった。その後再び青島に戻り、一九三九年一〇月までそこに駐屯したが、その合間に徐州・開封討伐作戦（一カ月）、山東省北部一帯での討伐作戦（二カ月）を繰り広げ、一〇月に華南での南寧攻撃に加わった後、また青島に戻った。

一九四〇年の陣中日誌は残っておらず一九四一年にスキップする。砲小隊が所属した第一一連隊は一九四〇年末から上海北部の呉淞に、四一年四月末からは上海南部の寧波に駐屯し、一〇月に呉淞に戻った。そして太平洋戦争の計画に従い一一月中旬、マレー半島に向かい、真珠湾への奇襲とともに開始されたシンガポール占領作戦に加わった。砲小隊は一九四二年二月初めからシンガポールに駐屯して南部地域を警備する任務についた。

この砲小隊の月平均の休暇日数は、一九三八年の六カ月は一・三日、一九三九年の一年間は一・一日だった。月に一日ほど休暇が与えられた勘定になる。一九四一年には休暇日数が増えて月平均二・四日となり、一九四二年は月二・九日だった。一九三八年と三九年は占領作戦や討伐作戦などにより休暇がほとんどなかったが、一九四一年には本国に帰還しての訓練と上陸作戦の期間が短く、警備駐屯期間が長くなって休日が増えた。一九四二年はほぼ一年中戦闘なしに警備任務だけ遂行する状況となり、月平均三日の休暇が与えられた。

軍人の中にはそもそも慰安所に行かない者もあり、また慰安所を出入りする軍人であっても休暇の度に毎回、慰安所に行くわけではなかったろう。したがって、一九四一年と一九四二年に全ての砲小隊員一人当たり、平均して月に一回、慰安所に出入りしたと仮定できる。その期間、海外の戦場にいた日本軍の兵士は二〇〇万人に少し足りなかったが、砲小隊員と同様に日本軍の兵士一人が月一回慰安所を利用したとすれば、慰安所の総利用回数は月に二〇〇万回になる。第2章でみたようにこの期間中の慰安婦数は一万三〇〇〇人程度なので、慰安婦一人当たり月に一五三人、一日に五・四九人（月に二八日営業を基準とする）の日本軍兵士を相手にしたことになる。これは、よくいわれる慰安婦が一日に平均して相手にした軍人数の五人と、ほぼ同じ数字である。

ところで、この五人というのはあくまで平均値に過ぎず、実際に相手にする兵士の数はいつも同じではなかった。利用する軍人が一人もいない日があったかと思うと、慰安婦一人当たり一〇人を超え、二〇人や三〇人押し寄せる日もあった。ビルマの勘八倶楽部の場合、開業から四カ月半の間は一種の開業効果もあって利用する軍人が多かったが、日によっては客が非常に少なかった。一九四三年一月七日の利用客は一四人で慰安婦一人当たり一人にもならず、一月九日はほぼ全ての慰安婦が検査に合格したのに、客は少なかった。したがって、一人の慰安婦の契約期間二年全体でみれば慰安婦一人当たりの一日の平均利用軍人数は一〇人近くになるが、客が全くいないか一人か二人に過ぎない日もあれば、数十人に達する日もあったと思われる。慰安所の日ごとの利用客数と売上は上がったり下がったりした。

これは軍人の任務の特性によるものである。大きくみて軍人には、出征しての戦闘や討伐作戦のような敵と戦う任務もあれば、駐屯地にいて警備をしたり訓練をしたりする非戦闘の任務もある。戦闘のさなかや討伐作戦中は兵士たちに休暇は与えられない。その期間、彼らは慰安所を利

	朝鮮人				日本人			
	娼妓数	年間遊客数	娼妓１人当たりの		娼妓数	年間遊客数	娼妓１人当たりの	
			年間遊客数	月間遊客数			年間遊客数	月間遊客数
1924年	95	10,084	106	9	115	22,972	200	17
1937年	149	24,974	168	14	83	22,913	276	23

資料：『東亜日報』1925年2月10日付と1938年2月3日付。
なお李栄薫（2019年：243P）を再引用。

表10-3　仁川にあった敷島遊廓の娼妓数と遊客数（単位は人）

用できない。一方、部隊が駐屯地で警備をしたり訓練をしたりする期間中は定期の休日が貰え、兵士たちは慰安所を利用できた。

このように慰安婦が一日平均五人の軍人を相手にしたというのは、日本・朝鮮の国内公娼の場合よりずっと労働強度が高かったということである。**表10-3**にみられるように、朝鮮内の公娼では一九二〇年代に比べ一九三〇年代に娼妓一人当たりの遊客数が増えたが、一九三七年でも一日平均一人には至らない。朝鮮人娼妓は一日〇・五人、日本人娼妓は一日〇・八人だった。接客業がより発達していた日本でも、一九二〇年から三五年にかけての東京の娼妓一人当たりの一日遊客数は二人程度に過ぎない（秦郁彦　1999年：31P）。このことから、日本軍慰安婦がどれほど多くの客を相手にしなければならなかったのかが分かる。

さて、日本の公娼における遊客一人当たりの消費額は一九二〇年で四・七円、一九二五年で四・三円、一九二八年で三・七円だった。朝鮮の公娼における遊客一人当たりの消費額は、一九二九年で日本人娼妓七・九七円、朝鮮人娼妓三・九四円だった（草間八十雄《やそお》　1930年：220-221P／宋連玉《ソンヨノク》　1994年：65P）。公娼の遊客一人当たりの利用料金のほうが日本軍慰安婦のそれよりずっと高かった。これを要約すると、国内の公娼は高い料金で少数の客を迎える所だったが、軍慰安所はより安い料金で多数の客を迎える所だった。もちろん、ここで安いというのは、慰安所の料金が日本の公娼の花代に比べて安いということである。慰安所の料金そのものは日本や朝鮮の労働者の日当よりずっと高かった。

したがって、挺対協証言録に出てくるような、慰安婦が毎日のように数十人の日本軍兵士を相手にしなければならなかった、という話は事実ではない。彼女たちがわざと嘘をついたのではないだろう。日本の軍人が押し寄せてきて大変な苦難に遭った日のむごたらしい記憶だけが、数十年後まで残っていたのであろう。台湾の澎湖島と華南の海南島で初めて慰安婦生活を送ったハ・ヨンイは、服を脱ぎ着する時間もなかったと証言している。

そこは駐屯地で全部軍人、それも陸軍だった。すごい人だかりで、一人で一日に何十人も相手にしなければならなかった。一日に相手にした軍人の数はここ海南島が最も多かった。普通で一日に四〇～五〇人にもなった。服を着たり脱いだりする時間もなかった。兵士らは戸の外で列をなして並び、一人が出てゆくと次の人が続いてまた入ってきたりした。一人に五分や一〇分かからなかった。ある人たちは脚絆も外さずズボンだけ下ろしたまま待っていた（挺対協他 1999年：282P）。

また一九三八年、華中の岳州で服務していた元日本軍人の回顧によれば、日曜日には兵士たちが慰安所に殺到し、ズボンを脱いでフンドシになって待っていた。慰安婦たちは朝食をとった後は昼食を食べる暇もなく、よく枕元ににぎり飯が置いてあった。日本人慰安婦の慶子も一九三八年一〇月、広東占領作戦後すぐに開かれた慰安所で二日間、慰安婦一八人が一人当たり六〇〜七〇人の軍人を朝から晩まで相手にしたという（従軍慰安婦110番編集委員会 1992年：37P／千田《せんだ》夏光《かこう》 1995年：215P）。

ビルマの慰安所のある日本人業者によれば、慰安婦の中には一日に六〇人の軍人を相手にした人もいた。彼はこう語っている。「一人の朝鮮人慰安婦がこう言いましたよ。おとうさん、下を見てください、とね。見ると局部がひぶくれになっとる。とてもこれ以上相手はできんから、休ませてくれというんですね」（西野留美子 1995年：135P）。

しかし、挺対協証言録に出る多くの朝鮮人慰安婦が語ったのとは違い、慰安婦がより多くの軍人を引き受けようとしたという証言もある。漢口慰安所の長沢軍医の証言である。一九四〇年の春、ソ満国境を警備していた関東軍第四師団の一万二〇〇〇人余りの兵士たちは、漢口の西方における宜昌作戦に加わった。この部隊は満洲、華北を縦断して遠く南京まで列車で行き、南京からは輸送船で長江を遡って漢口の北西近くの応城に駐屯した。兵士たちは外出が許可されるとすぐ揚子慰安所に押し寄せた。揚子にはそれぞれ一〇人ほどの慰安婦がいる慰安所が二軒あった。慰安婦の部屋の前で長い行列を作った兵士たちはどんどんと扉を蹴り、先に部屋に入った兵士に早くせんかなどとわめいて、公衆便所の順番待ちのありさまだった。

慰安婦たちはこれに応じ、洗浄に行く時間を惜しんで兵士たちにコンドームを使わせ受け入れ続けた。慰安所を管轄する軍医が慰安婦を検診したら、女性の局部が摩擦のため充血し腫れあがっていた。「軍医は驚いて、局部の安静のために女たちに三日間の休業を命じた。が、彼女たちは、ほっとして喜ぶと思いのほか、軍医の措置に抗議した。というのは、平常は暇な揚子慰安所に大部隊の通過を迎え、盆と正月が一緒に来たようなもので、このような機会に稼がねばならぬのに、三日もべんべんと遊ばされてはたまらない」ということだった。

通過部隊の曹長が支部にかけあいに来て、慰安所はぼるし、時間は短いし、サービスが悪いとぼやいた。支部付きの軍曹が慰安所業者を呼んで売上帳簿を見たら、平素は慰安婦一人当たりの一日の売上が多くて一五円か二〇円止まりなのに、そのときは七〇円や七五円もあった。限られた時間に多くの需要を満たすには、一人当たりの時間が短くならざるを得なかった。慰安婦たちは、めったに来ない大儲けのチャンスを迎え身を粉にして働いたのである（長沢健一　1983年：237－238P）。

確かに日本軍慰安婦は酷使された。しかし、それが話の全てではない。慰安婦はこのようにして多くの日本軍兵士を相手することにより、短期間で前借金を返済し、さらには貯金までできたからである。

慰安婦の所得と貯金、送金

「数十万」云々の慰安婦大量動員と「一日に数十人を相手」という慰安婦酷使が両立できないように、慰安婦酷使と慰安婦の低所得も両立できない。慰安婦が一日に数十人の日本軍兵士に性的慰安を提供したとすれば、それに比例してその慰安婦にはより多くの報酬が与えられた。漢口慰安所では慰安婦は、月に二七日か二八日働いて四〇〇～五〇〇円の所得を得た（山田清吉 1978年：84P）。捕虜尋問資料に出てくるビルマのミッチーナ慰安所では、売上額のうちの四〇～五〇％を慰安婦が貰ったが、慰安婦一人の月売上額がその中央値九〇〇円だとすれば、慰安婦の月収入は三六〇～四五〇円になる。両者はほぼ同額である。また先に推論したように、ビルマの勘八倶楽部で慰安婦一人当たり一日に一二人を相手にしたとすれば、一日の売上は二四円であり、ひと月（二八日）の売上は六一六円である。慰安婦のひと月の収入は少なくて二四〇円くらいである。最も低い月収入二四〇円の場合、三分の二の一六〇円を前借金の返済に充てれば、前借金が一〇〇〇円だとすれば半年後にはそれをほぼ全額返済することができる。その後、日本軍の慰安所利用率が落ちても、慰安婦は貯蓄し故郷の実家に送金することもできた。

慰安婦の高所得、短期間での前借金の返済などは、他の慰安所でも確認できる。まず、華南の海南島の三亜海軍病院看護婦の証言によれば、看護婦の月給は九〇円だったが慰安婦の月給は二五〇円だった（従軍慰安婦110番編集委員会 1992年：32P）。これは筆者が推計した勘八倶楽部の慰安婦の月収入二四〇円と似ている。また、一九三八年一月初め、中国に到着した慶子など一八人の慰安婦は、わずか数カ月後の三月末から四月にかけて一〇〇〇円の前借金を返し、更には二〇〇〇～五〇〇〇円の貯蓄をした（千田夏光 1995年：205P）。

上海の国井の慰安所で一日一五人の客を相手にした慰安婦の一日の収入は一二円（一五人×二円×〇・四）であり、ひと月の所得は三〇〇円に近い金額になるので、慰安婦も四カ月が過ぎると前借金の一〇〇〇〇円を返すことができた。五〇人の慰安婦が皆一日平均一五人の軍人を相手にし続けるというのは誇張した仮定といえるが、慰安所設置の初期には兵士たちの利用率が高く、そのため短期間で慰安婦が前借金を返済し、業者が投資金を回収することも十分可能だった。前借金を返した後は、利用率が落ちても慰安婦は貯蓄をすることができた。

大金を稼いだ慰安婦も現れた。多くの身の上話や証言録には、前借金を返し大金を貯めた事例がいくつも出てくる。まず、国井の慰安所の売上一位でエース格だった高島順子の場合、貯めたお金が一定額になる度に国井が野戦郵便局に行って東京の銀行の彼女の口座に送金してくれたし、業者の金庫代用のボール箱にも軍票が山のように溜まった（大林清　1983年：230P）。

また、上海の海軍軍属専用慰安所の海乃家には、一二三《ひふみ》という日本風の妓名を持つ朝鮮人慰安婦がいた。綺麗な顔つきで頭の良い三〇歳くらいの彼女は、徹底的に稼ぐために出てきた人だった。キャリア・ウーマンといえるほどの彼女は、自分からは一切ものを言わないが客に対しては愛想が良く、仕事を一生懸命にしたので、驚くほどの金額を貯金した（華公平　1992年：51P）。

漢口慰安所には慶子と呼ばれた朝鮮人慰安婦がいた。中年増《ちゅうどしま》の美人だった。利用軍人に人気があり、すぐに借金を返し、朝鮮銀行の漢口支店に三万円という巨額を貯めた。二〇二〇年頃の感覚で三〇億ウォン（編集部注：日本円にすれば約三億円）の金額である。もちろん、その前の上海や南京の慰安所にいた頃から貯金した金である。慶子の夢は、貯金が五万円になれば京城に戻って小料理屋を経営することだった。この話を聞いた漢口兵站司令部の司令官が「感心な女だ。表彰しよう」と言い出し、「あなたは、日夜、皇軍将兵慰安に尽瘁《じんすい》し、衆の模範となる。よって表彰する」などと書いた表彰状を、司令官自身が慶子に手渡したこともあった。

また、漢口慰安所の春子は借金を全て返済した後、新たな借金を作りそれを故郷に送金した。田畑を買うのが楽しみだったという。兵站司令部慰安係が彼女に借金しないで自前で働くほうが有利だと勧めたが、春子は借金を背負っていなければ本気で働けないと答えた（長沢健一 1983年：64-65P）。慰安婦として働く間は前借金に利子がつかないから、前借金を先に貰ってまずは故郷で土地を買い、その後は熱心に働いて前借金を返す様子が生々しい。

シンガポールの菊水倶楽部の慰安婦・金安守《キムアンス》も一九四四年末、朝鮮に帰還する際、一万一〇〇〇円を送金した。彼女は二年余りの慰安婦生活で今日の韓国人の感覚で一〇億ウォン程度の金を稼いで帰ってきたのである（安秉直 2013年：228P）。

慰安婦が貯金をするのには二つの方式があった。一つは軍票を直接集めることであり、もう一つは現地の銀行や野戦郵便局に貯金をすることである。慰安婦が都市にいたり駐屯部隊がかなりの規模だったりしたところには銀行の支店や野戦郵便局があったので、慰安婦は郵便貯金や銀行預金をすることができた。一方、最前線の駐屯地では銀行や野戦郵便局に預金するのは不可能で、その場合、慰安婦は軍票を集めるしかなかった。利用する軍人が軍票を持って慰安所に来ると、業者が慰安所の切符を渡し、慰安婦は軍人からその切符を受け取った。かるたのような形をしたこの切符は名刺の半分くらいの大きさで、一円、一円五〇銭などに区分されていた（挺対協他 1999年：285P）。慰安婦は毎日、夜遅くあるいは翌日の朝、その切符を数えて金の計算をした。業者はこの切符の数をそのまま帳簿に記録した後、月に一回精算して慰安婦にその売上の四～六割を報酬として与えた。この報酬は軍票で支払われた。慰安婦は、こうして貰った軍票を自分の部屋のトランクに貯めるか、周期的に郵便局や銀行に預金した。慰安婦は仕事中は郵便局や銀行に行けないので、朴治根のような慰安所の管理人（帳場）がそれを代行した。

慰安婦は慰安所生活中に故国の家族に送金したり、契約期間が終わって帰還する際に本国の銀行に送金したりした。少額の送金には問題がなかったが、巨額を送金するのには制限があった。日本の大東亜共栄圏の各地域間でインフレ率が異なっていたため、本国の通貨である円と各地域の通貨の等価交換には困難があったが、日本政府は等価交換政策を敗戦時まで維持した。その代わり日本の金融当局は、送金及び引出を制限する政策をとった。すなわち、送金の用途を制限したり、月別送金額の限度を設定したり、日本や朝鮮で引き出す際に相当金額を強制貯蓄させたりした。シンガポールで慰安所管理人をした朴治根の日記によれば、個人が家族の生活費のような少額を送金するのには制限がなかったが、帰国する慰安婦が巨額を送金する場合には、送金許可を得なければならなかった。業者や慰安婦が慰安所で貯めた数万円台の金を送るには、一〇日から一カ月半程度のかなりの時間を要した。しかし、送金申請が拒絶されることはなかった（李栄《イヨン》薫《フン》2020年：69－74P）。

たとえば、朴治根はシンガポールの菊水倶楽部の帳場として一九四四年四月一〇日、すぐ帰還する予定の慰安婦二人の送金許可願を横浜正金《しょうきん》銀行の支店に提出したが、すぐに許可が下りて四日後の一四日に送金をした。朴治根は五月三一日には慰安婦・金川光玉《クァンオク》の送金許可を正金銀行に申請し、一〇日後の六月一〇日に許可通知を受け、六月一四日に銀行に行って送金した。また彼は一〇月二六日、すぐ帰郷するキム・ヨンエの送金許可申請をし、一一月一四日に送金を完了した。申請から実際の送金まで一五日以上かかった。朴治根はまた一一月二四日に正金銀行に、すぐ朝鮮に帰還する慰安婦・金安守の送金許可を申請し、一週間後の一二月一日に許可書を貰い、四日に正金銀行から金安守の一万一〇〇〇円を送金した。また彼は朝鮮に帰る前の一一月四日、南方開発銀行に行って、死亡した妻の兄の金など三万九〇〇〇円の送金許可を申請したが、巨額だったため許可が遅れ、四二日後の一二月一六日、シンガポールを出る当日に横浜正金銀行から三万九〇〇〇円を送金した（安秉直 2013年）。

文玉珠のケース

巨額を貯金した慰安婦としては、ビルマの慰安所で働いた文玉珠が有名である。文玉珠は一九四二年七月、南方行きの船に乗り釜山《プサン》を出た後、シンガポールを経て八月下旬にビルマのラングーンに到着した。その後のビルマでの文玉珠の足取りは表10-4及び地図10-1の通りである。大邱《テグ》から文玉珠など一七人の慰安婦を連れていった業者・松本恒は、軍からビルマ北部のマンダレイに行けと命じられ、九月マンダレイで乙女亭という慰安所を開いた。しかしこの慰安所は三カ月後にビルマ西部の最前線アキャブに行けという軍の命令を受け、移動した。慰安婦一行の移動に三カ月くらいかかった。途中、険しいアラカン山脈を越えなければならなかったが、移動の途上で出会う日本軍部隊に一種の移動慰安所の役割を果たしたため遅れたのだった。移動慰安

順序	地域	慰安所他の名	期間	備考
1	マンダレイ	乙女亭	1942年9月-11月（3カ月）	業者・松本恒
2	アキャブ	乙女亭	1943年3月-12月（10カ月）	文玉珠が貯金を開始
3	プローム	乙女亭	1944年1月-3月（3カ月）	業者・松本恒と再会
4	ラングーン	ラングーン会館	1944年4月-7月（4カ月）	帰国準備
帰還を試みる			1944年8月	7人でベトナム・サイゴンまで行ったが、文玉珠を含む4人が翻意
5	ラングーン	ラングーン会館	1944年9月-45年4月（8カ月）	巨額の貯金
6	タイ・バンコク近辺のアユタヤ	陸軍病院	1945年5月-8月（4カ月）	看護婦の仕事

表10-4　ビルマ戦線での文玉珠の足取り　　資料：森川万智子 1996年

所は一カ所で二週間から一カ月ほど開き、二、三カ所で開設した。アキャブは連合軍が爆撃する危険な所だったためか業者・松本は同行しなかった。おそらく日本軍が了解したのだろう。アキャブでは軍の下士官が交代で慰安所を管理した。乙女亭はアキャブで一九四三年三月から一九四三年一二月まで約一〇カ月間営業をした。

写真10-1の文玉珠の軍事郵便貯金原簿調書にみられるように、彼女はこのアキャブで貯金を始めた。マンダレイで貯金がなかったのは、朝鮮を離れるときに貰った前借金を返済しなければならなかったからである。文玉珠はマンダレイでは業者・松本が後で精算すると言って一銭もくれなかったと証言しているが、そのような行為は慰安婦を監督する日本軍当局が禁止していたことである。彼女は一九四三年三月に初の預金（五〇〇円）をし、特に七月から一一月までの五カ月間は毎月七〇〇～八〇〇円くらい

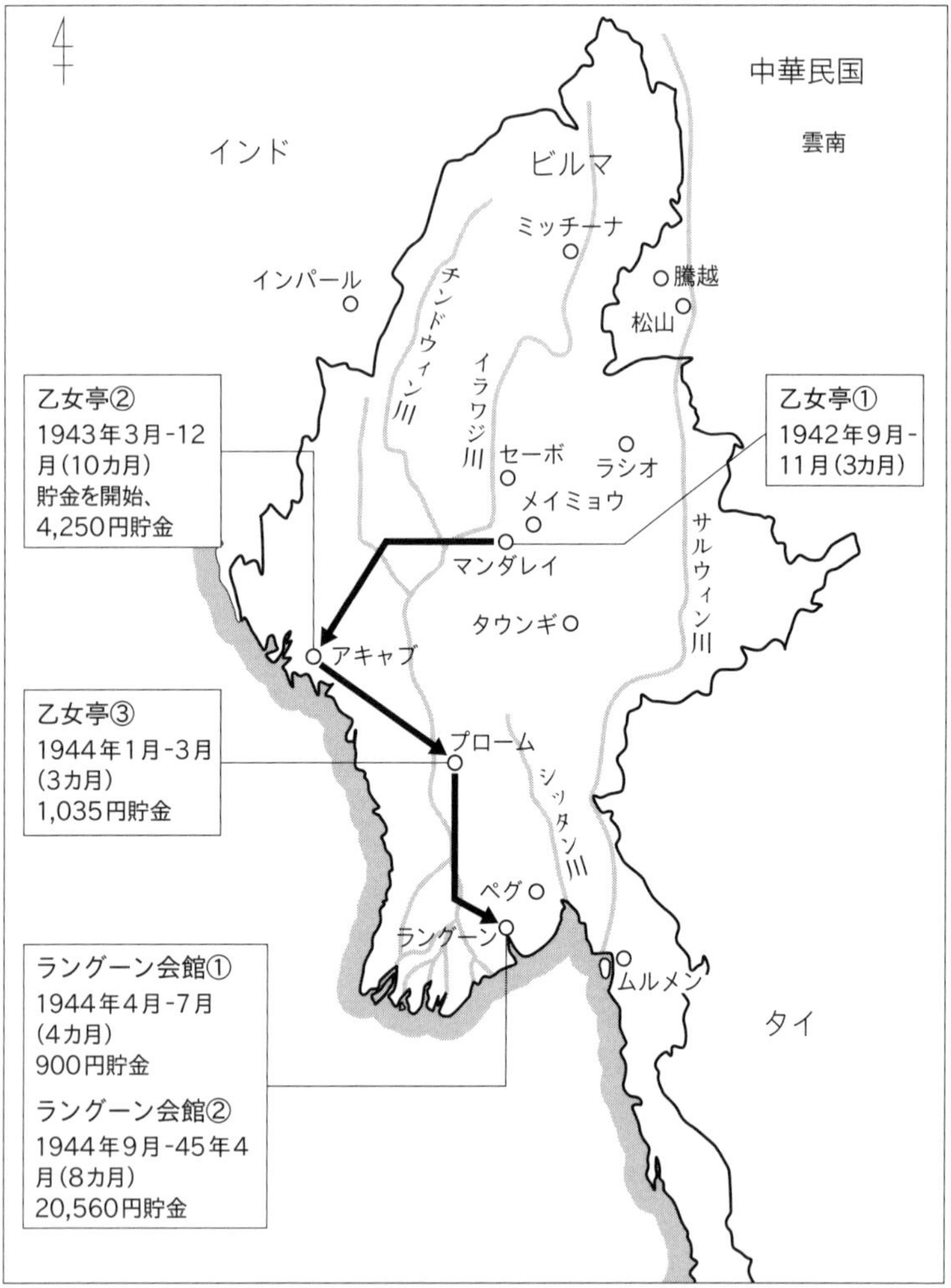
中華民国
雲南
インド
ビルマ
ミッチーナ
インパール
騰越
松山
チンドウィン川
イラワジ川
乙女亭②
1943年3月-12月(10カ月)
貯金を開始、
4,250円貯金
乙女亭①
1942年9月-11月(3カ月)
セーボ
ラシオ
メイミョウ
マンダレイ
サルウィン川
タウンギ
アキャブ
乙女亭③
1944年1月-3月
(3カ月)
1,035円貯金
プローム
シッタン川
ペグ
ラングーン
ムルメン
タイ
ラングーン会館①
1944年4月-7月
(4カ月)
900円貯金
ラングーン会館②
1944年9月-45年4月(8カ月)
20,560円貯金

地図10-1　ビルマ戦線で文玉珠が遍歴した慰安所

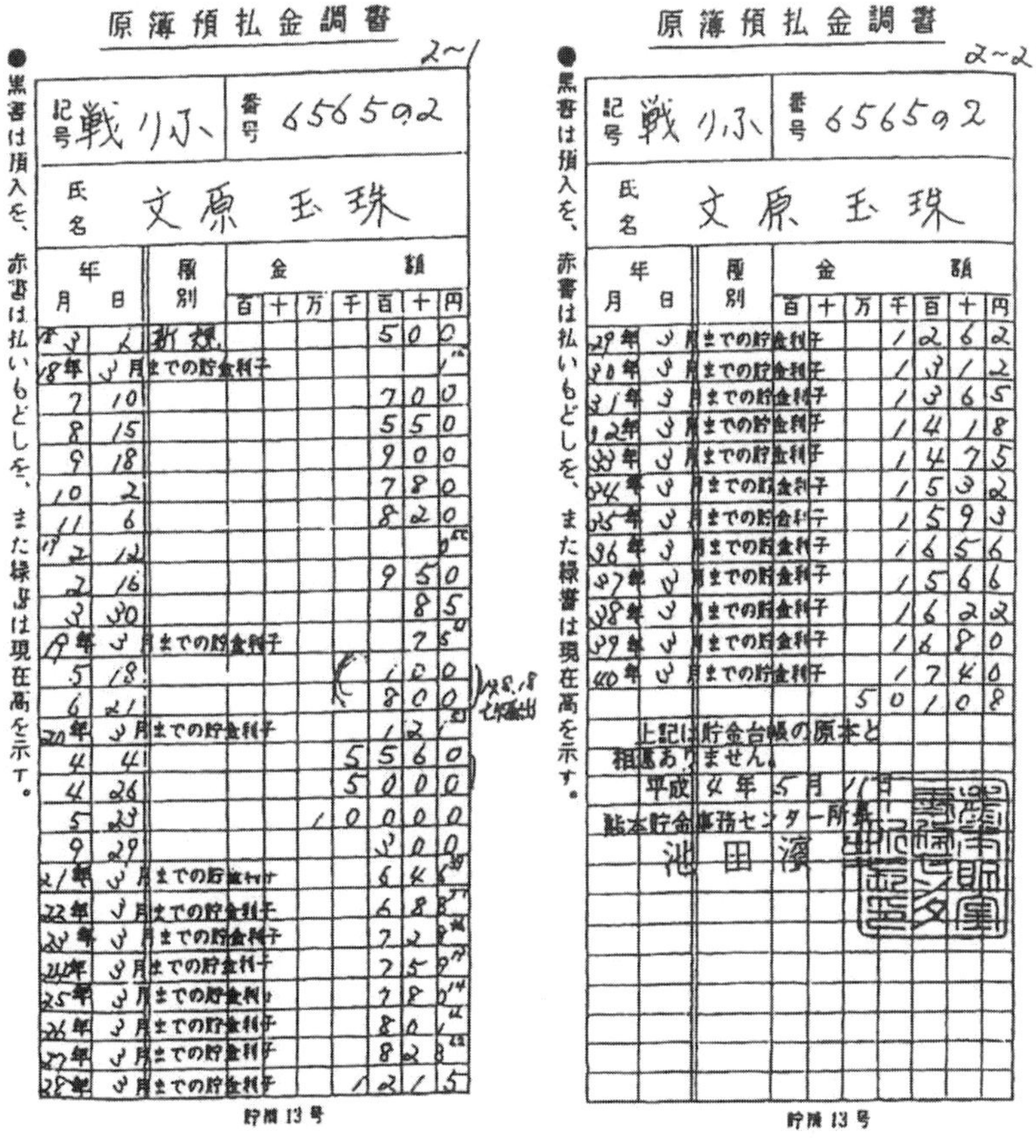

原簿預払金調書　2~1

●黒書は預入を、赤書は払いもどしを、また緑書は現在高を示す。

記号　戦りふ　番号　6565の2

氏名　文原玉珠

年 月	日	種別	百	十	万	千	百	十	円
3	2	新規					5	0	0
18年	3月	までの貯金利子							1
7	10						7	0	0
8	15						5	5	0
9	18						9	0	0
10	2						7	8	0
11	6						8	2	0
19 2	12								0
2	16						9	5	0
3	30							8	5
19年	3月	までの貯金利子						7	5
5	18						1	0	0
6	21						8	0	0
20年	3月	までの貯金利子					1	2	1
4	4					5	5	6	0
4	26					5	0	0	0
5	23				1	0	0	0	0
9	29						3	0	0
21年	3月	までの貯金利子					6	4	6
22年	3月	までの貯金利子					6	8	8
23年	3月	までの貯金利子					7	2	9
24年	3月	までの貯金利子					7	5	9
25年	3月	までの貯金利子					7	8	0
26年	3月	までの貯金利子					8	0	1
27年	3月	までの貯金利子					8	2	8
28年	3月	までの貯金利子				1	2	1	5

貯補13号

原簿預払金調書　2~2

●黒書は預入を、赤書は払いもどしを、また緑書は現在高を示す。

記号　戦りふ　番号　6565の2

氏名　文原玉珠

年 月	日	種別	百	十	万	千	百	十	円
29年	3月	までの貯金利子				1	2	6	2
30年	3月	までの貯金利子				1	3	1	2
31年	3月	までの貯金利子				1	3	6	5
32年	3月	までの貯金利子				1	4	1	8
33年	3月	までの貯金利子				1	4	7	5
34年	3月	までの貯金利子				1	5	3	2
35年	3月	までの貯金利子				1	5	9	3
36年	3月	までの貯金利子				1	6	5	6
37年	3月	までの貯金利子				1	5	6	6
38年	3月	までの貯金利子				1	6	2	2
39年	3月	までの貯金利子				1	6	8	0
40年	3月	までの貯金利子				1	7	4	0
					5	0	1	0	8

上記は貯金台帳の原本と相違ありません。

平成4年5月11日

熊本貯金事務センター所長

池田淳

貯補13号

写真10-1　文玉珠の軍事郵便貯金原簿調書

貯金をした。貯金は一九四四年六月まで続けた。文玉珠は軍人がくれるチップを貯めたと言っているが、チップだけを貯金したとみるには金額が大き過ぎる。彼女はマンダレイで前借金を全額返し、アキャブでは月給として売上の五〇%を貰い、そこから貯蓄した、とみるほうが妥当である。一方、一九四三年一二月と翌年の一月に貯金がなかったのは、彼女が一九四三年末に慰安所の二階から落ちて腕を負傷し仕事ができなかったためだと思われる。

ところで、日本軍はその頃、インドとの国境地域に進攻するインパール作戦を準備中であり、そのため軍の命令で乙女亭慰安所は一九四三年末に、いくらか後方のイラワジ川東岸のプロームに移動した。文玉珠一行はこのプロームに三カ月ほどいた後、一九四四年三月、更に南方のラングーンに移動した。おそらく日本軍がインパール作戦の開始とともに慰安所をより後方に移したのではないかと思われる。以後、文玉珠はラングーン会館で慰安婦生活を送った。業者・松本が慰安所を譲渡したものと思われる。

文玉珠はラングーン会館で四カ月ほど慰安婦生活を送った後、他の六人とともに朝鮮に帰還すると決め、八月にラングーンを出てサイゴンに行った。彼女はこのときまでに総額六一八五円を貯金しており、利子まで加えると預金残高は六二六一円だった。しかし彼女はサイゴンで船に乗る直前、翻意して他の三人とともにラングーン会館に戻り、そこで慰安婦の仕事を再開した。このときは前借金なしで働いたので、翌年タイに行くまで巨額の貯金をすることができた。ラングーン陥落直前の一九四五年四月末、文玉珠は撤収する日本軍司令部と一緒にタイに行き、バンコク北部のアユタヤで陸軍病院の看護婦として働いた注2。

注2　1945年4月26日、ビルマ方面司令官などの日本軍司令部は連合軍のラングーン占領に先立ってタイに脱出しており、その頃、文玉珠も同様にタイに避難したものとみられる（森川万智子1996年：191P）。文玉珠の慰安婦生活は1945年4月で終わった。

彼女は四月と五月に三回にわたって二万五六〇円という巨額の貯金をし、アユタヤから大邱にいる母親のもとに五〇〇〇円を送った。郵便貯金原簿に五〇〇〇円の引出記録がないので、文玉珠はラングーン会館で貯めた金のうち二万五六〇円は郵便貯金の口座に入れ、五〇〇〇円は大邱の実家に送金したのだろう。彼女はラングーン撤収時、一万五〇〇〇円以上の軍票を所持していたと思われる。タイで四カ月ほど過ごした頃に日本が降伏し、その直後の九月の三〇〇円を最後に文玉珠の貯金の預け入れは終わった。利子まで合わせた残高は二万六三四三円だった。

まず、以上のことから文玉珠の慰安婦の仕事に臨む姿勢を窺うことができる。彼女は慰安所で不必要な浪費をしなかったので、誰にも負けないくらい金を稼げたし、懸命に金を貯めることだけが慰安婦生活の意味だった。彼女は、大邱に帰ったら母親に大きい家を買ってあげ、貯めた金を元に商売を始めようと夢を膨らませていた。彼女は慰安婦生活を通して暮らしを立てるチャンスを摑み、新しい人生を切り開こうという積極的な姿勢をみせていた（森川万智子 1996年：108P）。

また、文玉珠がビルマでの慰安婦生活で得た収入と支出もおおよそ推定することができる。彼女は一九四四年九月から四五年四月までの八カ月間、ラングーン会館で慰安婦生活を送りながら二万円を貯金した。月の貯金額は二五〇〇円程度である。このときは前借金なしに新たに慰安婦生活を始めていたから、収入は売上を業者と五対五で分けた自分の取り分と、軍人たちからたっぷり貰ったチップで構成される。それぞれの金額がいくらなのかは分からないが、彼女の月の売上は二〇〇〇円以上とみるのが合理的である。そして、一九四四年八月に朝鮮に帰ろうとしたときまでの一九カ月間の慰安婦生活中の彼女の月当たりの売上を、それより少なめに見積もって二〇〇〇円だとすれば、その期間中の総売上は三万八〇〇〇円になる。その四〇%である一万五二〇〇円が彼女の給与で、これに軍人たちから貰ったチップを加えたのがこの期間中の彼女の収入である。この期間中に彼女は前借金を返済し、六一八五円を郵便貯金にし、朝鮮の家に五〇〇〇円の送金をした。しかも彼女は、ダイヤモンドを買うなどの余裕のある消費生活も送った。前借金が二〇〇〇~三〇〇〇円だったとしても、彼女が使ったのは二万円くらいで、収入とおおよそ釣り合う。

このように文玉珠が巨額の貯金をしたことに対し吉見などの慰安婦運動グループの研究者らは、慰安婦が受け取ったのは日本本国の円貨ではなく南方開発金庫が発行した南方開発金庫券(軍票)であり、日本軍占領地の甚だしいインフレーションのためその実質的な価値は取るに足らないものだった、と主張している。すなわち、一九四一年一二月の物価を一〇〇としたとき、東京の物価は一九四五年八月に一・五六倍の水準だったが、ビルマでは一八五六倍になったというのである。そのため文玉珠が貯めた二万六三四二円は、東京でならば二二円(二万六三四二円÷一一九〇)にしかならないという[注3]。

しかし、これは東京とラングーンの物価水準を比較して求めた数値に過ぎない。実際、文玉珠の預金は一九四五年八月に日本でそのように換算されてはいない。写真10-1の軍事郵便貯金原簿調書にみられるように、日本の郵便局は文玉珠の預金残高を一九四五年九月現在で二万六三四二円と確認し、その後、毎年利子が加えられ、文玉珠の預金残高は一九六五年三月には総額で五万一〇八円になった。一九六五年六月に締結された韓日国交正常化での請求権協定のため、文玉

注3　林博史(ひろふみ)・吉見義明(2015年:42-46P)。1941年12月(=100)比1945年8月の物価はビルマで185,648だが、東京では156であり、東京比ビルマの相対的物価指数は185648/156=1190、約1200である。

珠の預金残高は五万一〇八円で最終消滅した。

この預金原簿調書のどこにも、南方開発金庫の軍票を預金したものであるから東京対ラングーンの相対的物価指数を反映して換算した金額、たとえば二二円を支払うという話はない。ビルマで入金した郵便貯金であっても、日本の郵便局はその預金をそのまま認定している。

文玉珠の巨額の預金二万六三四二円の実際の価値が二二円に過ぎないという主張は、スマトラにおいて将校のひと月分の給与で一〇〇円のラーメンを一杯買うことしかできなかったという証言を引用した、日本の経済学者・小林英夫の研究に由来する。強制動員・性奴隷論者たちはそれを積極的に受け入れて広めた。彼らは、二年六カ月間、死ぬ思いで貯蓄したのに実際には紡織工の一カ月分の給与に過ぎなかった、それほど慰安婦たちの境遇は悲惨だった、とみせたかったのである。彼らは、どうしても慰安婦たちの収入を低いものにし、その境遇を悲惨なものにしようとした。

もし文玉珠が解放後、日本を経由して韓国に帰還していたら、日本でそのときの残高そのままの預金を引き出すことができただろう。しかし文玉珠はタイの収容所を出た後、まっすぐに仁《イン》川《チョン》に行かざるを得なかった。文玉珠はその後、預金通帳を紛失したため、一九七〇年代に実施された政府の請求権補償作業の際、補償を申請することができなかった。第9章で言及した巨額の貯蓄をした台湾の慰安婦・陳連花も、やはり預金を引き出すことはできなかった。日本が引き揚げた後、国民党軍が統治した台湾では、巨額の預金を持っていることが発覚すれば、日本に協力したという理由で迫害される可能性があった。そのため陳連花は敢えて銀行から金を下そうとは考えず、通帳だけを保管し、結局は慰安婦博物館に寄贈したものと思われる（西岡力他　２０１９年：90Ｐ）。

もちろん文玉珠や陳連花は慰安婦の一般的なケースではない。慰安所が高収益事業所だったとはいえ、慰安婦生活を始めてわずか三、四カ月で前借金を返すケースを一般的だとみるのは難しい。しかも時間が経つほど戦況が悪化し、慰安所事業も難しくなった。遅れて東南アジアの戦場の慰安所に行った慰安婦たちには、まだ前借金を返し切らないうちに敗戦を迎えたケースが多かった。

さらに、日本の敗戦以前に帰国した慰安婦たちは良かったが、日本の敗戦時まで慰安所に残っていた慰安婦たちは、文玉珠のように預金を引き出すことができないか、貯めておいた軍票が紙くずになってしまった。運の悪い慰安婦は、どんなに熱心に働き節約して金を貯めても無駄だった。文玉珠のように日本の郵便局や銀行に貯金した人たちは、解放後の数十年間、自分の貯金を引き出すことすら考えられなかった。

阿片に中毒した末に悲惨な最後を迎えた慰安婦もいた。上海の海乃家の絹代という妓名の三〇歳くらいの朝鮮人慰安婦は、世が世なら歌手になれるほど歌がうまかったが、阿片中毒で盗癖もあった。座敷牢みたいな部屋に監禁しておいても阿片を求めて二階から飛び降りるほど中毒が深刻だった。結局、たまらなくなった業者から追い出され、その後は上海の路上で物乞いをした挙句、野垂れ死ぬという悲劇的な最期を迎えた（華公平　１９９２年：52－53Ｐ）。

《要約》

日本軍の支援と監督の下、慰安所は適正需要が保証されたおかげで高収益を上げることができたが、それには慰安婦酷使と呼ばれるほどの高い労働強度が伴った。その代わり慰安婦は前借金を短期間で返し、貯蓄し、故郷の家族に送金することができた。しかし慰安婦が日本の敗戦時までに引き出さなかった預金や貯めていた軍票は、紙くずになってしまった。

11 それで性奴隷だったのか？

軍人と業者の慰安婦虐待？

挺対協証言録には、慰安婦が慰安所で日本の軍人や業者から虐待され暴行されたという話が頻繁に出てくる。他人の家の養女になったが養父によって募集業者に売られ慰安婦となった金君子《キムグンジャ》（一九二六年、江原道の平昌《ピョンチャン》生まれ）は、慰安所での初日、相手をするのを断ったら日本軍将校に両方の「耳元を」殴られ、右の鼓膜が破れたと言った。家から警察に強制的に連れてゆかれたというキム・ウンネ（一九二六年、平安南道の平壌《ピョンヤン》生まれ）は、「下がひどく痛くてちゃんと相手ができないでいたら（日本の軍人が）動物を叩くように」殴ったと言った。薬を買いに長城《チャンソン》市場に行っていて見知らぬ二人の男に捕まり日本に連れてゆかれて慰安婦になったというキム・ボンイは、下から血が流れ出ていても日本の軍人は全く気にせず、「付随品のくせに何だ」と言いながら殴ったと言った（挺対協他 1999年：81P、128P／同 2004年：275P）。

↗ 楽しんだ。ある者は石油をかけて火を点けたりし……到底想像できない方法で拷問したら、中国人女性たちは一人二人と死んでいった」（挺対協他 1995年：160P）。

単純な暴行ではない殺傷に関する証言もある。満洲の奉天で慰安婦生活を送ったホン・ガンニム（一九二二年、慶尚北道の金泉《キムチョン》生まれ）の場合、軍医が定期検診をしながら、「下が小さいからと膣の入口をメスで切った。麻酔もせずに皮膚を切ったので、その痛さは想像を絶するものだった」。満洲のハルビンで慰安婦生活を送ったチョン・ハクスは、慰安婦たちがしばしば反抗し逃げようとしたら、主人が彼女たちを皆ハルビンのある工場の広場に連れてゆき、日本の軍人が中国人女性たちを輪姦、拷問、殺害する場面[注1]を目撃させたので、その後、慰安婦たちは反抗しようと思わなくなったと言った。また、中国の漢口近くで慰安婦生活を送った石福順《ソクポクスン》（一九二一年、大邱《テグ》生まれ）は、日本の軍人が自分と一緒に慰安所にいた妊娠六カ月と八カ月の二人の慰安婦を連れて出たが、後で他の日本の軍人から聞いたところ、日本の軍人は彼女たちをトラックに乗せていって銃殺したと言った。特に北朝鮮に居住する元慰安婦たちは皆、日本軍がとうてい許しがたい蛮行を犯したと証言している。ソ満国境の内モンゴルの海拉爾《ハイラル》で慰安婦生活を送った金《キム》徳順《ドクスン》は、泥酔した軍人が飲酒を強要するので断ったら、火の点いたタバコを性器に押しつけられ、軍靴で踏みつけられたし、ある軍人は流産させようと妊娠してお腹の大きくなっていた慰安婦の腹を踏みつけ、赤ちゃんの黒い頭が出てきたら手で引っ張り出して犬に食べさせようとし、結局はその慰安婦も赤ちゃんも死んだと言った（挺対協他　1995年：32P、160P／同　2001年b：87－88P／西野留美子　1995年：88－90P）。

北朝鮮に居住する元慰安婦のまた別の証言もある。一九四四年九月、中国雲南省の松山（四〇五ページの第12章注1参照）の日本軍が玉砕したとき臨月の状態で捕虜となった慰安婦として知

注1　「日本の軍人たちが多くの中国人女性たちを捕縛して連れてきた。中国人女性たちの服を脱がせた後、四肢を板に縛り付け凶悪な日本人兵士たちが輪姦した。多くの兵士らが列をなして自分の順番を待った。あらゆる方法で輪姦した後、中国人女性たちを拷問した。唐辛子水などを下半身に掛けたり、長い刀でむやみに刺したりして苦しがる姿を↗

られる朴永心《パクヨンシム》の証言をみてみよう。彼女は、自分が初期の四年間いた南京のキンスイ楼慰安所は、兵営から五〇〇メートル離れた所だったにもかかわらず兵士の監視が厳しくて脱出は不可能で、日本軍に抵抗したり慈悲を乞うたりすると、日本の軍人が殴り足蹴りにしたと言った。しかも、ある日本軍人は彼女の顔を軍刀で切りつけ、血を流しながら倒れた彼女を強姦したと言った。彼女がキンスイ楼にいる間、慰安婦七人が病気や栄養失調で死亡したり、切り殺されて川に投げ捨てられたりした。そのうちの一人は妊婦で、その腹が膨らむと、二人の兵士が腹を裂いて胎児を引き出して殺し、女性も殺したと言った（金栄《キムヨン》 2000年：267-269P）。

元慰安婦たちのこのような証言が全て嘘だと断定することはできないが、多くの疑問を提起せざるを得ない。日本軍兵士が慰安婦を暴行したり、鼓膜を破ったり、青あざを作らせたり、腕や足を折ったり、性器を火の点いたタバコで焼いたりすることは全て、慰安婦に慰安婦の仕事をちゃんとはできなくさせる。慰安婦は業者に金を儲けさせてくれる存在なのに、日本の軍人が彼女らの体を壊すのを業者が放置したというのは、まるで話の辻褄が合わない。右の証言は、工場で機械を動かしてこそ儲かるのに、他人が機械を叩いて壊しても工場の主人が関わろうとしなかったというのと同じである。

強制連行説の立場からすると、慰安婦は強制連行するものだから朝鮮からいくらでも連れてゆくことができるのだろうが、それにしても朝鮮から中国や遥か遠い東南アジアの戦場まで女性を連れてゆこうとすれば多くの費用がかかる。また、暴行された慰安婦がそのために働けなくなると、それだけ業者は金を儲けられず、それは業者にとっては商売道具の損失となる。慰安所業者には慰安婦に対する軍人の暴行を防ぐ切実な理由があるのだ。それだけではなく、同僚の慰安婦がそのように凄惨に殺害される慰安所で、他の慰安婦たちはどのようにして慰安婦の仕事をしたというのだろうか。慰安婦は性奴隷だから鞭の痛みと死の恐怖に震えながら仕事をしたのであろうか。

また、慰安所を設置した日本軍当局の立場からしても、青あざのある慰安婦に日本軍兵士の相手をさせることはできなかった。日本の軍人を〝慰安〟しろと慰安所を設置したのに、ある軍人が女性にひどい暴行をしたら、他の軍人がその女性から〝慰安〟されるわけがない。暴行されてひどい青あざができた慰安婦を見て喜ぶほど、各々の日本軍人は悪魔ではないからである。多くの日本軍部隊の慰安所利用規定でも、酒に酔った軍人は慰安所を利用できないことになっていたが、これは慰安婦への暴行などの事故を防ぐためだった。日本軍は慰安婦にも、軍人を慰安できるよう体をちゃんと管理することを要求した。一例として一九四四年八月、沖縄に転進配置された後、南部の糸満に駐屯した日本軍第二四師団第三二連隊が一二月に制定した慰安所規定では、慰安婦に対し「ケガをして奉仕が不可能になることが絶対にないよう細心の注意を払う」という義務を負わせた（河宗文《ハジョンムン》 2023年：665P）。

日本の軍人が慰安婦を暴行することはなかったという証言もある。ソク・スニは「ゲンコツでつつくことはあっても乱暴などはなかったよ。乱暴をしたら酷い目に遭うもの。将校らが外で見張っているのに……」と証言している。中国の杭州、嘉定、南京などで慰安婦の仕事をしたシン・ギョンナン（一九二一年、慶尚北道の高霊《コリョン》生まれ）は、日本の軍人が慰安婦を殴ることはなかったと言っている。

〈問〉特にこのように何か刀で酒に酔って殴るなど、そのようなことはなかったでしょうか？

〈答〉あー、大変なことになるよ。憲兵たちがいるじゃない。だから一線に行けば憲兵といえば将校でなくてもどの人間でも怖がるさ。憲兵がいつも巡察に回っている。殴ったりすれば大変なことになる。殴らない。だけどときには悪いやつがいるさ。悪いやつがいれば私ら同僚たちが手出すなと言うさ。

文玉珠も、コンドームを付けようとしない兵士には「いつも、『憲兵さんにいいつけてやるから』と脅したり、思いきり股を蹴飛ばしてやったりすることにしていた」と語っている。さらには、日本軍が妊娠した慰安婦を銃殺したと語った石福順は、「軍人の中に乱暴をする人はいましたか？」という質問に「軍人がそんなこと（をするなど、とんでもない）。お酒を飲んだとしてもおとなしかったよ。乱暴して殴るなど（そのようなことは）一切なかったよ。（階級の）高い人に殴られて大変な目に遭うもの」と矛盾した答えを返したりしている（挺対協他 2004年：140P／同2001年b：35P、90P／森川万智子 1996年：67P）。

慰安所を訪れた日本の軍人が、自分の要求通りにしてくれないと言って慰安婦を軍刀で威嚇したり、拳《こぶし》で殴ったりするケースはもちろんあった。このような行為は発覚すれば処罰されたし、慰安婦女性は負けずに立ち向かった。文玉珠は、自分の順番を待ちきれず刀で威嚇した酒に酔った兵長と体をはって喧嘩した挙句、その男を刀で刺し殺したが、軍法会議で正当防衛と認められ無罪判決を受けたと話した（森川万智子　１９９６年：125－127P）。実際にそのような事件があったのか、話を一〇〇パーセント信頼はできないが、慰安婦が日本の軍人の暴行に立ち向かい相手に傷害を負わせたが、日本軍が慰安婦を制裁しなかった点は確認できる。

　また、業者が慰安婦を叱り飛ばすことはあっただろうが、慰安婦の顔や体に傷を負わせるような暴行は、業者にとっては自害行為にほかならない。業者が慰安婦をひどく暴行したり拷問したりする理由は全くない。むしろ業者としては慰安婦を大事に管理しなければならなかった。慰安婦は業者にとって大事な金儲けのための財産だったからである。工場主が大切な機械に磨きをかけ、油を差して手入れするように、慰安所業者が慰安婦を大事にする理由は十分にあった。

　慰安婦がむやみに使っては捨てる消耗品でなかったことを示す良い逸話がある。漢口近くの応城で、ある慰安婦が新四軍（中国共産党の軍隊）に拉致された。ところが運良く、日本の憲兵隊で抑留していた新四軍の中隊長の妹と、その慰安婦を交換する交渉がまとまり、相互に引き渡された（長沢健一　１９８３年：241P）。日本軍は慰安婦を助けるために、敵軍幹部の家族を差し出したのである。強制連行論者らは、まるで虐待・暴行するために女性を慰安婦として連れていったという認識を助長しているが、日本軍にも業者にも慰安婦を大事に扱わなければならない理由が十分にあった。

　日本軍は海外の戦場で事故死した慰安婦の遺骨も収集・保管した。第10章で言及したビルマのアキャブにあった勘八倶楽部では、業者や助手、慰安婦の一行が事故に遭い四人が死亡するアクシデントがあったが、生き残った一人の重傷者は、まずは近くの病院で治療を受け、後にラングーンの近くに移って軍医の治療を受けた。この重傷者が移動できたのは、全て日本軍が交通の便宜を図ってくれたおかげだった。日本軍は業者を失った勘八倶楽部を撤収させ、慰安婦たちは業者の遭難事故があってから四カ月後、全員ラングーンに帰還した。日本軍はこの帰還する慰安婦たちの便に先立ち、死亡した業者など四人の遺骨を送り、ラングーンの兵站《へいたん》司令部の遺骨保管所に安置した。業者の妹の夫で慰安所の元管理人だった朴治根《パクチグン》は、一年後シンガポールから朝鮮に帰還する際、遺骨とともに帰還しようとラングーン行きの旅行許可を貰った（安秉直《アンビョンジク》 2013年／崔吉城 2017年：84－86P）。

しかも、業者に対して慰安婦が一方的な弱者ではなかった。何も知らずに慰安婦生活を始めた女性でも、二年間の生活で慰安所の全てを理解すると、自分の権利を積極的に主張するようになる。ある慰安婦は、契約期間の二年が過ぎても業者が何も言わないものだから、酒を飲んで業者と喧嘩をした。

ある日、お酒を一升飲んでくだを巻いた。主人がそれを見て憲兵隊に告発すると言ったので、「告発すると言うならしてみろ。私も告発する。契約期間が過ぎたのはちゃんと知っている。そして、あんたたちが私を虐待したのを全部告発してやる」と言って脅した。それからは私のところにくる軍人を一人も相手にしなかった。

結局この慰安婦は、ある紹介人の勧めで他の慰安所に移った。前の慰安所で契約期間が過ぎた後に働いた部分については、売上を業者と五対五で分けて受け取った（挺対協他 1993年：67－68P）。先述した上海の慰安所・海乃家《うみのや》でも、絹代というアヘン中毒の慰安婦に頭を悩まされた業者は、彼女を暴行や拷問で制裁するのではなく「たまらなくなって放り出した」（華《はな》公平 1992年：53P）。

業者にとって慰安婦は、細心の注意を払って管理しなければならない対象であった。一九四三年下半期、漢口慰安所では五〇歳くらいの朝鮮人の朴景道《パクキョンド》が武漢楼の権利を買って営業を開始した。しかし、慰安婦らが新しい主人に反抗して全員ストライキを起こした。元の主人が陰で慰安婦を操っていたからかもしれないし、新しい主人が一人の慰安婦に手をつけたからかもしれない。兵站部は憲兵隊に頼んで慰安婦たちを三、四日留置してもらい、ストライキを止めさせようとしたが、彼女たちは食事も拒否するほどの頑強な態度をみせた。結局、業者はそれまでいた慰安婦たち全員を他の所に送り、新たに朝鮮に行って女性を集めてくることにした（山田清吉 1978年：116－117P）。

慰安婦の余暇

ビルマのミッチーナで捕虜となった朝鮮人慰安婦を尋問したアメリカ軍は、慰安婦の生活ぶりは良かったと報告している。

ビルマでの彼女たちの暮らしぶりは、ほかの場所と比べれば贅沢ともいえるほどであった。この点はビルマ生活二年目についてとくにいえることであった。食料・物資の配給量は多くなかったが、欲しい物品を購入するお金はたっぷりもらっていたので、彼女たちの暮らし向きはよかった。彼女たちは、故郷から慰問袋をもらった兵士がくれるいろいろな贈り物に加えて、それを補う衣類、靴、紙巻きタバコ、化粧品を買うことができた。

彼女たちは、ビルマ滞在中、将兵と一緒にスポーツ行事に参加して楽しく過ごし、また、ピクニック、演芸会、夕食会に出席した。彼女たちは蓄音器をもっていたし、都会では買い物に出かけることが許された（吉見義明 1992年：443P）。

慰安所には一〇日に一回、あるいは一カ月に一～三回の休日があった。国井茂の上海近隣の慰安所は一〇日に一回休業したが、そのとき慰安婦たちは二、三人連れで上海の租界に遊びにいった。彼女たちは買い物をし、好きな物を食べ、時間があれば映画を観て帰ってきた。朴治根が働いたシンガポールの菊水倶楽部の公休日は月三回だったが、一九四四年三月に月二回に変わった。そして写真11-1にみられるように、上海の海乃家の慰安婦たちは個人持ちのきれいな服を着ていた。それだけ収入が良かったからである。また、慰安婦のレクリエーションとして季節ごとに公園に遊びにいった。慰安婦や管理者などが一人ずつ人力車に乗っていった（大林清 1983年：226P／華公平 1992年：89P、111P）。

写真11-1　海乃家の関係者たち　資料：華公平 1992年:48-49P、54-55P
上は1940年、海乃家の業者と慰安婦たちの記念写真、下は1943-44年頃、海乃家の関係者たちによる虹口公園での花見。

また漢口の兵站司令部は、慰安所に食堂を設置し各種の食品を供給することで、慰安婦たちの食事を改善したりもした。元々慰安所での食事は業者の負担であるが、業者が栄養を考慮せず少しでも食費の負担を減らそうとしたため貧しい内容の食事になっていた。兵站部の長沢軍医は栄養の面でも慰安婦の健康を管理するのが自分の任務だと思い、慰安婦のための食堂の設置を立案した。

長沢は慰安所組合の杉本組合長を呼び、食堂の開設を協議した。杉本は、業者が個々に三食を供するわずらわしさから解放され、材料を兵站でまかなってもらえれば費用も安くつくと考え、賛成した。経理部の将校も長沢の提案に同意した。貨物廠も食糧をこの慰安所の食堂に分けてくれることになった。それで慰安所組合が積慶里内の空き家に炊事場と食堂二室を設け、調理人を雇った。

兵站司令部が主食を供給し、味噌、醤油、塩、砂糖、燃料などは兵站の経理の伝票で貨物廠から受領し、公定価格で慰安所に供給した。そして野菜、肉、豆腐などは軍納商人から兵站が購入し、原価で慰安所に提供した。このように食堂で提供する食事は部隊の兵士の食事にまさるとも劣らず、食堂の二室には日本人慰安婦と朝鮮人慰安婦が別々に集まり食事をした。兵站は両者間の食に対する嗜好が違うことに気づき、朝鮮人には砂糖や醤油で味つけした煮物よりも生野菜を供するよう指導したりした（山田清吉 1978年：84P／長沢健一 1983年：150-152P）。

もちろん、このように慰安所の共同食堂まで作ることができたのは、漢口の積慶里に三〇軒の慰安所が集まっていたからである。一種の規模の経済効果により、日本軍は慰安婦たちに良質の食事を提供することができたのである。

移動し流浪する生活

多くの慰安所が所属部隊とともに移動した。〝日本軍が行くところならどこにでも〟慰安婦も行かなければならなかった。北支那方面軍第一軍の直轄部隊である独立山砲兵第三連隊は、二〇〇〇人程度で構成された部隊だった。この部隊は中国戦線のいろいろな所に派遣されて作戦に加わり、駐屯地の警備を担当した。特に一九四二年二月にはフィリピン戦線にも投入され、ルソン島の西北地域に駐屯し警備を担当した。この部隊の主要移動地は地図11-1の通りである。

この部隊は、①一九三七年に中部戦線に投入されて南京占領作戦に参加、②作戦完了後の一九三八年一月に青島に移動、駐屯した。③一九三八年八月から武漢占領作戦に参加、④武漢占領後の一九三八年一一月からは武漢北方の応山に駐屯しながら警備を担当した。⑤次いで一九三九年一月から四カ月間、南昌攻略戦に参加してからまた応山に復帰し、⑥一九三九年一〇月には長江南岸の葛店・華容地域を警備した。この頃、部隊専属の慰安所が作られた。⑦一九四〇年七月に長江北岸の武漢の西方にある羅家州に駐屯地を移し、⑧一九四二年二月フィリピン戦線に投入され、五月から二カ月間、マニラ北方の海岸地域のサンフェルナンド地域の警備を担当した。⑨そして一九四二年七月、新たに関東軍に編入され中国河南省の開封に移動した。

この部隊はこうした中の葛店・華容地域に駐屯した一九三九年一一月に専属慰安所を開設した

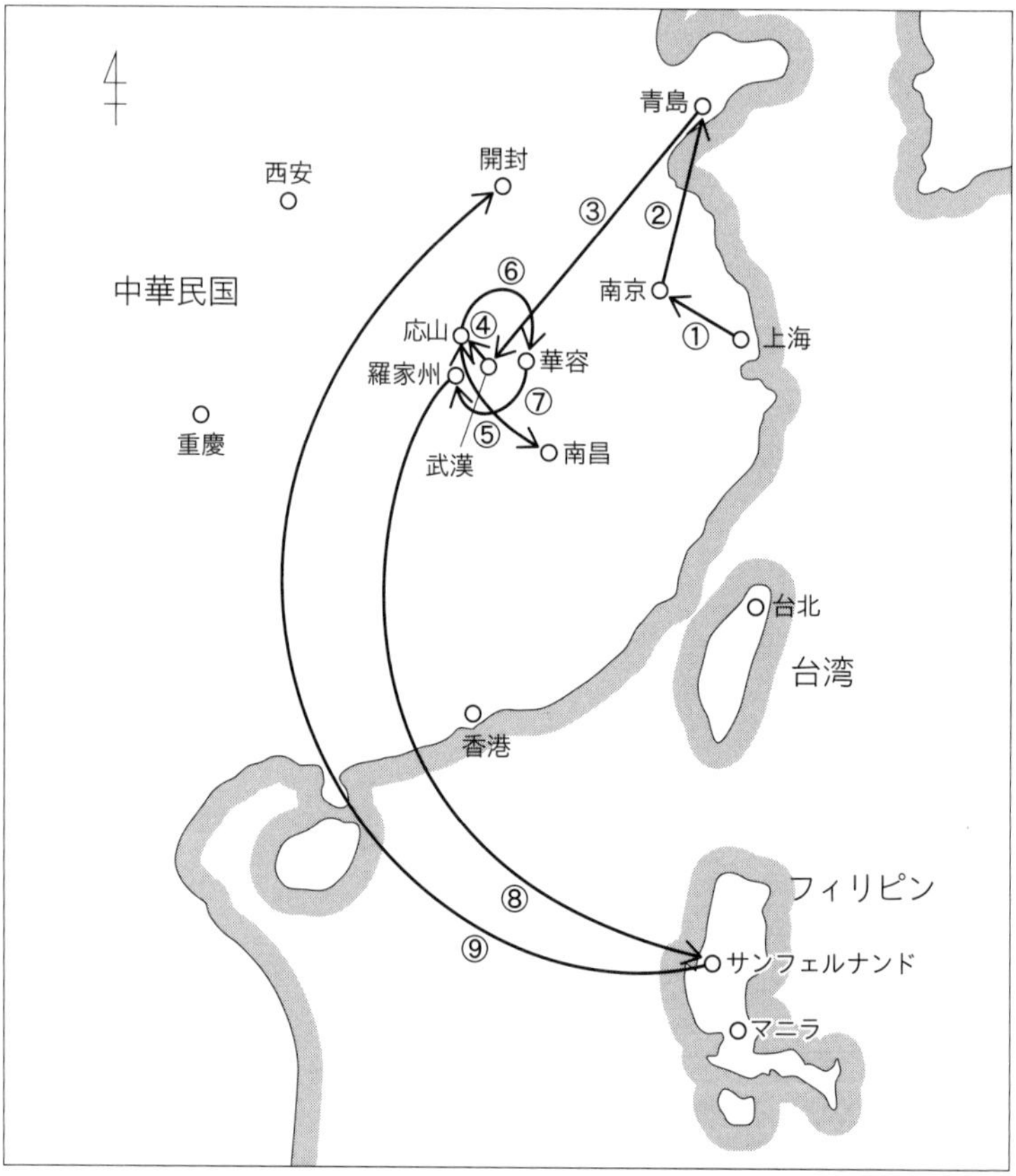

資料：河宗文（2023年：254-272P）を基に作図

地図11-1　日本軍独立山砲兵第３連隊の戦線移動

が、この部隊出身の兵士の回顧談によると、慰安所は部隊が移動すれば離れてゆき、作戦が終わって警備につくと再びその警備地にやってきて営業を始めた。慰安所は部隊の移動地をずっと追っかけてきた（河宗文 2023年：264P）。

日本人慰安婦の慶子が属する慰安所も移動し続けた。その慰安所は一九三八年一月に最初は上海の楊家宅に配置されたが、一カ月で浙江省の湖州（長興）に移動し、五カ月後にはまた上海の嘉定に移り、ここに三カ月ほどいた後、一九三八年一〇月に南部の広東に移動した（図版11-1の①）。歩兵第一二四連隊が上海から広東に行ったのは、米英などの連合国が蔣介石の国民政府を支援している香港ルートを遮断するためだった。慶子の慰安所は部隊とともにそこに三年ほど留まった。

慶子ら慰安婦一行はその後、太平洋戦争の勃発とともに一九四一年一二月、ボルネオに行った（②）。最初はボルネオ島北部海岸のラブーアン島に留まったが、一九四二年一月、一行の一八人の中から一〇人を選び同じボルネオ島の南西方のポンチアナに派遣した。一〇人はそこにいた他の部隊員たちを相手に慰安婦の仕事をした後、二カ月後の一九四二年三月末にラブーアン島に復帰した。一行はそれから二カ月後の五月、ミンダナオ島のダバオに行き（③）、わずか一カ月後、さらに東のパラオに行き（④）、四カ月後の一〇月にはニューギニアのラバウルに行った（⑤）。このときニューギニアの東側にあるソロモン諸島のガダルカナル島でアメリカ軍と日本軍の間で熾烈な戦闘が行われていた。慶子一行が属する歩兵第一二四連隊がラバウルに行ったのは、ガダルカナルの戦闘に加わるためだった。

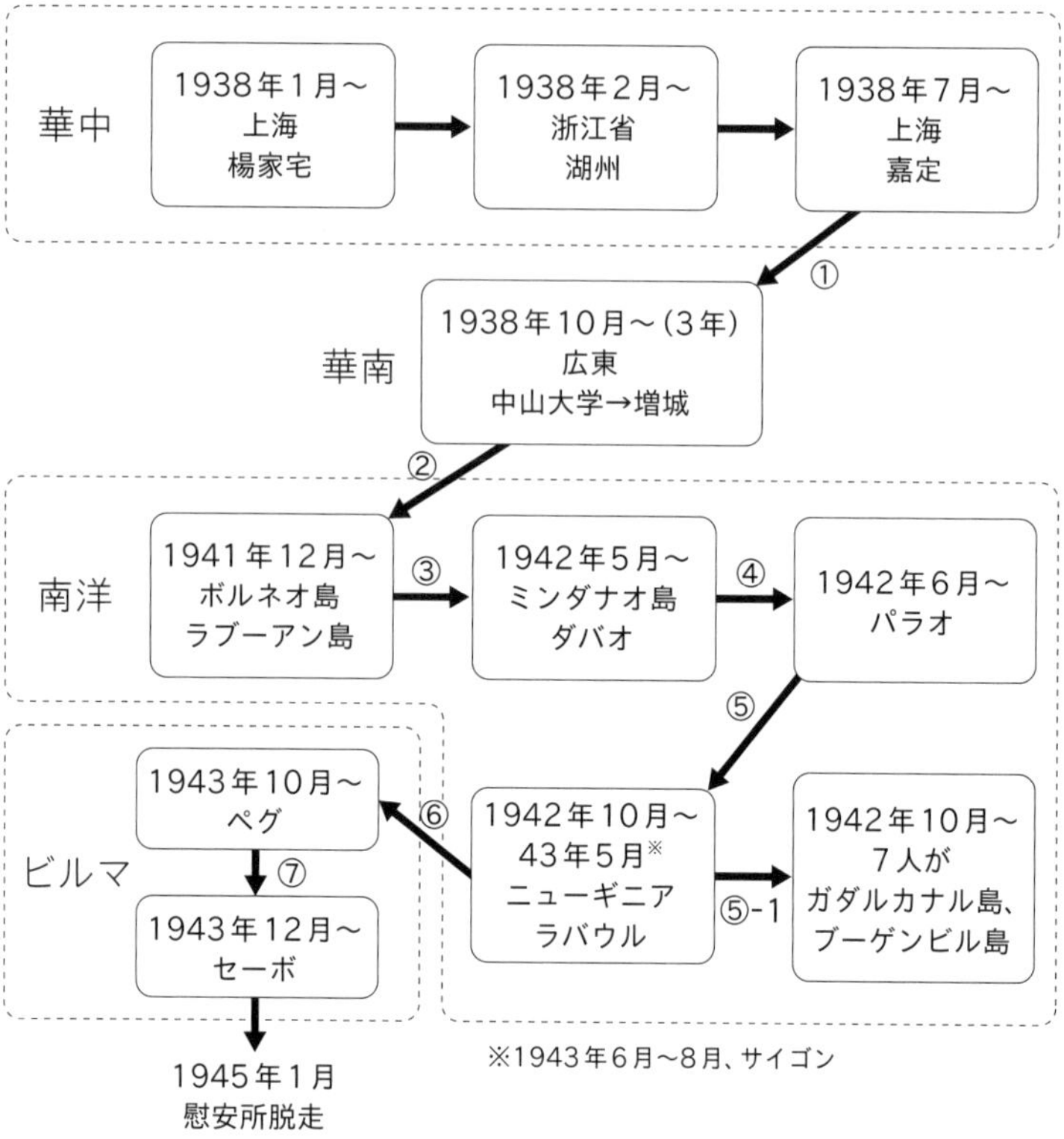

図版11-1　慶子一行の足取り

日本軍は慶子一行がラバウルに到着して何日も経たないうちに、七人を選んで船に乗せ部隊員とともにガダルカナル島に送った（⑤-1）。死の激戦地に日本軍を追加投入し、慰安婦も一緒に送ったのである。このガダルカナル島に行った七人は偶然にも皆朝鮮人だったが、彼女たちを乗せた輸送船はガダルカナル島に向かう途中、アメリカ軍に爆撃され沈没した。慰安婦たちは幸い救助され近くのブーゲンビル島に上陸したが、慰安所業者が彼女たちを連れ戻す方途はなかった。その後、残りの一一人だけがラバウルで慰安婦生活を送った。

そうこうしていた一九四三年五月、第一二四連隊がラバウルを離れビルマ戦線に投入された。サイゴンまで海路で行き、サイゴンで三カ月間、日本から新兵が来るのを待った（⑥）。同様にして慶子一行にも新たに慰安婦九人が補充されたが、皆朝鮮人だった。このサイゴンからは陸路でタイを経てビルマに入り、ラングーン近くのペグで慰安所を開いた（⑥）。一九四三年一〇月だった。慶子一行はそこに二カ月ほどいた後、部隊の移動に従い、また北方に移った。慶子一行の慰安所はマンダレイの北方のセーボに慰安所を設置した（⑦）。

中国からビルマに移った日本人業者・香月久治《かつきひさはる》の慰安所も、日本軍の命令に従いビルマのラシオから中国雲南省の松山に移動した。ただし香月は移動前、軍納商人に転業し、北海道出身の日本人が慰安所を譲り受けた（西野留美子1993年：119P）。

一方、慰安所の慰安婦のうちの一部を近隣の他地域に短期間派遣することもあった。中隊や小隊などの小規模な部隊が派遣されている場合、慰安婦数人をその部隊に短期間送り、また戻すのである。慰安婦の出張である。

第6章で紹介した金福童《キムボクトン》は広東の慰安所を経てシンガポールに渡ったが、そこではときどき山奥の部隊に出張したりした。当然、軍人が護衛し、慰安婦一〇人ほどが一緒に行った。天幕一つで臨時慰安所を作り、天幕の中を合板で仕切って三、四人ずつ入れるようにした。その部隊の兵士らは、ふだん外出もできず閉じ込められて過ごしていたところに慰安婦たちが来たので、まるで飢えた狼のように慰安婦たちに襲いかかった。

軍人たちがわっと押し寄せて、皆急ぐあまりズボンだけを下ろしてことを済ませ、ベルトを締めながら外に出ると、ほかの人がすぐに入ってきた。私たちは初めから蛙のように両脚を開き、寝台に座っているような寝ているような半身を起こした姿勢で一日中軍人たちの相手をした。夜になると足を伸ばすこともできないほどになってしまった。一週間ほどこうしていて慰安所に帰ったりした。またこのことをさらけ出すことになって本当に胸が痛む（挺対協他　１９９７年：92－93P）。

いくら一週間ほどの短期間であっても、蛙のように両脚を開き一日中休む暇もなく日本軍兵士の相手をしなければならなかったというのは、まことにいたましいことこの上ない。一人の人格的存在としての感覚がまるっきり破壊される経験だっただろう。

このように慰安所は、日本軍の命令に従い、戦線に従い、移動する部隊について延々と移動した。ときには付属する慰安所のない小規模な派遣部隊のために、一部の慰安婦チームが短期の出張もしなければならなかった。この点で慰安婦の生活は戦場を流浪する路上の暮らしでもあった。この流浪においては運が慰安婦たちの運命を左右した。

慰安所業者と慰安婦の帰還

金を稼いだ業者の中には、わずか数カ月で故郷に帰ろうとする者もたくさんいた。朴治根が日記で言及したビルマの朝鮮人慰安所業者は合わせて一六人だが、そのうち約三分の一に当たる五人が、わずか一年も経たないうちに帰国することを選んだ。まず、北部のマンダレイで慰安所を開いた後、南部のラングーンの北東近くのペグに移った松本恒は、ビルマに来てから一年も経たない一九四三年四月、帰国する計画を明らかにした。彼は文玉珠などの大邱出身の慰安婦を引き連れた業者である。ラングーン市内インセンの村山は一九四三年六月、慰安所を統営《トンヨン》出身の山口に譲渡し、九月ビルマを離れた。

またペグの桜倶楽部の主人・金川長平も九月、帰国する目的で慰安所を譲渡した。ペグで文楽館を経営していた新井久治も、日本軍がアキャブに慰安所を移せと命令したら慰安所を売却し、九月、帰国しようとビルマを出た。一方、プロームに続きアキャブでも慰安所を経営していた朴治根の妻の兄の山本も、すぐにでも慰安所を譲渡し帰国する予定だった。しかし彼は一九四三年四月、慰安婦二人、事務員、幼い少女などとともにアキャブを出てアラカン山脈を越えようとしていて事故に遭って死亡した。その他、ラングーン会館を経営していた大山虎一は、慰安所を四

人数	日付及び項目	姓名	進行経過
5	2月1日、出発	(氏名不詳)	帰国のため慰安所を出発。
2	3月3日、廃業	順子、お染	4月6日、出発。4月10日、送金許可願提出。
2	3月14日、帰国旅行申請	松本(李)鍾玉、郭玉順	4月12日、旅行証明書受領。4月14日、送金。6月13日、郭玉順の送金を問い合わせ。
1	3月31日、帰国旅行申請	真弓	4月13日、乗船申請。
2	4月12日、帰還旅行証明書受領	金川光玉、島田漢玉	5月25日、旅行期間延期願提出。5月31日、金川の送金許可申請。6月5日、出発。6月10日、金川の送金許可通知。6月23日、金川到着、送金要請。
2	7月9日、廃業届提出	金本恩愛、妹の順愛	8月7日、旅行証明完了、乗船申請。8月9日、銀行に送金許可申請。8月14日、出発。
1	9月6日、廃業届提出	キム・ヨンエ	9月12日、帰郷旅行証明申請。10月31日、乗船再申請。
1	9月12日、帰郷旅行証明申請	キム・グムソン	9月28日、乗船申請。12月5日、送金。
1	11月5日、廃業同意書交付	秀美(金安守)	11月22日、旅行証明交付。12月4日、11,000円送金。
計17人			

資料：安秉直 2013年

表11-1　1944年2月から12月にかけてのシンガポール菊水倶楽部の慰安婦17人の帰還

月に売却し、五月にシンガポールに向かった（安秉直 2013年）。

慰安婦たちも同じだった。先にみた慶子一行と同様に日本軍の降伏時まで所属部隊についていった慰安婦たちもいたが、前借金を返したり契約期限が満了したことで日本や朝鮮に帰還した慰安婦も多かった。

東京の私娼街である玉の井出身の国井茂は一九四〇年春、上海の慰安所を閉じて日本に帰ったが、そのとき一緒に帰った慰安婦たちもいた（大林清 1983年：239P）。

朴治根が管理人として働いたシンガポールの菊水倶楽部でも、**表11-1**にみられるように、一九四四年二月から一二月初旬までの一〇カ月を少し超える期間に、一七人の慰安婦が朝鮮に帰還したか帰還の手続きを踏んだ。慰安所の慰安婦二〇人のうち一七人がこの年に慰安所を出たわけだが、この慰安所が設置されたのが一九四二年八月なので、二年前後で慰安婦のほぼ全員が交替したことになる。朴治根は一九四四年二月一日から菊水倶楽部の管理人の仕事を始めたが、慰安所を出て帰国する慰安婦五人を見送ることが就業初日の仕事だった。そして三月三日に廃業した順子とお染が四月六日に慰安所を出ると、その四日後、朴治根は彼女たちの貯金の送金許可願を横浜正金《しょうきん》銀行に提出した。廃業から帰国、預金の本国への送金まで一カ月半ほどかかった。

　菊水倶楽部の慰安婦のうち松本鍾玉《ジョンオク》と郭玉順《クァクオクスン》は三月一四日に帰国旅行を申請し、それから一カ月の間に出発と送金が行われた。しかし、朝鮮でその金を下ろすにはかなりの時間が必要だった。四月一三日頃に出発した郭玉順は六月、お金が届いていないけど間違いなく送金したか、と朴治根に二回も電報で問い合わせた。金川光玉《グァンオク》と島田漢玉《ハノク》は四月一二日に旅行証明書を受領したが、ある理由で五月下旬に旅行延期を申請し、六月五日にシンガポールを離れた。一八日後の六月二三日、金川光玉が朝鮮に到着したことを知らせ送金を要請した。金本恩愛《ウネ》と順愛《スネ》の姉妹は七月九日に廃業届を提出したが、一カ月近くで旅行許可を貰い、その一週間後にシンガポールを離れた。

　廃業届の提出及び旅行許可申請から許可後の出発までは普通一カ月ほどだったが、送金にはかなりの日時を要した。九月一二日、帰郷旅行許可を申請したキム・グムソンは一〇月初めに出発したものとみられるが、送金はその二カ月後の一二月五日になってようやく行われた。キム・グムソンが朝鮮で金を下ろせたのは、おそらくそれから一、二カ月後の一九四五年一月か二月だっただろう。

このように東南アジア戦線の慰安婦が朝鮮や日本に帰還するには、廃業届の提出、旅行許可申請、乗船申請、送金許可申請などの多くの手続きがあり、それだけ時間を要した。それでも慰安婦生活を始めて二年が経った慰安婦たちの大多数は、そのような複雑な手続きを踏んで帰国した。このようにして慰安所から慰安婦が出てゆくと、業者は新たに慰安婦を連れてきてその穴を埋めなければならなかった。業者は、朝鮮に直接行って慰安婦を募集したり、東南アジアの他の慰安所から契約期限が満了した慰安婦を連れてきたりした。菊水倶楽部は四月二四日、スマトラのパレンバンにいたキム・エスンの就業許可書をシンガポール市警務部保安課に提出し、五月九日に他の慰安婦一人とともにその就業許可を受けた。

このように契約期限が満了した慰安婦が個別に帰還したほかに、慰安所そのものが帰還するケースもあった。たとえばソ満国境地帯で服務した北九州編成の歩兵連隊の慰安婦たちは、一九四四年秋、その部隊が台湾に転用される際、日本に帰った。「決戦場へ行くのだから連れて行けぬ」という連隊長の判断があったからである（千田夏光《せんだかこう》 1973年：197P）。

同じく、敗走していた日本軍が最後の決戦を前に慰安婦を日本に送り返したこともあった。フィリピン南部のミンダナオ島のダバオから東に二九〇〇キロ離れた中部太平洋カロリン諸島のトラック環礁（現・ミクロネシア連邦）には、一九四四年二月初めにラバウルから後退してきた六〇人余りを含む、約一四〇人の日本赤十字社の看護婦がいた。トラックの第四海軍施設部で電話交換手を務めていたある女性の証言によると、一九四四年二月一七日のアメリカ軍によるトラック大空襲後、女性たちをみな帰国させろという指示が出た。彼女は二月二八日、アメリカ軍の爆撃を避けられる病院船に乗ってパラオに行き、そこで貨物船に乗り換えて日本に帰った。その際、一〇〇人ほどの慰安婦が同行した。日本軍はこのように看護婦や慰安婦を次々と帰国させ、七月中旬には最後まで残っていた看護婦七〇人と患者、在留民が日本に向かった（地図11-2）。電話交換手は日本軍が慰安婦を殺害したとは考えられないと断言しており、他の数人のトラック島勤務者も同じように証言している（秦郁彦 1999年：267P）。

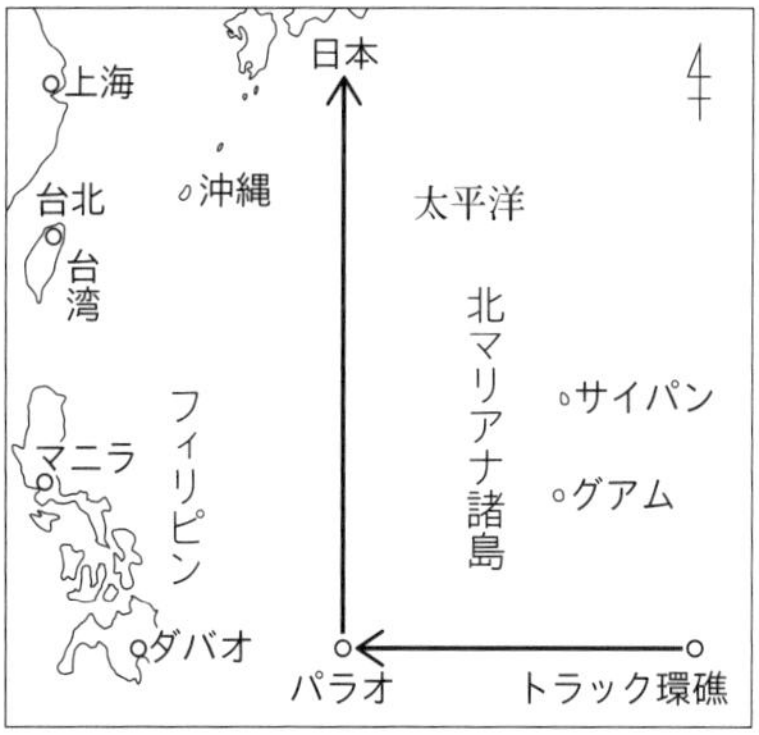

地図11-2　トラック環礁からの帰還

同様に、戦況悪化の情報を得て急いで日本に帰った慰安婦もいた。ある日本人女性は、元は北九州の小さい料理店で下働きをしていたのだが、誘われて慰安婦になった。彼女は一九三八年六月から杭州で慰安婦として働き始め、半月で前借金を返済しても慰安婦として働き続けた。その後、長江上流の九江慰安所を経て漢口慰安所に行った。漢口でも貯蓄を続け、その金で一九四〇年四月、慰安所を開設しキャバレーまで開いた。慰安婦が業者になったのである。それには軍の参謀の助力があった。一九四五年春、軍の参謀が彼女に、日本に帰ったほうが良いと戦況を耳打ちしてくれた。それで彼女は店を売って日本に帰り、静岡県伊豆で温泉旅館を買って大きく育てた。もちろん自分の慰安婦としての経歴は周囲に言わなかった（千田夏光 1973年：208-209P）。

慰安婦は性奴隷？

ここまで、女性たちが慰安婦となった経路、業者との契約条件、慰安婦としての仕事と所得、債務の返済と貯蓄、慰安所での処遇、戦場での移動、契約期間満了後の帰還など、慰安婦生活のさまざまな側面を詳細にみてきた。本書でみてきた慰安婦はどのような存在なのか？　慰安婦は慰安婦運動グループが唱えているような性奴隷なのか？

慰安婦を性奴隷と呼んだのは、早くも慰安婦問題が登場した一九九〇年代初めからである。日本のいわゆる人権弁護士・戸塚悦朗はNGO代表として一九九二年二月、国連の人権委員会で慰安婦制度を性奴隷制と初めて提起した（戸塚悦朗　2015年：15P）。以後、国連の人権委員会や国際労働機関ILOなどで慰安婦問題を取り上げる際はほとんど、慰安婦制度を（軍隊）性奴隷制と規定した。第3章でみたように、国連の人権委員会の女性暴力問題特別調査報告官を務めたクマラスワミは、一九九六年の報告書で日本軍慰安婦を「戦時軍性奴隷制」と規定し、国連人権委員会の差別防止・少数者保護小委員会の戦時性奴隷制関連特別報告者マクドゥーガルもやはり一九九八年、日本軍慰安所制度を性奴隷制及び女性に対する戦争犯罪と規定した。

慰安婦運動グループの研究を率いた吉見は、一九九五年に出した九人による共同研究書や自身の研究書では、日本軍慰安婦制の本質を性奴隷制とは規定していない（吉見義明・林博史《ひろふみ》　1995年／吉見義明　1995年）。しかしその後、吉見は慰安婦性奴隷説を定立した。日本軍慰安婦には四つの基本的自由、すなわち軍人相手の性行為を拒否する自由、外出の自由、廃業の自由、居住の自由がなかったという（吉見義明　２０１０年）。このように慰安婦を性奴隷と規定するのが、韓国や日本の慰安婦運動家、研究者らの間で一般化した。

しかし、まず疑問に思う点は、日本軍慰安婦の実状がきちんと明らかになる前に彼らが慰安婦を性奴隷と規定したことである。戸塚は「直観的な評価」により性奴隷論を創案したと自認している（西岡力　２０１２年：163Ｐ）。一九九二年や九三年というのは、慰安婦動員や慰安所運営における日本軍や日本政府の〝関与〟程度しか明らかになっていない時期である。慰安婦の動員方式がどうだったのか、慰安所での慰安婦の仕事と所得はどうだったのかなどの基本的な事実が、全く究明されていなかった。つまり慰安婦運動家らは、日本軍慰安婦が何であったのかも知らないのにそれを性奴隷と規定し、また多くの関係者がそれを受け入れた。であるなら彼らは、性奴隷説の論理をどのように構成したのだろうか。

国際人権文書で性奴隷制という用語が初めて使われたのは、一九九三年六月、第二回世界人権会議が採択した「ウィーン宣言及び行動計画」においてだった。

> 武力紛争の状況における女性の人権侵害は、国際人権法及び国際人道法の基本的原則の侵害である。特に殺人、組織的レイプ、性的奴隷及び強制的妊娠を含むこの種の人権侵害は、実効的な対応を必要とする。

この会議以降、国連の人権委員会などの国際会議では慰安婦を性奴隷と呼ぶのが一般化した（阿部浩己　2015年：30－31P）。しかし、上記の引用文でいう「武力紛争の状況における女性の人権侵害」というのは、ボスニア・ヘルツェゴビナ紛争においてセルビア系の軍人、警察、民兵隊などがボスニアの民間女性を組織的に強姦、妊娠させて〝民族浄化〟を企てた事件のように、一方の軍隊が敵国の女性に組織的な性暴力を行使することを指す。しかし日本軍慰安婦は、日本軍が戦争中、基本的に自国（日本、朝鮮、台湾など）の女性を連れていったものであり、その重要目的には占領地における強姦防止もあった。したがって、それとボスニア・ヘルツェゴビナやルワンダにおける紛争相手国の女性に対する組織的な強姦とは範疇が全く異なる。それなのに日本や韓国の慰安婦運動家らはそれらを同一のものとして大括りし、性奴隷制と呼んでいるのである。

ここからは性奴隷説の論理構造を本格的に探ってゆくことにする。慰安婦性奴隷論者らは性奴隷とは奴隷の一種であり、それと本質を同じくするものとみているが、一九二六年の奴隷制禁止に関する国際条約では、奴隷制は次のように規定されている。

奴隷制とは所有権に基づいた権限のいずれかもしくは全ての権限が行使される人間の地位または状態である。（Slavery is the status or condition of a person over whom any or all of the powers attaching to the right of ownership are exercised.）

ここで所有権に基づいた権限とは、隷属的な地位にある個人を売買の目的物にすること、主人が隷属的な地位にある個人と特にその労働力を何の制限もなく全面的に使用すること、隷属的な地位にある個人の労働の成果をその労働の価値に見合う報酬も与えず主人の財産とすることができることをいう。またその権限とは、隷属的な地位の状態が恒久的であり、隷属的な地位の状態が該当する地位の状態を持つ個人の子孫に事実上継承されることをいう。これは、物の所有者がその物を取得し用益し処分する権利が人間に対して行使されるのと同じである。奴隷は売買・譲渡・贈与・相続されるものであり、主人は奴隷にどのようなことでも命じることができ、奴隷に報酬はなく、奴隷身分からは一生抜け出せず、子孫に相続されるもので、一言でいって奴隷は個人の自由を剝奪されたものである。

性奴隷論者らはこのような要件が日本軍慰安婦にもあるとみている。彼らは、慰安婦は日本軍と業者による全面的な支配のもと多数の日本軍兵士との性交を強要され、力による威嚇、強要、虐待が慰安婦の日常をなし、逃亡や外出を厳しく監視・制限され、報酬も支払われることなく、結局、自由と自律性を甚だしく剝奪されたという。それで日本軍慰安婦は性奴隷だと結論づけているのである（阿部浩己 2015年：32－40P）。

奴隷制では奴隷主が所有権に伴う奴隷の人身に対する支配権を行使するが、まず、慰安婦の人身に対して行使される支配権の源泉としての所有権とは何であり、また慰安婦の場合、奴隷主というのは誰なのか。一次的には、彼女たちに性行為を強要し、外出や逃亡を監視し、報酬も支払わない業者が主人である。しかしこの業者は日本軍の支配を受ける存在なので、結局、慰安婦は日本軍の奴隷ということになる。日本軍が奴隷制を禁止した国際法に違反した戦争犯罪者であれば、現在の日本政府にそれに対する法的責任を負わせ、謝罪させ賠償させなければならないことになる。

しかし、慰安婦に対する所有権とは何なのか。それは、慰安婦を強制連行した暴力による所有権なのか、あるいは前借金を支払ったことから来る債権による所有権なのか、あるいは人身売買による所有権なのか。本書で詳しく探ったように、それは暴力による所有権ではない。強制連行は慰安婦の一般的な経路でないからである。また慰安婦は前借金という債務を性的慰安行為で返すという契約をしたのであって、慰安婦は前借金による債務奴隷ではない。前借金自体が業者の慰安婦に対する所有権を発生させるわけではない。

となると、性奴隷論者らが依拠するところは人身売買による所有権以外にない。しかし、慰安婦が慰安所において日本軍兵士を相手に性的慰安を提供することにより一定期間後には前借金を返し、慰安所を出ることができたという点で、業者は慰安婦に対して所有権を持ってはいなかった。第9章で論じたように前借金は人身売買の代金ではなく、その後の一定期間のサービスを約束して定めた対価として、予《あらかじ》め支給された年季先払報酬だった。結局、日本軍であれ慰安所業者であれ、慰安婦に対する支配権の源泉としての所有権というものはなかった。これにより性奴隷説はその基盤を喪失する。

性奴隷論者らは元朝鮮人慰安婦たちの証言を根拠に、奴隷制の要件として慰安婦は報酬を支払われなかったと主張する。しかし先にみてきたように、慰安婦が前借金を返している間は実際の受領額はいくらにもならなかったが、前借金を返した後は売上の五〇%あるいは六〇%が分配された。そしてそれで大金を貯めることもできた。二年余りの慰安婦生活でなんと二万六〇〇〇円以上の大金を手にした文玉珠を性奴隷と呼ぶのは妥当だろうか（西岡力２０１２年：95Ｐ）。

また性奴隷論者らは、慰安婦たちは慰安所から出られず戦争が終わってはじめて帰ることができたと主張しているが、本章で示した通り、債務を返しさえすれば一年後から帰還が可能であり、シンガポールのある朝鮮人慰安所では実際、二年後に大多数の慰安婦が出ていった。また性奴隷論者らは、日本軍や慰安所業者による慰安婦への虐待・暴行を主張しているが、これもまた一般的な事実とは認めがたい。以上の三つの点で性奴隷論は慰安婦の事実に適合しない。

結局、性奴隷説が依拠するところは、慰安婦が一日に平均五、六人、甚だしいときには数十人の日本軍兵士を相手しなければならなかったこと、いわゆる性的自己決定権なしに性行為を強要され、多くの日本軍兵士に強姦されたこと、そして慰安婦がいつでも自分が望むときに慰安婦の仕事を辞めて故郷に帰ることができなかったこと、日常的に外出の自由がなかったことくらいしかない。

これらについていえば、まず、慰安婦がやりたくないことをしなければならなかったので性奴隷だというのであれば、ただただ給料を貰うためにやりたくないことをする現代の数多くの月給取りも皆奴隷ということになる。単に金を稼ぐために興味もやりがいもなく働いている勤労者が多いが、彼らを奴隷だと規定はしない。

しかも、性的自己決定権云々というのは二〇世紀末になってから言われるようになったものであり、それを根拠に二〇世紀前半の事件を評価することはできない。それが許されるのなら、朝鮮王朝時代になぜ人間を奴婢にすることができたのかと、その野蛮性を非難しなければならなくなるだろう。遡及立法が禁止されているように、現在の法律や法的原則で過去の行為を裁くことはできない。慰安婦となった女性の中には日本軍に性的慰安を提供することを知らずに行った人もいたが、その場合でも、その契約の当事者である彼女の親権を持つ父母や戸主は、彼女がどのようなことをするのか知っていた。

慰安婦が任意に仕事を辞められなかったのも不可避なことだった。第二次世界大戦以前、日本の公娼制では業者と女性間の契約は、本来業者が前借金を女性に与え、女性は娼妓の仕事をしてその債務を返すものであった。ここで売春契約と金銭借用契約は分離可能で、女性はいつでも売春契約を取り消し娼妓の仕事を辞めることができた。その代わり、その債務を速やかに返さなければならなかった。一方、中国や東南アジアの慰安所で慰安婦が仕事を辞めて帰ったりしたら、業者は前貸金という債権を取り立てる方途が事実上なかった。業者自身はビルマにいるのに朝鮮に帰った女性から債権を取り立てようとすると、莫大な費用がかかったことだろう。それで慰安婦は任意にその仕事を辞めることができなかった。

前借金の返済など帰還要件を満たした慰安婦も、廃業申請、旅行証明申請、乗船申請、送金申請など、さまざまな手続きをしてやっと帰還することができた。それでもシンガポールの慰安所・菊水倶楽部では、慰安婦のほぼ全員が契約期間終了後、帰還した。

そして、日本軍が占領した敵国で慰安婦が外出の自由を享受できなかったのも仕方ないことだった。むしろ自由に外出すれば、占領地の現地人らに拉致されたり暴行・殺傷されたりしかねなかった。

つまりこのような点から、慰安婦は性奴隷だという主張は成立し得ない。本書でみてきた慰安婦の特性を考えると、慰安婦は報酬を先に支給された年季契約労働者 indentured laborer というべきである。

強いて性奴隷を探すとすれば、朝鮮内の娼妓や酌婦が性奴隷だったといわねばならないだろう。先に述べた河允明《ハユンミョン》事件などの場合、朝鮮内の娼妓や酌婦の父母は、娘がどこでどんな仕事をするのか知らなかった。父母は娘に対する親権を事実上喪失していた。女性は、自分はもちろん父母も手にしたことのない金を債務として負った。そして娼妓や酌婦の処分権は抱え主が持っており、抱え主は彼女らをどこにでも転売することができた。これこそ身体自由権の完全な喪失といえるだろう。本来、公娼の規則上、前借金に対して利子をつけることはできなかったが、警察の管理・監督が緩かったので、実際には高い利子がつけられた。時間が経てば経つほど債務が膨らんだ。また、高く転売されればそれだけ女性の債務が増えた。このようにして酌婦や娼妓は、なかなか債務を返すことができなかった。酌婦や娼妓には事実上、期限というものがなかった。このような娼妓や酌婦こそ人身売買された性奴隷に近いといえるだろう。しかし、どの慰安婦運動家も朝鮮内の酌婦や娼妓の悲惨な現実を指摘しない。これが性奴隷論者らの真の姿である。本当に女性の人権に関心があるのなら、こういう朝鮮内の娼妓や酌婦に関心を寄せるべきだろう。

では、朝鮮内の娼妓や酌婦と日本軍慰安婦の違いは何なのか。それは、前者が属した公娼は警察の管理・監督が緩かったのに対し、後者が属した慰安所は日本軍が厳しく管理・監督したという点である。慰安婦の売上、健康、債務、慰安所への到着と出発など、全てのことを軍司令部が管理した。軍が慰安所業者と慰安婦間の契約条件を決定し、その履行のいかんを管理・監督した。軍の管理が慰安婦を業者の過度の搾取と奸計から守ってくれた。ラムザイヤー教授は、国内の公娼制では業者の不当行為を訴えることのできる警察がいたが、戦場ではそのような警察はいないとみた。しかし、戦場の慰安所であってこそ慰安婦が事業主の不当行為を軍当局に訴え、是正してもらうことができた。すなわち、この日本軍による細密な管理・監督があったからこそ慰安婦は性奴隷ではなかったのである。

そして、軍によるこの管理・監督があったために、日本軍慰安所は国内公娼制の単純な延長にはならなかった。公娼は、風紀の取り締まりと性病の伝染防止などのため、警察が抱え主と娼妓に一定の場所での売春を許可し、性病検査を義務化したものである。公娼制では、国家が一種の必要悪として性売買を公認し管理したが、国家は公娼の運営主体ではなく、性売買を奨励したり、抱え主と娼妓間の関係に深く介入したりもしなかった。その管理・監督は緩いものだった。

それに対して日本軍は、戦争遂行に役立つように慰安所を設置しており、事実上慰安所の運営主体だった。日本軍は、軍人に対する慰安サービスの最大化を図り、そのために慰安所の運営に深く介入し、慰安所を厳格かつこと細かく管理した。それで慰安婦は、危険な戦場において国内の公娼よりももっと強度の高い労働をしなければならなかったが、より良い報酬の分配とより少ない生活費の負担、前借金に対する無利子などが保証された。公娼が戦場に延長されて慰安所になったとき、そこには事実上の運営主体としての日本軍の厳格かつこと細かな管理という重大な変容があった。

《要約》

韓国の多くの元慰安婦たちが、軍人や業者から虐待され暴行されたと証言した。酒に酔った軍人などが規則を破り慰安婦を威嚇したり暴行したりすることはよくあったが、日本軍はそのような行為を取り締まり、違反者を処罰した。慰安所は戦線を移動する日本軍と一緒に移動・流浪したが、前借金を返し契約期間を終えた慰安婦は故郷に帰ることができた。先払報酬としての前借金、売上の分配、契約期間、帰還などから、慰安婦は性奴隷ではなく年季契約労働者だった。

12

日本軍が敗走する戦場における慰安婦

分かれた運命

契約期間満了後、朝鮮や日本に帰ることができた慰安婦たちは運がいいほうだった。彼女たちより運が悪い人も多かった。契約期限が過ぎても軍当局が帰国のための交通の便を準備してくれず、帰還を待たされ続けた人たちがいた。あるいは業者の説得により慰安婦が再契約をしたケースもあった。また、もともと遅れて日本軍慰安婦となり、期間が満了する前に日本の降伏を迎えた人たちもいた。皆、戦争が終わるときまで慰安所に残っていた慰安婦たちである。

彼女たちは日本軍が敗走する現場で連合軍による爆撃で死亡したり、負傷したり、連合軍の捕虜となった。その過程で彼女たちは、敗走する日本軍について、あるいは日本軍と離れて流浪し、飢えや病気、負傷などにより深甚な苦痛を経験した。甚だしくは、日本軍が慰安所を運営していたことを隠すため、あるいは捕虜になった慰安婦から軍の機密が漏れないようにするため、未然に慰安婦を虐殺したという話まである。

先に紹介した日本人慰安婦・慶子がいた慰安所は、三年近く中国の広東地域に留まっていたが、三年が経ち前借金も返していたにもかかわらず、慰安婦一行のうち誰も日本に帰ることができなかった。日本軍が、慰安婦の乗るトラックや船などの帰国する手立てを用意してくれなかったからである（千田夏光《せんだかこう》　1995年：218P）。慶子がいた慰安所は一九四一年一〇月、所属部隊（陸軍第一二四連隊）につき従ってボルネオに移動し、それからすぐの太平洋戦争期に戦線を転々とし、ビルマで敗戦を迎えた。慰安婦たちはそんな中で言い尽くせないほどの苦労をした。

前述したように、ビルマのラングーン慰安所の文玉珠《ムンオクチュ》は一九四四年夏、同僚六人と帰国の途についたが、他の三人とともに翻意し帰還船に乗らなかった。彼女らを除く数十人の朝鮮人慰安婦はサイゴンから帰還船に乗ったが、その船は米軍の爆撃を受けて撃沈した。慰安婦のうち一部だけが救助され、残りは死亡した。サイゴンにおける翻意が運命を分けた。文玉珠は不運から免れてラングーンの慰安所に戻ったが、日本軍が降伏するときまで帰国できなかった。

また、慰安婦・裵奉奇《ペボンギ》はもともと遅れて日本軍慰安婦となったケースだった。裵奉奇の一行は一九四四年一一月初めに鹿児島を出、一一月九日頃に沖縄・慶良間《けらま》諸島の渡嘉敷《とかしき》島に着いた。業者はすぐに慰安所を開いて営業を始めたが、二、三カ月しか続かなかった。一九四五年一月、米軍が沖縄本島への空襲を再開すると渡嘉敷島の日本軍は大挙して沖縄に移動した。三月下旬には沖縄本島とともに渡嘉敷島にも米軍の大々的な空襲があり、それに続いて米軍が上陸した。以後、八月末まで裵奉奇は、米軍に追われ山の中でゲリラ闘争を繰り広げる日本軍の陣地で生活しなければならなかった。

中部太平洋の戦場における慰安婦たち

太平洋戦争の中期、フィリピン東方のパラオ、サイパン島、トラック島、その南方のニューギニア、ビスマルク諸島のラバウルなどの中部太平洋の島々は、日本軍が米軍に対峙《たいじ》する最前線だった。日本軍はこれらの島々の日本軍駐屯地ごとに、ほとんど漏れなく慰安所を設置した。ガダルカナルの戦い（一九四二年八月〜四三年二月）を皮切りとして日本軍は、この中部太平洋の島々における戦闘で米軍に敗れた。日本軍についてきていた慰安所の慰安婦たちも、この敗走の戦場においてときには命を落とす危機に直面した。

まず、日本人慰安婦・慶子の一行が日本軍が敗走する戦場で経験したことをみてみよう。慶子の一行は一九四二年秋にガダルカナルで、そして四五年ビルマで、二度の日本軍の敗走を経験している。前に戦線に従う慶子一行の移動に言及した際、そのうちの七人がラバウルから輸送船に乗ってガダルカナルに向かう途中、米軍の爆撃を受けて船が撃沈されたことを述べた。これは一九四二年一〇月三日午前に出航して六時間後のことだった。翌四日夜、船が撃沈されたというニュースが残りの一一人に伝わった。この女性たちが救助された話は伝えられなかったので、一人の慰安婦はこの七人が全員死んだと考えた。

業者・石橋徳太郎は急ぎ翌一〇月五日、ガダルカナルへ向かう駆逐艦に乗せてもらった。女性たちの生死を確かめるためである。いくら希望しても一介の慰安所業者が戦闘を行う駆逐艦に乗れるわけがないので、軍属の身分を利用してガダルカナル駐屯部隊に緊急連絡する後方任務があるというふうに言って、駆逐艦に乗せてもらったのである。

この駆逐艦も戦闘のために発ったのではなく、ガダルカナルの日本軍に補給品を届けにいったのだった。米軍が制空権を握っていたので、ガダルカナル島にいる日本軍にはまともな補給ができなかった。駆逐艦が米を入れたドラム罐を積んでいって、深夜、ガダルカナル島沿岸の海に投げ込み、海岸から日本軍兵士がそこまで泳いでいってドラム罐を岸に引き揚げる、という計画だった。

石橋はガダルカナル島の西側の海岸に到着した。彼は米軍機の攻撃を避け密林の中を島の中部のアウステン山にある連隊本部まで歩いてゆく途中、日本軍の惨状を目撃した。補給を受けられない兵士らは、ほとんど餓死寸前だった。途中で石橋が出会ったある兵士は「乾パンの一個でもけっこうです、お恵みください」と骸骨のような手を差し出しながら乞うた。後方に食糧を貰いにいった兵隊が、一個中隊分としてやっと駆逐艦で運んだ米一斗を背負ってくると、ブスリ密林の中で他部隊の兵隊に殺されたりした。ガダルカナル島の戦闘は一九四二年八月から四三年二月までの六カ月間続いたが、投入された日本軍三万人のうち一万人だけが帰還し、五〇〇〇人は戦死し、一万五〇〇〇人が飢えたりマラリアにかかったりして死んだ。

ガダルカナル島で石橋は、七人の慰安婦が救助され、撃沈現場に近いブーゲンビル島に上陸したことを確認した。石橋はブーゲンビル島に行きたかったが、それには深夜こっそり沖へしのび寄る駆逐艦まで泳いでいかねばならず、七人の慰安婦を連れて帰ることができなかった。石橋は帰りの駆逐艦に乗るために五日間、海岸で腰まで海につかり待機したのち、ガダルカナル島で得た連隊長命令書を見せてやっとのこと乗船できた。このようにして石橋は、一〇月五日に発ってから一カ月半ほど経った一一月二一日にラバウルに帰ってきた。顔はすっかり無精ひげで覆われ、服には黒く焼け焦げた穴が開いており、脚絆をつけた足が鉛筆のように細くなっていたという（千田夏光 1995年：247－256P）。

ブーゲンビル島では補給が途絶えた少数の日本軍守備隊が密林の中に潜り込み、飢餓状態で終戦を迎えた。人肉まで食べた兵士たちは、日本の降伏後ほとんど骨と皮のような状態で捕虜となったが、七人の慰安婦のうち二人もそれまで生き残り、同じく捕虜となった（千田夏光 1973年：139－143P）。二人だけが生き残ったというから、五人はブーゲンビル島で爆撃によるか飢えで死んだのだろう。

一方、第8章で紹介した日本人慰安婦・城田すず子は、パラオで日本軍の敗走を経験した。一九四四年春、パラオのコロール島に到着した城田は、トラック島と連絡も取れず、行く船便も得られなかったため、泊まった紅樹園《マングローブ》という旅館の人に働く場所がないか問い合わせた。海軍特別料理店も兼ねていた紅樹園の主人・内田は、慰安所管理の仕事を提案し、これに応じて城田は海軍慰安所の管理人の仕事を引き受けた。この慰安所の慰安婦二〇人は朝鮮と沖縄の出身だった。

一九四四年六月に入るとパラオにも、サイパンに米軍が艦砲射撃を加えたという話が伝わってきた。パラオにも戦雲が漂い、慰安所も空襲に備えた。城田は慰安婦の借金の帳面や戸籍など、彼女らがパラオに来ているという証拠書類を風呂敷に包んでいつでも持ち出せる用意をした。一九四四年秋に入るとパラオでも米軍の爆撃が始まった。その都度防空壕に退避したので、慰安所の営業どころではなくなった。防空壕の中で炊事をし食事をとるようになった。一度は、慰安所の人たちが避難していた涸れた下水溝に小さな爆弾が落ちて慰安婦三人が即死し、城田も負傷した。下水溝はめちゃくちゃになり、入口もふさがれて、城田らは埋もれたままになってしまったが、紅樹園の主人たちのおかげで何とか助け出された。

その後も爆撃が続き、コロール市街地が全焼した。紅樹園の城田や慰安婦たちは、持てるだけの食糧や衣類などを持って近くの岩山の洞窟に避難した。町の焼け残りの空き家から米、味噌、醬油、缶詰などを運び込んだ。毎日空襲があった。炊事の煙を発見されると爆撃されるので火も熾《おこ》せず、そんな状態のまま三、四カ月を洞窟の中で暮らした。洞窟の上には陸軍の高射砲陣地があったが、爆撃を受け、四〇～五〇人いた兵士は一人を除いて全滅した。周辺に兵士たちの骨と肉片が散らばっていた。その後、城田の一行は洞窟を出てジャングルに入り、小さな家を建ててとうもろこしやとうきびを栽培し、タロ芋（南太平洋一帯の島の主食）やほうれん草に似た野草を採取して暮らした。彼女らは軍の補給品であるタバコを原住民にあげ、代わりに魚、野菜、バナナを手に入れた。おかげで彼女らは餓死を免れた。パラオ本島のジャングルには日本の陸海軍の生き残りの兵士や軍属たちがおり、そんなさなかなのにそこに紅樹園の支店のようなものを出した。そんな暮らしをしていて一九四五年、終戦の知らせを聞いた（城田すず子　1971年：60－67P）。

ビルマ戦線での慶子一行の死の脱走

ビルマ戦線における日本軍の敗走及び慰安婦一行の脱走については、ビルマ北部ミッチーナにいた業者と慰安婦に対する米軍の捕虜尋問報告書にきちんと記録されている。

一九四四年七月三一日、ミッチーナ所在の慰安所三軒の慰安婦六三人と業者たち、従業員などの集団が、ミッチーナから避難し始めた。慰安婦たちは私服の上から暗緑色の軍服を着た。彼女たちは小舟一〇隻に分かれて乗ってイラワジ川を渡った。残存兵力の大多数はミッチーナを離れたが、患者と負傷兵は落伍した。慰安婦たちはこの時点で「彼らに川を渡らせるのは無駄なことでした。川を渡っても歩けませんから。もしかしたら救助されるかもしれないという望みをかけ、むしろ彼らを下流に流してあげたほうが良かったと思います」と話した。

彼女らはワイングマウの北に上陸し、八月四日まで密林にとどまった。集団は退却する軍人について移動し始めた。八月七日、集団は交戦に巻き込まれ、混乱の中で散り散りになった。

中国人慰安婦二〇人が密林の中で落伍し、中国軍に自首した。朝鮮人慰安婦約二〇人の集団は日本軍の後をついていった。八月一九日、別の捕虜の一人は、この少数の暗澹《あんたん》たる集団が依然として後をついてくるのを目撃した。共栄慰安所の慰安婦たちは放棄された現地人の民家に退避し、二日間とどまった。その間、慰安所の業者はいかだを作ろうと努力した。集団には日本軍負傷兵一人も混じっていた。八月一〇日、その民家はイギリス軍将校の指揮を受けるカチン族に包囲され、彼女らは生け捕りにされた。もともと六三人だった慰安婦のうち四人は移動中に死亡し、二人は日本軍と誤認され銃殺された（鄭鎮星《チョンジンソン》　２０１８年ａ：526－527Ｐ）。

ミッチーナには慰安所が三軒あった。共栄慰安所に二二人の朝鮮人女性が、キンスイに二〇人の朝鮮人女性が、そして桃屋に二一人の中国人女性がいた。ミッチーナには米英連合軍が一九四四年五月一七日から攻勢を開始し、六月に入るとミッチーナの日本軍は完全に孤立した。その頃というのは、ミッチーナ東方の中国雲南省の松山[注1]と騰越《とうえつ》の日本軍守備隊が中国軍に包囲され、身動きが取れず補給が途絶えたまま米軍の空襲と中国軍の砲撃を一方的に受けていたときである。この戦況はその西方数十キロしか離れていないミッチーナにも知らされた。七月三一日からミッチーナの日本軍は、このビルマ北部の最前線から脱出し始め、八月三日夜まで脱出し続けた。退却を命じた第五六師団派遣の現地司令官は八月一日に自決した。八月三日午後、連合軍はミッチーナを掌握した。日本軍守備兵力一二〇〇人のうちイラワジ川を渡り脱出したのは八〇〇人程度で、一八七人が連合軍の捕虜となった（浅野豊美　１９９９年：71－72Ｐ）。

先の報告書に記されているように、共栄慰安所の業者夫婦と慰安婦たちは一〇日後の八月一〇日、イギリス軍の指揮を受けたカチン族の兵士たちに逮捕された。その間に慰安婦二人が脱落し

注1　松山は雲南省の拉孟（らもう）という市街の郊外にある山の名前で、日本軍が強固な陣地を構築して最後まで戦った所である。なお、日本ではしばしば「松山の戦い」を「拉孟の戦い」と表記するが、本書では松山で統一する。

写真12-1　ミッチーナ陥落後、捕虜となった共栄慰安所の朝鮮人慰安婦たち
1944年8月14日に撮影されたもの。
資料：National Archives, CBI-44-21636／111-SC 262579

た。桃屋では慰安婦二一人のうち一人を除いた二〇人が中国軍に捕まった。キンスイの二〇人のうち三人が死亡したり射殺されたりし、一七人が捕虜になった。一〇日間の脱走の過程で六三人の女性のうち一割ほどの六人が命を失った。慰安婦たちが退却する日本軍の後をついてゆく途中、日本軍と連合軍の交戦の際に日本軍を見失い、その一部が命を落とすといったことは、敗走する戦場ではしばしば起こったことだった。

写真12-1は、ミッチーナ飛行場に設けられた臨時捕虜収容所で共栄慰安所の業者と慰安婦、そして連合軍の尋問将校たちを撮ったものである。写真右側前方の黒く写って見えにくい部分の女性が業者の夫人・木村富子であり、他の女性は全て朝鮮人慰安婦である。彼女らは初め、連合軍が自分たちをどこに連れてゆくのかに最大の

関心を寄せていた。彼女たちは、インド経由で朝鮮に戻るという説明を聞くと、その次には自分たちが貯めた軍票がこの先も使えるのかを心配した。業者・木村富子は腹帯を解いて全員から受け取っていた軍票を広げたが、連合軍の尋問将校たちは今後その軍票は使えないことを説明した（浅野豊美　1999年：80－83P）。

一方、日本人慰安婦・慶子の一行がビルマ中部のセーボで慰安婦生活を送っていたとき、ある事件が起こった。新たに補充された九人の朝鮮人慰安婦のうちの一人・徐甲秀《ソガプス》という女性が、ある日本軍兵士のいたずらにより妊娠していたことが一九四四年一月に分かったのである。当時、日本では妊娠中絶手術は違法であり、中絶手術をしようとしてもできなかった。その年の七月に徐甲秀は娘を産んだ。ビルマ戦線の至る所で日本軍が崩壊し、連合軍が北から南へ、西から東へと攻勢を強めていたときである。

ついに一九四五年二月、日本軍部隊は総崩れし、兵隊の一人一人が逃げまどった。慶子の一行も部隊を離れて南へ南へと逃げていった。彼女たちは八月まで半年以上にわたってビルマの山野をさまよった。部隊と別れた後、慰安婦たちは食糧を自分たちで調達しなければならなかった。業者兼管理人の石橋は生阿片を多量に確保した。この阿片と交換にビルマの農民から食糧を得るつもりだった。しかし、村や集落がある所は避けて歩かなければならなかった。日本軍と間違えられ逮捕されかねなかった。食糧調達がままならなかった。それで、慰安婦一行はイナゴなどの昆虫、カエル、おたまじゃくしなどを食べながら耐えた。

このとき朝鮮人慰安婦たちが役立ってくれた。朝鮮人慰安婦たちは何といっても若かったので一行の中では元気で、草むらを歩いては食べられる草の根、草の葉を識別し、それで飢えがしのげるようにしてくれたのである。

彼女たちは海のほうに行くつもりで南を選んで歩いていたのだが、実際には西に行っていた。そう気づいた彼女たちは方向を南に戻して放浪を続けた。そうするうちに結局、赤ん坊を背負った徐甲秀は歩くのが難しくなった。一行は徐甲秀に阿片を与え、ビルマ人の農家に預けることにした。その後、徐甲秀とその赤ん坊がどうなったのかは分からない。

結局、日本が降伏して一週間が過ぎた八月二二日、一行は白旗を持った数人の日本軍兵士に会って収容所に入ることになった。彼女たちはビルマの日本軍俘虜収容所に二年近くいた。収容所で慶子ら慰安婦たちは一種の従軍看護婦の仕事をした。

彼女らは一九四七年夏に帰国船で日本に戻った。それまで持っていた軍票は通貨として認められず、何の役にも立たなかった。合わせて八年間の慰安所の仕事に対する報酬は、目的地までの汽車の無賃乗車券だった（千田夏光 1995年：275－307P）。

中国雲南省の松山・騰越の戦いと松山の慰安婦

一九四四年三月、ビルマの日本軍はインドのインパールを攻撃する作戦を開始したが、同年五月から逆に米軍と中国軍の連合軍がビルマの日本軍の背後を衝いた。地図12－1に示すように、日本軍はビルマのラングーンやマンダレイ等の中心部を占領しており、その北側には援蔣ルー

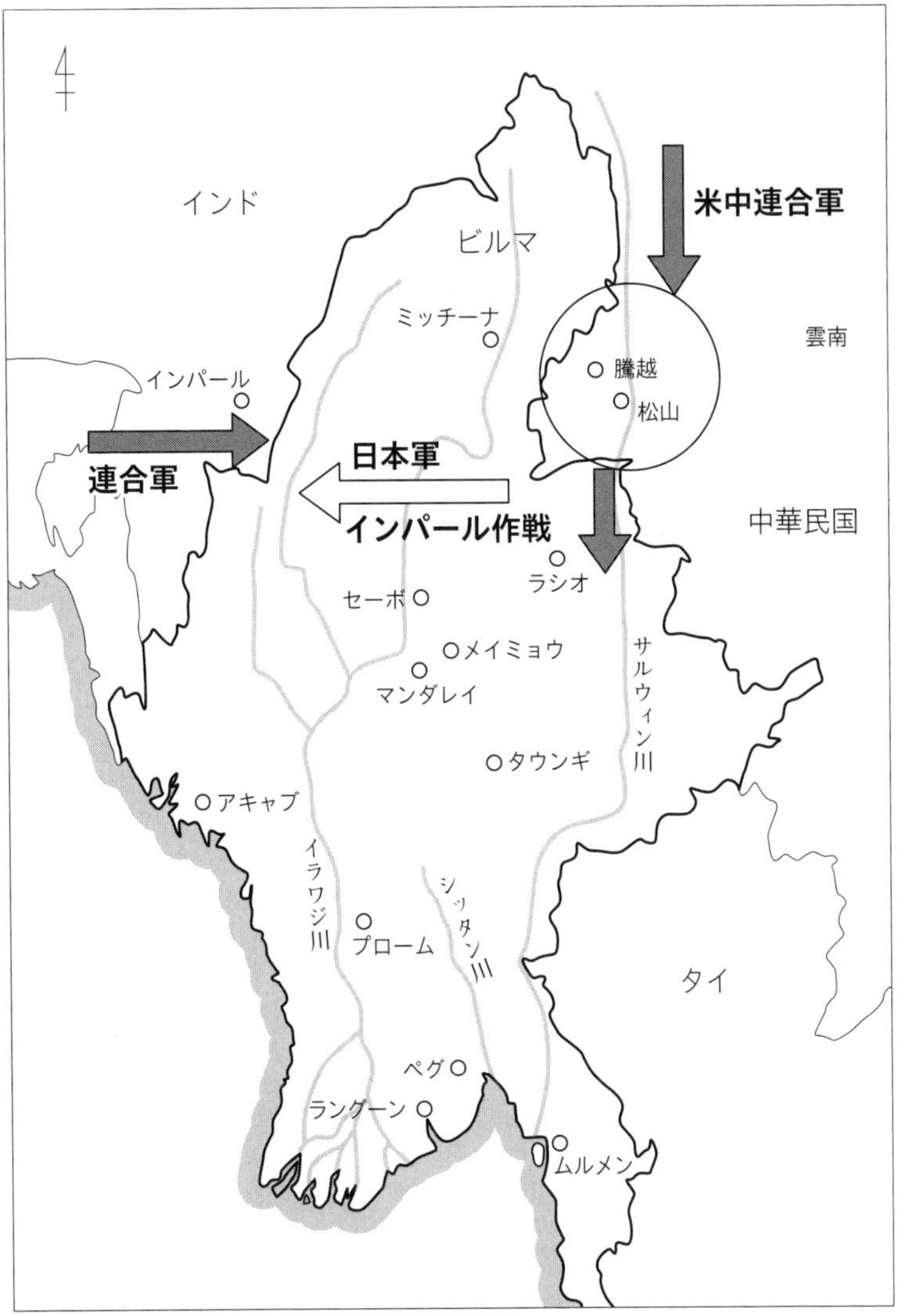

地図12-1　中国雲南省の松山・騰越における戦闘

ト（米軍が蔣介石の中国国民党政府を支援するルート）があった。この援蔣ルートを遮断するために、日本軍はインドのインパール側に進攻するインパール作戦を敢行したのであるが、米英連合軍がインパール方面で直接日本軍と対峙する一方で、米軍の支援を受けた中国軍は一九四四年五月、ビルマの北方の中国雲南省において日本軍の背後を衝いた。その激戦地が松山と騰越だった。

松山は雲南省の怒江（ビルマのサルウィン川に続く）西側の対岸にあり、騰越は怒江から西に八〇キロほど離れたところにある。その一帯は一九四二年五月に日本軍が占領した。日本軍に押された中国軍は川を渡って東側に退却し、怒江の橋を破壊した。その後、松山は第五六師団の第一一三連隊が、騰越は第一四八連隊が警備についた。その後二年近くは怒江を挟んで東の中国軍と西の日本軍が対峙しただけで、大きな戦闘はなかった。

松山の日本軍は、市街地から西に離れた高地である、怒江の恵通橋を見下ろす海抜五三〇〇フィート（約一六〇〇メートル）の山上に陣地を築いた。駐屯する第一一三連隊の連隊長は、松山が最前線であり中国軍の長射程砲の着弾距離内にあるため慰安所を置かない方針だったが、師団レベルの方針により結局慰安所を設置した。慰安所の建物もその中に建てた。慰安所は陣地の中で一番いい建物だった。竹の樋《とい》で遠くから水を引いて風呂場も設けた。慰安所の周辺は全て山だった。松山慰安所には一九四二年末に一〇人の朝鮮人の慰安婦が配置された。一九四三年夏に後方のラシオの一角楼から日本人と朝鮮人合わせて一〇人の慰安婦が新しく移り、初めに配置された朝鮮人慰安婦一〇人は、南東方向の近隣の龍陵の慰安婦一〇人と交代した。朝鮮人慰安婦は一八〜一九歳、日本人慰安婦は二四〜二五歳くらいだった。

騰越は松山よりも高度のある海抜二〇〇〇メートルの城郭都市だった。日本軍は城郭南側の蓬莱山などの周辺の山々に陣地を構築した。騰越の慰安所は一九四三年に設置された。一九四三年末から一九四四年初めの三カ月間、騰越で兵士として服務した早見正則の回顧によると、騰越には城内と城外に一軒ずつ慰安所があった。慰安婦数は三〇人ほどだった。城内の慰安所には朝鮮人慰安婦が一四〜一五人、城外の慰安所には朝鮮人慰安婦が八人いて、業者も朝鮮人夫婦だった。早見はのぶ子、花子、梅子、竹子、松子、ひろ子など、朝鮮人慰安婦の名前まで覚えていた。

一九四四年三月、日本軍はビルマの西側の国境を越えインドのインパールを攻撃するインパール作戦を開始した。その約二カ月後の五月一一日、米軍の最新兵器で武装した中国雲南省の遠征軍が松山と騰越の日本軍守備隊に対する攻撃を開始した。その前の二年余り、米軍は中国軍を米軍の兵器で訓練させていた。日本軍部隊の兵力がインパール作戦に割かれていた上に、松山守備隊の主力部隊が騰越に投入された結果、松山には入院患者を含む一二六〇人程度の兵士しかいなかった。騰越は二〇〇〇人余りの日本軍守備隊が守った。一方、松山を攻撃した中国軍部隊は七万二〇〇〇人余りに達した。援蔣ルートを一個連隊の兵力で遮断しようとした日本軍の計画自体が、そもそも無謀だった。

六月に入ると中国軍が松山の陣地を包囲したため、日本軍は補給を絶たれた。日本軍は米軍の航空機爆撃に続く中国軍の砲撃に一方的に追いつめられた。中国軍は六月から七月にかけ、松山の日本軍陣地に一日に砲弾七〇〇〇〜八〇〇〇発を浴びせかける攻撃を数回行った。中国軍は八月下旬には、日本軍の関山陣地の下にトンネルを七〇メートルほど掘って爆弾を設置し、その陣地を丸ごと吹き飛ばしたりもした。

炊事場で働いていた中国人やビルマ人の苦力《クーリー》たちが、爆撃を受けて死傷したり逃げ出したりした。そのため炊事場の仕事が慰安婦たちに任された。慰安婦たちは慰安所に近い陣地の下の洞窟で、炊事の煙が外に流れ出ないよう入口を毛布で塞ぎ、炊事をした。慰安婦たちは握り飯を作り、それを交通壕を使って塹壕の中の兵士たちに配った。また彼女たちは、ときには砲弾・弾薬も運び、負傷兵も看護した。日本軍の松山守備隊は三カ月のうちに次々と陣地を奪われ、九月七日に玉砕した。九月一五日には騰越の日本軍も最後の玉砕をして全滅し、騰越も陥落した。

松山が陥落した日の朝、将校一人、兵士二人が功績資料などを持って最後の陣地を脱出した。部隊旗を燃やしたという話を聞いた朝鮮人慰安婦五人も陣地を脱出し、山のふもとの水無川方向に下った。彼女たちはあまりにも空腹だったので、川の近くのトウモロコシ畑で生のトウモロコシを食べた。松山を陥落させた中国軍兵士たちが、捜索中に彼女たちを発見した。慰安婦の一人が驚いて川に飛び込み、流されて溺死し、四人が捕虜になった。

写真12-2aは中国軍が占領した、ある日本軍陣地の姿である。陣地一帯は三カ月間の爆撃で廃墟となり、草木が一つもない禿山になった。**写真12-2**のbとcは捕虜になった朝鮮人慰安婦たちである。**写真b**が抜き出された元の動画には、中国軍が日本軍の陣地があった高原から女性たちを引き連れてくる姿が映されている。引かれてゆきながら泣き出す女性もおり、何かで顔を強打されたかのように片方の目のあたりが血にまみれ腫れ上がった女性もいた。また、中国人兵士の強要で訳も分からないまま万歳を叫ぶ女性（**写真b**の中央前方の(1)の女性）もいた。中国軍は

写真12-2a　松山陥落と朝鮮人慰安婦：焦土と化した松山の日本軍陣地

写真12-2b　松山陥落と朝鮮人慰安婦：中国軍による慰安婦捕獲
ab ともに韓国の放送局 KBS が入手したアメリカ国立公文書記録管理局（National Archives and Records Administration）所蔵の映像より。

abともに資料：https://youtu.be/wYb9tPs6ZRI（2023年4月6日検索）

写真12-2c　松山陥落と朝鮮人慰安婦：松山で中国軍第8軍の捕虜となった朝鮮人慰安婦たち　資料：National Archives Local ID:111-SC-230147, https://catalog.archives.gov/id/148727292（2023年4月3日検索）

あたかも貴重な戦利品を得たかのように、歓声を上げながら女たちを引きずり回した。**写真c**は日本軍慰安婦の惨状を示す写真としてよく知られている。この写真に映し出された慰安婦の惨状は事実だが、だからといって大多数の慰安婦が戦争末期にこのような状況に置かれたわけではないことにも留意しなければならない。

　写真bの真ん中の女性(1)が**写真c**の右端の臨月の女性(1)である。**写真b**のその左の女性(2)が**写真c**の左端の女性(2)、**写真b**の右端の女性(3)が**写真c**の臨月の女性のすぐ左の女性(3)である。**写真b**で手をあげている軍人(4)は**写真c**の銃を持って笑う男性(4)のようだ。女たちはみすぼらしい服装に素足で、ひどく疲れた様子である。先に示したミッチーナの朝鮮人慰安婦とは全く違う姿だが、これは彼女たちが三カ月以上塹壕に閉じ込められて爆撃に苦しめられたうえ、陣地が陥落して脱出したところを中国軍の捜索隊に捕まったためである。

写真Cの撮影日は九月三日と記録されているが、実際は九月七日とみなければならない。九月三日はまだ日本軍が玉砕する前で激しい砲撃が加えられていたため、中国軍兵士たちが動画に見られるように一帯を余裕をもって笑いながら歩き回ることはできなかった。そして捕虜に対する尋問は八日にあったが、もし彼女らが九月三日に捕虜になっていたら、当然日本軍に対する情報を得るため直ちに尋問されただろう。彼女たちは基地を脱出した七日の午後に捕まり、その翌日に捕虜尋問を受けたと思われる。

朝鮮人慰安婦の中で写真の四人だけが生き残ったわけではなかった。ビルマに駐屯する米軍兵士のための週刊新聞『ラウンドアップ Roundup』は、一九四四年一一月三〇日付の紙面で、松山で捕虜となった慰安婦は計一〇人だと報じている。中国軍第九師団参謀主任も、一〇名前後の妓女を捕獲したという報告を受けた。また松山から生還した第五六師団の兵士・早見正則も、似たような内容の証言をしている。彼は松山最後の日、日本軍の要塞を脱出し、龍陵の近くで米中連合軍の捕虜となった。彼は昆明の収容所で朝鮮人五人、日本人四人の九人の松山の慰安婦と再会した。彼女たちは収容所で約一年間過ごした後、一九四五年九月末に重慶に移されたが、その際、朝鮮人慰安婦だけを別にして移したので、朝鮮に戻ったものと推定される。松山の慰安婦二〇人のうち一〇人は松山陥落の際に死亡したことになる**注2**。

ところで、北朝鮮に居住するある女性が二〇〇〇年、**写真C**の一番右の臨月の女性は自分であり、名前は朴永心《パクヨンシム》だと証言した。松山で服務した元日本軍兵士の早見正則はかつて一九八四年に

注2　以上は西野留美子（1993年：136-140P）、金栄（2000年：276-286P）、西野瑠美子（2003年：57-121P）、遠藤美幸（2009年）に依拠した。

「（松山の）朝鮮人慰安婦のうち『若春』という二十二歳の娘は、本名を朴永心といい、歌のうまい勝気な感じの良い女であった」という証言を残している（金栄《キムヨン》 2000年：286P）。そのため写真の臨月の慰安婦は北朝鮮在住の朴永心であると広く知られるようになった。しかし、慰安婦だったと証言した北朝鮮出身のその女性が、果たしてあの写真の臨月の慰安婦だったのかについては、重大な疑問点がある。

この北朝鮮の証言者は、自分は一九二一年に平安南道江西郡《カンソ》で生まれ、鎮南浦《チンナムポ》の洋服店の下働きをしていた一九三八年三月、「工場で働けばもっと稼げる」という巡査の言葉に従い平壌《ピョンヤン》に行き、そこから計一七人の女性が貨車とトラックを乗り継いで南京の慰安所に行き、自分は中国で四年間、慰安婦生活を送った後、一九四二年に他の七人とともにシンガポールを経てビルマに送られ、ラシオの一角楼慰安所にいたが、一九四四年に彼女を含めた一二人が松山に移ったとしている（金栄 2000年：263－265P、272－277P）。

まず、朝鮮では巡査が慰安婦募集業者だったという話は、事実とは認めがたい。巡査が業者の手下ではなかっただけでなく、一九三八年に朝鮮総督府や日本軍は個別の慰安婦募集に関与したりもしなかった。さらに、松山で『ラウンドアップ』誌のウォルター・ランドル記者が日本語通訳を介して先に記した四人の慰安婦にインタビューした内容も、その証言とは異なっている。一九四二年四月、日本の官憲が平壌近くの村でシンガポールの後方基地で基地内の仕事と病院の手伝いをする挺身隊を募集した際、この四人の慰安婦は一緒に募集に応じてビルマにやってきた。そのうちの一人は一五〇〇円の前借金を受け取り、彼女たちを含む一八人が六月に朝鮮を出発して南洋に向かった（浅野豊美 1999年：64P）。

この北朝鮮の証言者は、南京の慰安所は兵営から五〇〇メートルほど離れた所にあった、兵士の監視が厳重で到底脱出できず、松山の慰安所は民家を改造した平屋だったとも語っている（金栄 2000年：267P、277P）。しかし、南京市内にある慰安所を兵士が守り監視したというのは納得しがたい。また前述したように松山の慰安所は、民間人地域とは離れた高さ五三〇〇フィートの山頂付近の陣地内にあった。彼女は一九四四年にラシオの慰安所が松山に移ったと言うが、その頃というのは日本軍がインパール作戦のため前方の慰安所を後方に配置していたさなかであり、後方（ラシオ）の慰安所を前方（松山）に移したという話も信憑性が薄い。慰安所業者・香月久治《かつきひさはる》が日本軍の命令で慰安所をラシオから松山に移したのは一九四三年である（浅野豊美 1999年：66P）。

先に第11章で紹介した、この北朝鮮在住の証言者が告発した日本軍の残虐行為についても信憑性が薄く、これらの点を総合すると、果たしてこの証言者が松山の写真の中の慰安婦であるのか疑わしい。

一方、松山で亡くなった一〇人の慰安婦のうちの何人かは日本軍によって虐殺されたという話もある。ラシオの慰安所業者・香月は慰安所を松山に移した後、軍納商人となり慰安所から手を引いたが、後に友人の下士官に慰安婦たちの行方を尋ねたところ、彼女たちを塹壕に入れるよう命令があり、その直後に手榴弾を投げて殺害したと答えたという（西野留美子 1995年：136P）。このように慰安婦が塹壕の中での炊事や食事の配達、負傷病の看護にとても役立っていたのだから、このような虐殺があったとすれば玉砕がさし迫っていたからだろう。しかし中国軍に捕えられた一〇人の慰安婦は捕虜尋問の際、虐殺の話はしなかった。したがってこの虐殺の話は、他の証拠資料によって裏付けられなければならないだろう。

漢口慰安所の最後

一九四四年四月、中国における日本軍の大陸打通作戦に漢口の日本軍が投入され、漢口兵站が武昌兵站も兼ねることになった。武昌慰安所は二〇軒を超えており、経営者はほとんど日本人、慰安婦は朝鮮人と日本人で約二〇〇人ほどだった。業者の気風は漢口積慶里より退廃的だった。武昌慰安所は軍人より花代の高い民間人も受け入れた。

一九四四年九月、業者たちが慰安婦減少を理由に補充を申請し、漢口兵站《へいたん》はこれを許可した。一〇月には、北京と漢口を南北に結ぶ京漢鉄道を利用して朝鮮から三〇人ほどの女性が漢口に到着した。慰安婦たちは前借金をみな返済しても、航海の危険のために日本や朝鮮に帰還することができなかった。彼女たちは「自前」として前借金のない新しい契約を結び慰安所に残るか、民間の料亭の管理人（仲居）となった。以後、朝鮮人慰安婦が陸路で華北を経由して補充された反面、米軍の潜水艦による攻撃のために日本人慰安婦の補充は困難になった。

日本の企業型遊廓出身の業者のうちの一部が細心に戦況を探ってみると、見通しは暗かった。松島・福原遊廓出身の業者たちは、合法・非合法の営業を続けながら本能的に不利な兆候をかぎつけた。杉本は一九四四年、いち早く日本軍の命運を予測した。彼は日本軍が敗北して降伏する近い将来、中国人群衆が中国人街にある漢口慰安所を襲撃し、日本人を殺害すると判断した。彼は慰安所とは別に三階建ての家屋を買い入れて撞球場や喫茶店を開き、義妹に経営を任せていたが、店を閉じ、家屋は元の持ち主に売りつけた。そして、喫茶店を経営していた義妹を一九四四年春、日本に送り帰した。乗船した船が米国の潜水艦に撃沈されたが、義妹は漂流中に駆逐艦に救助されて台湾に行き、やっとのことで日本に帰還した。

杉本は慰安所経営は帳場に任せ、軍司令部に近く、広くて安全だった競馬場内に居を移した。日本人業者のうち松島・福原遊廓出身者は、一匹狼の一旗組や朝鮮人業者とは違って日本の遊廓業者の帳場か代理人であり、出資者の財産と自分たちの分け前を保全することに努めた。

当時、内地（日本本土）への旅行は制限されており、外地（朝鮮などの植民地と占領地）で稼いだ金は正当な理由がなければ内地に送れなかったが、慰安婦を募集するという理由で女性の前借金、旅費、その他の雑費を名目にすれば、日本に大金を持って帰ったり送ったりできた。杉本や長谷川、三浦などの慰安所業者たちは、内地に戻って慰安婦を連れてくると言って日本に帰る許可を貰い、旅行に便利なように軍属の資格まで得た。一九四五年春、彼らは漢口を発ったが、上海で大阪・神戸が空襲で焼け野原となり遊廓は灰燼《かいじん》に帰したことを知り、上海で大量の布類その他を買い集めた。内地で遊廓を再開するにも必要であり、そのまま売っても利益を得るはずだった。しかし、日本への航路は完全に途絶えていたため、彼らは陸路で朝鮮に入って日本行きの船に乗った。船は上陸を眼の前にして米軍の爆撃を受けて撃沈され、三浦だけが救助されて生き残った。

一九四五年八月一五日、日本の降伏とともに漢口の兵站施設は完全に門を閉じた。慰安所の入口は閉鎖され、兵士の出入りも途絶えた。八月末、中国軍が進駐し、日本の居留民は九月一〇日から旧日本租界の日本居留民集中区に集結しなければならなくなった。武漢及び周辺の朝鮮人（慰安所業者と慰安婦を含む）二〇〇〇人余りは、日本総領事館の管理を離れ中国側に移管された。日本側業者と慰安婦一五〇人ほどは日本居留民集中区に移住し、合わせて一万四〇〇〇人余りの日本人居留民が狭い地域で暮らさなければならなかった。彼らは一九四六年春から順次日本に帰還した。朝鮮人慰安婦たちは日本人慰安婦より早く朝鮮に帰還したといわれている（長沢健一 1983年：220－229P）。

沖縄とその付属の島で裴奉奇が迎えた日本軍の敗戦

前述したように、裴奉奇がいた沖縄の慰安所はわずか二カ月余りしか運営できなかった。一九四五年一月下旬に米軍が沖縄への空襲を再開すると、沖縄本島防御のために、渡嘉敷島村にいた日本軍基地隊約一一〇〇人のうち八〇〇人が本島に移動した。渡嘉敷村に残った日本軍兵士は三〇〇人ほどでしかなかった。慰安所を利用する軍人たちが激減すると、裴奉奇の慰安所は戦闘部隊のある阿波連《あはれん》（五四ページの地図1－3参照）に臨時出張に出かけたりもした。しかし、このような臨時営業さえもまもなく中断された。米軍が一九四五年三月二三日から本島とその付属する島々に大々的な空襲を行い、上陸作戦を敢行したためである。渡嘉敷島だけでも三月二三日に飛行機が三〇〇回も出撃して空襲を行い、裴奉奇の慰安所もそのとき爆撃を受けた。

空襲警報が鳴っていち早く慰安所を飛び出した人たちは助かったが、すぐには出られなかった一人は即死した。二人は逃げている途中、足に銃弾が貫通し重傷を負った。慰安婦七人のうち四人だけが無事に防空壕に避難した。

米軍は三月二七日までの五日間、四方から渡嘉敷島への上陸作戦を展開した。残っていた日本軍はこの島で最も高い二三四高地に移動した。慰安婦たちは山の中に逃げ、林の中に身を潜めた。数日間、ほとんど飢えた状態で、見捨てられた畑でサツマイモを掘って食べたり、どこかの小屋にあった米を食べたりした。

三月二七日、米軍の上陸が終わった。住民の半分くらいは二三四高地に避難していたが、そうできなかった住民三〇〇人余りが翌日自決した。全住民は七〇〇人程度だったが、三〇〇人余りが「米軍がやってくれば私たちは皆死ぬ、敵の手にかかって死ぬくらいなら自ら死のう」と言い、家族が互いを殺し合うようにして自決をした。裴奉奇を含め森の中に隠れていた四人の慰安婦は日本軍の部隊に受け入れられ、部隊の炊事班の仕事をした。

米軍の沖縄占領作戦は六月まで続き、沖縄本島を守っていた日本軍は六月二三日に降伏した。渡嘉敷島の日本軍は、この二三四高地の塹壕の中からゲリラ攻撃に出る程度だった。米軍は敢えて犠牲を払ってまでして、この日本軍の残党を掃討しようとはしなかった。

七月になると日本軍の塹壕では、栄養失調による死者が出始めた。日本は八月一五日に降伏したが、渡嘉敷島の日本軍は八月下旬になってようやく米軍に投降した。そのとき裴奉奇を含む慰安婦たちも一緒に捕虜になった。降伏後、裵奉奇は沖縄本島の石川収容所に移された。

ところで裵奉奇は、収容所から釈放された後、韓国に戻らず、沖縄中部や南部一帯の酒場を回りながら酌婦をしたり身を売ったりした。裵奉奇は沖縄返還後、不法滞在者として追放される危機に直面したため特別滞在許可を申請し、出入国の担当官の取り調べを受けたことで、彼女が慰安婦として沖縄に来、そのまま残留した事情が世に知られるようになった。その噂を聞いた日本人の映画監督・山谷哲夫が訪ねてきてインタビューを行い、一九七九年、ドキュメンタリー映画『沖縄のハルモニ』を製作・発表し、また、川田文子がインタビューをして『赤瓦の家』という本を出したりした。

裵奉奇は晩年、農家の小屋などで生活補助を受けて暮らした。彼女は頭痛に悩まされ、ひどい対人恐怖症を示した。昼間も外の木戸を閉め、真っ暗な部屋の中で過ごした。そうして一九九一年、七七歳で恨《ハン》多き人生を終えた。

敗走の戦場における業者と管理人

敗走の戦場で慰安婦たちを保護し無事帰還させるという点において、慰安所業者や管理人には日本軍と同じくらい大きな責任がある。女性を戦場の慰安所に連れてゆき慰安婦にしたのが業者たちであり、またそうするように要請したのが軍だったからである。これと関連し本章の初めのほうで、ある日本人業者が遭難した慰安婦の行方を探し命がけで激戦地ガダルカナルに向かったことや、また彼がビルマで日本の降伏時まで婦安婦たちに同行したことに言及した。彼は慰安婦を連れてきた業者として自らの責任を果たそうとしたといえる。彼は慰安所業者として、自ら連れてきた慰安婦たちの命と安全に責任を負おうとする倫理意識を持っていた。

しかし、そうしなかった業者や管理人もいた。ビルマのラングーンにいた管理人・朴治根《パクチグン》は一九四三年四月下旬、ある業者と慰安婦の一行が事故に遭ったという知らせを聞き、妻の兄のことではないかと心配になり、中間地点のプロームまで行って妻の兄一行の事故であった事実を確認した。一旦ラングーンに戻った彼が、数日後の五月一日、軍司令部の将校と面談したところ、将校は朴治根に、アキャブ近くのタンカップまで行って状況を詳しく調べるよう指示した。彼はラングーンを出て二日後にタンカップに着き、妻の兄一行の五人の中で唯一命拾いをした慰安婦と病院で会い、より詳しい遭難の経緯を掴んだ。しかし彼は一七人の慰安婦が残っているアキャブまでは行かず、重傷の慰安婦だけを連れて帰った。

その後アキャブ慰安所の慰安婦たちは、元管理人であり業者の妹婿である朴治根と関係なくアキャブを発った。六月末にそのうちの一人が、八月末には三人が死者四人の遺骨を持ってラングーンにやってきた。そのときまでには他の慰安婦たちも、後方の別の慰安所に移ったり朝鮮に帰還していたようである。

その一カ月後、朴治根はシンガポールに向かい、そこで一年余りタクシー会社に勤めたり慰安所の管理人として働いたりした後、体調を崩し朝鮮への帰還を決めた。彼は朝鮮に帰還する前にラングーンに立ち寄って妻の兄ら四人の遺骨を持って帰る計画を立て、一九四四年九月にラングーン往復旅行を申請して許可されたが、一〇月にそれを取り消した。そして一二月にシンガポールから朝鮮へ出発した。彼は、妻の兄から朝鮮に送るよう頼まれた金はシンガポールを出発する前に送ったが、妻の兄の遺骨を引き取りにラングーン遺骨安置所まで行くことはしなかった。そのため朴治根の妻の兄など四人の遺骨は故郷に帰ることができなかった。

《要約》

前借金を返済し契約期間が過ぎても、日本軍が帰国の交通手段を用意してくれないなどの諸事情で、日本の降伏時まで帰還できなかった慰安婦も多かった。また、あまりにも遅れて慰安婦になった人たちもいた。彼女たちは日本軍が敗走する戦場で日本軍とともに、あるいは日本軍と別れて後退し、負傷や病気、飢餓に苦しみ、ときには命を落とした。連合軍の捕虜になった女性たちは、それでも運の良いほうだった。日本軍の敗走時に何の対策もなかったことが、日本軍慰安所制の最も大きな問題である。日本軍が敗走する戦場において慰安婦の安全に直接的な責任があるのは、慰安所業者と管理人だった。ここまでに出た事例では、日本人業者にはその責任を果したケースがあるが、朝鮮人業者や管理人にはそうではなかったケースがある。

13

慰安婦虐殺という嘘

〝現世をさまよう怨魂〟

慰安婦はよく、性奴隷の生活を強要された挙句、敗戦の危機に陥った日本軍によって虐殺されたといわれる。二〇一〇年代後半、韓国で製作・上映された日本軍慰安婦の映画『鬼郷 Spirits' Homecoming』（二〇一六年）と『雪道（ヌンキル）Snowy Road』（二〇一七年）では、慰安婦たちは結局、みな日本軍に殺される。

その『鬼郷』のあらすじは次のようなものである。一九四三年六月、慶尚南道居昌《コチャン》のある平和な村に日本の軍人が現れ、一四歳の少女チョンミンやその友だちの少女たちを連れ去った。少女たちは汽車に乗せられ、満洲吉林省のある日本軍慰安所に連れてゆかれた。刑務所のような施設の各部屋に監禁された少女たちは日本軍によって強姦された。兵士らの暴行により少女たちの顔や体はいつもあざだらけだった。ある日、日本軍は上部の指示により少女たちを外に連れ出して銃殺し、死体の山に石油をかけて燃やした。ちょうどそのとき朝鮮独立軍が銃殺現場を襲撃して戦闘が始まり、その渦中、運よく居昌の少女チョンミンと京畿道加平《カピョン》の少女が生き残るが、日本の軍人が二人を撃ち殺そうとしたので、チョンミンは加平の少女をかばって代わりに死ぬ。そのようにして生き残った加平の少女が、歳月が過ぎ年老いたとき、京畿道北漢江のほとりのある神木の下で行われた鎮魂祭で自分の代わりに死んだ居昌の少女の霊魂と出会い、二人は抱き合って痛哭する。そのようにして怨恨を鎮められた居昌の少女の霊魂は、故郷に飛んでゆき親に抱かれる（李栄薫《イヨンフン》 2020年：35－36P）。

『鬼郷』は慰安婦・姜日出《カンイルチュル》の実話に基づいて作ったといわれている。証言録によれば、姜日出は一九二八年に慶尚北道尚州《サンジュ》で生まれ、一六歳だった一九四四年、父母が家を留守にしていたときに令状を持ってやってきた軍人と巡査に連れ去られ、金泉《クムチョン》で朝鮮の女性九人、日本の女性六人と一緒にされて満洲の奉天を経て満洲国の首都・新京まで行き、汽車を乗り換え牡丹江《ぼたんこう》省まで行き、トラックで軍の部隊の所まで行った。彼女は日本軍に強姦・暴行される慰安婦生活を送った。彼女が一九四五年の晩春に腸チフスにかかると、日本軍は他の腸チフスにかかった女性たちを一台のトラックに乗せて山に連れてゆき、薪で焼死させようとした。姜日出は女性たちを連れていった軍人二人のうちの一人の朝鮮人兵士と木こりたちに助けられ、山の中の一軒家で解放のときまで隠れて暮らした（韓国挺身隊研究所 2003年：129－139P）。姜日出は日本軍が慰安婦をトラックに乗せていって焼き殺す場面を「焼かれる娘たち」という絵に描いた。

姜日出が慰安婦になる過程や慰安所での生活、死の危機を逃れた経緯などは事実とみるのは難しく、その体験談に基づいて作られた映画『鬼郷』のストーリーも同様である。しかし、三六〇万人に近い観客がこの映画を見たほど慰安婦虐殺説は韓国社会に広がっている。

しかし慰安婦虐殺説は、そもそもいわゆる〝良心的〟日本人が作り出した話である。日本の元遊廓の主《あるじ》の息子で共産党員になった西口克己が一九五六〜五八年、三部作の小説『廓《くるわ》』を出した。この小説には、南太平洋のトラック島で米軍の空襲が始まったとき、洞窟に避難した日本軍慰安婦六〇〜七〇人を日本の軍人が機関銃で皆殺しにする場面がある。敵に日本軍慰安婦の存在が発覚すれば日本軍の威信に傷が付くという理由からだった。小説家は「女たちの運命は、決してこの島だけのものではなかった。大陸に、東南アジアに、そうして日本本土に——到る所に戦争の名において殺されて行った彼女たちの悲惨な集団があった」と書いた（「第二部」1956年：224P）。在日韓国人の金一勉《キムイルミョン》がこれを引用し、『天皇の軍隊と朝鮮人慰安婦』の一九九二年の改訂版で「トラック島の慰安婦の悲劇は、決してこの島に限ったことではない。いたるところの島の女たちがこの種の仕打ちに遭わされたのは確かである」と書いた（花房俊雄他 2021年：193P）。

慰安婦虐殺の証拠を見つけたというソウル大学の研究チーム

映画監督が慰安婦虐殺の映画を作っている間に、慰安婦研究者たちは懸命に虐殺の証拠を見つけようとした。ソウル市から日本軍慰安婦資料の発掘を依頼されたソウル大学人権センターの鄭《チョン》鎮星《ジンソン》の研究チームは、慰安婦虐殺の映像を見つけたと言って二〇一八年二月二七日、発表会を開いた。研究チームの康誠賢《カンソンヒョン》（聖公会大学）は、中国軍が雲南省の騰越《とうえつ》で日本軍を全滅に追いやる直前の一九四四年九月一三日、日本軍が自決を拒否した慰安婦を虐殺したとし、九月一五日に撮影された動画二本を紹介した。彼は、日本軍は性奴隷にしていた慰安婦に敗戦を前にして〝玉砕〟を強要し、それを拒否した彼女らを虐殺したのだと言った。

韓国の放送局と新聞は、日本軍による慰安婦虐殺を立証する映像が初めて公開されたと大々的に報じた。その日のSBSの夜のニュースでは「慰安婦虐殺の証拠映像公開」というタイトルで、翌二月二八日の朝のKBSのニュースでも「日本は依然として歴史歪曲に血眼《ちまなこ》になっているが、その日本の蛮行を全世界に立証できる新しい資料だ」と報じた。

鄭鎮星の研究チームと韓国のメディアは慰安婦虐殺の証拠写真と映像を初めて発見したかのように大騒ぎしたが、そのうちの写真は彼らが初めて発見したものではなかった。日本の研究者・浅野豊美が一九九九年に発表した論文で既に当該写真について詳しく論じている（浅野豊美 1999年）。浅野は動画については分析していないので鄭鎮星の研究チームが初めて動画を紹介したことは事実であるが、写真と動画はほぼ同じ場面を撮ったものである。鄭鎮星の研究チームは、他の研究者が二〇年ほど前に発掘していた写真をまるで自分らが初めて発掘したかのように紹介しているが、これは学問の研究倫理に反するといわざるを得ない。

しかしもっと大きな問題は、鄭鎮星の研究チームが日本軍による慰安婦虐殺を立証していない映像をまるで立証した映像であるかのように捏造したことである。第12章で触れた騰越の戦闘の概要を思い出しながら、慰安婦の虐殺があったかどうか探ってみよう。

騰越の戦闘に関する米軍の映像の検討

(一) 騰越の塹壕中の死体の映像

この映像は、中国軍による騰越市占領直後の一九四四年九月一五日、米軍の写真兵ボールドウィン Baldwin が日本軍の塹壕の中の死体を撮ったものである。鄭鎮星の研究チームの康誠賢は、写真の説明文に「中国人兵士が覆いのない穴において、死んだ日本軍兵士、死んだ民間人、女性、子供たちの靴下を脱がせている」と記録されているとし、この映像を日本軍による朝鮮人慰安婦虐殺の映像であると紹介した(鄭鎮星 2018年c:72P)。

しかし、これは全く事実ではない。映像の中の死体は腐敗がそれほど進行していない。これは彼らが九月一三〜一四日の騰越城陥落の頃に死んだことを示唆する。その頃、騰越の日本軍は中国軍から激しい爆撃を受けていた。そんなさなかに城郭の北東側の隅に追いやられていた日本軍が、降り注ぐ砲弾をかいくぐり慰安婦たちを城郭の外に連れていって虐殺することなどできない。日本軍が中国軍の騰越城砲撃の前に慰安婦を城郭外に連れていって虐殺したのだとしたら、この映像を撮った九月一五日には死体の腐敗は相当進んでいたはずである[注1]。

死体をモザイク処理したニュース報道の映像ではなくアメリカ国立公文書記録管理局のサイトで映像を直接確認した慰安婦研究者・金柄憲《キムビョンホン》は、死体のがっちりした体格や性器の形などから、

注1 浅野豊美による2018年3月1日のフェイスブック寄稿(高橋史朗 2018年:113P)。

写真13-1　騰越の塹壕の中で死んでいた日本軍兵士
アメリカ国立公文書記録管理局所蔵の資料111-ADC-2417（「騰越の戦闘」撮影 Baldwin, 1944年9月15日）の動画より。　資料：https://catalog.archives.gov/id/16221

その死体は日本軍兵士であり慰安婦ではないと主張している（金柄憲 2021年）。**写真13-1**を見れば分かるように死体はがっちりした体格であり、何より性器が男性のものであることは明らかで、一目で男性だと判断できる。

この映像の説明文は“Chinese soldiers strip socks off dead Japanese soldiers.”である。翻訳すると「死んだ日本軍兵士の靴下を脱がす中国軍兵士」である。女性という単語は出ていない。それにもかかわらず康誠賢は、説明文を紹介する際にそこに「死んだ民間人、女性、子供たち」を差し込んで、まるでこの映像に出ている死体が慰安婦、特に朝鮮人慰安婦であるかのように読者を惑わしている。

説明文と写真のどちらも死体は日本軍兵士であることを示しているのに、康誠

111　ADC 2417
ADC　SOURCE: AFCF　CARD 1 of 2
2417-1 FILM: ARCH & APC MP, 662' ea Silent

THE BATTLE OF TENGCHUNG
China - 15 Sep 1944 - (C-123)

VS, soldiers and officers of the 53rd and 54th Chinese Army listen to memorial address by the 20th Group Chinese Army Commander, Gen Ho Kwei Chong.
MSs, CUs, Gen Ho.
VS, Col Harry S Buckley, YFOS Liaison Officer with 20th Gp Chinese Army delivers short speech and shakes hands with the Gen.
MSs, 20th Group Army staff officers.
LS, Chinese soldiers strip socks off dead Japanese soldiers.
MSs, dead civilians, women and children in open pit.
LS, Chinese soldier loots Japanese dead.

Record Group 111
Accession Number III-NAV-210

ARMY PICTORIAL CENTER, 35-11 35th Ave., LIC 1, NY　ERB/lzw

写真13-2　「騰越の戦闘」の映像に付けられた説明文

賢はそれは慰安婦だと強弁している。映像には、中国人兵士が塹壕の中の日本軍兵士の死体から靴下を脱がせて持ち去る様子が映されており、説明文の内容も「中国軍兵士が死んだ日本軍兵士の靴下を脱がせている」というものである。既に上下の衣服、所持品、靴は他の中国人兵士が全て持ってゆき、死体は裸だった。仮にその死体が慰安婦だったとしても、なぜ一様に素っ裸なのか説明ができない。慰安婦は性奴隷だから塹壕の中でもいつも服を脱いでいたというのだろうか。しかも死体の体自体はきれいで、これは死んでから間がなく、また砲撃で死んだのではないことを示す。その日本軍兵士らは降伏する前に自決したのである。

　康誠賢が最初から捏造する意図で「死んだ民間人、女性、子供たち」というくだりを差し込んだのかどうかは分からない。この九分間ほどの映像はタイトルと撮影時間が異なる多くの映像を繋げたものなので、映像の説明文（写真13-2）には繋げた各映像のタイトルが示されている。写真13-2の中で太い線で四角く囲った英文のうち"LS, Chinese soldiers strip socks off dead Japanese soldiers." と "MSs, dead civilians, women and children in open pit."は、それぞれ別個の映像を指している。ところが康誠賢はそれを"Chinese soldiers strip socks off dead Japanese soldiers, dead civilians, women and children in open pit."という一つの文章にし、前に述べたように「中国人兵士が覆いのない穴において、死んだ日本軍兵士、死んだ民間人、女性、子供たちの靴下を脱がせている」と解釈した。「死んだ民間人、女性、子供たち」を差し込んだのであるが、これはVS, MSs, LS, などの始まりの略号に留意したり、"LS, Chinese soldiers strip socks off dead Japanese soldiers."という文章の最後にピリオド（.）が付いているのを確認したりして説明文をきちんと読んでいたら、十分に避けられたことだった。細密に情報をチェックしなければならない歴史研究者としては、あってはならないことだった。これを単純なミスとするのは難しい。この説明文を読めば、VS, MSs, LS, などの始まりの略号がそれぞれ異なる映像を示しているということがすぐに分かるからである。

（二）騰越市内の死体写真と映像

康誠賢は写真13－3に写っている、騰越城北東の隅の城壁とその内側の家屋の外壁が接する地点に横たわる日本軍兵士と女性の死体を「中国軍が奇襲したとき、騰越城内で死んでいた日本軍兵士と女性の死体」であると説明し、日本軍に虐殺された朝鮮人慰安婦の写真だと強弁している（鄭鎮星 2018年c：62－63P）。中国軍が奇襲したときに既に死んでいた人たちだから、中国軍の攻撃の前に誰かに銃殺・虐殺されたもので、日本軍が朝鮮人慰安婦を虐殺したとみざるを得ない

写真13-3a　騰越城内の日本軍と女性の死体1

写真13-3b　騰越城内の日本軍と女性の死体2

aはアメリカ国立公文書記録管理局所蔵の資料111-sc 212091（撮影 Manwarren, 1944年9月15日）の写真より、bは同111-ADC-2417（撮影 Baldwin, 1944年9月15日）の動画より。

というのである。

しかし、これもやはり捏造にほかならない。写真13-3aの説明文は「中国軍が騰越を奇襲したときに殺害された日本軍兵士と女性の死体」(Bodies of Jap Troops and Women killed in the city of Tengchung when the Chinese Troops stormed the Town.)となっている。これは、中国軍が奇襲したときに〝既に死んでいた〟日本軍兵士と女性の死体、という康誠賢の説明とは異なる。説明文は、写真中の日本軍兵士と女性は中国軍と日本軍の戦闘の過程で殺害された、という情報のみを与えている。これは簡単な英文解釈の問題であるが、康誠賢がそれを知らなかったとしたら無知であり、知っているのに〝死んでいた〟と解釈したのなら悪辣である。後者は日本軍による虐殺の証拠を捏造したことになるからである。

浅野は写真13-3aについて、写真の左側に見える二体の死体は大きな爆弾が爆発する際の爆風ないし火炎放射器の炎により服はめくれ上がり体は焼かれていることを指摘し、その女性たちは中国軍の攻撃の際に死亡したことを示唆している(浅野豊美 1999年:67-68P)。もし日本軍が虐殺したとしたら死体に銃傷のみあるはずだが、凄惨に破壊された現場とめくれ上がった服、火に焼かれた死体は爆弾が投下されたことを示している。すなわち写真の現場は中国軍の攻撃のとき爆撃を受けた可能性が高い。しかも映像を見ると一五日の撮影当時にも残り火の煙が立っており、これは、日本軍が玉砕した一四日夜の直後である一五日の明け方に爆撃を受け火が出たことを強く示唆する。

写真13-4　騰越の日本軍の塹壕中の朝鮮人女性の死体
アメリカ国立公文書記録管理局所蔵の資料111-sc-212090（撮影 Manwarren,1944年9月15日）より。

（三）騰越の塹壕の中の朝鮮人女性の死体

康誠賢は写真13-4の騰越城外の野山の塹壕に横たわる朝鮮人女性の死体写真も、慰安婦虐殺の証拠とみる（鄭鎮星 2018年c：64-65P）。しかし浅野はこの写真について、塹壕がある山は騰越城の南にある来鳳山であり、塹壕中の死体の人たちは一九四四年九月一四日の最後の決戦時に死亡したのではなく、七月二七日、騰越の日本軍守備隊が塹壕から脱出しようとした際に死亡したか、そこに遺棄された死体が一カ月半以上放置された結果、腐敗してハエがたかるようになったものだ、と説明している（浅野豊美 1999年：68-69P）。この写真の説明文は「死体を埋葬しようとしている中国軍兵士の埋葬組」というタイトルに続き、「日本軍と中国軍が騰越をめぐって戦闘を繰り広げていたときに殺害された女性、その大多数は日本軍部隊に閉じ込められていた朝鮮人女性」(Burial Party starting to work at interring. The women killed at Tengchung while the Japanese and Chinese troops fought over the City. Most of them are Korean women kept in the Jap camp.) となっている。死体が腐敗して虫が湧き悪臭を放っていたことからみて、その女性たちが死んでから相当な時間が経っていた。塹壕はやはり凄惨に破壊されており、手榴弾を遥かに超える爆弾が爆発したものと推定される。その女性たちがどのようにして死んだのかは正確には分からない。写真と説明文からは、日本軍と中国軍の戦闘中、よりによって朝鮮人慰安婦たちが退避していた塹壕に爆弾が落ちて彼女らは死んだ、とみるのが合理的である。これを日本軍による慰安婦虐殺の現場だと主張するのは強引に過ぎる。

鄭鎮星の研究チームが提示した慰安婦虐殺の写真や映像資料は、どれも虐殺を立証できていない。康誠賢はこの論争を紹介しながら、九月一三日夜、日本軍が騰越市で朝鮮人女性三〇人を銃殺したという米中連合軍Y軍第五四軍報告書(G-3 Daily Diary Sept. 15. 1944)と中国国民党機関紙などの記録をあげ、慰安婦虐殺は事実であると強弁している(康誠賢 2020年:203P)。この情報報告は事実であるかもしれないのでそれを立証する資料は探す必要があるが、それと全く符合しない騰越の戦闘の現場写真と映像をその証拠だと言い張られても困る。

日本軍が玉砕戦を繰り広げる中、慰安婦を予《あらかじ》め退避させず、戦闘の過程で慰安婦の多くが命を失ったことは厳然たる事実である。それは明らかに日本軍の責任である。しかし、それを日本軍が最後の決戦を前にして慰安婦を虐殺したことに捏造してはならない。鄭鎮星の研究チームは、慰安婦虐殺を主張し日本を悪魔化することで反日感情が助長され激化することを望んだのかもしれないが、それは歴史の事実を明らかにする研究者としては、穏当な姿勢とはいえない。

日本軍全滅後の騰越の慰安婦の行方

騰越の慰安婦の運命については意見が分かれる。千田夏光《せんだかこう》は、四〇人の慰安婦がいたがそのうち三〇人ほどが朝鮮人だった、と言っており、重慶で発行された中国国民党の機関紙『中央日報』の特派員は一九四四年八月二三日、騰越城内の片隅に追いやられた日本軍三〇〇～四〇〇人と負傷者五〇〇人の中に三〇人余りの韓人営妓（慰安婦のこと）がいた、と報じている。そして中国軍の黄杰《こうけつ》将軍の九月一六日付の作戦日誌には、中国軍が日本軍二〇人余りと慰安婦一三人を捕虜にしたとある。黄杰の作戦日誌によれば、最後の戦闘過程で日本軍によって虐殺されたか、あるいは砲撃されたかで慰安婦の一七人以上が死んだことになる（パン・ソンジュ　1997年：240-241P）。金一勉は、騰越守備隊の指揮官が負傷兵の世話をしていた慰安婦七人から「日本軍の内部情報が洩れる恐れがあるため」手榴弾二発で処理した、と書いているが（金一勉　1977年：216P）、全体的に誇張がひどく信頼性に欠ける。

一方、朝鮮人慰安婦が投降して捕虜となり生き残った、という記録や証言もある。千田夏光は、中国軍に投降して捕虜となった朝鮮人慰安婦の尋問記録を根拠に、松山で陥落直前である一九四四年九月七日、日本人慰安婦たちが朝鮮人慰安婦たちに白旗を掲げて投降するよう勧め、自分た

写真13-5　騰越の日本軍が玉砕したあと中国軍の捕虜となった慰安婦たち
2枚の写真を横につなげたもの。　資料：浅野豊美 1999年:70P

ちは毒薬を飲んで自殺しており、騰越でも日本人慰安婦が朝鮮人慰安婦を玉砕前に投降させた、と書いている（千田夏光 1973年：131－132P）注2。中国軍第一九八師団第五九二団の団長だった陶達綱が出した本には、騰越守備隊の玉砕後に中国軍の捕虜になった一八人の慰安婦の写真が載っており（写真13－5）、そのうち台湾人が三人、朝鮮人が二人、他は皆日本人だったという。

また、日本人慰安婦も含め慰安婦の大部分は生き残ったという証言もある。まず、前に紹介した日本軍兵士・早見正則は昆明収容所で騰越にいた慰安婦たちに会っており、日本人慰安婦と朝鮮人慰安婦は別々のテントに収容されていたと述べている。彼は、朝鮮人慰安婦のうち、ひろ子がマラリアにかかって死んだとも言っている（西野留美子 1993年：139P）。

騰越で生き残った数少ない日本軍の生還者の一人・吉野孝公（一九一三年生まれ）の証言もある。一九四四年二月、騰越守備隊に配属され、守備隊が最期を迎えるときまで服務した彼は一九七九年『騰越玉砕記』という回顧録を出し、また慰安婦運動家・西野留美子によるインタビュー記録（西野留美子 1993年）

注2　千田夏光は後に書いた本で、1944年9月9日、ビルマ中北部のセーボ Shwebo にいた慰安婦・慶子の一行に、その2日前に松山と騰越の守備隊が全滅し所属する慰安婦38人も全員玉砕したというニュースが伝えられた、としているが（千田夏光1995年：286P）、これは中国軍の松山占領と騰越占領の間に流れた噂に過ぎず、事実とはいえない。

も残した。

吉野は、衛生兵、担架隊、車輌中隊、大行李《こうり》、小行李、本部、経理など非戦闘員の寄せ集めの部隊に所属していた。彼は一九四四年五月初め、馬鞍山陣地に籠もる第二大隊原口部隊に衛生材料や弾薬などを補給しにいったが、そのときから激しい戦闘が起こり、孤立状態となって飢えと寒さに苦しんだ。飢えた日本軍兵士たちは墜落した連合軍の偵察機の兵士を捕まえ、その人肉を食べることさえした。吉野の一行がやっと騰越城に帰ったとき、彼は凄惨な城内で鉄カブトに軍服を着た朝鮮人慰安婦の一行二〇～三〇人が、負傷兵の手当てをしたり炊き出しをしたりしているのを見た。九月一日、雨雲が覆う空に突然、日本の戦闘機の数機が飛んできて弾薬、糧秣《りょうまつ》、衛生材料などの物資を投下した。朝鮮人慰安婦たちが握り飯を作り、城外の塹壕の兵士たちに届けてくれた。彼は、彼女たちも何の因果かこんなところにまで来てオレたちと運命をともにするんだなぁ、とそんな話をしながら握り飯を食べたという。

九月一二日、騰越の守備隊は師団司令部に玉砕の意思を打電し、一四日、最後の戦闘の末、部隊員のほとんどが戦死した。騰越は中国軍とアメリカ軍に占領された。吉野は城外で城内部隊の救出のために待機していたが、脱出した何人かの日本軍兵士らの後ろから鉄カブトと軍服を身にまとった女性の一団が現れた。数日前に握り飯を届けてくれた朝鮮人慰安婦二〇～三〇人だった。その中で一番年配に見える二七～二八歳くらいの慰安婦が、自分たちも一緒に連れていってほしいと頼み、彼女たちとともに師団司令部のある芒市に向かって移動した。途中、迫撃砲弾の攻撃を受けて皆バラバラになり、吉野も負傷した。気がついたときにはたった六人になっていた。

吉野の一行六人は一人ずつ死んでゆき、三人になったときに敵の直撃弾を受け、二人は手榴弾を爆発させて自決した。吉野は一週間ほど一人で山中をさまよった末、ある民家に着いたが、そこは現地民に偽装した中国軍の拠点だった。こうして彼は中国軍に捕まった。彼は中国軍の司令部のある保山収容所に連れてゆかれた。驚いたことに彼は、そこで朝鮮人慰安婦たちと再会した。二四～二五人の朝鮮人慰安婦と四～五人の日本人慰安婦がいた。

収容所で年を越した吉野たちは一九四五年の秋に重慶に移された。一九四六年四月下旬、日本人捕虜らは何台かのトラックに乗せられ、漢口の日本軍捕虜集結地点に再び移された。朝鮮人慰安婦たちは朝鮮人民解放軍の要員たちに引きとられていった（西野留美子 1993年：11－28P）。

吉野は、朝鮮人慰安婦たちは朝鮮人民解放軍に引き渡された、と言っているが、そこが重慶だったことを考えると、韓国光復軍の要員らに引き渡されたとみるべきである。騰越の朝鮮人慰安婦たちの大部分が生き残ったという話は吉野の証言があるのみだが、彼が一九九〇年代初めにこの話をでっちあげる可能性はまずない。しかも吉野を取材した西野留美子は日本政府に対して慰安婦被害の責任を追及する、いわゆる〝良心的〟日本人である。「戦争と女性への暴力」リサーチ・アクション・センター（VAWW《バウ》 RAC《ラック》）の共同代表でもある彼女が、故意に慰安婦虐殺を否定する理由もない。

《要約》

今日、大多数の韓国人は日本軍が最後に慰安婦を虐殺したという話を信じているが、これはそもそも小説から始まったものである。韓国の慰安婦運動グループの研究者の一部がその証拠映像を発見したと主張しているが、これは映像をデタラメに解釈したもので、日本軍が慰安婦を虐殺したという証拠はない。

エピローグ　もう韓日間に日本軍慰安婦問題はない

　こうして日本軍慰安婦制の内幕をあらわにする長い旅をしてきた。その旅程で、今日多くの韓国人がイメージしているのとは違う多くの事実を確認することができた。

（一）日本軍慰安所は、戦場での日本軍による占領地住民への強姦を防止し、性病への感染を予防し、兵士の士気を高めるために設置された。日本軍慰安所が本格的に設置されたのは日中戦争の開始後だった。中国の戦場にいた日本軍は、直接あるいは日本、台湾の行政組織や軍司令部などに依頼し、慰安所業者を選定した。この業者たちが女性を募集して慰安所に連れていった。日本、朝鮮、台湾にはすでに貧困層の女性を芸妓や酌婦や娼妓にする市場ネットワークがあり、業者はそれを利用した。日中戦争期に台湾総督府と台湾軍司令部が慰安所業者を選定したのとは異なり、朝鮮総督府と朝鮮軍司令部は慰安所業者を選定しなかった。また戦場の日本軍は、中国などの現地に元からあった売春業施設のうちの一部を慰安所に指定した。この点で日本軍慰安所制は、戦場に延長・再編された日本の公娼制だった。

（二）慰安所はそもそも中国、東南アジア、南洋などの戦場に設置されるものだった。戦場の慰安所をまね、満洲国のソ満国境地帯や日本の小笠原諸島などの戦闘が行われる可能性のある奥地にも慰安所が設置された。日本軍は、沖縄のような最後の玉砕戦が引き起こされそうなところにまで新たに慰安所を設置した。その反面、それ以外の日本本土や満洲国、朝鮮、台湾には軍が設置したり指定して管理・監督する慰安所はなく、軍人が民間の接客業施設を利用した。

（三）女性が慰安婦として渡航するためには、居住地の警察署から身分証明書を発給してもらわねばならず、そのとき女性の父母ら親権者などが慰安婦就業許可申請書、父母ら親権者の承諾書、戸籍謄本、印鑑証明などの多くの書類を揃えなければならなかった。それは女性の父母ら親権者が業者と契約を結んだことを意味する。韓国人の元慰安婦の過半が誘引や暴力的連行により慰安婦になったと証言しており、強制動員論者たちは詐欺（誘引を含む）、人身売買、暴力的連行を慰安婦動員の主要な方式だとしている。しかし誘引や暴力的連行の場合、上記の書類を揃えることができないので、慰安婦動員の主要な方式になるはずがない。元慰安婦たちは必ずしもいつも事実を語っているわけではない。元慰安婦の証言は口述資料として精密な事実検討作業を経なければならないが、強制動員論者たちはそうはしなかった。

（四）女性の父母ら親権者は前借金を貰って業者に娘を引き渡した。その代わり女性は、慰安所で日本軍兵士に性的慰安を提供することによってその債務を返済した。これは巨額の前金を貰い一定期間、特定の労働を提供する年季労働契約 indentured servitude に該当する。慰安婦の仕事をして前借金を返せば女性は慰安所を離れる資格を得るので、この前借金は人身売買の代金ではなく先払報酬である。父母が前借金を貰って娘を引き渡すことはよく「娘を売った」と表現されたが、これは人身売買ではなかった。人身売買もやはり慰安婦動員の主要な方式だったとはいえない。

（五）世情にうとい父母が騙されて少額の前借金で、あるいは前借金もなしに娘を業者に引き渡したケースもあっただろうが、たいがいの父母らは相当な前借金を貰っており、娘が慰安婦の仕事をするのだろうと分かってもいた。既に国内では、貧困な父母ら親権者が前借金を貰って娘を引き渡し酌婦や娼妓にするのはよくあることだった。女性が本人の意思に反して慰安婦となったことを慰安婦被害ということはできるが、その点では国内の酌婦や娼妓の場合も同じである。父母ら親権者が本人の意思に反して女性を慰安婦や酌婦、娼妓にしたことは、今日であれば処罰される犯罪であるが、当時は合法的な行為だった。

（六）日本軍慰安所は、おおよそ軍人一五〇人当たり慰安婦一人という基準に従い設置された。戦線が拡大し戦場の日本軍兵士の数が増えると、それだけ慰安所も増えた。慰安婦の数は一九三七～四一年の日中戦争期には五〇〇〇人台だったが、一九四二～四五年の太平洋戦争期には一万三〇〇〇～一万五〇〇〇人程度になった。慰安婦の交替を考慮した日本軍慰安婦経験者の総数は、日中戦争期の一万一〇〇〇人に太平洋戦争期の二万四〇〇〇人を合わせた三万五〇〇〇人程度だった。そのうち朝鮮人は七〇〇〇人程度を占めた。
（七）慰安所では慰安婦の売上を業者と慰安婦で分け、慰安婦は自分の取り分の中から前借金を返した。前借金を返済した後の業者と慰安婦間の分配率は、最初は五対五が多かったが、後には四対六と慰安婦に有利なものに変わった。多くの韓国の元慰安婦たちは報酬は貰えなかったと証言しているが、それは、慰安婦動員に対する日本の責任を追及するため、証言を採録する過程で強制連行・性奴隷説に符合するように証言が歪曲されたからであり、そのほか付随的には、慰安婦たちが前借金を返済するため売上の一〇％余りしか報酬として貰えず、その報酬も業者から生活用品を買うのに使ったからである。
（八）慰安所で慰安婦は、ときには一日に数十人の日本軍兵士を相手しなければならなかったが、労働強度が高かった分、短期間で前借金を返済することができ、その後は貯蓄することもできた。日本軍兵站《へいたん》部は業者を、慰安婦をほしいままに搾取することができないよう取り締まった。先払報酬を貰った慰安婦が売上を定率で分配され、債務を返済した後や定められた契約期間が終了した後は帰還できた点などを考慮すれば、慰安婦は性奴隷ではなかった。日本軍慰安所制は、ボスニア・ヘルツェゴビナ内戦やルワンダ内戦における強姦のような戦時性暴力や戦争犯罪とはまるで違う。それらをひとくくりにして戦時性奴隷制と規定した国連のクマラスワミ報告書などは誤ったものである。
（九）日本軍慰安所をよく戦場に延長された公娼だというが、それは単純な延長・再現ではなかった。公娼制では、国家は公娼の運営主体ではなく、売春を奨励もせず、抱え主と娼妓の関係にも深くは介入しなかった。それとは違って慰安所制では、日本軍が事実上の運営主体として軍人に対する慰安サービスを最大化させようとし、そのために慰安所を厳格かつ緻密に管理し、業者と慰安婦の関係にも深く介入した。これは国内の公娼とは違って慰安婦を業者のほしいままの搾取から守る効果を生んだ。

（一〇）日本の降伏以前に帰還していた慰安婦には大きな問題はなかったが、日本軍の降伏時まで帰還できなかった慰安婦には大きな問題が生じた。慰安婦は、日本軍が敗走する戦場で命を落としたり負傷したりする死の苦しみを味わい、それまでの貯金も台無しになった。そもそも日本軍が敗走する局面において慰安婦に向けた何の対策もなかったことが、日本軍慰安所制の最も大きな問題である。日本軍は最後の決戦場で玉砕する前に慰安婦を虐殺したという主張があるが、その証拠として提示されたものは事実ではない。慰安婦虐殺説は作り話である。

こうしてみてくると、今まで慰安婦運動グループの研究者や運動家たちが主張してきたものは、架空の作り話というしかない。彼らはこの間、慰安婦の被害者としての性格を誇張するために、幼い少女の動員、官憲による強制連行、慰安所における無報酬、慰安婦の虐待や虐殺などの、事実とは確認されていない主張をやたらに言いふらした。彼らは、道を歩いていたり村の井戸で水を汲んでいたりした少女を、いきなり現れた官憲が父母も知らないうちに捕まえ連れていった、と主張する。甚だしくは、北朝鮮に暮らす元慰安婦の証言によれば、日本軍は女性を拷問し虐待し殺害することを楽しんだ悪魔そのものである。しかしそうしたことは、本書で論じてきたように全て事実ではない。韓国の慰安婦運動は嘘を事実として捏造し、広範囲に宣伝し、韓国人はもちろん全世界の人たちを惑わし騙した。

韓国では、この慰安婦強制連行・性奴隷説を批判することは容認されなかった。二〇〇〇年代前半にテレビの討論番組に出演した李栄薫《イヨンフン》教授は、「慰安婦は公娼」という言ってもいないことで非難されてひきずり回され、二〇一三年に強制連行・性奴隷説とは異なる話を載せた本『帝国の慰安婦』（邦訳は二〇一四年刊）を出した朴裕河《パクユハ》教授は、元慰安婦の名誉を毀損したとして起訴され、二〇一七年には二審で罰金刑を受け、本は三四カ所が削除されて継ぎはぎだらけになった。朴教授は六年が過ぎた二〇二三年一〇月二六日になってやっと韓国の最高裁で無罪の趣旨の判決を受けた。また、二〇一九年に出版された『反日種族主義』を大学の講義で使った柳錫春《リュソクチュン》教授は、討論過程で出た「慰安婦は売春の一種」という発言のため元慰安婦に対する名誉毀損などで懲役刑が求刑され、二〇二四年一月、発言は「無罪」を勝ち取ったが、控訴されて係争中である（四ページの「はじめに」注3参照）。アメリカのラムザイヤー教授が韓国で慰安婦を性契約 sex contract の一当事者だとする論文を発表したりしたら、やはり起訴されただろう。

日本軍慰安所制という歴史事件に対して一つの見解以外を示すと刑事処罰される社会は、自由な文明世界とはいえない。一〇〇年も経っていない事件であるが、多くの関連資料が消え、数多くの当事者のうちのごく一部の人だけが証言を、それも事実かどうか検証が必要な証言を残すのみである。制限された資料を使って実態を追跡する作業では、多様な異説が出て当然である。多数が強制連行説に同意していても、ある人が契約論を主張することを妨げることは不当である。

それが本来の歴史学である。

女性が本人の意思に反して慰安婦になり、それによって彼女たちの人生が変わり人権が侵害されたことを、今日の時点で批判することはできる。だがそう批判するのなら、慰安婦よりももっと多数の同時代の女性が、やはり自分の意思に反して酌婦や娼妓になったことに対しもっと憤慨しなければならない。しかし、慰安婦運動家たちも彼らに洗脳された多くの人たちも、慰安婦と同時代の数多くの酌婦や娼妓には無関心である。女性の人権を云々する姿は恥ずかしい限りである。酌婦や娼妓に対する加害者は誰なのか。公娼制を作った日本政府なのか。違う。酌婦や娼妓を生んだのは極度の貧困である。同じように、慰安婦に対する加害者も極度の貧困である。

また、当時は慰安婦の動員は合法的に行われたのであり、今日においてそれに対する法的責任を追及するのは妥当ではない。そう追及していいのなら、朝鮮王朝時代の奴婢制に対しても、どうして同族を奴婢にして使役したのかと非難し、その法的責任を追及しなければならなくなるだろう。しかし大多数の韓国人は朝鮮王朝にそのような問題があったことすら知らず、大多数の韓国の歴史学者たちもそのことを全く問題視していない。このように朝鮮王朝時代の奴婢制に対しその法的責任を問うことができないのと同じように、慰安婦動員に対して法的責任を問うことはできず、できるのは道義的責任を問うことだけである。

一人の女性を慰安婦にするのには日本軍、慰安所業者、女性の父母ら親権者などの三者が関与しており、慰安婦動員の道義的責任もやはりこの三つの主体に問わねばならない。日本軍は、軍慰安婦制度を作り、慰安所を設置し、軍人たちに慰安所を利用させ、慰安所運営を管理・監督した。業者は女性を集めて慰安所に連れてゆき、慰安所を運営した。業者の中には、女性を連れてゆくとき甘い儲け話で騙したり、慰安所で慰安婦をなおざりに扱ったり、慰安婦に過酷な労働を強いたりした者もいた。父母は前借金を貰って自分の娘を異域万里の慰安所に送った。貧困に苦しむ余り、子供を守らねばならぬという父母としての倫理や責任意識はなかった。

しかし業者や父母ら親権者は皆死に、残っているのは日本政府だけである。だからといって全ての責任を日本政府に負わせることはできない。特定女性を業者に引き渡した主体、その女性を慰安所に連れていった主体は、それぞれ父母ら親権者と慰安所業者である。特定女性の慰安婦被害に対する責任を追及するのであれば、日本政府だけでなく、父母ら親権者と慰安婦業者もその責任を免れることはできない。日本政府がその制度を作り利用したことに対する然るべき責任を問われるのは当然であるが、今は死んでその責任を問うことができない他の二つの主体の責任まで、日本政府に押し付けることはできない。

それにもかかわらず挺対協とそれを継承した正義連は日本政府に、法的責任の認定と謝罪、責任者の処罰、被害者に対する賠償、歴史教育への反映などを要求してきた。日本政府は一九九三年の河野談話で道義的責任を認めて謝罪し、一九九五年には女性のためのアジア平和国民基金を作り元慰安婦たちに慰労金を支給した。しかし挺対協は、日本は法的責任を認めず真の謝罪をしていない、としてそれを拒否した。挺対協の拒否とそれへの韓国政府の同調により、女性のためのアジア平和国民基金の慰労金支給事業は韓国で実効をあげることができなかった。そうこうするうち挺対協は国連の人権委員会などの国際舞台で、日本軍慰安所制は強制動員・性奴隷制であり戦争犯罪、戦時性暴力だとする宣伝活動に力を注いだ。その活動は相当な成果をあげ、それを性奴隷制と批判する決議案が二〇〇七年、アメリカ議会とヨーロッパ議会でそれぞれ通過したりした。

この宣伝戦は韓国内でも効果をあげた。二〇〇六年、一部の慰安婦たちが、韓国政府がこの間、日本軍慰安婦問題を解決すべく努力しなかったのは基本権の侵害である、という訴訟を憲法裁判所に起こした。二〇一一年、憲法裁判所は、韓国政府は慰安婦問題が引き起こした韓日間の請求権紛争を解決しようとしなかったとし、それは憲法違反だという判決を下した。そのため韓国政府は日本政府と慰安婦問題の解決のための新たな交渉を始めた。

結局、朴槿恵《パククネ》政権が日本の安倍政権に圧力を加え、アメリカ政府が仲裁に出た結果、二〇一五年末には日本政府がもう一度責任を痛感するという謝罪と反省を表明し、一〇億円の慰労金を韓国政府に支払った。これが韓日慰安婦合意（日韓合意）である。

挺対協はこの合意が出るまでの交渉過程を韓国外交部から伝えられ、その合意内容に同意した。二〇一五年に韓国外交部は挺対協などと一五回以上協議し、慰安婦合意の発表を前にして外交部局長がその主要内容を挺対協の尹美香《ユンミヒャン》理事長（当時）に説明したら、尹美香は「（そういうことで）構わない」という反応も見せた（シム・ギュソン 2021年：59－62P）。

しかし挺対協は慰安婦合意が発表された後、被害者の同意なく政府が強行した野合だとしてそれを拒否した。挺対協の豹変に外交部当局者たちは呆然とした。それからまもなく朴槿恵政権が倒れ、そのあと登場した文在寅《ムンジェイン》政権はこの合意を事実上破棄した。そして韓国の裁判所は、司法上の主権免除原則にもかかわらず、日本政府に慰藉料として賠償金を払えと要求する元慰安婦たちの訴訟を受け入れ、二〇二一年初めには日本政府は慰安婦一人当たり一億ウォンを賠償しろという判決を下し、その年の他の却下判決に対しては二〇二三年一一月、ソウル高裁が慰安婦一人当たり二億ウォンを賠償せよと言って判決を覆した。

日本人を除いて日本軍慰安婦として最も多くの女性が動員された国は中国であり、ときには相当な強制も伴った。日本軍による強制連行は東南アジア占領地に一部あった。強制連行がなかった韓国が唯一、日本政府の法的責任の認定と謝罪、責任者の処罰、被害者への賠償金支給を執拗に要求し、日本政府からの謝罪と慰労金支給をずっと拒否してきたことは、実にいぶかしいことである。

実際のところ、この三〇年余りの慰安婦運動は慰安婦問題の解決を望んだものだとみることはできない。挺対協、正義連など慰安婦運動グループは、歴史的事実に基づけば日本が決して同意できない法的責任の認定と慰藉料としての賠償を執拗に要求し続けた。正義連などの慰安婦運動グループは、事実とはかけ離れた慰安婦少女像を韓国全域に一五〇体以上建て、反日感情を助長することに力を注いだ。慰安婦運動は、意図的に反日意識を助長し韓日関係を悪化させようとする政治的企てに転落した。慰安婦運動は、自分らの目的に合わせ歪曲・捏造・編集した歴史を現実政治に動員した歴史政治の代表的事例であり、挺対協、正義連などは歴史政治の前面に立つ歴史紅衛兵だった。

しかし本書で探ってきたように、この慰安婦運動は動力を失った。その理由は慰安婦運動が慰安婦制の歴史的な事実、真実に基づいていないからである。これが本書の結論である。

日本政府が慰安婦問題でまたも謝罪したり慰藉料を支払ったりすることはない。既に韓日慰安婦合意がなされているので、韓日間で再び外交交渉をする必要はない。そして韓国政府はこの三〇年余り、元慰安婦に生活補助金や慰労金を十分に支給してきた。当時、朝鮮ピーと呼ばれ蔑まれた元慰安婦たちも、日本軍により戦時に動員された被害者として認められ、その名誉も相当に回復した。今やもう韓日間に慰安婦問題というものはない。

歴史紅衛兵らがうごめき策動して、社会と国家を混沌に追い込む時代は終わった。慰安婦運動は動力を失った。慰安婦問題はもうこれ以上国家的イシューにはならず、徐々に忘れられるだろう。しかし、日本軍慰安婦問題をそのように有耶無耶《うやむや》のままに終わらせてはならない。一世代を超える長い間、韓国社会を、そしてその重要な友好国との外交関係を揺るがせた問題が有耶無耶に忘れられてはならない。全国にある一五〇体を超える慰安婦少女像と誤った歴史教科書の叙述を、そのままにしておくことはできない。

この三〇年余り韓国社会は、なぜ真実に基づかない運動にそこまで振り回されたのか。韓国の知識社会はこの質問を回避してはならない。我々はなぜ慰安婦の実像がここまで歪曲され、慰安婦問題がこれほど長く続いたのかについて真摯に省察しなければならない。特に歴史学者たちは、この三〇年余り日本軍慰安婦に関して嘘が飛び交い国家社会的な混乱が起こったことを対岸の火事のように思った、いやその反日効果を楽しんだ過ちを、真摯に反省しなければならない。筆者は敢えてこのことを要求して筆をおく。

日本語版の刊行に寄せて

第二次世界大戦のとき、日本軍は東アジアの多くの国、地域にわたって女性を軍慰安婦として動員したが、その問題で日本政府を最も執拗に、最も長い間追及したのは韓国人だった。一九九〇年に関連運動団体が結成されて以来、韓国の慰安婦運動家たちは慰安婦問題に対する日本政府の謝罪と賠償を要求する活動を三〇年以上続けてきた。彼らの活動は大成功を収め、日本政府に何度も謝罪させ、二度の慰労金を支給させ、米国、オランダ、カナダの下院や欧州議会に日本政府に慰安婦問題解決を促す決議案を議決させた。

この韓国の慰安婦運動家たちを助けた一群の日本の知識人たちがいた。吉見義明、林博史《ひろふみ》、西野瑠美子などの日本の左翼研究者、活動家たちは、各種の資料を発掘・分析して「日本軍慰安婦＝強制動員された性奴隷」という認識を確立し、さらに、日本軍慰安婦問題を女性に対する戦争犯罪、戦時性暴力問題とまで規定した。韓国の慰安婦運動家たちは、彼らの後押しを受けて日本政府を攻撃した。日本の研究者と韓国の運動家の間には「研究は日本、運動は韓国」という役割分担まであるかのようだった。

しかし、日本の研究者たちが発掘して分析した資料を検討すれば、強制動員された性奴隷、戦時性暴力、女性に対する戦争犯罪という慰安婦の物語は成立しない。この三〇年余りの間、韓日両国は偽の慰安婦の物語に惑わされ、混迷を繰り返したのだ。この偽の慰安婦の物語は日本で作られ韓国に輸出されたものなのだから、慰安婦研究の本陣であり主戦場である日本で本当の慰安婦の物語が定着しなければならない。これが、筆者が本当の慰安婦の物語だとあえて自負する『日本軍慰安婦 インサイドアウト』（二〇二三年、李承晩《イスンマン》ブックス刊）の日本での翻訳出版を企図した理由だ。これまで偽の慰安婦の物語を作り出した吉見義明ら日本の研究者たちは、この本に誠実に応えなければならないだろう。

筆者は日本の伝統ある名門出版社・文藝春秋で翻訳書を出版できることを光栄に思う。筆者は、日本語訳を薦め出版を斡旋してくれた『産経新聞』の久保田るり子客員編集委員と、歴史認識問題研究会の西岡力先生に感謝する。二〇一九年と二〇二〇年にそれぞれ『反日種族主義』と『反日種族主義との闘争』の日本語訳を担当した鈴木喜久子氏と林寿泉《イムスチョン》氏が、今回も第一次の翻訳を引き受け、久保田先生と西岡先生が翻訳文を検討・修正してくれた。文藝春秋の編集委員・前島篤志氏と編集者・嶋津弘章氏は原稿の事実関係を一つ一つ確認し、数多くの錯誤を正し、不備な点を補完してくれた。以前『反日種族主義』などの日本語版を出版した際、筆者がすでに経験したことだが、文藝春秋の編集担当者のまさにかみそりのような鋭さに対しては尊敬の念を抱かざるを得ない。もしそれでも間違いが残っていたとすれば、全面的に筆者の力不足のためであることを付記しておく。
どうかこの本が日本の読者に広く読まれ、韓日間の有害無益な過去の歴史摩擦を解消し、韓日両国の和解と友好協力を増進することに少しでも貢献することを願う。

二〇二四年四月末、ソウルの李承晩学堂で朱益鍾記す

解説

韓国に歴史の真実を問う愛国の研究書

久保田るり子
（産経新聞客員編集委員）

慰安婦問題を論じる「言論空間」の誕生と変わらぬ韓国世論

韓国における一般的な慰安婦問題への関心は、かなり低くなった。いくつかの理由があるが、最大の原因は、一九九一年以来の慰安婦運動が元慰安婦を食い物にした壮大な詐欺劇だったからだ。韓国挺身隊問題対策協議会（挺対協）を率いた元代表、尹美香《ユンミヒャン》は、元慰安婦をいいように操り、政府の補助金をせしめ、募金を集めて詐欺、横領を働いていた。支援運動の正当性は失墜し、社会は振り向かなくなった。

だがそれで「慰安婦は強制連行」「日本軍の性奴隷」という韓国世論が変わったわけではない。むしろ、運動が下火になっても慰安婦問題が終わったと思っている韓国人は、ほとんどいない。韓国人は依然として「日本は謝っていない」「賠償していない」と考えている。

以前の韓国では、慰安婦の「強制連行」を否定したというだけで慰安婦の前で土下座をさせられた。「軍人が女性を性的慰安に使ったのは日本だけではない」と日本の雑誌に寄稿しただけで学者は大学を追われ、政界から「日帝侵略を歪曲した」と指弾され、すべての社会的地位を失った。

この一〇年、環境は少し変化した。慰安婦問題を論じる「言論空間」が生まれた。朴裕河《パクユハ》世宗大名誉教授は著書『帝国の慰安婦』（二〇一四年刊）で、当時の慰安婦たちがあるときは日本軍人を慕い「日本帝国主義」の協力者にもなった姿を描いた。元慰安婦らは名誉棄損で朴氏を告訴したが、一〇年間の裁判闘争の末、二〇二四年春、「個人の学問的主張、ないし意見の表明と評価することが妥当だ」として無罪が確定した。

転機を決定的にしたのは、李栄薫《イヨンフン》元ソウル大教授の『反日種族主義』（二〇一九年刊）だった。韓国人の情念の根底にある日本に対する敵対感情を「種族主義」と呼び、虚構で塗り固められた反日歴史観を白日の下にさらした。なかでも慰安婦問題こそが凝縮された種族主義の牙城であるとして、韓国では初めて実証的、学術的に慰安婦問題の虚実を明らかにしてこの問題を真正面から論じた。

だが、その「言論空間」はまだまだ極めて小さい。本書の韓国版『日本軍慰安婦 INSIDE OUT』は二〇二三年一二月に出版されたが、韓国の有力紙は書評を掲載せず、主要テレビもまったく取り上げていない。なぜなら、慰安婦を日本の戦争犯罪として過去三〇年間、書き続けてきたのが韓国メディア自身であるからだ。運動に加担してきた韓国メディアに、強制連行の虚構を徹底検証した本書を評することはできない。慰安婦運動の支援団体も歴史学界も本書に沈黙、無視、放置の態度だ。

元慰安婦らが「賠償」を求めて日本政府を訴えた訴訟は二審（ソウル高裁）で原告が勝訴、日本政府に慰安婦賠償を求める判決が確定してしまった。この裁判が「主権国家は他国の裁判権に服さない」との国際慣習法（主権免除）に反しているため、日本政府は裁判自体を認めず上告をしなかったからだ。しかし、判決だけが残ってしまった。元慰安婦の多くは鬼籍に入った。歴史と貧困と戦争に翻弄され、反日に政治利用されてきた元慰安婦たちが、自らの「作り話」への思いを吐露する機会はもうないだろう。韓国人の情緒のなかの慰安婦像は「少女」のままである。

「だからこそ、いま書かなければならない」

朱益鍾《チュイクチョン》氏はそう語った。

これまでにない「客観的、論理的、実証的、冷静かつ確固とした研究書」

朱益鍾氏はソウル大学で日本統治下の韓国経済史研究で博士号を取った韓国近代史の歴史学者である。この分野の碩学である李栄薫氏の後輩にあたる。朱氏は李栄薫氏が率いた左派政権下の偏向した教科書を是正する社会運動「教科書フォーラム」（二〇〇五年）の『代案教科書』の執筆にも携わっている。そして『反日種族主義』（韓国語版）では、日韓交渉、日韓請求権問題、挺対協の実態など六本の論文を執筆した。

本書のきっかけとなったのは、二〇二〇年末、米ハーバード大のラムザイヤー教授が発表した論文「太平洋戦争における性サービスの契約」だったという。法学者で日本法に詳しいラムザイヤー教授は、戦時の慰安婦が業者と交わした契約、多額の前払いを受け取ったあと短期の年季奉公で借金返済しながら戦場の性サービス業に従事した慰安婦の契約を、ゲーム理論「信頼できるコミットメント」という考え方で説明した。この論理は、韓国の「強制連行」「性奴隷」論を根こそぎ崩す威力を持っていた。

韓国は大騒ぎになった。テレビや新聞が「慰安婦は売春婦論文」「吐瀉《としゃ》物より汚い論文」など連日ラムザイヤー教授を攻撃し、在米韓国人が英語圏で反対活動を広め、ノーベル賞学者を含む有名な左派の学者らが相次いで声明を出し、論文撤回の署名活動まで始まった。

朱氏は法経済学で解析されたラムザイヤー論文に「目の覚めるような衝撃を受けた」という。そして、韓国メディアの向こうを張ってラムザイヤー論文を擁護するYouTube発信を開始した。YouTubeは全三二編に及んだ。本書はこの研究が端緒となっている。

日本軍慰安婦とは慰安所とは何なのか。その由来は、いつから、どのように設置され、朝鮮人慰安婦は何人ぐらい存在し、その根拠は何なのか。こうした構成は、過去、現在、未来の韓国人に向け、韓国人のあらゆる疑問に明解に答えようとする朱益鍾氏の執念の調査の旅路である。戦前の朝鮮半島における酌婦・娼妓の実態や娼妓市場、業者の全国ネットワークが戦時の慰安婦制度に活用された背景などを書き込むことで、当時の慰安婦たちの置かれていた環境やその実態を浮き彫りにした。挺対協や韓国人学者の集めた元慰安婦証言集、手記、日記、米軍調査資料などを総ざらいで収集し、個々人の出自の情報も加えて証言内容を精査した。慰安婦運動のなかで、「強制連行説」をでっちあげるために利用された元慰安婦らは多くのウソをついた。だが、朱氏は証言にスクリーニングをかけてウソの多くを見破っている。

「多くの資料を調査した。私が初めて発見した材料というものはない。すでに発掘された材料を丹念に調べた。その感想はこうだ。韓国人研究者も日本人研究者も、なぜ、ここまで歪曲してきたのかということだ」と朱氏は話す。李栄薫氏は「慰安婦問題が発生して三二年、この間さまざまな本が出たが、厳密に歴史科学から客観的、論理的、実証的、そして冷静に、ここまで確固とした研究書はなかった」と評価した。

「日本統治」の実証研究の重要性

この本の韓国出版にはふたつの意義があった。ひとつは、戦時公娼制としての慰安婦の実像に関するはじめての研究書であることだ。この本が韓国のソウル大はじめ研究機関の文献となることで、後進の研究者に大きな影響を及ぼすだろう。二番目には、「搾取と略奪」という歴史観でひとくくりにされてきた「日本統治」の実証研究がいかに重要であるかを、特に保守陣営に知らしめるという意味合いである。

韓国の保守陣営は、「日本の植民地統治をどう評価して自国の歴史のなかに位置づけるのか」というテーマを、建国七五年を経たいまも整理しきれない問題として抱えている。朝鮮半島の日本統治は日本の敗戦で唐突に終わり、祖国は解放されたが、南北に分断された。その後の米軍統治を経て独立した大韓民国には多くの共産主義勢力が深く浸透していた。朝鮮戦争、南北対峙《たいじ》、祖国建設、高度成長という格闘の歴史のなかで、左派学者は知識人として韓国社会に根付いた。そして彼らは韓国に民族史観を広めた。それは「同盟より民族」である。日帝（日本統治）や米帝（大韓民国建国）を原罪として扱う民族史観は八〇年代の「韓国の民主化時代」に若者や知識層に染み込んでいった。

知日派の保守層は「こういうことを主張したら『親日派』といわれるのではないか」という自縄自縛に陥った。親日派はイコール「反民族」であり売国奴であるからだ。日本統治の全面否定や被虐史観に保守層は抗《あらが》えなかった。むしろ保守層は反日イコール愛国の旗を振った。偏狭な反日観は、九〇年代から本格化した慰安婦問題をはじめとする歴史認識問題を生んだ。歴史認識問題は親北派や民族派の格好のターゲットとなり、慰安婦問題を率いた支援団体「挺対協」は親北民族派のアジトになった。

こうした流れを見据えてきた保守本流の知識人たちが韓国には存在する。『反日種族主義』の編著者、李栄薫元教授や朱益鍾博士はじめとする執筆陣はこの分野の代表的学者で、多くが経済学者である。日本統治下で近代化した朝鮮経済を実証研究してきたグループである。李栄薫氏は、「この本で慰安婦問題がいかに虚偽にまみれた扇動であったかを知らしめることは、慰安婦問題に限らず韓国人の日帝時代の歴史認識に対する全面的な見直しの機会にすることができる」と述べている。

「反日」はいつでも蘇る

二〇二四年四月一〇日午後六時、私たちはソウル市内のレストランの席に座っていた。李栄薫元教授、朱益鍾博士、そして本書のアドバイザーに加わった西岡力教授と私である。韓国尹錫悦《ユンソンニョル》政権の中間評価となる国会議員選挙の投開票日、午後六時はまさに投票締め切り時間だった。

雑談していた我々は、ニュース速報の「野党は二〇〇議席を超える勢い」との第一声に顔を見合わせた。三〇〇議席の韓国国会で左派野党が二〇〇議席を獲得すれば、大統領弾劾審判法案が通る。無言の数秒間、これから始まるかもしれない「尹大統領弾劾」の混乱、韓国の民主主義を転覆させかねない左派勢力の執権の予感に暗然とした。最終結果は与党は一〇八議席となり、弾劾に至る危機が回避されたのはご承知の通りだが、現在の韓国社会は日本からは想像も及ばないほど、それほどまでに左派勢力が強いということである。

今回の総選挙の結果は尹錫悦体制の独断政治への国民的な怒りの審判だった。同時に、韓国社会の左派の地下水脈が「保守を徹底的に叩く」と決めたときの凄まじい結束力をみせたのである。韓国では、現在も保革の激しいイデオロギー闘争が続いている。歴史観を捻《ね》じ曲げてきた左派にかかれば、「反日」はいつでも蘇る。本書はそのような対決の場に名乗り出た、歴史の真実を問う愛国の研究書であると思う。

2023年2月22日検索）
ソク・チヨン Jeannie Suk Gersen (2021), Seeking the True Story of the Comfort Women, *New Yorker* February 25, 2021（https://www.newyorker.com/culture/annals-of-inquiry/seeking-the-true-story-of-the-comfort-women-j-mark-ramseyer：2023年2月22日検索）
ミン・ビョンガプ Min Pyong Gap (2022), "My Response to Ramseyer's Effort to Deny the History of Japanese Military Sexual Slavery", *Journal of International Women's Studies* 24(9).
ラムザイヤー，マーク J. Mark Ramseyer (1991), "Indentured Prostitution in Imperial Japan: Credible Commitments in the Commercial Sex Industry", *Journal of Law, Economics, & Organization* 7(1).
ラムザイヤー，マーク J. Mark Ramseyer (2019), "COMFORT WOMEN AND THE PROFESSORS", Discussion Paper No. 995, Harvard Law School.
ラムザイヤー，マーク J. Mark Ramseyer (2021), "Contracting for sex in the Pacific War", *International Review of Law and Economics* 65.
ラムザイヤー，マーク J. Mark Ramseyer (2022), "CONTRACTING FOR SEX IN THE PACIFIC WAR: A RESPONSE TO MY CRITICS", Discussion Paper No. 1075, Harvard Law School.

[박정애 (2017),「중국 저장성 진화의 위안소와 조선인 '위안부'」,『페미니즘연구』17(1)]

パク・チョンエ「植民地朝鮮の『養女』問題と人身売買」(『歴史研究』第44号〔2022年刊〕所収)

[박정애 (2022),「식민지 조선의 '수양녀' 문제와 인신매매」,『역사연구』44]

パク・ヒョン「日帝期の京城の娼妓業盛業と朝鮮人遊廓建設」(『都市研究』第14号〔2015年刊〕所収)

[박현 (2015),「일제시기 경성의 창기업 번성과 조선인 유곽 건설」,『도시연구』14]

パク・ユハ(朴裕河)他『日本軍慰安婦、もう一つの声』根と葉、2020年刊

[박유하 외 (2020),『일본군 위안부 , 또 하나의 목소리』, 뿌리와이파리]

パン・ソンジュ「日本軍『慰安婦』の帰還：中間報告」(挺対協『日本軍「慰安婦」問題の真相』歴史批評社〔1997年刊〕所収)

[방선주 (1997),「일본군 '위안부' 의 귀환 : 중간보고」, 정대협 ,『일본군 '위안부' 문제의 진상』, 역사비평사]

ハン・ヘイン「総動員体制下の職業紹介令と日本軍慰安婦動員」(『史林』第46号〔2013年刊〕所収)

[한혜인 (2013),「총동원체제하 직업소개령과 일본군 위안부 동원」,『사림』46]

ハン・ヘイン「帝国の視線が見逃している事ども」(『歴史と現実』第120号〔2021年刊〕、3–17P)

[한혜인 (2021),「제국의 시선들이 놓치고 있는 것들」,『역사와 현실』120, 3–17]

藤永壯(たけし)「上海の日本軍慰安所と朝鮮人」(『解放前後史の再認識』第1巻、チェクセサン〔2006年刊〕所収)

[후지나가 다케시 (2006),「상하이의 일본군 위안소와 조선인」,『해방 전후사의 재인식』1, 책세상]

山田昭次「朝鮮女子労働挺身隊の動員と鉄鋼業への朝鮮人男子の戦時動員との比較検討」(韓日民族問題学会編『韓日民族問題研究』第9号、鮮仁〔2005年刊〕所収)

[야마다 쇼지 (2005),「조선여자근로정신대의 동원방식과 철강업에 동원 된 조선인남자의 동원방식과의 비교검토」,『한일민족문제연구』9]

ユン・ミョンスク(尹明淑)『朝鮮人軍慰安婦と日本軍慰安所制度』イハクサ、2015年刊

[윤명숙 (2015),『조선인 군위안부와 일본군 위안소 제도』, 이학사]

吉見義明『日本軍軍隊慰安婦』ソファ、1998年刊(原著は岩波書店1995年刊の『従軍慰安婦』)

[요시미 요시아키 (1998),『일본군 군대위안부』, 소화]

〔英語文献〕

小野沢あかね Onozawa Akane (2022), "Problems of J. Mark Ramseyer's 'Contracting for Sex in the Pacific War': On Japan's Licensed Prostitution Contract System", *The Asia-Pacific Journal* 20(6).

カン・ソンヒョン(康誠賢)Kang Sung Hyun (2022), "Ramseyer's History Denialism and the Efforts to 'Save Ramseyer'", *Journal of International Women's Studies* 24(9).

ゴードン, アンドルー & エッカート, カーター Andrew Gordon & Carter Eckert (2021), Statement(February 17, 2021), 219 (https://dash.harvard.edu/handle/1/37366904：

挺対協他編『歴史をつくる話：日本軍「慰安婦」女性たちの経験と記憶』女性と人権、2004年刊（上記『強制連行された朝鮮人軍慰安婦たち』の第6巻に該当）
[정대협 외엮음 (2004),『역사를 만드는 이야기 : 일본군 '위안부' 여성들의 경험과 기억』여성과 인권]
挺対協他編『中国に連行された朝鮮人軍慰安婦たち』第1巻、ハヌル、1995年刊
[정대협 외엮음 (1995),『중국으로 끌려간 조선인 군위안부들』1, 한울]
韓国挺身隊研究所編『中国に連行された朝鮮人軍慰安婦たち』第2巻、ハヌル、2003年刊
[한국정신대연구소 엮음 (2003),『중국으로 끌려간 조선인 군위안부들』2, 한울]
挺対協『日本軍「慰安婦」問題の真相』歴史批評社、1997年刊
[정대협 (1997),『일본군 '위안부' 문제의 진상』, 역사비평사]
挺対協他編『日本軍「慰安婦」問題の責任を問う』草色、2001年刊c
[정대협 외엮음 (2001c),『일본군 '위안부' 문제의 책임을 묻는다』, 풀빛]
挺対協他編『日本軍「慰安婦」問題に対する法的解決の展望』草色、2001年刊d
[정대협 외엮음 (2001d),『일본군 '위안부' 문제에 대한 법적 해결의 전망』, 풀빛]
挺対協20年史編纂委員会編『韓国挺身隊問題対策協議会20年史』ハヌル、2014年刊
[정대협20년사편찬위원회 엮음 (2014),『한국정신대문제대책협의회 20년사』, 한울]
東北アジア歴史財団『日本軍慰安所地図資料集』（内部資料）、2009年刊
[동북아역사재단 (2009),『일본군 위안소 지도 자료집』(내부자료)]
ト・シファン（都時煥）他編『日本軍「慰安婦」問題と課題』東北アジア歴史財団、2020年刊
[도시환 외편 (2020),『일본군 '위안부' 문제와 과제』, 동북아역사재단]
西岡力他『資料編：韓国政府と言論が語らない慰安婦問題の真実』メディアウォッチ、2021年刊
[니시오카 쓰토무 외 (2021),『한국 정부와 언론이 말하지 않는 위안부 문제의 진실』, 미디어워치]
ハ・ジョンムン（河宗文）「慰安所と日本国・日本軍の加害体系」（挺対協編『日本軍「慰安婦」問題の責任を問う』草色〔2001年刊a〕所収）
[하종문 (2001),「위안소와 일본국 · 일본군의 가해체계」, 정대협 외 (2001a),『일본군 '위안부' 문제의 책임을 묻는다』, 풀빛]
ハ・ジョンムン『陣中日誌から見た日本軍慰安所』ヒューマニスト、2023年刊
[하종문 (2023),『진중일지로 본 일본군 위안소』, 휴머니스트]
パク・チョンエ（朴貞愛）「日帝侵略期における人身売買の構造と性格」（『韓日歴史教科書叙述の理念』景仁文化社〔2010年刊〕所収）
[박정애 (2010),「일제침략기 인신매매의 구조와 성격」,『한일 역사교과서 서술의 이념』, 경인문화사]
パク・チョンエ「満洲地域の日本軍慰安所設置と朝鮮人『慰安婦』」（『アジア女性研究』第55巻第1号〔2016年刊〕所収）
[박정애 (2016),「만주 지역의 일본군 위안소 설치와 조선인 '위안부'」,『아시아여성연구』55 (1)]
パク・チョンエ「中国浙江省金華の慰安所と朝鮮人『慰安婦』」（『フェミニズム研究』第17巻第1号〔2017年刊〕所収）

[신영숙 (2017),「재판 자료로 본 일본군 '위안부' 강제징집 구조」,『동아시아 일본군 '위안부' 연구』, 한중연 출판부]
蘇智良他著、ソン・ヨモン（孫艶紅）訳『上海地域日本軍慰安所』東北アジア歴史財団、2019年刊
[쑤즈량 , 천리페이 , 야오페이 지음 , 손염홍 옮김 (2019),『상하이 지역 일본군 위안소』, 동북아역사재단]
ソ・ヒョンジュ「日帝下芸妓・娼妓・酌婦紹介業の実態と日本軍『慰安婦』動員」（『韓日関係史研究』第74号〔2021年刊〕所収）
[서현주 (2021),「일제하 예기 · 창기 · 작부 소개업의 실태와 일본군 '위안부' 동원」,『한일관계사연구』74]
ソン・ヨノク「上海で見た料理店・遊廓・慰安所の連関性」（『社会と歴史』第115号〔2017年刊〕所収）
[송연옥 (2017),「상하이에서 본 요리점・유곽・위안소의 연관성」,『사회와 역사』115]
ソン・ヨノク他『植民主義、戦争、軍「慰安婦」』鮮仁、2017年刊
[송연옥 외 (2017),『식민주의 , 전쟁 , 군 '위안부'』, 선인]
ソン・ヨノク「『上海日日新聞』から見た日本軍『慰安婦』の実像」（朴貞愛編『日本軍「慰安婦」の問題と課題』Ⅲ〔東北アジア歴史財団、2020年刊〕所収）
[송연옥 (2020),「『상하이니치니치신문』으로 보는 일본군 '위안부' 의 실상」, 박정애 편 ,『일본군 '위안부' 문제와 과제』Ⅲ , 동북아역사제단]
ソン・ヨモン（孫艶紅）「1930～40年代における中国華北地域の韓人社会と帰還」（『韓国独立運動史研究』第40号〔2011年刊〕所収）
[손염홍 (2011),「1930 ~ 40년대 중국 화북지역 한인사회와 귀환」,『한국독립운동사연구』40]
チョン・ジンソン（鄭鎮星）『日本軍性奴隷制』ソウル大学校出版文化院、2016年刊
[정진성 (2016),『일본군 성노예제』, 서울대학교 출판문화원]
チョン・ジンソン編『日本軍「慰安婦」関係米国資料』Ⅰ－Ⅲ、鮮仁、2018年刊 a–c
[정진성 편 (2018a–c),『일본군 '위안부' 관계 미국 자료』Ⅰ－Ⅲ , 선인]
チョン・ジンソン研究チーム（ソウル大学校社会発展研究所）編『日本軍「慰安婦」関係連合軍資料』Ⅰ－Ⅱ、鮮仁、2019年刊 a–b
[서울대학교 사회발전연구소 정진성 연구팀 편 (2019a–b),『일본군 '위안부' 관계 연합군 자료』Ⅰ－Ⅱ , 선인]
チョン・ヒョンジュ「朝鮮人日本軍『慰安婦』徴集の社会的背景に関する国内研究動向」（キム・ギョンイル他『東アジア日本軍「慰安婦」研究』韓国学中央研究院出版部〔2017年刊〕所収）
[정현주 (2017),「조선인 일본군 '위안부' 징집의 사회적 배경에 관한 국내 연구 동향」, 김경일 외 ,『동아시아 일본군 '위안부' 연구』, 한중연 출판부]

〈挺対協関連〉

挺対協他編『強制連行された朝鮮人軍慰安婦たち』第1-3巻、ハヌル、1993-1997年刊／第4-5巻、草色、2001年刊 a–b
[정대협 외엮음 (1993, 1997, 1999, 2001a, 2001b),『강제로 끌려간 조선인 군위안부들』1-3, 한울 /4-5, 풀빛]

カン・ソンヒョン（康誠賢）『脱真実の時代、歴史否定を問う』青い歴史、2020年刊
［강성현 (2020),『탈진실의 시대, 역사 부정을 묻는다』, 푸른역사］
キム・ギョンイル他『東アジア日本軍「慰安婦」研究』韓国学中央研究院出版部、2017年刊
［김경일 외 (2017),『동아시아 일본군 '위안부' 연구』, 한중연 출판부］
キム・グァンジェ「日中戦争期における中国華北地方の朝鮮人移住と『蘆台農場』」（『韓国近現代史研究』第11号〔1999年刊〕所収）
［김광재 (1999),「중일전쟁기 중국 화북지방의 한인이주와 '蘆台農場'」,『한국근현대사연구』11］
キム・チャンノク（金昌禄）「ラムザイヤー事態」（『歴史批評』2021年夏号、174–197P）
［김창록 (2021),「램지어 사태」,『역사비평』2021년 여름호, 174–197］
キム・チョンガン「『慰安婦』はどうやって忘れられたか？：1990年代以前の大衆映画の中の『慰安婦』再現」（『東アジア文化研究』第71巻〔2017年刊〕所収）
［김청강 (2017),「'위안부' 는 어떻게 잊혀 졌나? − 1990년대 이전 대중영화 속 '위안부' 재현」,『동아시아문화연구』71］
キム・ビョンホン（金柄憲）「衝撃！　慰安婦虐殺主張、全て嘘だった！」ペン・アンド・マイクTV（YouTube、2021年12月21日ストリーミング開始〔https://www.youtube.com/watch?v=_yX2-Tqz17A〕、2022年1月11日検索）
［김병헌 (2021),「충격! 위안부 학살 주장, 모두 거짓이었다!」, 펜앤마이크TV 유튜브, 2021년12월21일 스트리밍 개시 (https://www.youtube.com/watch?v=_yX2-Tqz17A, 2022년 1월11일 검색)］
キム・プジャ（金富子）他『韓日間の歴史懸案の国際法的再照明』東北アジア歴史財団、2009年刊
［김부자 외 (2009),『한일간 역사현안의 국제법적 재조명』, 동북아역사재단］
キム・ヘウォン『娘たちのアリラン－物語風に書いた「慰安婦」運動史』ホウォンメディア、2007年刊
［김혜원 (2007),『딸들의 아리랑 − 이야기로 쓴 '위안부' 운동사』, 허원미디어］
キム・ヨン（金栄）、庵逧（あんざこ）由香「咸鏡北道の軍事都市と慰安所・遊廓」、宋連玉・金栄編『軍隊と性暴力：韓半島の20世紀』鮮仁、2012年刊
［김영 · 안자코 유카 (2012),「함경북도의 군사도시와 위안소 · 유곽」, 송연옥 · 김영편,『군대와 성폭력 − 한반도의 20세기』선인］
尚虚（サンホ）学会『李泰俊（イ・テジュン）全集1：月夜他』、ソミョン出版、2015年刊
［상허학회 (2015),『이태준 전집1 : 달밤 외』소명출판］
シム・ギュソン『慰安婦運動、聖域から広場へ』ナナム、2021年刊
［심규선 (2021),『위안부 운동, 성역에서 광장으로』, 나남］
シン・ヨンスク「『女性のためのアジア平和国民基金』と日本社会の認識」（『平和研究』第16巻第1号〔2008年刊〕所収）
［신영숙 (2008),「'여성을 위한 아시아평화국민기금' 과 일본 사회의 인식」,『평화연구』16(1)］
シン・ヨンスク「裁判資料から見た日本軍『慰安婦』強制徴集構造」（『東アジア日本軍「慰安婦」研究』韓国学中央研究院出版部〔2017年刊〕所収）

板垣竜太、キム・プジャ（金富子）『Q & A 「慰安婦」問題と植民地支配責任』サムチャン、2016 年刊
[이타가키 류타・김부자 (2016),『Q & A ‘위안부’ 문제와 식민지 지배 책임』, 삶창]
イ・ドンジン「民族、地域、セクシャリティ：満洲国の朝鮮人『性売買従事者』を中心に」（『精神文化研究』第 28 巻第 3 号〔2005 年刊〕所収）
[이동진 (2005),「민족 , 지역 , 섹슈얼리티 : 만주국의 조선인 ‘성매매종사자’ 를 중심으로」,『정신문화연구』28(3)]
イ・マニョル、キム・ヨンヒ「1930–40 年代朝鮮女性の存在様態」（『国史館論叢』第 89 号〔2000 年刊〕所収）
[이만열・김영희 (2000),「1930・40년대 朝鮮 女性의 존재 양태」,『국사관논총』89]
井上菊夫「ミャンマーの第二ふるさと楼の朝鮮人慰安婦たち」（『新東亜』1992 年 3 月号〔1992 年刊〕所収）
[이노우에 키쿠오 (1992),「미얀마 제2의 고향루의 조선인 위안부들」,『신동아』1992 년3월호]
カン・ジョンスク（姜貞淑）「日本軍慰安所の地域的分布とその特徴」（挺対協『日本軍「慰安婦」問題の真相』歴史批評社〔1997 年刊〕所収）
[강정숙 (1997),「일본군 위안소의 지역적 분포와 그 특징」, 정대협 ,『일본군 ‘위안부’ 문제의 진상』, 역사비평사]
カン・ジョンスク「日帝末期沖縄大東諸島の朝鮮人軍『慰安婦』たち」（『韓国民族運動史研究』第 40 号〔2004 年刊〕所収）
[강정숙 (2004),「일제말기 오키나와 다이토제도의 조선인 군 ‘위안부’ 들」,『한국민족운동사연구』40]
カン・ジョンスク「日本軍『慰安婦』制の植民性研究」（成均館大学校博士学位論文、2010 年）
[강정숙 (2010),「일본군 ‘위안부’ 제의 식민성 연구」, 성균관대학교 박사학위논문]
カン・ジョンスク「インドネシア・パレンバンの朝鮮人名簿を通して見た軍『慰安婦』動員」（『地域と歴史』第 28 号〔2011 年刊〕所収）
[강정숙 (2011),「인도네시아 팔렘방의 조선인 명부를 통해 본 군 ‘위안부’ 동원」,『지역과 역사』28]
カン・ジョンスク「第二次世界大戦期にインドネシア・パレンバンに動員された朝鮮人の帰還過程に関する研究」（『韓国独立運動史研究』第 41 号〔2012 年刊〕所収）
[강정숙 (2012),「제2차 세계대전기 인도네시아 팔렘방으로 동원된 조선인의 귀환과정에 관한 연구」,『한국독립운동사연구』41]
カン・ジョンスク「禁止と許容で見た朝鮮人軍『慰安婦』徴集における日帝権力機関の役割」（キム・ギョンイル他『東アジア日本軍「慰安婦」研究』韓国学中央研究院出版部〔2017 年刊〕所収）
[강정숙 (2017),「금지와 허용으로 본 조선인 군 ‘위안부’ 징집에서 일제권력기관의 역할」, 김경일 외 ,『동아시아 일본군 ‘위안부’ 연구』, 한중연 출판부]
カン・ジョンスク「日本軍慰安所業者の地位と役割に関する研究」（『女性研究』第 96 号〔2018 年刊〕所収
[강정숙 (2018),「일본군 위안소 업자의 지위와 역할에 관한 연구」,『여성연구』96]

警察協会編『警務彙報』1933 年 7–9、11–12 月号、1934 年 2–3 月号〔1933 年刊 a–e、1934 年刊 a–b〕所収）
森川万智子構成と解説、文玉珠語り『文玉珠 ビルマ戦線楯師団の「慰安婦」だった私』梨の木舎、1996 年刊
山下英愛（ヨンエ）『ナショナリズムの狭間から』明石書店、2008 年刊
山田恵子他「書籍・雑誌にみる日本人『慰安婦』」（西野瑠美子・小野沢あかね責任編集、「戦争と女性への暴力」リサーチ・アクション・センター編『日本人「慰安婦」：愛国心と人身売買と』現代書館〔2015 年刊〕所収）
山田清吉『武漢兵站』図書出版社、1978 年刊
尹静慕（ユン・ジョンモ）著、鹿嶋節子訳『母・従軍慰安婦：かあさんは「朝鮮ピー」と呼ばれた』神戸学生青年センター出版部、1992 年刊
尹明淑（ユン・ミョンスク）「日中戦争期における朝鮮人軍隊慰安婦の形成」（朝鮮史研究会編『朝鮮史研究会論文集』第 32 集、緑蔭書房〔1994 年刊〕所収）
尹明淑「朝鮮からの徴集」（吉見義明・林博史編著『共同研究 日本軍慰安婦』第三章三、大月書店〔1995 年刊〕所収）
尹明淑「中国人軍隊慰安婦問題に関する研究ノート」（『戦争責任研究』第 27 号、日本の戦争責任資料センター〔2000 年刊〕所収）
吉田清治『私の戦争犯罪』三一書房、1983 年刊
吉見義明『従軍慰安婦資料集』大月書店、1992 年刊
吉見義明『従軍慰安婦』岩波書店、1995 年刊
吉見義明・林博史編著『共同研究 日本軍慰安婦』大月書店、1995 年刊
吉見義明「『従軍慰安婦』政策における日本国家の指揮命令系統」（金富子・宋連玉責任編集、VAWW-NET Japan 編『「慰安婦」・戦時性暴力の実態』Ⅰ、緑風出版〔2000 年刊〕所収）
吉見義明『日本軍「慰安婦」制度とは何か』岩波書店、2010 年刊
吉見義明「『河野談話』をどう考えるか：その意義と問題点」（西野瑠美子・金富子・小野沢あかね責任編集、「戦争と女性への暴力」リサーチ・アクション・センター編『「慰安婦」バッシングを越えて：「河野談話」と日本の責任』大月書店〔2013 年刊〕所収）
吉見義明『買春する帝国：日本軍「慰安婦」問題の基底』岩波書店、2019 年刊
林伯耀・張友棟編・訳「天津の日本軍『慰安婦』供出システム：中国の公文資料から」（西野瑠美子・林博史責任編集、VAWW-NET Japan 編『「慰安婦」・戦時性暴力の実態』Ⅱ、緑風出版〔2000 年刊〕所収）
和田春樹『慰安婦問題の解決のために』平凡社、2015 年刊

〔韓国語文献〕

アン・イ・ジョンソン（安李貞善）『行きたい故郷を自分の足で歩けない：日本軍「慰安婦」チョ・ユノク』美しい人たち、2007 年刊
［안이정선 (2007),『가고 싶은 고향을 내발로 걸어 못가고 : 일본군 '위안부' 조윤옥』, 아름다운사람들］
アン・ビョンジク（安秉直）翻訳・解題『日本軍慰安所管理人の日記』イスプ、2013 年刊
［안병직 (2013),『일본군 위안소 관리인의 일기』, 이숲］

西岡力・高橋史朗・島田洋一「歴認研台湾現地調査報告」(歴史認識問題研究会編『歴史認識問題研究』第5号、モラロジー研究所歴史研究室〔2019年刊〕所収)
西口克己『廓(第2部)』三一書房、1956年刊
西野留美子『従軍慰安婦と十五年戦争:ビルマ慰安所経営者の証言』明石書店、1993年刊
西野留美子『日本軍「慰安婦」を追って:元「慰安婦」元軍人の証言録　敗戦50年目』マスコミ情報センター、1995年刊
西野瑠美子「上海の慰安所・現地調査報告:上海に慰安所の記憶と痕跡を訪ねて」(『戦争責任研究』第27号、日本の戦争責任資料センター〔2000年刊a〕所収)
西野瑠美子「日本人『慰安婦』:誰がどのように徴集されたか」(金富子・宋連玉責任編集、VAWW-NET Japan編『「慰安婦」・戦時性暴力の実態』Ⅰ、緑風出版〔2000年刊b〕所収)
西野瑠美子「中国における慰安所設置と『慰安婦』徴集」(西野瑠美子・林博史責任編集、VAWW-NET Japan編『「慰安婦」・戦時性暴力の実態』Ⅱ、緑風出版〔2000年刊c〕所収)
西野瑠美子『戦場の「慰安婦」:拉孟全滅戦を生き延びた朴永心の軌跡』明石書店、2003年刊
西野瑠美子・小野沢あかね責任編集、「戦争と女性への暴力」リサーチ・アクション・センター編『日本人「慰安婦」:愛国心と人身売買と』現代書館、2015年刊
朴裕河(パク・ユハ)『帝国の慰安婦:植民地支配と記憶の闘い』朝日新聞出版、2014年刊
秦郁彦『慰安婦と戦場の性』新潮社、1999年刊
華(はな)公平『従軍慰安所「海乃家」の伝言:海軍特別陸戦隊指定の慰安婦たち』日本機関紙出版センター、1992年刊
花房俊雄・花房恵美子『関釜裁判がめざしたもの:韓国のおばあさんたちに寄り添って』白澤社、2021年刊
林博史(ひろふみ)「陸軍の慰安所管理の一側面:『衛生サック』交付資料を手がかりに」(『戦争責任研究』第1号、日本の戦争責任資料センター〔1993年刊〕所収)
林博史「シンガポールの日本軍慰安所」『戦争責任研究』第4号、日本の戦争責任資料センター〔1994年刊〕所収)
林博史「東南アジアの日本軍慰安所:マレー半島を中心に」(西野瑠美子・林博史責任編集、VAWW-NET Japan編『「慰安婦」・戦時性暴力の実態』Ⅱ、緑風出版〔2000年刊〕所収)
林博史・吉見義明「文玉珠さんはビルマで大金持ちになった?」(板垣竜太・金富子責任編集、日本軍「慰安婦」問題webサイト制作委員会編『Q&A　朝鮮人「慰安婦」と植民地支配責任:あなたの疑問に答えます』御茶の水書房〔2015年刊〕所収)
藤永壯(たけし)「朝鮮植民地支配と『慰安婦』制度の成立過程」(金富子・宋連玉責任編集、VAWW-NET Japan編『「慰安婦」・戦時性暴力の実態』Ⅰ、緑風出版〔2000年刊〕所収)
藤原彰『日本軍事史 上巻(戦前篇)』日本評論社、1987年刊
古橋綾「日本軍『慰安所』制度とセクシュアリティ」(『コリア研究』第4号、立命館大学コリア研究センター〔2013年刊〕所収)
眞杉侑里「『人身売買排除』方針に見る近代公娼制度の様相」(『立命館大学人文科学研究所紀要』第93号〔2009年刊〕所収)
増田道義「公娼制度並(ならび)に芸娼妓自由廃業に関する若干の考察資料」1-7(朝鮮

安婦」・戦時性暴力の実態』Ⅰ、緑風出版〔2000年刊〕所収）
草間八十雄（やそお）『女給と売笑婦』汎人社、1930年刊
倉橋正直『従軍慰安婦問題の歴史的研究：売春婦型と性的奴隷型』共栄書房、1994年刊
古賀徳子「沖縄戦における日本軍『慰安婦』制度の展開」(1)（『戦争責任研究』第60号、日本の戦争責任資料センター〔2008年刊〕所収）
駒込武「台湾植民地支配と台湾人『慰安婦』」（金富子・宋連玉責任編集、VAWW-NET Japan編『「慰安婦」・戦時性暴力の実態』Ⅰ、緑風出版〔2000年刊〕所収）
下重（しもじゅう）清『〈身売り〉の日本史：人身売買から年季奉公へ』吉川弘文館、2012年刊
従軍慰安婦110番編集委員会編『従軍慰安婦110番：電話の向こうから歴史の声が』明石書店、1992年刊
女性のためのアジア平和国民基金編『政府調査「従軍慰安婦」関係資料集成』第1-5巻、龍溪書舍、1997-98年刊
白川秀男『在支半島人名録』第3版、白川洋行、1942年刊
城田すず子『マリヤの讃歌』日本基督教団出版局、1971年刊
千田夏光（せんだ・かこう）『〝声なき女〟八万人の告発：従軍慰安婦』双葉社、1973年刊
千田夏光『従軍慰安婦　正篇』三一書房、1978年刊
千田夏光『従軍慰安婦・慶子：死線をさまよった女の証言』恒友出版、1995年刊
曽根一夫『元下級兵士が体験見聞した従軍慰安婦』白石書店、1993年刊
宋建鎬（ソン・ゴノ）『日帝支配下の韓国現代史』風濤社、1984年刊
宋連玉（ソン・ヨノク）「日本の植民地支配と国家的管理売春：朝鮮の公娼を中心にして」（朝鮮史研究会編『朝鮮史研究会論文集』第32集、緑蔭書房〔1994年刊〕所収）
高崎隆治編・解説『軍医官の戦場報告意見集』不二出版、1990年刊
高橋史朗「『朝鮮人慰安婦虐殺』映像についての考察」(1)(2)（歴史認識問題研究会編『歴史認識問題研究』第3-4号、モラロジー研究所歴史研究室〔2018-19年刊〕所収）
崔吉城（チェ・キルソン）『朝鮮出身の帳場人が見た慰安婦の真実：文化人類学者が読み解く「慰安所日記」』ハート出版、2017年刊
朝鮮総督府編『朝鮮総督府統計年鑑』各年版
土井敏邦『“記憶”と生きる：元「慰安婦」姜徳景の生涯』大月書店、2015年刊
戸塚悦朗「軍事的性奴隷制と国連人権委員会」（『戦争責任研究』第84号、日本の戦争責任資料センター〔2015年刊〕所収）
永井和「陸軍慰安所の設置と慰安婦募集に関する警察史料」1998年公開（http://nagaikazu.la.coocan.jp/2semi/nagai.html：2022年6月26日検索）
永井和「陸軍慰安所の創設と慰安婦募集に関する一考察」（二十世紀研究編集委員会編『二十世紀研究』第1号、二十世紀研究編集委員会〔2000年刊〕所収）（http://nagaikazu.la.coocan.jp/works/iansho.pdf：2022年1月24日検索）
永井和「日本軍の慰安所政策について」2012年公開（http://nagaikazu.la.coocan.jp/works/guniansho.html：2023年12月22日検索）
長沢健一『漢口慰安所』図書出版社、1983年刊
中村ふじゑ「台湾・原住民族イアン・アパイさんの場合」（金富子・宋連玉責任編集、VAWW-NET Japan編『「慰安婦」・戦時性暴力の実態』Ⅰ、緑風出版〔2000年刊〕所収）
西岡力『増補新版 よくわかる慰安婦問題』草思社、2012年刊

参考文献一覧

日本語の文献は著者名の五十音順に、韓国語の文献は著者名の韓国語読み（団体の場合は日本語読み）の五十音順に、英語の文献は著者の姓の五十音順に並べた。韓国語の文献では、日本語訳と韓国語の原文を併記した。著者が同じ年に複数の発表をしている場合は、その年にabc…を添えてそれらを区別した。日本語版と韓国語版の両方がある資料は、原則として日本語版を掲載した。

〔日本語文献〕

浅野豊美「雲南・ビルマ最前線における慰安婦達：死者は語る」（女性のためのアジア平和国民基金「慰安婦」関係資料委員会編『「慰安婦」問題調査報告・1999』女性のためのアジア平和国民基金〔1999年刊〕所収）

阿部浩己「国際法における性奴隷制と『慰安婦』制度」（『戦争責任研究』第84号、日本の戦争責任資料センター〔2015年刊〕所収）

李栄薫（イ・ヨンフン）著、永島広紀訳『大韓民国の物語』文藝春秋、2009年刊

李栄薫編著『反日種族主義：日韓危機の根源』文藝春秋、2019年刊

李栄薫編著『反日種族主義との闘争』文藝春秋、2020年刊

上野千鶴子『ナショナリズムとジェンダー　新版』岩波書店、2012年刊

楳本捨三（うめもと・すてぞう）『新装版 壮烈拉孟守備隊：玉砕に殉じた日本軍将兵の記録』潮書房光人新社、2012年刊

浦崎成子「沖縄戦と軍『慰安婦』」（金富子・宋連玉責任編集、VAWW-NET Japan編『「慰安婦」・戦時性暴力の実態』Ⅰ、緑風出版〔2000年刊〕所収）

遠藤美幸「戦場の社会史：ビルマ戦線と拉孟守備隊」（『三田学会雑誌』102(3)〔2009年刊〕所収）

大林清『玉の井挽歌』青蛙房、1983年刊

加藤正夫「千田夏光著『従軍慰安婦』の重大な誤り」（『現代コリア』1993年2・3月合併号所収）

川田文子『赤瓦の家』筑摩書房、1987年刊

金一勉（キム・イルミョン）『天皇の軍隊と朝鮮人慰安婦』三一書房、1976年刊

金一勉編著『軍隊慰安婦：戦争と人間の記録』現代史出版会、1977年刊

金柄憲（キム・ビョンホン）著、金光英実訳『赤い水曜日：慰安婦運動30年の嘘』文藝春秋、2022年刊

金富子（キム・プジャ）「朝鮮植民地支配と朝鮮人女性」（吉見義明・林博史編著『共同研究 日本軍慰安婦』第八章二、大月書店〔1995年刊〕所収）

金富子「河床淑さんのケースにみる漢口慰安所」（金富子・宋連玉責任編集、VAWW-NET Japan編『「慰安婦」・戦時性暴力の実態』Ⅰ、緑風出版〔2000年刊〕所収）

金富子・金栄（キム・ヨン）『植民地遊廓：日本の軍隊と朝鮮半島』吉川弘文館、2018年刊

金栄「朝鮮・朴永心さんの場合」（金富子・宋連玉責任編集、VAWW-NET Japan編『「慰

地　図

図　版

表

4　図表類

写　真

その他

3　事項

満洲

中国

ビルマ

政治家その他

2　地名

日　本

朝　鮮

台　湾

慰安所・遊廓関係者、紹介業者、募集業者、軍人等

研究者、叙述家等

索　引

・索引の語句は1～5、13～452ページの本文、小見出し、図表類、注記から拾い、各章のタイトルや目次、454ページ以降（「日本語版の刊行に寄せて」以降）からは拾っていない。
・語句は、くくりごとに五十音順（図表類は番号順）に並べた。
・語句に付したカッコは、（　）は漢字の読み、〔　〕は補足説明である。人名は姓のみでも拾っている場合がある。

1　人名

慰安婦・芸妓・娼妓・酌婦関連

著者プロフィール

朱益鍾（チュ・イクチョン）

ソウル大学において日本の植民地下の韓国経済史研究で博士号を取得。ハーバード大学訪問学者、大韓民国歴史博物館学芸研究室長などを経て、現在、李承晩学堂理事。教科書フォーラムの『代案教科書　韓国近現代史』（キパラン、2008年刊）の編纂に加わったほか、『大軍の斥候』（青い歴史、2008年刊）、『高度成長時代を開く』（共著、海南、2017年刊）、『反日種族主義』『反日種族主義との闘争』（共に共著、未来社、2019年と2020年刊。それぞれ同年に文藝春秋より邦訳刊行）などの著書、共著がある。

反日種族主義《はんにちしゅぞくしゅぎ》　「慰安婦問題《いあんふもんだい》」最終結論《さいしゅうけつろん》

2024年6月10日　第1刷発行

著　者　朱益鍾《チュイクチョン》
発行者　大松芳男
発行所　株式会社文藝春秋
〒102-8008
東京都千代田区紀尾井町3-23
電話 03-3265-1211

印刷・製本　株式会社 光邦

ISBN978-4-16-391858-7